LE LIBAN,
LA GALILÉE ET ROME

Paris. — Imprimerie de Cusset et C°, rue Racine, 26.

LE LIBAN
LA GALILÉE
ET ROME

JOURNAL
D'UN VOYAGE EN ORIENT ET EN ITALIE
SEPTEMBRE 1867 — MAI 1868.

PAR

LE VICOMTE DE BASTEROT

PARIS

CHARLES DOUNIOL, LIBRAIRE-ÉDITEUR

RUE DE TOURNON, 29

—

1869

Droits réservés

PRÉFACE

L'Orient d'où nous vinrent les premiers éléments de la civilisation et la religion chrétienne, Rome qui, après avoir été le siége du plus grand empire de l'antiquité, devait devenir la métropole de cette religion nouvelle, sont des sujets si intéressants et si inépuisables, qu'il est permis d'y revenir souvent. J'ai longtemps habité l'Italie, Rome surtout, qui est devenue pour moi une autre patrie. Quant à l'Orient, deux grands voyages, le second accompli l'automne dernier dans des circonstances particulières, m'ont familiarisé avec ses coutumes, autant qu'on peut connaître celles d'un pays dont on ignore presque totalement la langue.

Je voudrais que ce livre pût être de quelque utilité à ceux qui aiment les voyages, et l'histoire, sans laquelle les voyages ne sont qu'un déplacement dénué d'intérêt.

Tout en donnant des notions précises sur les personnes et les lieux, je n'oublierai pas certains détails matériels que les voyageurs ont tort d'omettre, puisqu'ils peuvent guider ceux qui les suivront.

La manière dont le mauvais état de ma santé m'a fait parcourir le Liban et la Palestine (quarante-cinq jours en chaise à porteurs), prouvera bien que ce trajet peut être accompli par des dames ou par des personnes malades.

En Galilée, en Judée, j'ai voyagé, la Bible et les Évangiles à la main, et je serais heureux si je pouvais rendre de loin, quoique bien vaguement sans doute, le charme pénétrant de ces sites sacrés, et inspirer à quelques âmes le désir de les visiter, de prier, de ranimer leur foi sur les bords de ce beau lac qui entendit les paroles du Sauveur.

Je désirerais aussi faire comprendre la majesté incomparable de Rome, sa grandeur idéale et l'universalité puissante de cette noble ville, que le matérialisme déteste, car il sent qu'elle est plus forte et meilleure que lui.

Mais, à côté de ces pages, comme je veux décrire avec exactitude tout ce que j'ai vu, je dois nécessairement entrer dans des détails de mœurs et d'usages, et je ne puis parler de l'Asie et de l'Afrique, sans faire quelques allusions au sensualisme, base de tous les vieux cultes orientaux, qui reparaît souvent dans le mahométisme, et que combattirent avec tant de force Élie, Isaïe, Ézéchiel, et tous les grands prophètes du peuple d'Israël.

Si je n'avais pas un autre but encore, il est probable qu'après tant d'écrivains illustres je n'aurais pas eu le courage d'écrire un nouveau livre sur l'Orient et l'Italie. Mais, en adoptant la forme d'un journal, outre la sincérité absolue d'impressions de notes écrites sur les lieux, et souvent copiées sans changement, j'ai une liberté d'allures dont j'use pour effleurer bien des sujets, qui me touchent et peuvent toucher aussi ceux de mes contemporains qui daignent réfléchir.

La vue de l'Orient, où de riches et populeux empires d'autrefois sont changés aujourd'hui en de mornes solitudes; où des gouvernements personnels, qui eurent cependant des souverains comme Cyrus, Alexandre, Haroun-el-Reschid, n'ont rien laissé que des ruines; cette vue est bien faite pour appeler l'attention de ceux qui ne sont ni assez ignorants ni assez paresseux d'esprit pour s'imaginer que tout va bien en Occident. Le souvenir de l'exécrable famille des Césars et des infamies de la Rome impériale, quand le peuple-roi eut la lâcheté d'abdiquer sa liberté entre les mains d'un seul homme, est une éternelle leçon pour ceux qui veulent la comprendre.

Aussi, c'est un devoir urgent pour tous de rappeler, chacun selon ses moyens, ces leçons sévères de l'histoire, et de demander l'infaillible remède : le gouvernement par les intelligences de tous et non par les caprices d'un seul.

Nous le ferons sans subir l'influence d'aucun parti, sans vouloir détruire, mais au nom de tous les instincts d'ordre et de justice, livrés au bon plaisir d'un maître ; — au nom de l'indépendance des âmes, des intérêts sacrés de l'Église catholique, qui eut tant à souffrir des despotes, depuis Dioclétien et Julien l'Apostat, jusqu'au jour où Napoléon Ier traînait Pie VII captif à Savone ; — au nom de la paix de l'Europe, qui peut être rompue d'un moment à l'autre par la fantaisie d'un de ces grands enfants gâtés, qu'on nomme les monarques absolus.

Il faut que chacun de nous se prononce contre la religion nouvelle proclamée avec pompe, le culte des grands hommes soi-disant prédestinés qu'on prétend nous imposer. Nous réservons notre culte à Dieu. S'il nous faut honorer un homme, ce sera plutôt un François d'Assise, un Vincent de Paul, qu'un Tamerlan ou qu'un Napoléon.

Le fétichisme napoléonien a fait trop de mal au monde pour qu'il ne soit pas utile de combattre cette aberration funeste.

J'écris donc encore pour joindre mes efforts à ceux des autres travailleurs de la pensée, pour m'unir à tous ceux qui, humbles ou puissants, faibles ou forts, revendiquent la possession de ce bien suprême, qui, comme la santé, n'est apprécié peut-être que quand on l'a perdu, la fière et vivifiante liberté.

Novembre 1868.

LE LIBAN,
LA GALILÉE ET ROME

JOURNAL D'UN VOYAGE EN ORIENT
ET EN ITALIE.

SEPTEMBRE 1867 — MAI 1868.

CHAPITRE PREMIER

DE FRANCE EN ASIE MINEURE.

Le départ. — Saint-Étienne.—Lyon.—Paysages de Bresse.— La papauté à Avignon. — Notre-Dame de la Garde.—L'exposition universelle. — Le parti de l'Action. — Sadowa. — Garibaldi et ses Anglaises. — Palerme. — État de la Sicile. — La famille d'Orléans. — Le choléra et l'armée.—Syracuse. —Les côtes de la Grèce. — Sparte et Athènes.— Syra. — Les Aryas de la Grèce et de l'Inde. — Les Cyclades. — Tinos et Naxos.

12 Septembre 1867. — Le moment du départ est toujours pénible, l'impression en est toujours vive. A la douleur de quitter ceux qu'on aime, vient s'ajouter la sensation mélancolique qu'on éprouve en perdant de vue des sites familiers. Je regarde tristement la vallée de la Creuse pendant qu'un soleil d'automne dore le haut des bois de chênes et que les grands peupliers se mirent dans l'eau claire et paisible.

A partir d'Argenton, par Vierzon, Saincaise et Saint-Germain-les-Fossés, on devient colis et l'on subit au milieu de la nuit, avec ou sans patience, les retards, les transbordements de l'ennuyeuse ligne du Bourbonnais.

Cette prosaïque manière de voyager a cependant un grand avantage. — Elle dispense de contempler la « *belle France*, » une des plus singulières expressions qu'ait jamais inventées l'amour-propre national. — Sur la plupart des grandes lignes, au contraire, on est frappé par l'extrême laideur du pays. — De Paris à Bâle, par exemple, — à moins de visiter la sainte Russie, aussi repoussante au physique qu'au moral, je défie de trouver ailleurs en Europe, de longs parcours qui offrent un manque d'intérêt aussi complet. — Même dans les parties un peu passables, l'originalité est entièrement absente, — tout se ressemble : — C'est le défaut de la France et des Français.

Le 13, à la pointe du jour, nous traversons le pays mamelonné entre la Palisse et Roanne. — Il a assez d'analogie avec la vilaine partie de la Toscane, vers Sienne et Chiusi. Le même horizon de montagnes au loin. Les terres fraîchement labourées ont des teintes lilas, comme dans un tableau de Rosa Bonheur.

Nous nous arrêtons quelques heures à Saint-Étienne. — C'est tout à fait l'aspect des villes manufacturières anglaises. — Les hautes maisons sombres, les faubourgs poudreux, les communaux (*common*), où des enfants déguenillés jouent sur l'herbe sale auprès de moutons à la toison noircie. La même sensation de moiteur, de malpropreté et de poussière de charbon. En quittant Saint-Étienne, on pourrait se croire sur un des chemins de fer qui conduisent du Lancashire dans le Yorkshire, n'étaient la chaleur tropicale et les clos de vignes qu'on voit de temps en temps, non loin des mines de houille, au penchant des coteaux.

On rentre en France en arrivant à Lyon. — Il est difficile de ne pas admirer cette belle ville si heureusement située entre la Saône paisible et le Rhône large et rapide, la montagne de Notre-Dame-de-Fourvières et cette rangée de collines riantes, d'où, par les temps clairs, on aperçoit les Alpes. — Jean-Jacques, dans le quatrième livre des *Confessions*, fait une description charmante de leurs terrasses et de leurs chemins creux, quand ce pauvre grand vagabond, tout jeune, était obligé de coucher en plein air, par les nuits d'été. Lyon (c'était inévitable dans un grand centre où l'on craignait les émeutes) a été *haussmanisé* depuis le second Empire ; mais les travaux ont été conduits avec plus de goût et de modération qu'à Paris. — La transformation de la place Napoléon, à Perrache, a été très-heureuse, et la belle rue Impériale, artère aussi nécessaire que la rue de Rivoli à Paris, a daigné dévier un peu de la ligne droite.

Je ne fais que traverser Lyon. Le petit chemin de fer des Dombes, bien organisé par d'intelligents directeurs, MM. Mangini, avec ses salons américains, préférables à nos wagons d'Europe, me conduit en pleine Bresse, au château de Glareins.

14 Septembre. — Je me figurais un pays bien autrement plat et désolé : beau, il ne l'est pas, mais l'horizon des Alpes d'un côté, des collines du Mâconnais de l'autre ; les grands étangs couverts de roseaux et de

nénuphars, les chaussées avec quelques vieux arbres au bord de l'eau, lui donnent un caractère particulier qui ne manque pas de charme. De plus, le château est vieux ; il n'a rien qui sente le colifichet moderne. — C'était une prison d'État, dans les jours où les domaines des ducs de Savoie faisaient une pointe jusqu'aux portes de Lyon. — Cette habile et peu scrupuleuse maison que nous avons vue arriver de nos jours à une si brillante fortune, tâtonnait encore et ne savait pas de quel côté des Alpes elle dirigerait ses efforts. Le raffermissement de la France, sous Henri IV, la décida. — Elle devint italienne et bien lui en a pris. — Jusqu'au milieu de l'année 1860, sa politique fut un chef-d'œuvre d'habileté. — Mais la fâcheuse annexion du Napolitain et les lauriers sans gloire de Castelfidardo, montrèrent un débordement d'ambition ou de faiblesse. Il faut craindre pour elle, maintenant, les aberrations de la prospérité, et cet appauvrissement qui attaque, hélas ! tant de familles souveraines, et qui est produit, soit par l'abus continuel de toutes sortes de jouissances, soit par des mariages consanguins, trop souvent répétés.

15 Septembre. — C'est un dimanche. Je suis frappé du manque total de toute impression catholique, on dirait uniquement une affaire de convention. La révolution, l'ingérance constante de l'État dans ce qui le regarde le moins, le jansénisme peut-être plus que tout le reste, ont jeté une morne froideur sur le culte en France. Nous avons chez nous un clergé exemplaire, acceptant sans murmurer un sort très-pénible ; nous avons aussi des saints et surtout des saintes ; mais dans la majorité du pays, absence presque complète des habi-

tudes catholiques. En Espagne, en Irlande, même en Italie, malgré les derniers événements, ces habitudes catholiques persistent et donnent à ces pays la couleur et la vie. L'ultramontanisme, mot que des journalistes ou des fonctionnaires nous jettent à la tête comme une injure, sans le comprendre, l'ultramontanisme n'est que le retour à tout ce qu'il y a de plus beau, de plus doux et de plus vivifiant pour les âmes!

Je retourne le soir à Lyon, afin de partir le lendemain de bonne heure pour Marseille. J'ai aujourd'hui trente et un ans. J'entreprends de nouveau un grand voyage, mais ce ne sont plus les courses aventureuses d'autrefois. Avant vingt-cinq ans j'avais déjà parcouru presque toute l'Europe, l'Amérique du Nord et du Sud, le nord de l'Afrique et les côtes ouest de l'Asie. Il y a neuf ans j'étais sur le lac Supérieur, le canot d'écorce glissait sous les falaises rouges, tandis que les grands bois de l'île Madeleine étendaient au loin leur ombre épaisse sur les eaux.

16 Septembre. — Longue attente à la gare de Lyon. Bien entendu nous sommes parqués comme des moutons. Que les compagnies françaises ont de la peine à se défaire de ce ridicule usage! Mais il faut bien laisser aux pauvres employés des gares la douce satisfaction de tyranniser un peu le public; l'oppression réciproque consolant le peuple le plus aimable de la terre, du manque absolu de toute liberté. Il est vrai qu'en enfermant si bien les voyageurs dans les salles d'attente, on évite le désordre, et cinquante personnes se précipitant une minute avant le départ, est chose tellement plus simple et plus commode que de laisser prendre à chacun sa

place tranquillement à son tour. Mais l'État scandalisé, irrité de ce que nous ne soyons pas encore de pures mécaniques, nous déclare ingouvernables du haut de son infaillibilité, que les Joseph Prudhomme vénèrent. Quel malheur que chaque Français ne puisse être perpétuellement suivi d'un sergent de ville! Mais on pourrait peut-être acclimater des agents de police chinois ou japonais. Je signale cette idée à la haute sagesse de l'administration.

Journée charmante après la pluie. Pas de poussière, cette plaie des voyages en été. Les eaux claires et rapides du Rhône sont à droite; à gauche les riches campagnes du bas Dauphiné. Beaucoup d'arbres fruitiers dans les champs comme en Italie.

En face de Viviers, vieille petite ville épiscopale, commence le défilé de roches blanches et arides qui marquent la séparation géographique du Centre et du Midi. Dans moins d'une lieue la différence de climats se fait sentir. C'est un El-Kantara.

Mais le paysage, quoique grandiose, est bien loin de la formidable majesté de la gorge africaine.

Lisez la description de Fromentin.

Le 4 avril 1860, j'ai vu un même changement de tableaux. De grands nuages sombres rampaient dans les noirs défilés de l'Aurès, un vent glacial tombait des hautes cimes; tout à coup, après avoir traversé le vieux pont romain que le duc d'Aumale répara, le soleil paraît avec la chaleur du désert, et nous voyons à nos pieds la première des oasis, la plus belle, avec ses palmiers, ses grenadiers et ses grands orangers séculaires.

Avignon avec murs crénelés, ses tours, les clochers de ses nombreuses églises, a l'aspect moitié monastique, moitié féodal du moyen âge. L'immense château des papes qui la domine fait comprendre, mieux que tous les livres, le triste xive siècle. La chevalerie était morte, la renaissance n'était point venue. Clément V de Bordeaux, Jean XXII de Cahors, occupaient le trône de Grégoire VII et d'Innocent III. L'aurore du beau qui commençait à poindre en Italie n'éclairait point encore la France. Jamais je n'ai mieux compris combien les voyages aident l'étude de l'histoire que lorsque je visitai ce vieux donjon en février 1864 par une belle soirée d'hiver.

En voyant ces constructions énormes sans art et sans beauté, ces poternes, ces corridors sombres, ces vastes logements de mercenaires, ces étroits promenoirs à l'ombre des grandes murailles, on se demande ce que devait être la vie des faibles et des pauvres, quand les puissants de la terre menaient une existence si lugubre et si dure.

Les temps étaient tristes. La papauté, dominée par les rois de France, depuis Philippe le Bel, ce tyran pour lequel l'école moderne a de secrètes tendresses, ne donnait plus les fiers exemples d'autrefois. La simonie régnait à Avignon. C'était l'époque où, en présence de cette simonie et de l'abandon de la ville de Rome, le grand poëte religieux Dante faisait ainsi parler saint Pierre indigné au XXVIIe chant du *Paradis:*

. . . .
Non fu la sposa di Cristo allevata
Del sangue mio, de Lin, de quel di Cleto,
Per essere ad acquisto d'oro usata :
. . . .
In vesta di pastor lupi rapici

Si veggon di quassu per tutti i pasci
. . . .
Del sangue nostro Caorsini e Guaschi
S' apparecchian di bere (1). . . .

Les prières de sainte Catherine de Sienne, l'éloquence de Pétrarque, ramenèrent à Rome Grégoire XI (1370-1378). Mais le mal était fait; le schisme éclata, et ce long désordre de l'Église jeta les semences d'où la réforme naquit.

La réforme sèche, étroite, lugubre, le froid génie du Nord en lutte avec la gaieté féconde des races sympathiques du Midi. Ne nous reprochez point de la haïr. Elle a trop attristé l'existence, elle a tout fait pour assombrir le catholicisme lui-même.

L'histoire des papes à Avignon est une bonne réponse à ceux qui voudraient voir la papauté hors de Rome, et aux rhéteurs qui pensent que les pontifes devraient être les humbles serviteurs d'un empereur des Français ou d'un roi d'Italie.

L'horizon d'Arles a quelque ressemblance lointaine avec l'horizon romain. On traverse la plaine de la Crau qui est un Sahara en petit, puis après un long tunnel on aperçoit Marseille, sa banlieue, toute semée de bastides et la nappe bleue de la Méditerranée.

---

(1)   Avons-nous, Clet et Lin et moi le premier Pierre
Nourri de notre sang l'Église notre mère
Pour la faire servir à recueillir de l'or ?
. . . .
Sous l'habit du pasteur les loups couvrant leurs rages
C'est ce qu'on voit d'ici dans tous les pâturages.
. . . .
Gascons et Cahorsins se préparent à boire
Notre généreux sang. . . . .

17 Septembre. — Après beaucoup d'incertitudes et d'ennuis, le voyage semble décidé. J'avais d'abord voulu partir par Brindisi et la Grèce, le vieux trajet des Romains qui firent le voyage d'Orient; le meilleur et le plus intéressant de tous, avec les belles plaines de la Pouille où villes, campagnes, forêts et châteaux sont pleins du souvenir de ces grands princes Frédéric II et Manfred, avec le champ de bataille de Cannes, Barletta, Bari, villes fameuses au moyen âge, les beaux rivages boisés de Corfou arrondis comme un arc, Actium, Lépante, le golfe de Patras, Corinthe. C'est la route que je puis conseiller, l'ayant vue en grande partie. Mais le choléra règne sur le talon de la botte; il m'empêche de prendre la voie de Naples, celle de Trieste, celle de Pesth et du Danube, incommode du reste avec de lourds bagages et trop brûlante dans cette saison. Il ne restait donc que Marseille, fort menacée du fléau. Heureusement il ne s'est pas déclaré. Le bateau des messageries impériales l'*Éridan*, qui part demain pour l'Asie Mineure et la Syrie ne prend ni marchandises ni voyageurs à Palerme et à Messine où la maladie fait encore des ravages.

Dans l'après-midi nous montons à Notre-Dame de la Garde et demandons à la sainte Vierge de protéger notre voyage et de préserver ceux que nous aimons. L'église, de style byzantin, est construite en assises de marbre blanc et rouge. Elle n'est pas encore terminée. Du portail on domine Marseille et son golfe. Les montagnes nues et desséchées, les récifs arides, ont un aspect sévère qui rappelle l'Afrique. C'est une nature rude; elle n'a rien de la douce et molle Italie. Les hommes sont comme la nature, — mais c'est une belle race. — Quelques femmes surtout sont d'une rare beauté.

18 Septembre. — Nous nous embarquons sur l'*Éridan* avec l'ennuyeux attirail nécessaire quand on va voyager en dehors de la civilisation moderne.

Le départ était fixé à deux heures, mais le soleil se penche déjà vers l'ouest lorsque nous sortons du port. Quant les adieux sont déjà faits, le moment de se mettre en route est joyeux.

Nous quittons la France sans regret, Paris surtout, dont les inconvénients nombreux sont singulièrement augmentés par l'Exposition universelle, et où l'admiration du sergent de ville, voire même de ce que nos pères nommaient vulgairement le « mouchard » est passé à l'état de dogme obligatoire. Je prie le lecteur de remarquer que c'est une des institutions *que l'Europe nous envie,* au dire des officieux.

Certes l'Exposition du Champ de Mars nous eût touché si, comme à Londres en 1851 nous eussions pu espérer qu'elle inaugurerait une ère de paix et de liberté.

Mais bientôt après cette première exposition des circonstances fatales détournaient notre siècle de cette voie, et maintenant que les gouvernements personnels semblent se complaire comme toujours à faire s'entr'égorger les hommes, nous contemplons sans enthousiasme ces grandes foires des nations, et même certaines scènes, certains rapprochements qui en résultent nous affligent en diminuant malgré nous notre sentiment monarchique, chose nécessaire encore en Europe.

Mais soyons justes envers tous. Si les gouvernements absolus ont pu s'établir et peuvent durer avec l'entraînement inévitable des pouvoirs sans contrôle, à qui la faute, sinon à cette inepte et turbulente démagogie qui renversa le trône honnête et libéral du roi Louis-Philippe, qui promena dans toute l'Europe ses oripeaux ridicules ou ses barricades sanglantes, qui épouvante les braves gens timides par la glorification de 1793 et autres théories plus ou moins odieuses.

Nous venons de la voir à l'œuvre à Genève, comme à Liége il y a deux ans, prêchant la destruction et la guerre dans un congrès de la paix, applaudissant aux colossales sottises de Garibaldi, que le bon sens du peuple génevois a fini par siffler hors de ses murs.

En vérité ce serait à désespérer de l'avenir libéral de l'Europe, si l'on devait jamais désespérer d'une cause noble, raisonnable et sacrée.

Nous partons au milieu d'une paix inquiète et armée qui est l'état normal de l'Europe depuis que la force, l'injustice et la fraude triomphèrent à Duppel. Du jour où l'Angleterre et la France permirent cette infamie, abandonnant sans vergogne le noble petit Danemark, on pouvait prévoir les calamités de l'an dernier et la lugubre journée de Sadowa.

La pauvre Autriche fut durement punie de sa complicité. Mais tout en la plaignant, admirons la sévère moralité de l'histoire, moins rare qu'on ne croit. Elle doit nous consoler, nous tous amis de la liberté et de la justice, et plus soucieux des opprimés que des conquérants.

Nous suivons longtemps les côtes de la Provence. Elles sont d'une nudité farouche, et mille fois plus désolées que la côte correspondante de l'Algérie, entre Philippeville et Alger. — La nuit arrive, magnifique, étoilée, nous voguons sur cette Méditerranée que j'ai sillonnée comme le poëte des Symplegades au rocher de Gibraltar.

> Our friend of youth, that Ocean, which when we
> Beheld it last by Calpe's rock unfold
> Those waves, we follow'd on till the dark Euxine roll'd
> Upon the blue Symplegades (1). . . . .
>
> (*Childe Harold.*)

Que de fois j'ai déjà quitté ce port, tantôt pour l'Italie ou pour l'Égypte, tantôt pour ces déserts où vivent, près de leurs maigres fontaines, les noirs descendants de Cham! Mais, Dieu soit loué! l'amour des voyages, le sentiment profond de la beauté mystérieuse des choses ne se sont pas éteints dans l'âge mûr. — Je pense avec ravissement, ce soir, à la fontaine de la Sainte-Vierge, au puits où le Christ trouva la Samaritaine, au Liban, au Thabor, aux divins souvenirs de Génézareth et de Magdala!

La Méditerranée n'est pas, comme les autres mers; orageuse souvent, elle n'a pourtant rien de sombre et de terrible comme ces flots du Nord près desquels s'est passée mon enfance. Sur chaque cap, sur chaque île s'élève tout un monde de souvenirs.

Ce beau bassin intérieur, si bien découpé dans les terres, a singulièrement contribué à la civilisation de l'humanité. C'est sur ces bords que fut la Grèce, qu nous donna la philosophie et la beauté; la Judée, d'où nous vint la religion.

(1) Notre ami d'enfance, cet océan, qui lorsque nous le vîmes jadis dérouler ses flots sous le rocher de Calpé, nous sillonnâmes jusqu'aux bords où le sombre pont Euxin se brise sur les Symplegades revêtues d'azur.

Le 19 Septembre au matin, la mer est encore belle. Un détachement de l'escadre italienne, toutes voiles déployées, nous dépasse se dirigeant vers le Nord. Nous longeons de près les côtes sauvages de cette île de Corse, patrie du fatal génie qui imprima au xixe siècle son cachet de violence et de fraude. Combien on serait plus touché devant le lieu de naissance d'un Dante ou d'un Ignace de Loyola!

Lorsqu'on approche de Bonifacio, les côtes de la Corse s'abaissent, celles de la Sardaigne sont plus élevées; ce sont des rochers arides, plus loin quelques forêts. Nous pénétrons dans l'étroit canal qui serpente entre la Sardaigne et un archipel de petites îles; on le nomme « passage de l'Ours, » à cause d'un rocher qui, vu d'un certain point, a incontestablement la forme d'un gros ours blanc.

Sur l'île de Caprera nous apercevons la maisonnette fameuse de Garibaldi. Que ne reste-t-il tranquille ici avec sa cour d'illuminés et d'Anglaises hystériques? Il servirait bien mieux son pays qu'en se lançant dans de folles entreprises contre la papauté. Il a été utile à la cause de l'Italie en 1859 par le grand enthousiasme, qu'à tort ou à raison, il a le don d'inspirer. Deux fois il lui a été fatal : par l'annexion du Napolitain en 1860, cause première des déboires de l'Italie; par la campagne d'Aspromonte en 1862. Dieu nous garde de la troisième! Mais une tête peu solide dès l'origine a été entièrement troublée par des flatteries insensées, par des ovations comme celles de Londres.

Rendons justice pourtant à l'esprit pratique des Anglais. Leur admiration pour les sectaires, les sociétés secrètes, est tombée au-dessous de zéro depuis qu'ils ont chez eux la plaie du *fénianisme*.

20 Septembre. — Le sirocco, une chaleur lourde, écrasante, nous annonce des latitudes plus méridionales. Nous passons Ustica. Ces rochers isolés sur la grande mer frappent toujours l'imagination, soit qu'ils se nomment Fair Isle sur l'océan Glacial arctique, la Providence sur la mer des Antilles, Ustica ou Lampedouse dans la Méditerranée.

Quelques heures après la mer se couvre de barques, les côtes de Sicile sont en vue ; les trois pointes du cap San Vito, la baie profonde de Castellamare, puis le Monte-Pellegrino qui domine Palerme. Ces côtes sont belles, mais sauvages et heurtées. Elles ne rappellent pas la douceur, l'admirable pureté de lignes des beaux golfes de Naples et de Salerne.

A l'est de la Sicile, à Syracuse, à Taormine, on surprend un reflet de la beauté de la Grèce, tandis que la partie ouest de l'île est entièrement africaine, nature comme habitants. Lorsque les beaux rivages que l'Etna enrichit et menace à la fois recevaient une colonisation grecque, les Carthaginois s'établissaient fortement à l'ouest et au nord comme plus tard les Sarrasins. C'est sur ce Monte-Pellegrino, décrit par Polybe, qu'Amilcar Barca, le père du grand Annibal, balança si longtemps la fortune de Rome.

Les grandes batailles navales de la première guerre Punique se livrèrent sur ces côtes du Nord. La tactique romaine consistait à se lancer à toutes rames sur les galères ennemies, et à les couler avec l'éperon. Depuis les frégates cuirassées, les monitors, on est revenu au même système, tant les choses de ce monde ont une tendance à se répéter. L'Italie, à Lissa, l'apprit à ses dépens.

Nous n'entrons pas dans le port de Palerme, et nous ne communiquons avec la terre que pour prendre les dépêches. Le choléra nécessite toutes ces précautions. Il a été terrible ici comme à Catane ; il l'est encore à Messine. Les cas étaient surtout foudroyants. Des centaines de personnes se couchaient en bonne santé, et le lendemain matin n'étaient plus que des cadavres.

Au printemps de 1865, j'ai vu Palerme et tout ce qu'on pouvait voir de l'île sans trop d'imprudence ; mais aucun endroit dans cette province n'était absolument sûr. Pendant mon séjour à Palerme, deux messieurs de la société furent enlevés par les brigands au jardin anglais, aux portes mêmes de la ville. Relâchés moyennant rançon, ils refusèrent de donner la moindre indication aux autorités, tant ils étaient épouvantés par la crainte d'une vengeance. Les autorités, du reste, indécises, changeant à chaque instant de personnes et de système, sont sans influence et sans force ; elles se laissèrent surprendre à l'improviste par l'insurrection de septembre 1866, levée de boucliers d'une population sauvage, à passions ardentes, justement exaspérée, mais qui déshonora sa cause par d'affreuses cruautés, trop réelles, quoique exagérées à plaisir par le parti officiel, qui les mit sur le compte du clergé catholique. Le clergé catholique a bon dos.

Le gouvernement italien réprima cette insurrection avec une sévérité extrême, et ce fut avec raison ; mais quels cris d'indignation, quelle stupeur, quel effroi, si le pape étouffait ainsi une émeute dans Rome, et l'on me concédera peut-être que ses droits sur Rome sont bien supérieurs à ceux du roi Victor-Emmanuel II sur Palerme.

Les troupes, venues de Naples et de Gênes pour réprimer la révolte, apportèrent avec elles le choléra. Depuis lors il n'a jamais quitté entièrement la Sicile. L'état du pays s'est encore aggravé. Au moment où je revois ces notes (mai 1868), dans le sud on meurt littéralement de faim sur les grandes routes. A Palerme le pain est à 72 centimes le kilogramme. On se douterait peu que la Sicile était le grenier d'abondance de Rome! Le brigandage augmente encore.

La Sicile est une honte et une plaie pour le gouvernement italien.

Un mécontentement immense règne dans toutes les classes de la société. Comment en pourrait-il être autrement? La Sicile était mal gouvernée et peu satisfaite sous le despotisme mesquin du roi Ferdinand II.

(N'oublions pas cependant que la sécurité existait au moins et qu'on pouvait parcourir l'île sans crainte, tandis que maintenant on n'ose s'aventurer aux portes de Palerme.)

Lorsque Garibaldi arriva, on l'accueillit avec enthousiasme. On croyait au retour de l'âge d'or. La désillusion ne se fit point attendre. On congédia quelques sbires (les agents de police d'ici), mais on ne changea rien aux anciens errements, en revanche, les impôts furent augmentés, la conscription essentiellement antipathique aux Siciliens, fut rigoureusement appliquée, et tout de suite. La position du pays, ses mœurs semi-africaines, étaient exceptionnelles. On pouvait procéder plus lentement à l'œuvre d'assimilation, sans vouloir construire en un jour, tout d'une pièce, un édifice peu durable. Mais cela ne faisait pas le compte de la pédanterie administrative, qui imite en Italie tous les procédés révolutionnaires français. On sait où ils ont abouti.

Je suis tout prêt à concéder qu'il y avait trop de biens de mainmorte en Sicile ; mais, en supprimant tous les couvents d'un jour à l'autre, par un trait de plume, on a causé une perturbation énorme, et plongé dans la plus affreuse misère des populations entières que les ordres religieux faisaient vivre.

Le résultat de toutes ces fautes est un bouleversement général et une tendance, de plus en plus prononcée, à se séparer du nouveau royaume d'Italie.

Je sais bien que l'amour-propre national est en jeu, et que Florence ne consentira jamais à cette séparation, à moins de circonstances impossibles à prévoir.

Mais, si par un hasard heureux la Sicile devenait indépendante, je suis convaincu qu'en peu d'années sa misère se changerait en grande prospérité. Le sol est d'une admirable fertilité, les forêts ne manquent pas ; on a le soufre, on a des mines. Les Siciliens sont des sauvages soit, mais ils ont de l'énergie et de l'intelligence naturelle. Il y a matière à travailler chez eux. C'est le contraire de certaines populations italiennes, dont on ne pourra jamais rien faire, par la bonne raison qu'on ne tire rien du néant.

La tendance à se séparer, le désir de l'autonomie a toujours existé en Sicile. Cette tradition historique a sa raison d'être. Le pays a toujours été riche et prospère quand il était indépendant ; dans l'antiquité, à l'époque de l'hégémonie de Syracuse, au moyen âge, du temps des rois normands qui habitaient Palerme, et après les Vêpres Siciliennes, sous les princes de la maison d'Aragon.

En ce moment où bien des pays en Europe auraient

tant besoin de princes intelligents et libéraux, où tout le monde observe, avec douleur l'affaissement des maisons souveraines, il est à regretter vivement que des circonstances fatales excluent de tout rôle actif la famille la plus capable et la plus digne. Je ne crois faire tort à aucune autre.

Cette famille possède en Sicile des domaines achetés au moment où les fameux décrets de 1852, récompense de la générosité du roi Louis-Philippe pour les Bonaparte, et de son respect, peut-être exagéré, pour la mémoire de Napoléon, faisaient vendre à bref délai, les biens qu'ils ne confisquaient pas. Elle ne vient pas dans ces pays par des raisons politiques, et pour éviter scrupuleusement tout usage qu'on pourrait faire de son nom. Mais un habile administrateur, M. Guérin, a donné une vive impulsion à l'agriculture, et le vin de Zucco, provenant des terres du duc d'Aumale, est bien connu de l'industrie vinicole.

Palerme n'a presque rien d'italien. Elle rappelle, tantôt l'Orient dans les quartiers lointains, pleins de ruines et d'espaces vagues, où les cactus et les aloès s'accrochent aux vieux murs, tantôt les villes du midi de l'Espagne, Séville, Valence.

Les églises sont belles et d'une admirable richesse en marbres rares. L'extérieur de la cathédrale, l'intérieur de la chapelle du palais royal sont des chefs-d'œuvre du style normand-arabe,

La cathédrale de Monréale, à une lieue de Palerme, est un monument aussi magnifique qu'intéressant pour l'histoire de l'art. Elle est surtout remarquable par une immense série de mosaïques à fond d'or, fort bien conservées, qui datent de la seconde moitié du xii⁰ siècle. Guillaume II, le Bon (1166-1189).

Entre Palerme et Monréale s'étend une plaine d'aspect oriental, riche comme les jardins de Damas ou la « *vega* » de Grenade. Dans cette plaine existent encore quelques constructions sarrasines, comme la vieille tour de la Ziza, d'où l'on découvre une vue si charmante.

A la porte de Palerme, sur la route de Monréale, est le palais d'Orléans où Louis-Philippe et la princesse Marie-Amélie vécurent après leur mariage. C'est ici que naquirent Ferdinand, duc d'Orléans, dont la mort imprévue fut si désastreuse pour la France, et cette charmante reine Louise, que la Belgique regrette encore. Il appartient maintenant au duc d'Aumale, et est entouré de magnifiques jardins d'agrume, nom qu'on donne, en Sicile, aux plantations de citronniers et d'orangers.

La promenade publique de Palerme, la Flora, est un jardin carré, divisé par des allées en toutes sortes de figures géométriques. Chacun de ces triangles est planté de fleurs ou d'essences d'arbres différentes, roses, jasmins, tulipes, azalées, orangers, bananiers, cyprès, etc., etc. Cela produit un effet gracieux et original, surtout dans les mois de printemps.

Une des jolies excursions à faire à Palerme, est une visite à la Favorite, résidence du roi Ferdinand I⁰ʳ (1759-1825), pendant son séjour en Sicile. L'immense parc qui s'étend au pied du Monte-Pellegrino et d'où l'on voit les deux golfes est superbe; le palais est un kiosque chinois d'assez mauvais goût. Dans une des chambres, malheureusement bien endommagée par l'humidité, sont des portraits des enfants et des petits-enfants du vieux roi, avec des inscriptions naïves qui font honneur à son bon cœur.

Ce n'était pas un aigle, mais, si Ferdinand II lui avait ressemblé, je ne crois pas que le roi François serait aujourd'hui au palais Farnèse.

La nuit tombe pendant que nous doublons le cap de Bagaria, célèbre par cette villa où le prince Palagonia, avec ses statues de monstres hybrides et autres extravagances, a voulu montrer, on le dirait, jusqu'où peut aller la niaiserie humaine.

21 Septembre. — Avant le jour, nous nous arrêtons pour une demi-heure seulement devant Messine. Le choléra désole encore cette malheureuse ville. Comme en Calabre, un peuple insensé croit fermement à l'empoisonnement par des poudres. C'est même la seule excuse que puissent donner les médecins qui se sont enfuis. On conçoit encore l'aberration de bourgades ignorantes, sans écoles, sans routes, mais Messine, grand port de commerce, devrait donner un meilleur exemple.

Chose triste à dire, ceux dont le devoir était de payer de leur personne, se sont fort souvent mal conduits. L'armée seule a été admirable. C'est que l'armée est encore animée des sentiments de dévouement, d'honneur, de courage modeste du vieux Piémont. C'est elle qui empêche de désespérer de l'avenir du pays, si compromis par les rivalités mesquines des Ratazzi et consorts, ainsi que par les déclamations vides du parti garibaldien.

Voici les cimes d'Aspromonte où la folle entreprise de Garibaldi vint se briser contre la résolution et la discipline de l'armée. Le héros apprit à ses dépens qu'il ne combattait plus des Napolitains démoralisés, commandés par des chefs achetés d'avance.

Plus loin, nous passons le cap Spartimento, puis nous quittons la terre : nous ne la reverrons plus avant la Grèce.

Nous apercevons à peine l'Etna, caché dans des brumes de chaleur, et ces beaux rivages de Taormine, de Catane, de Syracuse, que j'ai parcourus en 1865, lors de la dernière éruption de l'Etna.

Le contraste était frappant entre les tourbillons de fumée, la neige et le feu des hautes cimes, et la richesse des belles campagnes inondées de soleil, pleines de verdure et de fleurs. Le théâtre de Taormine est dans une situation merveilleuse, en face de la plus belle montagne de la terre, peut-être. Ceux qui connaissent l'Etna ne me trouveront point exagéré. Syracuse, avec ses vieux temples, ses fontaines sacrées, ses souvenirs, la bonne grâce de sa jeunesse souriante, garde un vague parfum de l'antiquité grecque.

> Aux bords de l'Anapus, sous les monts de Sicile,
> Théocrite en riant m'a dévoilé l'idylle ;
> J'ai vu près de la ronce et des saules en fleurs,
> Les troupeaux de brebis des beaux jeunes pasteurs.
> J'ai vu les noirs chevreaux suspendus sur les roches,
> La verdure couvrant les collines plus proches,
> Et remplissant de neige et de feu l'horizon,
> L'Etna qui de Moschus écoutait la chanson.
> Près du miroir profond du bassin de Cyane
> Caché dans les bosquets, ignorés du profane,
> J'ai vu cueillant des lis l'épouse de Pluton,
> Et Cérès égarée errant dans le vallon.
> Mais surtout, quoique pâle et quoique bien lointaine,
> J'ai surpris un reflet de la beauté d'Athène,
> Qui charmait Phidias, et Socrate et Platon,
> Et couvrait de splendeur les murs de Parthénon.
>
> Syracuse, 21 mars 1865.

22 Septembre. — Journée radieuse. Une brise fraîche court sur les flots bleus. Plusieurs vaisseaux nous croisent, toutes voiles dehors. De bonne heure nous apercevons les montagnes au-dessus de Navarin et plusieurs îles, entre autres Sphactérie, fameuse par le siége que les Spartiates y soutinrent pendant la guerre du Péloponnèse. Le chef du parti démocratique, Cléon, finit par les faire capituler; mais le succès avait été préparé par les chefs de l'aristocratie, Nicias et Démosthènes. (Ne pas le confondre avec l'orateur qui vécut près d'un siècle plus tard.) Aussi Aristophane, ennemi de Cléon, le représente sous les traits d'un esclave éhonté qui sert au vieux maître Démos (le peuple) le bon gâteau que d'honnêtes serviteurs ont préparé.

Ce fut alors que se passa un fait atroce. Sparte, presque dépeuplée de citoyens, craignant une révolte de la Messénie, à l'instigation d'Athènes, fit assassiner 2,000 ilotes des plus braves, afin de jeter la terreur parmi les survivants.

Vers midi, nous traversons le golfe de Messène. La chaîne du Taygète est en vue : ce rude pays des Maniottes, qui vient se terminer au cap Matapan, l'ancien Ténare, la pointe la plus méridionale de l'Europe. La population du Magne est une des plus sauvages de notre partie du monde. Ces descendants des anciens Spartiates se gouvernent entre eux et ne sont que nominalement soumis au royaume de Grèce. On se fait la guerre de village à village, de maison à maison. Ces maisons sont des tours massives qui peuvent soutenir un siége. Nous les distinguons parfaitement en longeant la côte. Certains vieillards ne sont pas sortis de leur tour depuis cinquante ans, à cause de certain meurtre commis dans leur jeunesse ; car la vendetta, le prix du sang, règne ici dans toute sa force.

Voyez les intéressants détails sur le Magne, publiés, il y a deux ans, dans la *Revue des Deux-Mondes.*

Ces côtes sont sauvages, arides, desséchées, à peine quelques bois d'oliviers autour des villages. Ce sont des rochers de grès rouge, des ravins profonds, des falaises à pic, et cependant telle est la pureté de l'air, l'harmonie des couleurs, le contraste gracieux entre la teinte rose des rivages et le bleu vif de la mer, qu'on ressent cette vive impression de beauté que j'ai toujours retrouvée en Grèce. Puis, comment ne pas être touché par les mille souvenirs que ces bords rappellent, par les faits, par les hommes illustres qu'ils ont vus.

Voici les rochers du Ténare, le golfe où se jette l'Eurotas ; plus loin, le cap Malée. Tout le domaine de Sparte! Mais ce peuple, trop vanté par les pédants du dernier siècle, qui ont abouti à M. de Robespierre, n'excite pas cette sympathie que tout admirateur du beau éprouve pour Athènes. Il avait toute la férocité inintelligente des soi-disant réformateurs.

Le triomphe de Sparte fut la ruine de la Grèce. Comparez son joug pesant avec l'éclatante domination de Périclès. L'hégémonie d'Athènes, depuis les guerres médiques (480) jusqu'à la désastreuse expédition de Sicile (413), fut peut-être le moment le plus brillant de l'esprit humain.

A droite nous apercevons l'île dénudée de Cythère, dont les poésies érotiques donneraient une bien fausse idée. Rien de moins galant que ce rude rocher. Sans doute, de belles jeunes filles y recevaient de leur mieux, comme à Syra, les matelots retenus dans ces parages par les vents contraires; de là sa réputation dans tous les ports de la Méditerranée.

Le promontoire Malée, aujourd'hui cap Saint-Ange, est un peu moins désolé que le Ténare. Il est aussi plus élevé et se présente mieux sur la mer. A son extrémité se trouve un petit ermitage. En face un navire grec est arrêté et un canot porte des provisions au solitaire. Nous nous contentons de hisser le pavillon tricolore. Je ne sais jusqu'à quel point le saint homme est touché de cet honneur. Il préférerait peut-être quelque chose de plus substantiel.

Du reste, au lieu de l'ermite unique annoncé par Lamartine, Gérard de Nerval, etc., nous en voyons trois. Il n'y a donc pas lieu de se plaindre. A ce moment, le soleil couchant couvre de tons riches, lumineux, les îles, les montagnes, les voiles et la mer.

23 Septembre. — Quand nous nous levons, l'*Éridan* a déjà jeté l'ancre devant Syra. C'est la grande place de commerce de l'Archipel. Tout y annonce la prospérité. Le mouvement du port est considérable; de nouvelles maisons sont en construction de tous les côtés; escaladant les collines, elles iront bientôt rejoindre la vieille Syra, perchée en nid d'aigle sur un haut rocher. Les moulins de Syra sont la Cythère actuelle de l'Archipel. Mais n'abordons pas un sujet interdit. Qu'il vous suffise de savoir que la population, pure d'alliage turc, mélange de sang grec et vénitien, comme à Corfou, est belle, mais déshonnête. Tous les péchés mignons de l'Orient florissent avec grâce sur cet aride rocher. Jusqu'à ces derniers temps, un vernis de piraterie couvrait le tout.

La prospérité de Syra date de la guerre de l'Indépendance. Les Syrates, habiles à ménager la chèvre et le chou, vendaient des fusils aux Hellènes et de la poudre aux Turcs. Cette noble neutralité leur a réussi. Ils seraient fort disposés à agir de même pour la Crète. Cependant ils crient de leur mieux, traitent les Turcs de Barbe-Bleue, se préparent à une nouvelle révolution, et déclarent bien haut que le roi Georges n'a qu'à s'en aller s'il ne rapporte pas l'île de Crète dans le trousseau de la fille du grand-duc Constantin.

C'est toujours ce peuple que j'ai vu, dans d'autres voyages, intelligent, actif, habile à la navigation, au commerce, plein de vitalité au milieu de cet Orient énervé et engourdi, mais incapable de se gouverner, sans bienveillance, sans scrupules, vantard, querelleur, profondément antipathique à tous ceux qui sont en contact journalier avec lui. J'ai vu l'Orient aussi bien qu'on peut voir des contrées dont on connaît à peine les langues, j'ai entendu des centaines de personnes, négociants, diplomates, voyageurs anglais, français, italiens qui l'ont habité pendant des années. Toujours la même note.

L'aversion pour les Grecs, l'estime, la sympathie pour les Turcs des basses classes, population bonne, honnête, facile à gouverner, moins paresseuse et moins fanatique qu'on ne croit dans l'Occident.

Si j'ai trouvé des philhellènes, c'est dans la classe des professeurs, des architectes, des poëtes, qui sont restés fidèles à la contemplation de l'art grec ou à l'étude de sa littérature et de sa philosophie.

C'est qu'alors il est impossible de retenir son admiration pour ce peuple, le premier-né de l'esprit humain.

En 1861, j'ai visité l'Attique, le Parthénon, qui révèle à lui seul toutes les proportions de l'art, le Pentélique, Marathon, Salamine, Éleusis.

Jamais plus de beauté dans un cadre plus harmonieux.

L'instinct religieux profond, l'aptitude aux spéculations les plus abstraites, le sentiment de l'idéal, une aspiration inquiète vers l'inconnu, furent l'apanage des deux grandes races nobles, les Aryas et les Sémites. Laissons les Sémites de côté, nous les retrouverons au Liban et dans ce pays nommé avec raison Terre-Sainte, puisqu'il vit naitre la religion du Christ.

Parlons des Aryas, nos ancêtres, dont la branche la plus jeune, les Anglo-Germains, continuant de nos jours vers l'Occident sa marche envahissante, semble destinée à remplacer les populations inférieures de l'Amérique et de l'Océanie.

Aux périodes lointaines, les premières qu'aperçoit vaguement l'histoire, deux peuplades de la grande race aryenne, sorties déjà de la barbarie primitive, arrivaient, l'une dans la vallée du Gange, l'autre aux bords de la mer d'azur, dans ce beau pays découpé de golfes et de presqu'îles qui s'appelle aujourd'hui la Grèce.

Toutes deux étaient ardentes, pleines de séve, supérieures aux races primitives. Elles contenaient toutes deux les germes puissants de l'idéal.

Mais tandis que dans l'Inde, au milieu d'une nature implacable, où les neiges éternelles de l'Himalaya bornent les vastes plaines dévorées de soleil, les âmes écrasées se jetaient dans une poésie vague, exubérante, aussi obscure que leurs immenses forêts, les Hellènes, dans un climat tempéré, entourés des sites nobles et gracieux de leur beau pays, créèrent un art heureux où l'homme libre et fier se meut dans la proportion et dans l'harmonie.

Les dieux de la Grèce ne furent pas ces monstres repoussants ou terribles dont l'imagination védique, accablée par les vapeurs d'une nature trop luxuriante, peupla les temples mystérieux des grandes vallées de l'Inde ; ce furent les plus beaux et les plus sages des hommes, mais des hommes toujours.

En fait, la Grèce n'eut qu'un culte, celui de la beauté humaine, mais de la beauté de l'intelligence unie à celle du corps.

L'équilibre parfait est peut-être le secret de la grandeur des Grecs. Ils ne sacrifièrent pas tout aux corps comme les peuples sensuels de l'Asie et les Romains de la décadence ; ils ne furent pas uniquement des âmes comme les ascétiques du moyen âge ; ce furent des hommes. Un Socrate, lourdement armé, ramenait un ami blessé à travers les troupes ennemies ; un Platon était célèbre par la largeur de ses épaules et la beauté de son visage.

Les jeux publics, la course, la lutte, la natation étaient aussi en honneur que les rivalités intellectuelles de l'école ou du théâtre.

La jeunesse y paraissait sans vêtements, et fournissait d'admirables modèles aux peintres et aux sculpteurs. Il en résultait pourtant une certaine absence du sentiment chrétien de la pudeur, qui a donné lieu à bien des déclamations. Encore si l'on se plaçait au point de vue chrétien. Mais notre siècle, qui se prétend si fort et qui fait si bon marché de la seule règle réellement respectable, la religion, est si esclave de vieux préjugés qu'il ne peut comprendre le milieu où vivaient

Aspasie et Périclès, Phidias et Platon (comme si les Aspasie n'étaient pas moins intellectuelles et beaucoup plus dangereuses de nos jours).

Et cependant c'est du sein de cette société que sortirent les exemples les plus sublimes d'énergie, de courage civil, de dévouement à la patrie.

Son architecture, ses statues font l'admiration et l'envie de nos artistes, et toutes les nations civilisées viennent s'abreuver à la source féconde de sa poésie !

La guerre épique de la Grèce et des Perses fut la lutte la plus sublime d'une nation pour sa liberté. Les soldats de Léonidas aux Thermopyles, le bataillon sacré de Thèbes, à Leuctres et à Mantinée, surpassèrent en héroïsme les Sarrasins de Mahomet et les paladins du moyen âge.

Le temple de Thésée, le Parthénon, Égine, le Sunium, les marbres d'Elgin relégués, hélas! dans les brumes de Londres; les statues d'origine grecque des musées de Rome montrent un art que rien n'a égalé depuis, même les grands artistes de la Renaissance.

Quant à la littérature, elle domine le monde. C'est le charme éternel de tous les esprits cultivés. Quel pays que celui qui peut nommer Homère, Pindare, Eschyle, Aristophane, Hérodote et Xénophon ! De tous les grands esprits de l'humanité, Socrate et Platon furent ceux qui approchèrent de plus près des vérités éternelles, sans le secours de la révélation.

Puis vinrent les guerres des successeurs d'Alexandre, suivies de la domination romaine. L'arbre épuisé cessa de produire des fruits. Vingt siècles de stérilité, relative d'abord, absolue ensuite, se sont écoulés depuis les jours immortels des Euripide et des Socrate.

Maintenant la Grèce est libre de nouveau; elle s'agite

dans le commerce, envahit les ports de l'Orient, et finira par s'agrandir encore, grâce à l'apathie des Turcs et aux préjugés qu'ils inspirent. Mais rien ne fait présager un réveil glorieux. Le mélange de sang turc, toujours peu favorable (ce qui est le contraire pour le sang italien), a abâtardi les populations de l'Attique et de la Morée, qui, loin d'avoir le beau type grec, sont d'une laideur extrême.

La nature seule est encore belle, malgré les ravages de l'homme, et l'on est tenté de dire avec Byron :

> 'T is Greece, but living Greece no more!
> So coldly sweet, so deadly fair,
> We start, for soul is wanting there.
> Hers is the loveliness in death,
> That parts not quite with parting breath;
> But beauty with that fearful bloom,
> That hue which haunts it to the tomb,
> Expression's last receding ray,
> A gilded halo hovering round decay,
> The farewell beam of Feeling past away!
> Spark of that flame, perchance of heavenly birth,
> Which gleams, but warms no more its cherished earth!
>
> Clime of the unforgotten brave!
> Whose land from plain to mountain-cave
> Was Freedom's home or Glory's grave!
> Shrine of the mighty! can it be,
> That this is all remains of thee (1)?

(1) C'est la Grèce, mais ce n'est plus la Grèce vivante
Si froide dans sa douceur, si belle dans son anéantissement
Que nous tressaillons, car l'âme n'y est plus.
A elle ce charme au sein de la mort
Qui ne part pas avec le dernier soupir;
Cette beauté qui brille d'un éclat fatal
Que ne dissipe pas le tombeau;
Dernier reflet de l'expression qui s'évanouit.
Nimbe doré qui entoure le trépas;
Dernier rayonnement d'un sentiment éteint;

2.

A trois heures, nous sommes en route et nous laissons bientôt derrière nous les côtes jaunes et brûlées de Syra. La mer est admirable, et rien ne peut égaler la splendeur lumineuse du ciel. Dans cette belle soirée d'automne, j'éprouve le même sentiment que le jour déjà lointain où je voguais sous le Sunium.

> Tu les as traversés, ô jeune Alcibiades,
> Ces flots de l'Archipel que couronne Naxos,
> Tu les as traversés au bruit des sérénades,
> De tes bruns mariniers fascinés par Éros.
>
> Au printemps de ta vie, au milieu des Cyclades,
> Tu suivais les exploits des antiques héros,
> Dont les traits vénérés ornent ces colonnades,
> Où brillent dans la nuit les marbres de Paros.
>
> Et la mer tressaillait comme aujourd'hui ; le monde
> Saluait la beauté, cette essence de Dieu ;
> La jeunesse et l'amour soufflaient dans le ciel bleu ;
>
> Le Triton reposait dans la grotte profonde,
> Et la nymphe au sein nu, pensive près du bord,
> Secouait au soleil, sa chevelure d'or.
>
> 23 mai 1861.

Quand on voit la pureté de ce ciel, la limpidité de ces flots, l'harmonie générale des contours, le mythe de la Vénus Anadyomène se dévoile aux regards charmés, et l'on comprend que c'est ici, sur ces vagues brillantes, que devait naître la beauté.

Tinos est à notre gauche, douce, gracieuse, beaucoup

> Étincelle de cette flamme divine
> Qui éclaire, mais ne chauffe plus la terre qu'elle aimait.
> Patrie de ces héros éternellement présents à notre mémoire
>   Dont le souvenir est indélébile,
> Dont le sol, depuis la plaine jusqu'aux cavernes de la montagne,
> Etait l'asile de la liberté ou le tombeau de la gloire !
> Sanctuaire de la grandeur humaine, se peut-il
> Que voici tout ce qui reste de toi ?

moins stérile que les autres Cyclades. Ses riants villages, entourés de bois, blanchissent sur les flancs de l'île.

Près de la mer est la capitale, avec les coupoles de sa vaste église, sous le vocable de la Reine des Évangélistes. C'est le sanctuaire le plus vénéré de l'Archipel. Les malades y accourent de toutes les parties de la Grèce. Nous avons à bord une pauvre femme qui vient de le visiter. Elle est devenue folle de terreur pendant le dernier incendie de Smyrne.

A notre droite est l'île basse de Délos, puis Myconie; plus loin on aperçoit Paros et la silhouette rosée de Naxos où le jeune Bacchus consola Ariane abandonnée. Que de souvenirs! Chaque rocher de ces mers soleilleuses retrace à l'esprit mille songes charmants. Que d'espaces énormes, au contraire, qui ne laissent aucune trace dans l'histoire! Un îlot des Cyclades a eu plus d'importance dans l'humanité que les immensités de l'Afrique australe et que tout ce vaste pays abruti par le despotisme russe qui va de la Vistule au détroit de Behring!

CHAPITRE II.

SMYRNE. ALEXANDRETTE. BEYROUTH.

Smyrne. — La ville turque. — Le peuple turc. — Pathmos. — Rhodes. — La propreté anglaise. — Les voyageurs romains. — Germanicus. — La Cilicie. — Sardanapale. — Bataille d'Issus. — Le patriarche du Liban. — Latakyeh. — Tripoli. — Beyrouth. — La veuve de Sarepta. — Hérode et ses fils. — Drogman et hammals. — Deir el Kamar.

24 SEPTEMBRE. — A la pointe du jour nous arrivons à Smyrne, où l'*Éridan* va s'arrêter quarante-huit heures. Nous descendons immédiatement à terre et nous sommes bientôt en route pour le pont des Caravanes, montés sur de petits ânes qui sont loin d'égaler les baudets fringants du Caire.

Le pont des Caravanes est un site trop vanté; mais c'était le premier point de l'Orient que voyaient jadis les voyageurs, et ce premier regard est toujours féerique. En outre le commerce de Smyrne avait beaucoup plus d'importance autrefois; cependant il y a en ce moment une reprise dans les affaires, et la ville me paraît bien plus riche et bien plus vivante qu'en 1861.

Ce matin le pont des Caravanes est très-animé et présente les types variés, les couleurs éclatantes de l'Orient. Les longues files de chameaux bien harnachés avec leurs conducteurs, grands gaillards aux figures énergiques, bronzées par le soleil, les hammals turcs beaux et vigoureux, portant sans sourciller des poids énormes, les cafés grecs avec leurs jeunes musiciens vêtus d'étoffes brillantes, et passant à âne, silencieuses et voilées, les femmes musulmanes suivies de leurs esclaves noirs.

Dans l'après-midi nous montons au Pagus, haute colline qui domine Smyrne et sur laquelle s'élevait probablement la cité antique; elle est maintenant couronnée par les murailles et les tours d'un vieux château génois élevé à l'époque de l'empire latin de Constantinople. La vue est vaste, les horizons lointains se fondent insensiblement dans le ciel. Il y a dans la nature une sorte de mollesse perfide. On devine l'Ionie. Sur les pentes du mont Pagus est le quartier des courtisanes; ce sont de petites maisons carrées avec des terrasses, les portes sont ouvertes, et il en sort les sons bizarres et pénétrants de la musique orientale; on aperçoit quelque jeune Lévantin vêtu de soie, à la démarche indolente ou quelque soldat albanais avec son arsenal de pistolets et de poignards à la ceinture. Plus loin un cimetière, de grands cyprès, puis la ville turque avec ses platanes, ses cafés sous les treilles d'où pendent de belles grappes, ses maisons sans bruit, hermétiquement fermées aux regards curieux. C'est bien ce pays de beauté et d'enivrements, de mystère et de crimes que d'autres ont mieux décrit.

> Know ye the land where the cypress and myrtie
>   Are emblems of deeds that are done in their clime,
> Where the rage of the vulture, the love of the turtle,
>   Now melt into sorrow, now madden to crime?
> Know ye the land of the cedar and vine,
> Where the flowers ever blossom, the beams ever shine;
> . . . .

Where the tints of the earth, and the hues of the sky,
In colour though varied, in beauty may vie,
Where the virgins are soft as the roses they twine,
And all, save the spirit of man, is divine?
'Tis the clime of the East; 'tis the land of the sun (1)!
BYRON.

25 Septembre. — Nous devions aller à Éphèse fameuse par ses richesses, par le souvenir de saint Jean et dans l'antiquité grecque par le temple de Diane que brûla Érostrate dans un but qu'il a atteint, celui de se rendre à jamais célèbre. Mais je manque l'unique train qui conduit à Guzel-Hissar. Il y a déjà deux chemins de fer à Smyrne, l'un allant au nord, l'autre au midi. Je ne regrette pas trop ce contre-temps : la chaleur aurait été affreuse parmi les rochers, dans un désert sans ombre livré à la malaria. Du reste, les ruines d'Éphèse sont informes; cependant un ingénieur qui y fait des fouilles pour le musée britannique, et avec qui j'ai voyagé depuis Marseille, croit avoir déterminé définitivement l'emplacement du temple de Diane. Il a aussi découvert quelques curieux tombeaux, un entre autres sur lequel est sculpté plusieurs fois le bœuf de saint Luc et qu'on a tout lieu de supposer devoir être la sépulture de cet évangéliste.

(1) Connais-tu la terre où le cyprès et le myrte
 Sont les emblèmes des actions qui sont faites en ces climats;
 Où la rage des vautours et les amours des tourterelles
 Tantôt fondent les âmes en tristesse, tantôt les exaltent jusqu'au crime,
 Connais-tu la terre du cèdre et de la vigne
 Où les fleurs se succèdent sans cesse, où les rayons resplendissent
 [toujours]
 . . . .
 Où les couleurs de la terre et les teintes du ciel
 Tant variées qu'elles soient, peuvent rivaliser de beauté,
 Où les vierges sont douces comme les fleurs qu'elles tressent en
 guirlandes,
 Où tout est divin sauf le cœur de l'homme,
 C'est l'Orient! c'est le pays du soleil.

Nous parcourons les bazars de Smyrne, très-animés et présentant à chaque pas des motifs d'aquarelles, marchands de poissons, de pastèques, étal de bouchers, boutiques de vieilles armes, etc.

Je n'essayerai pas une description déjà souvent faite, car c'est là le triomphe de l'école moderne.

La plaie des bazars, ici comme à Constantinople, ce sont les ruffians et entremetteurs juifs; cette race intelligente et malheureuse, qui tend à se relever en Occident exerce en Orient tous les métiers vils, s'il y a des métiers vils. On dit que leurs mœurs sont irréprochables dans l'intérieur des familles, assertion que la nombreuse prostitution juive semble contredire. Ce qui est certain, c'est qu'un voyageur ne débarque pas en Orient sans être harcelé par une nuée de ces cicerone d'un genre particulier qui inspirent une grande antipathie par leur persistance, leur obséquiosité. Il est possible que leur extrême laideur, qui fait tache au milieu des populations pittoresques qui les entourent, contribue quelque peu à cette aversion.

Pour échapper à ceux qui me poursuivent depuis une heure, je gagne le quartier turc, qu'ils n'aiment guère à traverser.

Aussitôt je trouve plus de tranquillité, et n'en déplaise aux turcophobes, plus de propreté. Le quartier juif, au contraire, est toujours le plus sale de tous.

Les Turcs aiment la verdure, les beaux paysages, l'eau courante; dans leurs villes on voit partout de beaux arbres et des fontaines, mais on n'y rencontre aucun signe de fanatisme. J'ai parcouru seul les quartiers les plus reculés des villes turques, sans avoir rencontré jamais de l'hostilité. J'y trouvais plutôt de la bienveillance. Si je m'arrêtais pour regarder de beaux chevaux, de belles armes, des costumes, de grands Turcs à la physionomie ouverte me disaient en souriant le mot sacramentel depuis la guerre de Crimée « bono. » Certes il ne faut pas faire des gestes aux femmes et leur adresser des plaisanteries de commis voyageurs, mais c'est le cas de tout l'Orient, et les femmes turques sont moins voilées et moins revêches que celles des pays arabes. Une femme turque aujourd'hui à qui nous demandons le chemin, nous l'indique avec bonne grâce, en nous montrant à travers un voile léger ses lèvres souriantes et ses beaux yeux noirs.

Je sais que la mode aujourd'hui est de jeter la pierre aux Turcs. La Russie a fait de son mieux à cet égard. Je ne prendrai pas la défense du gouvernement turc, et l'infâme conduite de quelques hauts fonctionnaires, lors des affreux massacres de Syrie en 1860, a fait un tort profond à la cause de la Turquie. Mais il faudrait être juste et comparer son organisation non avec l'Occident, mais avec celle de l'Est de l'Europe. Les Grecs qui crient si fort ont-ils un gouvernement si bien ordonné? Quelle est la sécurité qu'on trouve chez eux, ou la prospérité de leur royaume? Les îles Ioniennes que l'Angleterre leur a cédé dans un état si satisfaisant ne retombent-elles pas dans la sauvagerie?

Quant à la Russie avec son despotisme tartare, et la bassesse sans nom de ses populations d'esclaves qui baisent leurs chaînes, elle est dans l'échelle morale bien inférieure à la Turquie, sans avoir à ce sujet aucune excuse, car elle se prétend civilisée et chrétienne. Les sujets chrétiens de l'empire ottoman n'ont jamais été traités avec la dureté systématique et féroce qu'un gouvernement soi-disant philosophique et libéral a montré envers la malheureuse Pologne. Les catholiques préfèrent mille fois la tolérance du sultan Abdul-Azis au joug pesant du tsar de toutes les Russies. J'ai trouvé ce sentiment même chez les Grecs éclairés.

Et cependant telle est l'aberration des masses, telle est l'influence des mensonges continuels sortis des officines de Pétersbourg et de Moscou, qu'on voit des bandes en Bulgarie prêtes à arborer le drapeau russe, et que même en Autriche les Tchèques de la Bohême, au sein des institutions libres d'un pays régénéré, soupirent après les aménités de l'autocratie moscovite. Espérons que la Turquie résistera encore, et que quand viendra un règlement de la question d'Orient, les Russes seront plutôt refoulés qu'amenés en avant. Loin d'être un progrès, ce serait la ruine de la civilisation que de laisser arriver sur le Bosphore leur odieux despotisme.

Le souverain actuel de la Turquie semble plein de modération et des intentions les meilleures. Dans son récent voyage en Europe, il a montré une dignité, une bonne tenue que bien des princes pourraient lui envier.

Je n'ai pas la prétention de proposer une solution à la question d'Orient, sur laquelle ont pâli tant de diplomates. Je voudrais une large autonomie pour les populations chrétiennes homogènes, comme les Maronites. Mais dans ce temps où l'on parle si souvent du droit des nationalités, je trouve qu'on devrait tenir compte dans les systèmes des millions de Turcs qui habitent Constantinople et l'Anatolie. Ce n'est pas la partie la moins intéressante de la population. Je suis même tenté de dire qu'elle l'est plus que les autres.

26 Septembre.—Nous partons à une heure ; la brise du nord qui souffle chaque après-midi dans le golfe de Smyrne ne s'est pas encore élevée. La chaleur est lourde. Sur la terre, quelques brumes et pas une ride sur la mer. Les côtes au nord sont basses, mais vers le sud, on aperçoit d'assez hautes montagnes. Les principales cimes se nomment les trois frères et les deux sœurs. Ces dernières ont exactement la forme de ces deux pics de la Haute-Loire que les paysans nomment peu respectueusement les tétons de l'abbesse.

Plus loin le golfe se resserre ; le delta de l'Hermus l'envahit rapidement. Si de grands travaux ne sont pas exécutés, on peut presque préciser l'époque où la rade de Smyrne ne sera plus qu'une lagune intérieure.

A mesure que nous nous éloignons, et que le soir arrive, les côtes, les sommets lointains, les îles et la mer se couvrent des teintes les plus harmonieuses et les plus charmantes. C'est bien le doux pays d'Ionie où Homère et Pythagore virent le jour. Cyme, Phocée, Clazomène étaient ici. Sur ces promontoires s'élevaient des temples fameux.

Voici le kara Bournou (cap Noir), fauve plutôt, avec ses ravins de roches grisâtres. Lesbos est au nord et nous descendons le canal de Chio dont les collines gracieuses ferment la vue à l'Occident.

C'est aujourd'hui pour les Grecs la fête de l'Exaltation de la Sainte Croix ; à mesure que tombe la nuit, des feux de joie s'allument sur toutes les côtes et remplacent sur ces caps les holocaustes offerts aux dieux de l'Olympe.

27 Septembre. Nous avons passé dans la nuit Samos l'île consacrée à Junon, avec ses souvenirs de Pythagore

et des conquêtes de Periclès, et Pathmos, où saint Jean exilé sur un rocher aride écrivit cette révélation qui respire une haine si ardente contre les cruautés et les lubricités de la grande et impitoyable Rome.

1. Et un des sept anges qui portaient les sept coupes vint, et il me parla, disant : Viens, je te montrerai la condamnation de la grande prostituée qui est assise sur les grandes eaux.

2. Avec laquelle les rois de la terre se sont corrompus, et les habitants de la terre se sont enivrés du vin de sa prostitution.

3. Et il me transporta en esprit dans le désert, et je vis une femme assise sur une bête de couleur d'écarlate, pleine de noms de blasphèmes, laquelle avait sept têtes et dix cornes.

4. Et la femme était vêtue de pourpre et d'écarlate, parée d'or, de pierres précieuses et de perles, portant en sa main un vase d'or plein d'abominations et des impuretés de sa fornication.

5. Et ce nom était écrit sur son front ; mystère : la grande Babylone, la mère des fornications et des abominations de la terre.

6. Et je vis la femme enivrée du sang des saints et du sang des martyrs de Jésus, et, à son aspect, je fus rempli d'un grand étonnement.

7. Et l'ange me dit : « Pourquoi t'étonner? Je te dirai le mystère de la femme et de la bête qui la porte, et qui a sept têtes et dix cornes.

8. La bête que tu as vue était et n'est plus; elle s'élèvera de l'abîme et sera précipitée dans la perdition; et les habitants de la terre, dont les noms ne sont pas écrits au livre de vie dès la formation du monde, seront dans l'étonnement lorsqu'ils verront la bête qui était et qui n'est plus.

9. Et voici le sens plein de sagesse de cette vision : Les sept têtes sont sept montagnes sur lesquelles la femme est assise.

10. Ce sont aussi sept rois dont cinq sont tombés; l'un est encore et l'autre n'est pas encore venu; et quand il sera venu il faut qu'il reste peu de temps.

11. Et la bête qui était et qui n'est plus est la huitième; elle est une des sept et va dans la mort.

12. Les dix cornes que tu as vues sont dix rois qui n'ont pas encore reçu leur royaume; mais ils recevront comme Rois la puissance à la même heure après la bête.

13. Ceux-ci ont un seul conseil et ils donneront leur force et leur puissance à la bête.

14. Ils combattront contre l'agneau, mais l'agneau les vaincra, parce qu'il est le Seigneur des seigneurs et le Roi des rois, et ceux qui sont avec lui sont les appelés, les élus et les fidèles.

15. Et il me dit : Les eaux que tu as vues où la prostituée est assise sont les peuples, les nations et les langues.

16. Les dix cornes que tu as vues dans la bête sont ceux qui haïront la prostituée et ils la réduiront à la dernière désolation; ils la dépouilleront, ils dévoreront sa chair et ils la brûleront dans les flammes.

17. Car Dieu leur a mis dans le cœur d'exécuter ce qu'il lui plaît : de donner leur royaume à la bête jusqu'à ce que les paroles de Dieu soient accomplies.

18. Et la femme que tu as vue est la grande ville qui règne sur les rois de la terre. (*Apocalypse*, chap. XVII.)

Aux premières lueurs du jour nous nous trouvons entre Cos et le promontoire de Cnide. Une lumière froide éclaire d'abord des côtes profondément découpées, et des îles gracieuses, Nysiros, Télos; puis paraissent des teintes citron sur les montagnes, rosées sur les îles, nacrées sur la mer. — Au lever du soleil nous passons le cap de Cnide qui a une ressemblance frappante avec le cap Misène, la même forme en hameçon avec deux petits ports de chaque côté. La ville de Cnide était au sud, mais plus de galères victorieuses, plus de temple de Vénus, plus de statues de Praxitèle, quelques pans de murailles et les fondations d'un théâtre sont seuls encore debout.

Quelques heures après nous entrons dans le port de Rhodes. Une rangée de petits moulins à vent sur des buttes de sable, voilà ce que l'on aperçoit d'abord de cette ville fameuse. — Nulle trace du colosse qui paraîtrait fabuleux si l'on ne se rendait pas compte de la petitesse des ports des anciens et de leurs navires qui n'étaient que des barques. Du reste on ne découvre rien de l'antique Rhodes; les tremblements de terre très-fréquents ici ont tout bouleversé.

Quant à la ville des Chevaliers de Saint-Jean de Jérusalem qui y résistèrent si longtemps à la conquête musulmane, certaines parties restent dans l'état où elles étaient le jour où l'héroïque Villiers de l'Isle-Adam à bout de munitions et de vivres fut obligé de se rendre à Soliman le Magnifique (1522).

Le climat est favorable à la conservation des monuments, les Turcs n'ont pas la manie de destruction et de changement des démolisseurs français et l'on trouverait difficilement chez nous un lieu aussi franchement moyen âge que la rue dite des *Chevaliers*. L'architecture est du XV° siècle, les écussons qui surmontent les portes sont ceux de grandes familles françaises, allemandes et espagnoles. Quelques montants en marbre, quelques pilastres ont des ornements Renaissance dans le style de Sansovino.

Une explosion récente aura causé plus de dommages à ces vieilles maisons que trois siècles d'abandon. Elle fut produite par la foudre qui tomba sur une poudrière depuis longtemps oubliée, sauf par une famille, dit-on, qui en avait conservé la tradition secrète et faisait de temps en temps un commerce de contrebande. On a tout lieu de croire qu'en 1522 il y avait des traîtres dans le service de l'artillerie; ils cachèrent ces grandes quantités de poudre qui auraient permis au grand maître de continuer sa défense.

Dans d'autres parties de la ville, bien déchue aujourd'hui, existent d'autres débris du temps des chevaliers.

Une porte surtout formée par les troncs de deux grenadiers en marbre dont les branches portent des écussons. Du haut des murs on aperçoit de beaux jardins de mûriers, de citronniers et de pêchers, dont l'ombre épaisse réjouit de loin les regards par ce brûlant soleil. L'île de Rhodes mériterait qu'on y fît séjour. On y trouve de hautes montagnes et de belles vallées, où les palmiers et les lauriers roses croissent en bas, et en haut les rhododendrons des Alpes.

C'est un vendredi : — Les portes sont fermées à midi comme dans presque toutes les villes musulmanes; nous ne regagnons l'*Éridan* qu'au moment du départ, chargés des belles grenades de Rhodes qu'à l'aide d'un batelier turc, notre seul guide, nous avons payées *cinq fois* meilleur marché que ceux de nos compagnons qui ont pris des *cicerone* juifs.

Nous voguons sur une mer magnifique, ayant en vue les montagnes de la Lycie.

Le pont du bateau à vapeur présente cet aspect pittoresque bien connu des voyageurs qui ont parcouru l'Orient.

Ce sont des femmes turques avec leurs robes jaune-serin et leurs voiles blancs, des Grecs aux yeux et au nez d'oiseaux de proie, vêtus de leurs vestes courtes et de leurs larges pantalons de serge bleue, des *hammals* arméniens avec leurs grosses lèvres et leurs bonnes figures réjouies contrastant avec les Juifs insinuants et rusés, des soldats turcs et albanais, etc.

Ces passagers du pont s'arrangent en petites sociétés et accroupis sur des tapis fort passables souvent, à côté de leurs raisins, de leurs pastèques, de leurs oignons et d'un bon pain blanc qui ferait envie à bien de nos paysans, ils jouissent du beau temps, ou se résignent à l'orage avec tout le fatalisme oriental.

Ils ne sont pas très-propres assurément, mais ils portent des vêtements aux couleurs vives et ils ont des attitudes artistiques. Nos basses classes sont à la fois sales et incolores. Peut-être un peu plus propres en France, elles le sont bien moins en Angleterre.

Les Anglais ne devraient jamais parler de la malpropreté des autres pays.

La propreté anglaise est un mythe auquel le continent a cru, à force de l'entendre répéter. Qu'ils regardent chez eux la saleté sans nom de leurs pauvres, de leurs commis de magasin et, même dans de grands hôtels, les chambres qui fourmillent de punaises et sont à peine balayées par des *housemaids* paresseuses et sans soin.

28 Septembre. — Navigation charmante sur une mer paisible. Nous avons traversé dans la nuit le golfe profond de Satalie ; dans la matinée, nous apercevons le cap Anamour, et nous ne quittons plus de vue la terre.

Ces côtes de la Caramanie sont admirables, trois rangées de montagnes s'étagent l'une sur l'autre, de vastes forêts avec des bois de construction pour des flottes entières, descendent des sommets et s'étendent jusqu'à la mer ; de tous côtés des îles, des havres bien abrités, des promontoires hardis. Mais tout est désert, on dirait que ce sol s'est lassé de porter des hommes.

Ces côtes se nommaient autrefois Lycie, Pamphylie, Cilicie. Aux époques pré-historiques, elles furent les frontières des deux grandes races : tandis que les Aryas occupaient tout le reste de l'Asie Mineure, ils se trouvaient ici en contact avec des populations sémites. Les inscriptions, la numismatique de ces contrées en font foi. Elles ne furent que nominalement soumises aux Perses. Les dix mille de Xénophon et Alexandre firent un long détour vers le Nord, pour s'aventurer le moins possible dans ces montagnes. Entièrement indépendantes sous les Séleucides, et dans les premiers temps de la conquête romaine, elles couvrirent les mers de ces flottes de pirates qui ruinèrent le commerce, rançonnèrent le navire du jeune César et ne furent réduites que par Pompée, armé de pleins pouvoirs et à la tête d'une expédition formidable.

Ces instincts de pillage reparurent plus tard comme un héritage de famille parmi ces populations. Au temps de l'empire Grec, nous les voyons braver les forces impériales et étendre leurs déprédations sur toute l'Asie Mineure.

Mais à partir des victoires de Pompée, sous la république romaine, et les empereurs, ces côtes se couvrirent de villes florissantes, de ports renommés. C'était la grande route des Romains de distinction, qui faisaient leur voyage d'Orient. On partait par Brindisi, on arrivait par la route que j'ai déjà décrite à Corinthe. Une visite à Athènes était obligatoire. On traversait l'Archipel pour aller offrir ses présents au temple de Diane, à Ephèse, magnifiquement reconstruit par les successeurs d'Alexandre. Rhodes venait ensuite, île de philosophie et de plaisirs, où Tibère, qui semble avoir aimé les îles et les beaux climats, vécut longtemps, fort décrié, avec sa cour d'astrologues et de mignons. Puis, on s'avançait le long de ces côtes, sans s'éloigner de terre et relâchant souvent dans les ports. C'est ainsi que voyagèrent Cicéron, dont nous suivons l'itinéraire, dans les lettres d'Atticus; Marc-Antoine, qui trouva Cléopâtre à Tarsous; Caïus César, fils d'Agrippa et de Julie, et son beau-frère Germanicus.

Ce voyage fut fatal à ces derniers, Caïus César mourut des fièvres en Lycie, et Germanicus, l'idole du peuple romain, la seule lueur d'espérance au milieu du sombre règne de Tibère, en disgrâce, oisif, découragé, après avoir parcouru tout l'Orient et pénétré jusqu'aux cataractes, expirait à Antioche au mois de novembre 19, empoisonné sans doute par Pison.

Suberat occulta formido reputantibus haud prosperum in patre ejus favorem vulgi; avunculum ejusdem Marcellum flagrantibus plebis studiis intra juventam ereptum; breves et infaustos populi romani amores (Tacite, II, 41) (1).

29 Septembre. — Nous sommes arrivés dans la nuit devant Mersina, le port de Tarsous, situé à peu de distance de l'embouchure de ce Cydnus, qui semble fatal aux grands hommes, puisque Alexandre faillit mourir pour s'y être baigné et que Frédéric Barberousse s'y noya.

Nous jetons l'ancre loin de terre. Il y a des bas-fonds de tous côtés, et la rade ouverte de Mersina, quand soufflent les vents du sud, est sujette à un aussi épouvantable ressac que celui qui faillit nous engloutir à Lambayèque, sur les côtes du Pérou.

(1) On ne pouvait se défendre d'un secret sentiment de crainte, en songeant que la faveur du peuple avait été fatale à son père Drusus, que son oncle Marcellus s'était vu enlever dans la fleur de sa jeunesse aux adorations de l'empire, qu'une influence sinistre semblait attachée aux affections du peuple romain.

Vue de loin, Mersina a l'aspect de quelque comptoir européen sur les plages de l'Amérique et de l'Océanie, mais quand on débarque, le changement de scène est complet, on se trouve en pleine Asie. C'est ce qu'on lit des bourgades asiatiques vers Bagdad et la Perse.

Un bazar ombreux et assez animé, le reste de la ville désert, un vaste khan à moitié ruiné, une population de chameliers, de moukrès et de courtisanes, des caravanes de grandes chamelles blanches couvertes de harnachements bariolés.

Tout autour s'étend une plaine que le moindre système de drainage changerait en un jardin fertile, mais qui, par l'incurie orientale, n'est qu'un marécage fiévreux.

La crainte des fièvres et des coups de soleil nous empêchent de faire une excursion à Pompéiapolis. J'ai aperçu ces ruines de la mer en 1861. Un grand temple est encore debout avec une trentaine de colonnes.

Dans l'après-midi, nous partons pour Alexandrette (Iskanderoun), en traversant le golfe d'Issus. Les brumes de chaleur nous cachent malheureusement le Taurus, dont, par un beau lever de soleil de mai, j'ai vu les cimes neigeuses s'allumer une à une comme des lampes sacrées.

Le soir, en approchant d'Alexandrette, nous apercevons au travers de grands feux allumés par des pâtres les sommets de ce mont Cassius, qui dominait Antioche et les vallons de Daphné, et dont on pouvait voir en même temps, disait-on, le coucher du soleil et le lever de l'aurore. Adrien y monta, et Julien l'apostat y offrit à Jupiter le dernier sacrifice qu'un empereur romain immola aux faux dieux.

Cette montagne était admirablement boisée; elle le serait encore sans les dévastations insensées des hommes. Une famille suisse, établie à Alep, me raconte que lorsqu'ils y campèrent pendant un mois avec le consul d'Angleterre, lors du dernier choléra d'Alep, des bergers, croyant leur faire plaisir, allumèrent toute une forêt en guise d'illumination.

Nous sommes près de la terre ce soir, sur la plage courent des bandes de chacals dont les aboiements ressemblent à des cris d'enfants.

30 SEPTEMBRE. — Nous débarquons de bon matin et traversons la ville d'Alexandrette; sauf cinq ou six maisons de négociants près de la plage, ce sont des huttes de branchage et de boue, quelque chose comme le quartier indigène de Biskra ou de Tuggurt. Nous arrivons à la plaine marécageuse qui s'étend entre la ville et les montagnes. Le chemin d'Alep traverse cette solitude, parsemée de quelques touffes de roseaux.

A 2 ou 300 mètres des dernières masures est un tumulus, reste informe de maçonnerie antique; un peu plus loin, une vaste enceinte fortifiée qui date, dit-on, du temps des croisés.

Des chameaux lourdement chargés, des mulets avec leurs moukres, des hommes armés, à cheval, s'avancent en ligne à travers la plaine. Les hommes, grands et vigoureux, ont un air de fierté et d'indépendance; ils n'ont rien de la démarche maladroite et disgracieuse de nos paysans abâtardis par la conscription et la centralisation.

Sur les bords de cette plaine d'Iskanderoun on

éprouve toutes les sensations qui donnent aux voyages un si puissant attrait.

Ces chameliers qui passent devant nous ont peut-être vu le grand désert de Kobi ; ces muletiers viennent peut-être de la Perse. Cette caravane ne se dirige-t-elle pas vers Bagdad et Bassora ?

L'imagination suit les hardis pionniers qui ont osé pénétrer le secret de l'Asie centrale, Tavernier, Vanbery qui, déguisé en derviche, visita Khiva et Boukkara, ces terres du Chorasme et de la Sogdiane, peut-être moins connues maintenant qu'aux jours de Cyrus et d'Alexandre.

Nos forces nous font défaut, et nous ne verrons jamais ces pays mystérieux dont nous touchons aujourd'hui le seuil.

Tous les conquérants de l'Asie sont passés par ces rivages. Alexandrette doit son nom à Alexandre le Grand.

A peu de distance, au nord, est Issus, où le jeune roi macédonien remporta sa première grande victoire sur Darius.

Les détails donnés par les historiens de l'antiquité sur cette journée fameuse sont très-obscurs, parce que la précision, l'exactitude topographique sont en somme ce qu'ils cherchent le moins. Alexandre avait fait des marches et des contre-marches en Cilicie, il avait été à Tarsous, puis à Anchiale, ville déchue, où (je cite Arrien)

« On voyait encore le tombeau de Sardanapale sur lequel est élevée sa statue qui semble applaudir des mains : on y remarque une inscription en caractères assyriens et qu'on assure être en vers, dont voici le sens :

« Sardanapale fils d'*Anakinadasarès* a fondé Anchialon et Tarse en un jour; passants, mangez, buvez, jouissez ; le reste n'est que vanité. » — C'est ce que semble indiquer la manière dont il claque les mains : l'expression jouissez a dans l'assyrien un caractère plus voluptueux encore. »

Ce serait chose bien curieuse si, quelque jour, on découvrait cette inscription. L'étude des caractères cunéiformes, qui a pris un tel développement depuis les découvertes de Botta et de Layard à Nemroud et Koyoundjik, fait croire au savant M. Oppert, que les Grecs avaient fort mal déchiffré cette inscription, et que les mots où ils avaient cru voir le nom du père de Sardanapale, sont les expressions de Anakou nadou sar Assour (moi le grand roi d'Assyrie), qui reviennent souvent dans les textes cunéiformes.

Pendant qu'Alexandre parcourait donc lentement la Cilicie, Darius de son côté ne pressait point sa marche. Loin de prendre le chemin le plus direct de la Babylonie, suivi par les dix mille en allant vers Cunaxa, il passait par Damas où il laissait ses bagages les plus pesants et une partie de son harem. Ce qu'on peut comprendre de ses plans montre l'indécision et les caprices de ces enfants gâtés, les rois absolus. Sa déroute fut complète, il n'eut que le temps de fuir. Il avait bravement combattu, cependant, au commencement de la journée, et il avait même blessé légèrement à la cuisse son rival selon quelques auteurs. Il faut lire dans le Plutarque traduit par Amyot la description de la gaieté et de la bonne grâce d'Alexandre, de son humanité et de sa courtoisie pour les princesses captives.

Après la bataille, couvert de sueur et de sang, il entra dans le quartier de Darius avec sa jeune garde d'hétaires, se baigna dans la riche tente disposée en salle de bains, et s'étant fait servir le souper préparé pour le roi des Perses « il se tourna devers ses familiers et leur dit « c'estoit estre roy cecy, à vostre advis, n'estoit pas. »

A cette époque ce beau jeune prince est encore le plus sympathique de tous les conquérants, mais bientôt viendront les enivrements de la toute-puissance, les orgies, le meurtre de Clitus et les cruautés superstitieuses des funérailles d'Éphestion.

Si quelque chose à Alexandrette rappelle l'Europe, ce sont les poteaux du télégraphe, signe de cette civilisation moderne qui tend à conquérir jusqu'à l'immuable et insaisissable Asie.

Nous retournons à bord pour échapper un peu à l'implacable soleil de ce lieu, que l'on nomme le four de la Syrie. Mais nous avons à rester en rade toute la journée. Même les indigènes souffrent de cette température de feu. Accablés, baignés de sueur, les officiers jouent languissamment au whist, tandis qu'assis sur l'échelle le plus près possible de la fraîcheur de l'eau, les passagers pêchent à la ligne, et même avec quelque succès.

Pour passer cette longue journée, j'ai la bonne chance de pouvoir profiter par l'italien de la conversation intéressante et bienveillante du patriarche du Mont-Liban et de deux archevêques maronites.

Ils sont venus à bord à Smyrne. Ils ont fait le voyage d'Europe pour assister à Rome aux fêtes du centenaire; après s'être rendus à Paris et avoir visité l'Exposition universelle, ils ont pris le chemin de Constantinople, où le sultan les a reçus avec la plus grande distinction. Un des plus beaux palais de Péra a été affecté à leur résidence, et un pacha a été mis auprès d'eux pour leur faire les honneurs de la capitale de l'empire. C'est que le patriarche du Liban, chef de la nation Maronite, est un très-grand personnage, il est le roi pour ainsi dire de la montagne, surtout depuis la chute des émirs. Il ne doit quitter le pays que dans des circonstances exceptionnelles. Depuis plusieurs siècles aucun patriarche n'avait visité l'Occident. Les patriarches Maronites sont les successeurs du patriarcat d'Antioche, fondé par saint Pierre lui-même. Ils sont nommés par l'assemblée des évêques de la montagne.

Les Papes confirment invariablement cette élection. Le profond attachement des Maronites pour l'Église, leur dévotion pour le prince des apôtres ont déterminé monseigneur Massad à se rendre à Rome dans cette occasion solennelle où l'épiscopat de toute la chrétienté s'est pressé autour du successeur de saint Pierre, menacé des sectaires qui veulent remplacer le catholicisme par cette religion assez obscure, née dans le cerveau fêlé de Garibaldi, et au nom de laquelle il consacre sans doute les marmots qu'il baptise dans les cafés.

Monseigneur Paul-Pierre Massad est un élève de la propagande à Rome. Il fut longtemps secrétaire du dernier patriarche maronite avant d'être élevé lui-même au patriarcat. Il porte toute sa barbe comme les évêques orientaux. Il a beaucoup de ce calme et de cette dignité qui n'excluent ni la gaieté ni la bienveillance.

Ses compagnons sont monseigneur Jean Elhagge archevêque de Baalbek, dont le diocèse s'étend sur les deux versants du Liban et contient avec les plaines de la Célésyrie où les Moutoualis sont plus puissants que les Maronites, les vallées au-dessus de Ghazir, la partie la plus catholique du Liban, et monseigneur Pierre Albostani, archevêque de Sidon et de Tyr. Ce diocèse qui s'étend au sud de Beyrouth est très-mélangé de Maronites et de Druses. Ce fut là que la guerre civile commença, et plusieurs du clergé de monseigneur Albóstani furent massacrés.

Ils m'entretiennent longtemps de ce petit peuple Maronite allié fidèle de la France depuis le temps des croisades, qui a gardé intacte la foi catholique dans les gorges inaccessibles de ces montagnes et que les Daoud-Pacha voudraient affaiblir et dénaturaliser aux applaudissements des bureaucrates et des niveleurs.

Le soir arrive. Au nord, les brumes continuent à cacher les hauts sommets du Taurus, mais les montagnes plus voisines se dévoilent. La variété des essences d'arbres, les effets de lumière dans les ravins profonds, les formes, les teintes, me rappellent ces belles Alpes qui viennent plonger leurs escarpements dans les eaux limpides du lac de Côme. Mais où sont les paysans sympathiques des riants villages d'Italie?

Mardi 1ᵉʳ octobre. — Nous avons passé dans la nuit devant l'embouchure de l'Oronte qui emporta à la mer tant de cadavres de croisés pendant le siége fameux de 1097-1098. Quand nous nous levons, la côte couverte de vergers a un aspect tout différent de celui des jours derniers.

De grands châteaux en ruines gardent le petit port de Latakieh. Ils datent du moyen âge, mais des tronçons de colonnes, des chapiteaux, une quantité de débris antiques entrent dans leur construction.

Latakieh est l'ancienne Laodicée ainsi nommée en l'honneur de la mère du premier Séleucus. Elle se trouve à un quart de lieue du rivage. La ville antique devait contenir de beaux édifices si l'on en juge par la quantité de ruines que l'on découvre en errant dans ses rues. Une colonne de granit est encore debout, plus loin est un monument bizarre que les livres de guide donnent pour un arc de triomphe, mais les ouvertures sont inégales et il n'y a de fronton que d'un seul côté. Les ornements de style corinthien sont bien conservés. Charmant paysage. Un magnifique palmier au premier plan, la ruine, et au fond, des collines boisées.

De beaux jardins de figuiers, d'orangers et de grenadiers entourent la ville; nous nous y promenons à l'ombre tandis que les colombes roucoulent dans les branches et que des femmes voilées surveillent les sekkiès au bruit monotone dont un cheval poussif fait lentement tourner la roue.

On trouve à Latakieh une population grecque assez nombreuse. A comparer le charme et l'élégance de certains types avec la laideur d'Athènes on dirait que la beauté grecque s'est refugiée ici. Une véritable procession de jeunes filles vient escorter une de leurs compagnes qui part pour Beyrouth.

Entre Latakieh et Tripoli nous passons l'immense château fort de Markab, bâti par les croisés, et l'île de Rouad, où s'élevait autrefois la ville phénicienne d'Aradus et qui contient encore un village de pêcheurs.

La première vue du Liban est radieuse. Ces belles montagnes se détachent sur un ciel d'un bleu violet; tandis que leur base se reflète dans la mer. Quelques plaques de neige tachent encore les sommets.

Les lignes ont le caractère droit, massif, majestueux de cette partie de l'Asie. A mesure que nous approchons du mouillage de Tripoli nous apercevons la sombre verdure des bois de pins, qui bordent la côte, plus loin la ville blanche bien posée sur une colline et dominée par l'immense manoir des comtes de Saint-Gilles.

Nous arrivons ici en pays maronite, le pont est envahi aussitôt par une population vêtue de ses habits de fête.

Les riches négociants de la ville, les émirs de la montagne, le neveu de Joseph Caram en tête, viennent saluer le Patriarche qui doit débarquer ici. C'est une scène brillante avec des bruits d'armes, une animation, une couleur orientale, sans l'étiquette guindée de ces sortes de réception en Europe. Bientôt le Patriarche descend à terre heureux de se retrouver parmi les siens, tête haute, vêtu de sa robe de soie rouge et portant toutes ses décorations ottomanes.

Tripoli était à l'époque des croisades une des principales villes de l'Orient. Sa bibliothèque était célèbre et contenait, dit-on, cent mille volumes. — Elle fut prise en 1109 et érigée en comté pour Bertrand de Saint-Gilles, fils de Raymond comte de Toulouse, dont le caractère altier, les violences, les querelles avec Godefroy de Bouillon, augmentèrent les difficultés des croisés et lui ont laissé une assez triste réputation dans l'histoire.

La bibliothèque fut brûlée pendant le sac de la ville.

La ville de Tripoli fut prise et reprise : plusieurs fois brûlée. — Ce ne fut qu'en 1363 que les chrétiens l'évacuèrent définitivement après l'avoir en partie détruite.

Plusieurs petites îles apparaissent sur la mer à quelque distance à l'ouest; une tradition, tant soit peu ridicule, veut que la cavalerie arabe s'y soit rendue à la nage pour massacrer des chrétiens qui s'y étaient réfugiés.

La nuit tombe au moment où nous doublons le cap de Batroun. Il est formé des fragments d'une immense montagne qui s'écroula lors de ces tremblements de terre fameux qui désolèrent le règne de Justinien. A la même époque Beryte (Beyrouth) fut entièrement détruite et 200,000 personnes périrent à Antioche.

Beyrouth, 2, 3, 4 et 5 Octobre. — Pour notre dernière nuit à bord de l'*Éridan* nous avons eu un peu de houle, nous n'en regrettons pas moins ce beau bateau et son aimable commandant M. Varangot, qui est un père pour ses matelots et un ami pour ses passagers. Il nous semble en quittant l'*Éridan* que nous nous séparons une seconde fois de l'Europe.

Nous débarquons à Beyrouth au milieu d'une confusion magnifique ; là nous reconnaissons pour la première fois l'utilité de savoir un peu d'arabe, tout incorrect qu'il soit. Je n'ai pas au moins cette triste sensation d'homme sourd et muet que j'ai éprouvé autrefois en Allemagne et en Grèce. Après l'arabe, la langue la plus utile en Orient est l'italien ; mais depuis une vingtaine d'années on apprend beaucoup le français en pays maronite, tandis que les Grecs et les Druses commencent à parler l'anglais. Je ne connais pas encore d'écoles où l'on enseigne la langue orthodoxe de la sainte Russie. Quel dommage !

L'hôtel Bellevue tenu par André Boucopoulos est excellent, tranquille. — Les chambres sont vastes, bien aérées. — C'est le meilleur hôtel de l'Orient et les prix sont raisonnables, ce qui ailleurs est fort rare. — Nous

nous y reposons avec délices en attendant l'heure ennuyeuse des arrangements avec les drogmans dont une douzaine assiége déjà la porte.

Beyrouth me paraît plus grand qu'en 1861. — De nouveaux faubourgs vont presque rejoindre le bois des Pins; on a aussi construit sur les collines. — A la suite des massacres de 1860 un grand nombre de familles chrétiennes n'avaient pas regagné la montagne. — La guerre d'Amérique, la culture du coton sur divers points de la Syrie avaient imprimé une vive impulsion au commerce. — La prospérité de la ville augmentait à vue d'œil. — Depuis la paix des États-Unis, et la stagnation des affaires en Europe, une réaction s'est opérée, cette capitale de la Syrie est lourdement retombée. — Les Jésuites qui sont établis ici, admirables comme partout, dévoués, infatigables, m'assurent qu'il y règne une épouvantable misère, on y meurt de faim, et on peut se faire difficilement une idée chez nous de ce que veulent dire ces mots « mourir de faim » parmi ces populations orientales d'une si admirable sobriété. — Un peu de farine et d'huile, une gorgée d'eau leur suffisent. — Souvenez-vous de l'admirable récit d'Élie et de la veuve de Sarepta dont les ruines se rencontrent non loin d'ici sur la route de Tyr.

En ces jours-là, le Seigneur parla à Élie de Thesbé, disant : Lève-toi et va vers Sarepta, ville des Sidoniens, et demeure là ; car j'ai ordonné à une femme veuve de t'y nourrir. Élie se leva et alla à Sarepta, et lorsqu'il fut à la porte de la ville il aperçut une femme veuve qui ramassait du bois ; et il l'appela, et lui dit : Donnez-moi un peu d'eau dans un vase afin que je boive. Et lorsqu'elle allait en chercher, il cria derrière elle, disant : apportez-moi aussi je vous prie un peu de pain en votre main.

Elle lui répondit : Vive le Seigneur votre Dieu! je n'ai point de pain; j'ai seulement dans un vase autant de farine que ma main peut contenir, et un peu d'huile dans un petit vase. Voilà que je ramasse deux morceaux de bois pour que mon fils et moi nous mangions, et nous mourrons ensuite. Élie lui dit : Ne craignez point, mais allez, et faites comme vous avez dit, et préparez pour moi auparavant avec votre peu de farine, un petit pain cuit sous la cendre, et apportez-le-moi, et vous en ferez ensuite pour vous et pour votre fils. Car voici ce que dit le Seigneur Dieu d'Israël : La farine de ce vase ne diminuera pas, et l'huile qui est dans ce petit vase ne décroîtra pas, jusqu'au jour où le Seigneur répandra la pluie sur la terre. Cette femme s'en alla donc, et fit ce qu'Élie lui avait dit : Élie mangea, et la femme et sa maison mangèrent : et depuis ce jour-là, la farine du vase ne manqua pas, et l'huile du petit vase ne diminua pas, selon que le Seigneur l'avait prédit par Élie.

Beyrouth exista dès les temps phéniciens, mais éclipsée par la splendeur de Sidon et de Tyr, elle n'eut pas d'importance dans l'histoire. — Le premier événement historique qui s'y passa fut une épouvantable tragédie. — Hérode y fit comparaître devant une *commission militaire* en style des despotes modernes (voyez le procès du duc d'Enghien) ses deux fils Alexandre et Aristobule derniers rejetons par leur mère Mariamne de l'illustre famille des Macchabées. — Il les accusait d'une conspiration. Le mot a toujours été élastique. — Condamnés par des juges indépendants et respectables ces jeunes princes furent conduits à Samarie et étranglés, sans scandale, dans leur cachot.

Ce fut à Beyrouth que Vespasien fut proclamé empereur et qu'il gracia le futur historien Flavius Josèphe qui avec l'astuce juive avait su lui prédire à propos son élévation au trône des Césars. Titus dont l'affreuse figure (***Braccio Nuovo du Vatican***) fait croire que le temps seul lui manqua pour devenir un Domitien, y vint célébrer par des massacres son triomphe sur Jérusalem.

A l'époque de l'Empire Grec une école de droit fameuse s'y établit, mais sous Justinien le tremblement de terre dont j'ai déjà parlé porta un grand coup à la prospérité de la ville, qui fut ruinée un siècle plus tard par l'invasion arabe.

Elle ne joua pas un grand rôle pendant les guerres des Croisades ; au dix-septième siècle elle devint la capitale de l'émir druse Fakreddin qui visita l'Europe et passionna pour sa cause la cour des Médicis.

Il périt en 1635 en se défendant contre les troupes d'Amurat IV dont il s'était déclaré indépendant.

On doit à Fakreddin la plantation de cette forêt de pins qui protége au sud les jardins de Beyrouth contre l'empiétement des dunes mouvantes de sable rouge. — Lamartine dans son voyage par trop chargé de couleurs, fait une description un peu fantastique de ce bois. — Les anciens arbres sont presque tous morts, ils ont été remplacés par un assez médiocre taillis, mais la vue sur le Liban est admirable comme de partout ici.

Beyrouth est devenu de nos jours le grand port de commerce de la Syrie. — Ce n'est pas que sa rade soit bonne, elle est seulement un peu moins mauvaise que les autres. — Elle est formée par le Ras-Beyrouth cap qui s'avance dans la mer à l'ouest de la ville. — Il se termine par des rochers dentelés sur lesquels se brise la haute mer, et est couvert de maisons de campagne, de jardins, et les baignoires naturelles formées par de jolies petites anses rappellent Saint-Eugène et la pointe Pescade à l'ouest d'Alger. — En somme la position de Beyrouth m'a toujours semblé avoir quelque analogie avec celle d'Alger, mais en plus petit, et si le Liban est infiniment supérieur aux montagnes qu'on voit au delà de la Metidja, le Ras-Beyrouth d'un autre côté est bien loin d'égaler ce promontoire de collines fleuries et de frais vallons que l'on nomme le Sahel.

Le climat de Beyrouth n'est pas agréable. — La chaleur y est excessive du mois de Juin à la fin de l'automne; le reste de l'année il y pleut beaucoup et les rues non pavées se changent en marais impraticables. — Il fait doux cependant, et cette résidence pourrait convenir aux personnes qui craignent la sécheresse excitante de l'Égypte. — Tout y est beaucoup meilleur marché, et les drogmans syriens ont meilleure réputation que leurs compères égyptiens.

La chaleur est encore très-forte, rien cependant qui puisse effrayer des Européens puisqu'il fait quelquefois plus étouffant à Paris en Juillet et Août. J'ai un grand désir de gagner au plus tôt l'air vif des montagnes, mais ce n'est pas une petite affaire d'organiser en quatre jours ma caravane.

Je prie le lecteur de croire que si je vais entrer dans d'assez longs détails ce n'est pas pour faire étalage de personnalité, mais ce sont exactement ces détails qui intéressent le plus ceux qui veulent faire des voyages, et on les trouve rarement dans les relations d'abord parce qu'ils sont fastidieux à écrire, puis parce que les auteurs craignent d'être accusés d'égoïsme.

Comme j'ai fait le voyage dans des conditions particulières — et que j'ai été je crois le premier Européen à le faire ainsi, — peut-être serai-je utile à des malades, à des dames, en indiquant la manière dont j'ai réussi à accomplir un trajet qui leur paraît impraticable.

Le voyage de Syrie est une chose très-simple pour

ceux qui supportent bien le cheval ou le mulet, mais autre chose est de monter une ou deux heures, ou chevaucher des journées entières, en plein soleil, toujours au pas. — Pour beaucoup de personnes, c'est un véritable supplice. — J'ai rencontré des voyageurs qui ne jouissaient plus de rien et, anéantis de fatigue, finissaient par contracter des fièvres violentes. — La *tartarawan* (litière entre deux mulets) est presque aussi pénible, et il y a de plus bien des sentiers où elle ne peut passer.— Ma mauvaise santé m'empêche de me servir de ces deux manières de locomotion.

J'emporte donc avec moi une de ces chaises à porteurs d'Aix en Savoie dans lesquelles les baigneurs sont ramenés à domicile. — Découverte, puisqu'un large parapluie blanc protége mieux qu'une capote contre le soleil et la pluie.

La chose la moins difficile est de trouver un drogman. — Il n'y a que l'embarras du choix. — Ils se présentent tous avec des certificats plus ou moins laudatifs que certains voyageurs accordent beaucoup trop facilement. Je crois cependant en thèse générale qu'il y a fort peu de drogmans entièrement mauvais, car ce ne serait pas leur intérêt —de complétement bons il n'y en a pas. — Mais on doit en prendre un ; le système de contrat avec un drogman est commode et évite d'interminables ennuis même à ceux qui savent un peu l'arabe.

Mon choix s'arrête sur Joseph Élias de Beyrouth, Maronite de nation, que m'a recommandé le jeune marquis Arconati Visconti de Milan qui a parcouru plusieurs fois tout l'Orient et qui prépare en ce moment un grand ouvrage sur l'Arabie Pétrée. Joseph Élias n'est pas un faiseur d'embarras, défaut ordinaire des drogmans et je puis dire dès à présent que j'ai été content de lui. Il n'a pas eu la prétention de diriger la caravane et il a fait son service sérieusement sans l'obséquiosité mêlée de despotisme si à charge aux véritables voyageurs.

Il a eu aussi la main heureuse pour les gens de service. — Botrus, Tannous et Halil, les trois porteurs maronites sont d'excellents sujets, laborieux, gais, infatigables. — Les muletiers sont de braves gens et j'ai été extrêmement content de Daher le cuisinier.

Outre qu'il fait une cuisine fort passable, il a montré dans les moments difficiles une énergie qui souvent fait défaut en Orient.

Joseph Élias (1) doit me fournir tentes, nourriture, mulets et chevaux, porteurs, tout en un mot, sauf trois porteurs de Constantinople, Arméniens de nation et de religion que j'ai trouvés à bord l'*Éridan* allant chercher fortune en Égypte et que j'ai pris à mon service.

Sauf deux des muletiers qui sont musulmans, l'un un hadji (c'est-à-dire ayant été en pèlerinage à la Mecque) tous les autres membres de la caravane sont Maronites.

En comptant mon domestique et moi nous sommes quatorze personnes en tout.

Nous avons sept mulets, trois chevaux et deux ânes pour porter gens, provisions, tentes, bagages.

Le cheval du drogman et celui de mon domestique ont des selles européennes afin que je puisse monter à cheval de temps en temps dans les moments d'ascen-

---

(1) Voir à la fin du volume la note sur le contrat et les dépenses du voyage.

sion pénible pour reposer les hammals. Mais je me sers rarement de ce moyen, car j'aime mieux dans ces occasions marcher un peu.

Mes porteurs sont au nombre de six. Deux me portent, ils se relayent chaque demi-heure; plus fréquemment dans les journées fatigantes où je prends quelquefois deux porteurs supplémentaires, ils sont ainsi accouplés pour tout le voyage :

Jacop et Torous, Arméniens; Botrous et Tannous, Maronites; le plus jeune des Arméniens Babek et Halil. Trois parlent l'arabe, trois le turc, mais ils finissent par se comprendre. Joseph Élias, du reste, sait le turc à merveille.

C'est ainsi que j'ai parcouru la Syrie et la Palestine, ne m'astreignant nullement aux routes battues, porté en moyenne de six à sept heures par jour.

Les personnes incapables de marcher un peu ou de monter quelquefois à cheval auraient besoin de quatre porteurs de plus.

Les journées marquées de cinq à six heures dans Murray sont les bonnes pour cette manière de voyager. J'en ai fait de sept et de huit heures, mais elles étaient trop longues. Il faut partir de très-bonne heure sans attendre la levée du camp, ouvrage fait par le domestique, le cuisinier et les moukres. C'est pendant les heures fraîches de la matinée que les hommes marchent bien. Les haltes trop longues et trop fréquentes les démoralisent au lieu de les reposer.

Je n'ai pas visité, à ce voyage, Deir-el-Kamar et Beit-ed-din. Mais en 1861 j'ai fait cette excursion au moment où les gorges du Liban étaient embaumées par toutes les fleurs du mois de mai. Les vues que l'on découvre en montant le long du Wady-el-Kady sont d'une splendeur éblouissante, puis on aperçoit le château de Beit-ed-din sur sa haute colline verte, des pics neigeux couverts de roses par le soleil couchant sont au delà, et au fond du ravin, à l'occident, la Méditerranée dort dans l'azur. Les troupes françaises occupaient alors le palais de l'émir Beschir, et nous fûmes logés dans l'infirmerie des officiers, belle salle ornée d'arabesques.

Aujourd'hui, Daoud-Pacha a fait de Beit-ed-Din sa résidence, et sa capitale de Deir-el-Kamar.

Un vallon escarpé les sépare.

En 1861, Deir-el-Kamar était en ruines, on y voyait encore des traces horribles des massacres, du sang, des lambeaux de chair desséchés, des cheveux de femmes collés aux murailles parmi les décombres.

Deir-el-Kamar était une ville entièrement chrétienne, au milieu d'un district druse. Elle était riche, prospère, et on la jalousait. Elle avait un gouverneur turc. Il désarma les habitants et leur promit de les défendre jusqu'à son dernier homme, puis il ouvrit les portes aux égorgeurs druses, et il leur livra même les femmes et les enfants réfugiés auprès de lui dans sa résidence. Le massacre fut général.

Il est plus facile à l'Europe d'oublier ces infamies qu'à ceux qui virent périr leurs amis et leurs parents. Si les Maronites ne sont pas satisfaits d'un nouveau Pacha, entièrement turc de cœur, quoique chrétien par hasard, il ne faut pas trop s'en étonner.

CHAPITRE III

LES SOMMETS DU LIBAN

Les Jésuites. — Deir-el-Kulat. — Le Purgatoire de Dante. — Les sculptures du Nahr-el-Kelb. — Le collége de Ghazir. — Les défilés et les fontaines. — Adonis et Vénus. — Dhiman. — Hasron. — Le bois des Cèdres. — Les Maronites et les Druses. — Lettre de Saint-Louis. — Voyage du comte de Paris. — Joseph Caram et Daoud-Pacha.

Dimanche, 6 Octobre. — La chapelle des Jésuites se trouve dans les faubourgs de la ville, sur la route du Kesrouan. Elle est simple et sans luxe, mais son calme, sa propreté, la rendent bien différente de la plupart des églises de ce pays, qui ne brillent pas par la bonne tenue. La maison des Jésuites est auprès avec des écoles pour les enfants. On y respire ce parfum d'abnégation et de catholicisme qui, à l'entrée du Gesu, à Rome, pénètre tous ceux qui ont encore un peu de foi dans le cœur. Quant aux libres esprits dont les Jésuites sont les bêtes noires, laissons-les en paix, mais qu'ils nous permettent de dire ce que nous pensons, simplement, eux qui remplissent leurs journaux d'extases extravagantes, à propos des révélations de Garibaldi et de l'indépendance de Sainte-Beuve.

Je quitte Beyrouth sous l'impression douce de la bonté, de la simplicité du père Gautrelet. Quoi qu'on puisse dire, c'est par nos Jésuites, nos missionnaires, nos sœurs de charité que la France est le mieux représentée en Orient, et que son influence subsiste malgré l'intempérance de langage et les caprices de notre bureaucratie.

La matinée est magnifique, moins chaude que ces jours derniers. Une brise fraîche souffle dans les jardins et balance les palmiers, et de grands panaches qui ressemblent à l'herbe des prairies, si à la mode aujourd'hui en France. Après avoir traversé le Nahr-Beyrouth et d'autres ruisseaux presque à sec dans cette saison, nous nous arrêtons pour déjeuner à un petit café au pied de la montagne, d'où l'on aperçoit tous les jardins, la ville et les vagues lapis-lazuli au delà.

Nous gravissons ensuite des sentiers à pic, à travers une forêt de ces beaux pins d'Italie qui me rappellent toujours la villa Pamphilj, le jardin du palais Colonne, et tant de doux et lointains souvenirs. Plus haut, près du village de Beit-Méry, se trouve un grand caroubier, sous lequel nous faisons halte.

Vers quatre heures, nous arrivons au couvent de Deir-el-Kulat, notre première étape.

Les moines maronites, prieur en tête, viennent nous souhaiter la bienvenue ; les cloches sonnent à toute volée. Je crois que c'est la chaise à porteurs qui nous procure cette réception de gala.

On nous conduit d'abord à la petite chapelle construite au-dessus d'une partie des ruines d'un temple de Baal. Deux immenses colonnes sont encore debout devant l'église, et les fondations sont presque intactes ; elles se composent d'immenses blocs de pierres qui donnent l'idée d'une de ces constructions énormes, que le goût mesquin de l'époque actuelle affecte de dédaigner, parce qu'il ne peut les égaler.

Ce temple, comme beaucoup d'autres, fut approprié au culte des divinités de la Grèce et de Rome pendant la domination des Séleucides et des Romains. Un grand nombre d'inscriptions de tous les âges de l'antiquité a été trouvé parmi ses ruines. J'en vois plusieurs dans la cour du couvent ; les bons moines, fort ingénieux, les ont toutes placées la tête en bas.

Nos trois tentes sont dressées sur une plate-forme. Au-dessus flottent les drapeaux français et anglais, signes de ma double nationalité. Plus bas est le camp des chevaux et des mulets, attachés en file le long d'une corde, retenue aux deux bouts par des fiches de fer.

Autour du couvent se trouvent des caroubiers, et ces grands pins parasol qu'on aperçoit de Beyrouth. La vue est splendide, la mer, quarante lieues de montagnes, les mamelons couverts de villages, sur la terre des teintes éblouissantes, et dans le ciel l'azur profond.

La nuit est peut-être plus belle encore. A la clarté des étoiles, les colonnes du temple grandissent, et l'esprit se remplit de songes des anciens jours.

Hiram, l'allié de Salomon, construisit peut-être ce temple. Jézabel y vint peut-être dans sa jeunesse, suppliante devant l'autel. Des cérémonies bizarres, mélange d'idées cosmogoniques et de débauches, se célébraient sur ces cimes. On comprend le prestige qu'elles exerçaient au sein de ces populations voluptueuses. Aussi, ce fut contre ces Baal, ces Astarté, ces hauts lieux éhontés, que se dirigèrent les efforts du monothéisme, et les imprécations ardentes des prophètes d'Israël.

7 Octobre.

> L'alba vinceva l'ora mattutina
> Che fuggia' innanzi, si che di lontano
> Conobbi il tremolar della marina (1).

Ces beaux vers de Dante me viennent à l'esprit pendant que le soleil se lève sur les hautes cimes et éclaire au loin la mer. Ils sont du Purgatoire, peut-être plus admirable encore que l'Enfer. Le sentiment catholique se trouve moins dans les supplices que dans la tendresse et le pardon. C'est au moment où le poëte aperçoit une barque, qu'un ange, en battant des ailes, fait avancer sur la mer. Dans cette barque sont les âmes de ceux qui sont morts pendant la semaine sainte de 1300. Casella, son ami, s'approche de lui et l'interpelle par le premier vers d'un de ses poëmes.

> *Amor che nella mente mi ragiona*
> Comincio egli allor si dolcemente
> Che la dolcezza ancor dentro mi suona (2).

Avant de partir, nous allons à la chapelle. Pendant tout le temps de la messe, un jeune frère servant encense l'autel en murmurant une cantilène monotone. La messe se dit en arabe, sauf les paroles de la consécration qui sont prononcées en syriaque, la langue que Notre-Seigneur parla. Le prêtre lit le *Credo* entre deux bougies et tourné vers les assistants.

Les ornements sont assez semblables aux nôtres, sauf le haut collet brodé de la chasuble. Ils sont très-mes-

---

(1) Déjà devant les feux de l'aube triomphale
 Fuyait le char obscur de l'heure matinale,
 Et je voyais la mer trembler dans le lointain.
  Purgatoire, chant Ier.

(2) *Amour qui parle au fond de ma pauvre âme esclave*
 Se prit l'ombre à chanter d'une voix si suave,
 Que sa douceur encore résonne dans mon cœur.
  (Louis Ratisbonne).

quins. Le pauvre vieux moine a les pieds nus dans de vieilles pantoufles.

Nous redescendons la montagne. Le Ras-Beyrouth, la baie de Saint-Georges, les bois de pins, la côte, se déroulent sous nos pieds comme une carte géographique.

Sous le grand caroubier où le sentier d'aujourd'hui se bifurque avec celui d'hier, nous rencontrons un seigneur maronite monté sur un magnifique cheval. Je suis frappé de sa courtoisie et de sa cordialité. En pays maronite un catholique se trouve véritablement parmi des frères.

Par Kubbaryeh et Mar Elias nous gagnons la mer. Plaine fertile entre les montagnes et les sables rouges de la plage. A Mar Elias on nous montre une église dédiée au prophète Élie. Tous nos hommes s'y arrêtent pour prier. Il est à remarquer combien sont vivaces encore dans ces pays, les souvenirs terribles du grand *nâby* d'Israël.

Après une heure de marche sur le sable, le long de la mer, nous traversons le défilé du Nahr-el-Kelb, et nous venons faire halte sur une terrasse couverte de branchages, aux bords du fleuve, près du gué.

Le défilé du Nahr-el-Kelb (le fleuve Lycus des anciens) est un chemin étroit creusé dans la pierre entre la mer et un cap de rochers. Il est célèbre par une belle inscription romaine et par une série de tablettes sculptées dans le roc qui datent de l'antiquité la plus reculée. Elles sont au nombre de neuf, six dénotent par leur style leur origine assyrienne, les trois autres sont égyptiennes. Ces dernières sont attribuées à Sésostris de 1400 à 1500 ans avant Jésus-Christ. Hérodote parle en effet plusieurs fois de figures, d'inscriptions laissées par ce prince, mais il mentionne toujours des colonnes. Voici du reste le passage principal.

> Quand ce prince (Sésostris) rencontrait des nations courageuses et jalouses de leur liberté, il érigeait dans leur pays des colonnes sur lesquelles il faisait graver une inscription qui indiquait son nom, celui de sa patrie, et qu'il avait vaincu ces peuples par la force de ses armes ; quant aux pays qu'il subjuguait aisément et sans livrer bataille, il élevait des colonnes avec des inscriptions pareilles, mais il y faisait ajouter l'emblème de la femme, marque de leur lâcheté... J'ai vu de ces colonnes en Syrie... (Hist. II, 102, 106.)

Quant aux tablettes assyriennes les antiquaires croient qu'elles furent l'ouvrage d'un ou de plusieurs des monarques qui envahirent le pays soit pour le conquérir, soit pour marcher contre l'Égypte et parmi lesquels fut Salmanasar qui détruisit Samarie et Sennachérib dont un fléau soudain anéantit la puissante armée.

Quoi qu'il en soit, ces tablettes si anciennes, si mystérieuses frappent vivement l'imagination. — Beaucoup de traditions populaires entourent ce cap, et dans des débris de maçonnerie qu'on aperçoit sous la vague les Arabes prétendent reconnaître ceux d'un chien magique dont la gueule tournée vers les vents de la mer jetait dans la tempête de formidables aboiements.

L'inscription romaine date du règne de Marc Aurèle (161-180), qui comme tous les Antonins fit beaucoup pour cette partie de l'empire. — Avec sa forme élégante et ses belles lettres bien gravées elle est encore claire et nette comme si elle datait d'hier. — Une inscription française au contraire faite pendant l'expédition manquée de 1860 est déjà presque illisible, tant le travail est médiocre et le rocher mal choisi. — Ce n'est pas grand dommage, car elle est d'un goût bien médiocre. — Quelle triste idée elle donnerait de notre civilisation, de nos arts à des peuples qui ne nous connaîtraient pas. — En vérité, notre étonnante infériorité pour de certaines choses doit provenir de nos travers actuels. — L'avenir, le passé surtout sont dédaignés.— —On ne se soucie que du présent. — La terre va manquer, on ne prend le temps nécessaire pour rien.

A cette saison les caravanes traversent le Nahr-el-Kelb à gué ; en hiver elles trouvent plus haut dans la gorge un vieux pont réparé par Fakreddin.

Un chemin creux à travers une plaine riche en cultures de toute espèce nous conduit à Ghadir Serba où nous campons.

Les croisés parcoururent cette plaine où ils rencontrèrent les premières cannes à sucre.

Voyez Albert d'Aix et Raymond d'Agiles.

Tranquilles, bien accueillis par les Maronites, ils se réjouissaient après leurs longues fatigues au milieu de l'abondance de ce beau pays.

Au-dessus de notre camp sur les premières collines nous apercevons Ekerki, résidence d'hiver du Patriarche, tandis qu'il passe la saison chaude à Bdiman près des Cèdres, où nous irons le visiter. — Un peu plus haut est le couvent des Lazaristes, Antoura. D'autres couvents s'élèvent sur le penchant des montagnes, et, ce soir, à l'Angelus, le son des cloches proclame sur les hauteurs la gloire de la consolatrice des affligés.

8 Octobre. — La chaleur était extrême à Serba et les grands pastèques ne suppléaient pas entièrement à l'eau mauvaise et insuffisante.

Nous reprenons avec plaisir le chemin des montagnes

que nous ne devons plus quitter avant de descendre dans la Célésyrie.

Nous longeons la baie de Djouni avant d'aborder la montée de Ghazir au bas de laquelle sont quelques restes d'un édifice antique dont on ignore la destination.

Un drame sanglant, scène de gloire ou de honte pour l'Islam, au choix, se passa sur les bords de cette baie de Djouni lors de la conquête de la Syrie sous les premiers successeurs de Mahomet.

Damas avait été prise après un long siége (634). L'humanité d'Abou Obeidah, le plus magnanime des compagnons du prophète après Ali, avait accordé une capitulation aux chrétiens. Il leur avait permis de quitter Damas avec une partie de leurs richesses. Mais c'était contre la volonté du féroce Caled, que Mahomet avait surnommé le glaive de Dieu. Au bout de trois jours lui aussi il quittait Damas.

Ses cavaliers souffrirent horriblement en traversant les montagnes, mais il pressait leur marche et ne s'arrêtait qu'aux heures de la prière. Enfin ils aperçurent le camp des chrétiens qui, se croyant en sûreté, attendaient sur les bords de la baie de Djouni les vaisseaux qui devaient les conduire à Constantinople. Éperdus, sans défense, ils furent massacrés jusqu'au dernier par les ordres de Caled, dont la férocité n'épargna ni femmes, ni enfants.

La montée de Ghazir est longue et le soleil darde sur des escarpements sans végétation. Arrivés en haut, au contraire, nous trouvons de frais jardins, des eaux courantes et tout le charme de la verdure et de l'ombre. Ceci est une particularité du Liban. La partie moyenne est gracieuse, fertile, tandis que les premières collines sont toujours d'une grande aridité.

Ghazir est la capitale de la province maronite par excellence, le Kesrouan, qui a échappé aux massacres de 1860 grâce à l'énergie de Joseph Caram. Ce n'est qu'une bourgade, mais un bazar assez animé, quelques jolies maisons lui donnent un air de petite ville. L'émir Beschir, dont nous parlerons plus tard, naquit ici dans un des palais de la famille Chehab. Ce palais, fort agrandi et embelli (car il faut appliquer au terme palais le style fleuri de l'Orient) est occupé maintenant par les Jésuites. C'est un de leurs premiers établissements en Syrie. Ghazir est à la fois une maison d'éducation et un séminaire. Le bien qu'ils ont fait dans ces montagnes est incalculable. Outre les jeunes prêtres d'élite qu'ils ont élevés, leur exemple a excité l'émulation la plus heureuse sur les écoles, sur les séminaires maronites où l'instruction religieuse était bien insuffisante. Autrefois les jeunes séminaristes les plus distingués étaient obligés d'aller étudier à Rome, comme fit le patriarche actuel. Grâce aux jésuites ils peuvent, sans quitter le Liban, s'imprégner du véritable esprit romain.

Après quelques heures de halte, je m'arrache avec peine au bienveillant accueil des pères de Ghazir et je pars pour Ain-Tabrid vers lequel les mulets se sont dirigés par un autre chemin. Je désire profiter de ce beau temps pour visiter les hauts sommets. Cette partie du voyage serait plus sûre en quittant Beyrouth une dizaine de jours plus tôt. Avis aux voyageurs.

Avant de partir, le savant père Bourquenaud, archéologue distingué qui a parcouru toutes ces contrées, me donne des renseignements intéressants et utiles sur la Galilée et la topographie évangélique autour du lac de Tibériade.

On ne m'avait pas exagéré les difficultés de la route. Une bonne note au drogman Joseph Élias pour ne pas l'avoir déclarée impossible. Il faut avoir le feu sacré des voyages, d'autres diront le diable au corps pour la tenter. Mais nous sommes bien dédommagés. Les paysages égalent, mais en aspects plus sauvages, les plus beaux sites de l'Apennin de Gênes, ou de la sierra Nevada.

Nous dominons d'abord la vallée d'Aramoun jusqu'au village de Saïd-el-Haklé, puis après avoir traversé l'ombre épaisse d'un bois de chênes verts dont les racines puissantes enlacent les grands rochers, nous apercevons sous nos pieds la gorge de Delepta. La scène est presque fantastique de beauté.

Nous nous engageons dans un étroit sentier sur lequel se penchent les branches, à cinq ou six cents mètres au-dessous un torrent écume parmi des maquis d'arbustes couverts de leur feuillage d'automne ; plus bas sont des jardins d'orangers et de grenadiers. Des couvents s'élèvent sur les flancs des ravins avec leurs terrasses plantées de pins et de cyprès, et terminant l'horizon, joyeuses, éblouissantes, se déroulent les ondes bleues de la Méditerranée.

De petites nuées humides descendent des hautes cimes, elles nous entourent un instant, nous cachent le paysage, puis se dissipent bientôt dans l'azur.

Nous montons encore. Au sommet du col, petit village de Rachin entouré de rochers dentelés comme les ruines d'un vieux château. Cet endroit est peu connu.

Je le recommande aux géologues. Ici et plus loin vers Nebah-el-Hadid on trouverait, ce me semble, de curieux phénomènes de la période glaciaire. C'est dans des moments pareils qu'un voyageur regrette son ignorance en géologie.

Nous trouvons notre camp établi près d'une source (Aïn-Tabrid).

Pendant qu'on prépare le dîner, je gravis une éminence qui domine le camp. Nous sommes au milieu d'un vaste cirque. La vue est immense, vraiment Alpestre.

Il y a quelques nuages sur les sommets. Tout l'occident n'est qu'une fumée fauve, tandis qu'à l'est, la haute cime du Sunnin qui a la forme de l'Etna, se colore de teintes roses, mais elles sont froides, car cette scène est automnale et c'est là son charme, après les chaleurs accablantes de la côte de Syrie.

Venant des villages que nous apercevons dans les vallées, et des vignes qui grimpent au penchant des montagnes, des troupes de Maronites chargés de hottes de raisin arrivent à un pressoir commun construit sur la colline. Le camp, la chaise à porteurs et notre mauvais arabe semblent les divertir beaucoup.

Du reste le moment des vendanges est toujours gai. Cela date de Bacchus.

Notre camp est de bonne humeur ce soir. Pour dédommager les hammals de leurs fatigues, le cuisinier leur prépare un immense plat de riz. Le gros Torus le guette avec amour, bien décidé à ne pas le perdre des yeux; ses grosses lèvres savourent d'avance le régal.

9 Octobre. — Après une bonne nuit fraîche nous

quittons Ain-Tabrid, et nous descendons à travers des vignes et des taillis de pins et de rhododendrons vers Meiruba, un des plus jolis village du Liban. Les jésuites de Ghazir y viennent passer les plus fortes chaleurs de l'été.

Comme partout en pays maronite nous sommes accueillis avec cordialité par le curé et les notables de l'endroit. Après une courte halte sous les vieux noyers, près de la petite église, nous repartons pour Kalat el Fakra que nous apercevons de l'autre côté d'un ravin profond.

Le sentier est bordé d'arbustes odorants et de fleurs d'automne, l'air en est embaumé. Ce doit être un merveilleux parterre au printemps, mais sur ces hauteurs le climat est très-incertain jusqu'à la mi-juin.

La Bible toujours si exacte n'oublie pas ces fleurs, ces odeurs suaves du Liban.

« L'odeur de tes vêtements est comme l'odeur du Liban » dit Salomon à l'épouse dans le cantique des cantiques.

« Répandez des parfums comme le Liban. » (Ecclés. XXXIX, 8.).

Plus tard, dans les temps de honte, Nahum, qui prédit la seconde ruine de Ninive, s'écrit : « La fleur du Liban est flétrie. » (I. 4).

Kalat el Fakra est une masse de ruines romaines, bien construites en pierres de taille, qui étonne l'esprit au milieu de cette solitude alpestre. On croit reconnaître les fondations d'un temple, mais le principal édifice paraît être un grand tombeau romain dans le genre de ceux qui bordent encore la voie Appienne. On se perd en conjectures pour savoir en l'honneur de qui a pu être construit dans le désert un si somptueux monument. Adrien, qui passa un été dans ces montagnes, l'éleva peut-être pour quelque favori. Nous grimpons parmi les blocs de pierre jusqu'au sommet du tombeau. Vue splendide sur les escarpements blanchâtres du Sunnin; il se nommait autrefois le Sanir.

« O Tyr! tes vaisseaux sont construits avec les sapins de Sanir. » (Ézéchiel, XXVII, 5.)

Quatre heures de Fakra à Nebah el Hadid. A une demi-heure de Fakra, le pont Naturel, arche immense de rochers posée à 100 pieds au-dessus d'un ravin. Aigles qui tournoient dans l'air. Deux belles sources, celle du lait (Nebah el Leben) et celle du miel (Nebah el Asal). Le paysage grandiose, mais trop nu, trop blanc.

Nous contournons une immense montagne avec des échappées de vue sur la mer, puis nous montons encore pour arriver au col qui sépare la vallée du Lycus de celle du fleuve Adonis.

Privé par la maladie des ascensions sur les montagnes (Zermatt, Gressoney), je jouis doublement de ces scènes alpestres.

Au sommet du col est un petit couloir, sauvage, isolé, plein d'arbustes nains et de fleurs, un de ces coins perdus où l'on aimerait à faire le « kief » à l'ombre des grands rochers.

Un quart d'heure de descente nous conduit à Nebah el Hadid (la fontaine de fer).

Avec les cèdres ce sera le camp le plus élevé du voyage. Nous sommes de 6 à 7000 pieds au-dessus du niveau de la mer.

Le camp est dans les nuages d'abord, mais à mesure qu'approche le coucher du soleil, ils se lèvent graduellement comme des rideaux successifs dans quelque féerie, Peau d'Ane ou Rothomago. Le ravin du Nahr Ibrahim est devant nous avec ses souvenirs des mythes du paganisme. Un écrivain classique dirait que ce sont les doigts roses de Vénus qui se posent sur les montagnes lointaines et que c'est le sang d'Adonis qui teint de rouge l'occident.

A la tombée de la nuit un bruit de cloches monte d'un monastère situé sous nos pieds à une immense profondeur.

10 Octobre. — Nuit très-froide. Admirable lever de soleil sur les montagnes. Ligne de carmin qui suit le sommet des hautes cimes.

En descendant le long de la vallée du Nahr Ibrahim nous arrivons à la source d'Afka.

Un vrai fleuve sort en bouillonnant d'un amphithéâtre formé par d'immenses murailles de fauves rochers. Il tombe aussitôt en cascade dans un ravin escarpé. De grands noyers, des cyprès, des lauriers roses, des genêts, restes des vastes forêts d'autrefois, couvrent de leur ombrage ces eaux limpides et glacées. Un ciel éblouissant d'une élévation inconnue aux tristes pays du nord, jette ses splendeurs sur cette gorge sauvage.

C'est ici que la mythologie plaça la scène de la blessure d'Adonis. Vénus inconsolable y vint pleurer le beau chasseur, et à l'anniversaire de sa mort, chaque année, le fleuve roulait à la mer des ondes ensanglantées. Les filles de Sidon et de Tyr, à l'automne, venaient joindre leurs lamentations à celles de la déesse de beauté.

Adonis personnifiait le soleil, et le phénomène naturel que rappelait cette fable était l'absence de la chaleur et de la lumière au milieu des brumes et des neiges de l'hiver.

Mais le sensualisme mystique base des cultes de l'Asie présidait à ces cérémonies bizarres. Un temple magnifique fut élevé près de la fontaine sacrée. Le bruit de ses fêtes impures y amenait les débauchés du monde romain. Le scandale augmenta avec la décadence du polythéisme. Lisez la vie de Constantin, d'Eusèbe (III, 55). Le premier empereur chrétien ne pouvait le tolérer. Il donna l'ordre de chasser les prêtres et de renverser le temple dont les ruines occupent encore une plateforme à droite de la source. Un peu plus loin est le village d'Afka habité par les Moutoualis.

Ces peuplades que l'on croit originaires de la Perse furent refoulées dans le Liban par l'orthodoxie Sunnite. — C'est ainsi que s'y réfugièrent les Maronites, les Druses. Les montagnes furent toujours l'asile des persécutés.

On sait que les Musulmans se partagent en deux sectes principales, comme les Chrétiens en Catholiques et en Protestants. — Les Sunnites auxquels appartient la Turquie, l'Afrique du Nord, Khiva, Boukkara reconnaissent Aboubekr, Omar et Othman comme véritables successeurs du prophète et admettent les traditions qui viennent de ces califes. —

Les Chyites dont la Perse est le principal boulevard, les regardent au contraire comme des usurpateurs et n'accordent d'autorité qu'au gendre de Mahomet, Ali et qu'à ses descendants les Onze Imans. — Une haine ardente règne parmi ces sectes. — Elle est envenimée par l'antagonisme de l'esprit iranien et de l'esprit arabe et par le souvenir des cruautés affreuses qui marquèrent le triomphe des Omniades sur la famille d'Ali.

Ce prince, une des belles figures de l'histoire de l'Orient, s'était fait adorer de la Perse qu'il avait conquise à l'Islam. — Les désastres de sa race, le carnage de Kerbela sont bien faits pour émouvoir l'imagination des peuples.

Les Moutoualis sont Chyites. — Turbulents, insoumis ils suscitent bien des difficultés aux pachas turcs. Ils sont au nombre d'une cinquantaine de mille. Leurs siéges principaux sont Baalbek et les provinces de Bechâra et de Chomar vers Tyr et Sidon.

Ils vivent en assez bonne intelligence avec les Maronites. Comprenant le double jeu de la Turquie, ils ne voulurent point concourir en 1860 à l'extermination des chrétiens. — S'ils s'étaient joints aux Druses excités par des misérables, le désastre aurait été encore plus grand.

Ils ont un type très-marqué, assez petits avec quelque chose de perçant et de farouche dans les yeux, — ils ressemblent à nos Bohémiens.

De Afka à Akourah, bourgade Maronite, nous suivons l'autre paroi de la vallée de l'Adonis et venons camper au-dessus du village sous deux noyers immenses qui se voient au loin.

D'ici on pourrait gagner directement Baalbek par un col moins élevé que celui des Cèdres en passant par le lac Yammouneh espèce de lagune desséchée en été. — Sur ses bords se trouvent des restes de constructions antiques. — Ce lac sur lequel on raconte toutes sortes de traditions bizarres inspire aux Arabes une invincible terreur.

11 Octobre. — Après une longue montée en quittant Akourah, nous longeons pendant plusieurs heures la crête des montagnes. Ces solitudes sont grandioses mais trop arides. — L'œil se fatigue à voir tant de blanc et de bleu. — Nous apercevons au loin le cap de Botroun, Tripoli, la mer. Plus tard, on commence à distinguer au nord, les jardins d'Ehden le fief de Joseph Caram. — Bientôt, après une descente escarpée et comme par un coup de théâtre, une vallée magnifique s'offre tout à coup à nos yeux. — Sur ses pentes entourées d'arbres, de jardins, sont Dhiman, Hasron, Bcharreh, plus bas le monastère de Kanobin et ce ravin plein de chapelles, de grottes, de cellules d'anachorètes qui se nomme la vallée des Saints.

Dans le second volume de son voyage en Orient M. de Lamartine en a donné une description éloquente, mais elle est trop longue, trop surchargée, elle fatigue et ne laisse rien dans l'esprit. — L'exubérance est dans la nature, mais dans l'art il faut de la sobriété. — Comparez cette description avec certains tableaux de Jean-Jacques qui resteront éternellement jeunes et charmants. —

Le Patriarche maronite, Monseigneur Massad, est encore à Dhiman où il s'est rendu directement après avoir débarqué à Tripoli. Les grandes chaleurs de cette année le retiennent plus longtemps que de coutume dans les hautes montagnes. — Nous retrouvons avec lui Monseigneur l'archevêque de Baalbek.

Dhiman est une résidence très-modeste et n'a de palatial que la grande quantité de personnes qui en encombrent les cours. — Les Prêtres et les seigneurs maronites viennent de toutes les parties du Liban pour saluer le Patriarche à son retour d'Europe, et pendant que nous sommes avec lui, une députation de Moutoualis arrive. Ils sont richement armés et montés sur de beaux chevaux noirs.

Le salon de réception, assez grande salle entourée de divans circulaires, est situé au haut de la maison. — Il ouvre sur deux terrasses. — Celle du nord domine la vallée des Saints et la masse imposante du monastère de Kanobin. — Celle de l'est est tournée vers la montagne des Cèdres. — Le Patriarche nous les montre au loin comme un point de broussailles vertes, au milieu d'une immense solitude blanche.

Les patriarches habitaient autrefois Kanobin, mais cette gorge était d'accès difficile; de plus, elle est assez malsaine en été. L'air n'y circule pas, et le soleil dardant sur les rochers y répand une chaleur insupportable. C'est le cas de certaines vallées de la Suisse, que l'on croirait fraîches à cause de leur élévation au-dessus du niveau de la mer. Ce sont de mauvaises résidences d'été. Mieux vaudrait être à Naples.

Le prédécesseur de monseigneur Massad s'établit à Dhiman, où l'air est excellent et la position plus commode.

L'hospitalité cordiale du Patriarche voudrait nous retenir une nuit, mais les tentes, les bagages ont été en avant par une autre route, et dans la soirée, nous allons les retrouver à une heure plus loin, près du grand beau village de Hasron.

12 Octobre. — Nous quittons Hasron par un temps ravissant et marchons vers Bcharreh, un des endroits les plus peuplés de la partie maronite du Liban. Nous

rencontrons à chaque instant des hommes qui vont ou qui viennent de la vendange. Le pays est vert, bien cultivé. Deux immenses fers à cheval successifs, formés par de hautes montagnes s'étagent devant nous.

Pour gagner Bcharreh, nous passons au fond du premier, puis, après une longue montée, triste, pénible, aride, dévorée par un soleil brûlant, nous arrivons à une vue admirable sur les bords du second fer à cheval au centre duquel est le bois des Cèdres.

De loin, il ne paraît que comme un point de verdure au milieu de l'immense solitude blanche et nue, mais quand on entre sous son épais ombrage, on éprouve un véritable ravissement. Sous ce dôme de verdure, on respire un air frais et vivifiant, doublement agréable après les chaleurs de la côte ; une quantité d'oiseaux chantent dans les branches, et par des échappées de vue, on aperçoit tantôt les montagnes roses, tantôt un ciel de saphyr.

Le nombre des arbres n'est cependant pas considérable. Dans l'après-midi nous les avons comptés avec le plus grand soin. Il n'y en a que 384, dont une vingtaine sont isolés, un peu en dehors du bois. Le bois lui-même s'élève sur quatre ou cinq petits monticules. Une douzaine d'arbres sont d'une antiquité remarquable. Il faut sept hommes, bras étendus, pour faire le tour de celui qui porte le nom de père Géramb le voyageur, et celui de Julia, la fille de M. de Lamartine, qui mourut si jeune à Beyrouth ; huit hommes pour un autre, six pour un troisième. Mais ces arbres, trop vieux et abimés par les voyageurs, sont bien inférieurs en beauté à une centaine d'autres cèdres, de la plus belle venue, qui peuvent avoir de 300 à 400 ans. Dans tous les environs, on voit de petits buissons de cèdres à fleur de terre, mais la dent des troupeaux les empêche de pousser.

Voici donc tout ce qui reste de ces forêts fameuses, qui fournirent à Salomon la charpente du temple de Jérusalem, dont la Bible parle si souvent, et que les prophètes citaient comme des exemples de magnificence et de force.

Ainsi dit le seigneur Jehovah : Et moi je prends de la cime d'un cèdre élevé et je le place ; du haut de ses branches je cueillerai un rameau tendre et je le planterai sur une montagne haute et élevée.
Sur la haute montagne d'Israël, je le planterai, et il poussera des branches, et il portera du fruit, et deviendra un cèdre magnifique. Et sous ce cèdre habiteront tous les oiseaux et tout ce qui vole ; à l'ombre de ses branches ils habiteront. (Ézech., XVII, 22, 23.)
Voyez Assur ; c'était un cèdre sur le Liban, beau en ses branches, répandant au loin l'ombre de son vaste feuillage, magnifique en sa hauteur et élevant sa cime entre ses rameaux touffus. Les eaux l'avaient nourri ; l'abîme l'avait fait croître, s'échappant en fleuve autour du lieu où il était planté, et envoyant de là ses canaux à tous les arbres de la campagne. Ainsi il s'était élevé au-dessus de tous les autres arbres de la campagne. Ainsi il s'était élevé au-dessus des autres arbres, et ses rameaux s'étaient multipliés et ses branches s'étendaient au loin, vivifiées par les grandes eaux. Tous les oiseaux du ciel faisaient leurs nids dans ses rameaux, et tous les animaux des champs déposaient leurs petits sous son feuillage ; à son ombre habitaient des peuples nombreux. Il était beau dans sa grandeur, dans la longueur de ses rejetons, parce que sa racine était près des grandes eaux... Parmi tous les arbres du jardin de Dieu, il n'y en avait point qui l'égalait en beauté. Je l'avais fait beau par la richesse de son feuillage, et tous les arbres de délices qui se trouvaient dans le jardin de Dieu étaient jaloux de lui. C'est pourquoi Jéhovah le seigneur a dit : Parce qu'il s'est enorgueilli de sa hauteur, parce qu'il a élevé sa cime au-dessus de ses rameaux touffus, et que son cœur s'est enflé de son élévation, je l'ai livré aux mains de la plus puissante des nations et à tous ses caprices : je l'ai rejeté à cause de son im-

piété. Et des étrangers, les plus violents parmi les peuples l'ont coupé et l'ont renversé sur les montagnes; et ses rameaux sont tombés dans toutes les vallées, et ses branches ont été brisées dans tous les ravins; tous les peuples se sont retirés de son ombre, et l'ont abandonné. (Ézéch., XXXI.)

Les paroles prophétiques d'Isaïe se sont accomplies. *Le nombre des arbres de cette forêt, échappé à la flamme sera si petit qu'un enfant pourra les compter.* (Isaïe, X, 19.)

Notre campement, sous le bois des cèdres, est le dernier que nous ferons en pays maronite et dans le Liban proprement dit. Avant de quitter cette montagne, il sera peut-être bon de dire quelques mots de son histoire et de parler du peuple maronite, qui nous touche de si près comme catholique et comme Français.

Les hautes vallées du Liban, faciles à défendre, accessibles seulement par d'étroits sentiers et cependant fertiles, furent de tout temps des lieux de refuge contre l'orthodoxie qui régnait dans les plaines, qu'elle fût chrétienne ou musulmane.

Quelques auteurs prétendent donc que les Maronites étaient à l'origine des hérétiques, qui suivirent dans la montagne un prêtre nommé Maron, à l'époque des persécutions de l'empire grec contre les monothélites. Mais Faustus Nairon, écrivain distingué, qui publia plusieurs ouvrages théologiques à Rome, à la fin du dix-septième siècle, réfute cette opinion et soutient, au contraire, que le pieux anachorète Maron fut un des principaux champions de l'orthodoxie, au milieu des controverses sans fin des hérésies subtiles de l'Orient. Une des raisons que donne Faustus Nairon, et qui ne manque pas de force quand on connaît les usages de l'église romaine, est celle-ci : si le nom de Maronites eût désigné une secte quelconque, comme celui de Nestoriens, d'Eutychiens, Rome ne l'aurait pas laissé à ce peuple.

Quoi qu'il en soit, sous le règne du Pape Honorius Ier (625-640), on voit à Rome un prêtre maronite, Jean, surnommé le second Maron, qui est consacré par le pontife comme patriarche d'Antioche. C'est le titre que porte encore le patriarche du Mont-Liban.

Pendant les premiers temps du moyen âge, on perd de vue les Maronites, et c'est à ce moment que deux autres peuplades s'établissent dans la montagne, les Moutoualis ou sectateurs d'Ali, poursuivis par la haine des califes Omniades, et les Druses, adorateurs de Hakem, calife Fatimite d'Égypte, chassés de ce pays après l'assassinat du fondateur de la secte, et de la Syrie, par la maison des Abbassides. Depuis longtemps aussi dans le nord du Liban, subsistait obscurément la tribu idolâtre des Ansarieh, adorateurs de Vénus, et qui ont conservé, jusqu'à nos jours, son culte dépravé.

Lorsque les croisés arrivèrent dans le Liban, ils furent bien surpris de trouver une population chrétienne qui les accueillit avec joie. Pendant les deux siècles suivants, les Maronites aidèrent toujours les chrétiens d'Europe et combattirent souvent près d'eux, comme le prouve la lettre suivante de saint Louis précieusement conservée dans les archives du couvent de Kanobin.

Au prince maronite du Liban.

Notre cœur s'est rempli de joie lorsque nous avons vu votre fils Simon, à la tête de vingt-cinq mille hommes, venir nous trouver de votre part pour nous apporter l'expression de vos sentiments et nous offrir des dons, outre les beaux chevaux que vous nous avez envoyés. En vérité la sincère amitié que nous avons commencé à ressentir avec tant d'ardeur pour les Maronites, pendant notre séjour à Chypre, où ils sont établis, s'est encore augmentée.

Nous sommes persuadés que cette nation, que nous trouvons établie sous le nom de saint Maron, est une partie de la nation française; car son amitié pour les Français ressemble à l'amitié que les Français se portent entre eux. En conséquence, il est juste que vous et tous les Maronites jouissiez de la même protection dont les Français jouissent près de nous, et que vous soyez admis dans les emplois comme ils le sont eux-mêmes. Nous vous invitons, illustre émir, à travailler avec zèle au bonheur des habitants du Liban, et à vous occuper de créer des nobles parmi les plus dignes d'entre vous, comme il est d'usage de le faire en France. Et vous, seigneur patriarche, seigneurs évêques, tout le clergé; et vous, peuple maronite, ainsi que votre noble émir, nous voyons avec une grande satisfaction votre ferme attachement à la religion catholique et votre respect pour le chef de l'Église, successeur de saint Pierre à Rome; nous vous engageons à conserver ce respect et à rester toujours inébranlables dans votre foi. Quant à nous et ceux qui nous succéderont sur le trône de France nous promettons de vous donner, à vous et à votre peuple, protection comme aux Français eux-mêmes, et de faire constamment ce qui sera nécessaire pour votre bonheur.

Donné près de Saint-Jean-d'Acre, le vingt et unième jour de mai douze cent cinquante, et de notre règne le vingt-quatrième.

Lors de la destruction des derniers établissements chrétiens sur les côtes de Syrie, un grand nombre d'Occidentaux se réfugia dans la montagne et il est incontestable que beaucoup de Maronites actuels ont du sang français dans les veines. La France influente à Constantinople par son alliance avec l'empire ottoman contre la maison d'Autriche, protégea toujours les populations du Liban qui restèrent dans une grande indépendance tantôt sous des princes maronites, tantôt sous des émirs druses.

A la fin du dernier siècle et jusqu'en 1840, nous voyons le Liban gouverné par un homme remarquable, l'émir Beschir. Issu de l'illustre famille arabe des Chehab, il naquit à Ghazir dans la maison où est établi maintenant le collége des Jésuites. Il s'empara du pouvoir absolu, non sans de grandes cruautés, mais sa main puissante donna l'ordre et la prospérité à tout le Mont-Liban. On ne sut jamais au juste s'il était mahométan, druse ou maronite. — Les Maronites assurent cependant qu'il mourut dans la foi catholique. — On le regrette beaucoup aujourd'hui ; de son vivant, on était fatigué de sa sévérité implacable.

L'émir Beschir avait pris parti pour les Égyptiens : aussi à la suite de la coalition de 1840 on s'empara de lui, et il fut déporté à Constantinople, puis à Thessalonique où il mourut de chagrin et peut-être aussi de vieillesse, car il avait plus de quatre-vingts ans.

Sous le règne (car on peut l'appeler ainsi), de l'émir Beschir, les Maronites et les Druses avaient vécu en bonne intelligence. Cette concorde portait ombrage aux hommes politiques de Constantinople. On résolut de susciter la brouille et l'antagonisme. On nomma un caïmacan maronite pour le nord de la montagne, un camaïcan druse pour le sud. Les Maronites furent tracassés dans le sud, ainsi que les Druses dans le nord, c'était un résultat inévitable. On poussa les Druses à se placer sous le protectorat de l'Angleterre. Enfin pour consolider leur pouvoir au milieu du désordre et de la ruine, les Turcs firent naître les événements de 1860 qui les débordèrent.

La guerre civile commencée dans le sud du Liban et suivie d'affreux massacres, gagna la Syrie, Zahleh,

Damas. Le Kesrouan ne fut préservé que grâce à l'énergie de Joseph Caram, chef d'Ehden, qui garda les défilés et sut aussi concilier les Moutoualis ; quant à Beyrouth, elle fut sauvée grâce à l'arrivée de bâtiments de guerre européens.

On aurait cru que ces massacres marqueraient la fin de l'autorité ottomane en Syrie. Elle était arrivée au dernier degré d'abaissement. Incapable pour le bien, elle était encore puissante pour le mal.

Voici le jugement qu'en portait avec une exactitude parfaite un jeune prince français bien jeune alors, le comte de Paris qui « ne pouvant apprendre à connaître autrement son pays, auquel il est tout dévoué, était allé chercher jusqu'au fond de l'Orient tout ce qui pouvait lui rappeler les antiques gloires de la France. » Accompagné par son frère le duc de Chartres, par le marquis de Beauvoir et quelques autres amis de l'exil, il parcourait la Syrie au printemps de 1860, et se trouvait dans le nord du Liban, au moment où commençaient les massacres.

> Seuls craints, seuls respectés, méprisant de fait le pouvoir du Sultan, dont ils reconnaissent l'autorité nominale, les chefs de bande qui parcourent la Syrie, sont les véritables maîtres du pays.
> C'est à eux que le voyageur doit demander aide et protection. L'émir Harfouche, condamné à mort depuis longtemps, parcourt impunément avec ses cavaliers la vallée de Baalbek ; les cheiks des Bédouins Anazé occupent la plaine de Homs et rançonnent cette ville; enfin Akiel-Aga gouverne sans contrôle toute la Galilée depuis le Jourdain jusqu'à la mer. L'histoire de ce hardi partisan mérite peut-être d'être rapportée; elle est un exemple curieux de la faiblesse matérielle du gouvernement turc et de la dépendance à laquelle il est réduit en gardant les airs de commandement.
> Algérien de naissance, mais élevé en Égypte, où il devint

Bachi-Bozouk de Méhémet-Ali, Akiel-Aga commandait pour lui à Nazareth lorsque la Syrie fut rendue aux Turcs. Après quelques ménagements hypocrites, ceux-ci s'emparèrent de sa personne par trahison et l'envoyèrent aux galères à Constantinople. Mais assez heureux pour en sortir, grâce aux amis qu'il s'était fait durant sa prospérité, il retourne en Galilée, où son nom n'était pas oublié. Quelques vagabonds réunis autour de lui forment bientôt le noyau d'une tribu. Bon et généreux, il se fait aimer de tous ceux qui le servent et attire auprès de lui l'Arabe errant à la recherche du plus fort, comme le paysan, qui, de guerre lasse, abandonne le rôle de pillé pour celui de pillard. Aussi, trente-deux tribus lui obéissent-elles aujourd'hui; depuis Naplouse jusqu'au Carmel, depuis Césarée jusqu'à Bânias, son autorité est incontestée, et il lève sans difficulté sur tous les villages de ce vaste district le quart du produit de la récolte, moyennant quoi, il est vrai, il leur garantit la possession du reste. Les Turcs se sont hâtés de composer avec lui aussitôt qu'il a été puissant. Ils lui payent aujourd'hui 30,000 francs par an. Mais habiles à déguiser leur faiblesse sous de pompeuses paroles, ils lui ont donné la mission officielle de faire la police du pays, et décorent ce tribut du nom de traitement. Il leur a mal réussi un jour de vouloir prendre ces vains mots un peu trop au sérieux.

« Nous étions tranquillement campés au pied du Thabor, me disait le mois dernier un parent d'Akiel-Aga qui nous a accompagnés à Tibériade, quand nous vîmes arriver de Damas un prétendu Caïmacan à la tête de 700 cavaliers. Il envoie à Akiel un firman qui le destitue et le somme de lui céder la place. Celui-ci qui se sentait le plus fort veut se donner l'avantage de la modération, et engage l'intrus à se retirer sans tenter le sort des armes; car, dit-il, si j'occupe le pays au nom du Sultan, je ne dois mon pouvoir qu'à moi-même et ne le céderai à personne.

Mais ses envoyés sont insultés, et désormais la poudre seule peut décider entre les deux compétiteurs.

Akiel-Aga, qui a appris la guerre à l'école de Soliman-Pacha, prend aussitôt ses dispositions pour le combat; il défend de tirer un seul coup de fusil avant son signal, et jure de tuer de sa main le premier qui lui désobéira. Précaution inutile, car tous les Arabes enrôlés volontairement sous ses ordres ont en lui une aveugle confiance. C'est en vain que les Turcs, abordés par trois colonnes tirent au hasard dans toutes les directions.

Personne ne leur répond. Enfin une décharge à bout portant les met en désordre; on les pousse, on pille leur camp, et deux cents d'entre eux restent sur le terrain. Plusieurs des nôtres, il est vrai, partagèrent leur sort. » Et le cheik nous montrait sur son épaule une récente et profonde blessure, souvenir de ce sanglant combat.

Il oubliait d'ajouter, tant cela lui paraissait naturel, que le pacha de Damas, voyant revenir son lieutenant seul et battu, s'était hâté de confirmer Akiel-Aga dans les fonctions publiques auxquelles il était si difficile de le faire renoncer.

Voilà comment le gouvernement turc fait respecter son autorité. . . . .
. . . . Au milieu de cette anarchie, le fanatisme musulman s'est réveillé. Si le désir de s'affranchir de toute contrainte est le principal mobile de ces populations, on retrouve cependant au fond de tous les cœurs la haine des chrétiens indigènes, complices à leurs yeux des Européens. Dans ce désordre même les Turcs, impuissants pour le bien, mais encore actifs pour le mal, ont su organiser une vaste conspiration religieuse. La société musulmane, blessée par le contact des Européens, souffrant matériellement et moralement de leur invasion, était toute prête à tenter contre eux un dernier et violent effort. En excitant ces passions le gouvernement turc s'est laissé aller un moment à ses vrais sentiments et à l'instinct de sa propre conservation. En effet, s'il oscille entre l'Orient, sur lequel il règne, et l'Occident auquel il obéit; obligé de toujours dissimuler, il doit sentir plus vivement encore que les autres Orientaux les humiliations de la tutelle européenne.

Et d'ailleurs, sachant que son existence est intimement liée à celle de cette société musulmane qui ne peut supporter le contact de l'Europe, il devait chercher dans le réveil de ses passions le moyen de ressaisir quelque autorité sur elle.

La guerre sainte, prêchée partout, les chrétiens de toutes les sectes indistinctement massacrés partout, les Européens partout insultés et massacrés, ont été la dernière ressource à laquelle il a eu recours pour se relever de son affaiblissement.

Tel est, autant qu'on peut en juger au milieu du bruit et de la confusion des événements le caractère de cette crise. L'impuissance démontrée du gouvernement turc et l'état de la Syrie, obligent l'Europe à y remédier d'une manière quelconque. Sa politique, j'aime à le croire, ne sera inspirée que par un véritable intérêt pour les populations orientales dont le sort est entre ses mains.

(Damas et le Liban.)

On pouvait croire que les populations chrétiennes plus industrieuses, beaucoup plus nombreuses, seraient affranchies de toute domination réelle de la Turquie et que le Liban formerait un État quasi-indépendant comme la Serbie, ce qui, appliqué sur une large échelle, serait selon nous la meilleure solution de la question d'Orient. Il n'en fut rien; l'habile diplomate turc Fuad-Pacha tira un grand parti des rivalités des puissances européennes, il opposa la France à l'Angleterre, chose fâcheuse, car l'accord de ces deux grandes puissances est toujours heureux pour l'humanité. Bref, le gouvernement turc revint dans la montagne, plus puissant qu'auparavant. La France avait pour candidat aux fonctions de gouverneur général du Liban, l'émir Medjid de la famille Chehab, choix qui n'était pas heureux, Joseph Caram aurait mieux valu. L'Angleterre s'y opposa, et l'on nomma par compromis l'Arménien Daoud-Pacha, chrétien il est vrai, mais entièrement voué à la politique de Constantinople.

Daoud-Pacha ne manque pas, dit-on, de talents administratifs, il est grand travailleur, sait à merveille plusieurs langues européennes. Mais on parle beaucoup de sa vénalité et de sa duplicité. Il n'a pas un ami. Même ses quelques partisans politiques disent volontiers que ce n'est pas un homme estimable.

Il paraît avoir mis beaucoup de perfidie dans ses rapports avec Joseph Caram. Ainsi on prétend dans toute la Syrie, qu'il le fit attaquer par trahison le 6 janvier 1866, pendant qu'il entendait la messe dans un couvent situé à l'embouchure du Nahr Ibrahim, afin d'avoir un prétexte de rompre un accord conclu par l'intervention des consuls, et de brouiller ceux-ci avec son rival.

Les documents me manquent pour raconter les détails de la lutte entre Daoud-Pacha et Joseph Caram ; du reste, ses victoires dans la proportion d'un contre cent ont été tellement amplifiées par l'imagination maronite, qu'il est bien difficile d'arriver à la vérité.

Voici seulement les faits principaux.

Dès l'arrivée de Daoud-Pacha dans le Liban, il y eut une grande méfiance entre lui et Caram ; qu'on songe à ce que les Maronites avaient souffert, à leurs espérances déçues, et personne ne pourra s'en étonner.

Joseph Caram finit par être exilé à Constantinople au mois de décembre 1861. C'était une singulière récompense pour celui dont le courage avait préservé le Kesrouan des massacres. A ce moment au contraire, les égorgeurs druses revenaient chez eux.

Caram resta près de trois ans à Constantinople, mais la nostalgie le prit et dans l'automne de 1864 il revint sans permission à Ehden, son village.

A la fin de l'année 1865, les exactions de Daoud-Pacha absolument contraires au règlement de 1861, amenèrent une démonstration dans le Kesrouan, mais les montagnards se tenaient sur la défensive, et les consuls allaient arranger l'affaire en donnant presque tort au Pacha, quand celui-ci, ainsi que je l'ai déjà dit, les fit attaquer par trahison le jour de l'Épiphanie.

L'habile diplomate turc parvint par un moyen ou par un autre à changer les dispositions d'abord favorables des consuls, et la guerre commença.

C'est ici que les Maronites placent le récit des plus merveilleux exploits. Ce qui est certain c'est que Joseph Caram se défendit avec habileté et courage et que le Pacha turc ne se montra pas à son avantage. Toute sa conduite fut empreinte de perfidie.

Ainsi, étant entré à Ehden soi-disant d'une façon pacifique, il fit piller et brûler sous ses yeux les maisons de la famille Caram.

La lutte dura toute une année. Ce qu'on reproche le plus à Caram dans ce temps-là, ce fut son alliance avec l'émir Harfouch, le brigand moutouali de Baalbek.

Enfin, dans les premiers jours de Janvier 1867, Joseph Caram ayant tourné les troupes de Daoud-Pacha marchait sur Beyrouth quand il fut arrêté par le consul de France. Il consentit à licencier sa petite armée et étant venu à Beyrouth (où le peuple lui fit une réception royale) il s'embarqua pour l'Algérie le 1ᵉʳ Février 1867.

En ce moment l'état de la montagne est fort grave et Daoud-Pacha continue ses menées contre la nationalité maronite.

Depuis que j'ai quitté le Liban, différents changements ont eu lieu. Le consul de France M. Des Essarts qui, à tort ou à raison, était considéré comme un ennemi par nos protégés maronites a été remplacé par le consul de Damas M. Rousseau, très-aimé de toute la population chrétienne. Daoud-Pacha lui-même, qui croyait devenir un quasi-souverain du Liban, a été rappelé à Constantinople.

Nous ne savons rien de son successeur, mais espérons en tout cas que la France usera de sa force pour protéger ce noble petit peuple maronite, catholique, Français de cœur et qui malgré quelques défauts est la nationalité la plus vivace, la plus industrieuse de toute la Syrie, la plus digne d'attirer la sympathie de l'Occident.

CHAPITRE IV

BAALBEK ET DAMAS.

Le col des Cèdres. — La Célésyrie. — Baalbek. — Les Couschites. — Baal et Jupiter. — L'émir Harfousch. — Les pères de la race Sémite. — Abila. — Ain-Fijeh. — Le paradis terrestre. — Un café à Doummar. — Damas. — Les pèlerins musulmans et l'Algérie. — Les massacres. — Les Juifs de Damas. — Ali. — Hossein. — La tragédie de Kerbela. — Saladin. — Tamerlan et Napoléon Ier.

13 Octobre. — Nuit magnifique, matinée charmante, bruit du vent dans les cèdres, chant des oiseaux.

Un prêtre monte de Bcharreh dire la messe dans la petite chapelle que l'on construit ici avec les dons des voyageurs. Mais tout en ne voulant pas refuser son offrande, on ne peut s'empêcher de regretter, je l'avoue, de voir cette noble solitude dénaturée par des murs qui en affaiblissent plutôt l'impression religieuse. On devrait au moins ne pas mutiler ces arbres pour bâtir une charpente sans goût.

A dix heures nous quittons avec regret l'ombre épaisse des cèdres et nous gravissons des pentes pierreuses sous un soleil ardent.

L'air est vif toutefois — le col des cèdres est le plus élevé du Liban. — Nous sommes à 8,000 pieds environ au-dessus du niveau de la mer, et à 3,000 pieds au-dessus de nous le Djebel Makmel garde encore des flaques de neige malgré les chaleurs de l'été.

Au sommet du col nous apercevons derrière nous Ehden, la vallée de la Kadicha, et se confondant avec le ciel, la mer; tandis qu'à l'est, s'étend l'Anti-Liban et toute la plaine de la Célésyrie. Des teintes d'un roux tirant sur le lilas couvrent cet immense paysage, qui se termine au sud par le dôme élevé du mont Hermon.

C'est un dimanche, et en présence de ces terres entièrement nouvelles pour moi, de ces montagnes sacrées, de cette Syrie des Ben-Hadad rois de Damas, mon esprit excité et ému se reporte à d'autres scènes, à la vieille maison de mon enfance, aux courses sur la prairie, aux couchers du soleil d'octobre dans l'Atlantique, pendant que la brise du soir souffle sur les grèves sauvages de l'Irlande.

Après une descente à pic bien plus difficile que la montée, nous campons de bonne heure à Aïn-Ata dans un vallon pierreux assez triste.

Un chétif village s'élève près d'une belle fontaine. Une différence frappante se fait déjà sentir entre ce versant du Liban et celui que nous venons de parcourir. La population chrétienne diminue pour faire bientôt place aux musulmans. Moins de travail et par conséquent plus de misère.

Le sempiternel mot *backsheech* que nous avons peü entendu chez les Maronites, va nous poursuivre jusqu'à la fin du voyage.

Si les musulmans nous dédaignent et nous appellent Kelb ibn el Kelb (chien fils de chien), en revanche ils estiment singulièrement notre argent.

14 et 15 octobre. — La route d'Aïn Ata à Baalbek pourrait passer pour laide, si quelque chose était entièrement laid avec cette lumière et ce ciel. Nous descendons pendant trois heures des pentes partiellement boisées et déjeunons sous un mûrier près du village de Deir el Ahmer.

Trois longues heures ensuite à travers la plaine, Baalbek en vue, mais semblant reculer toujours. Les hammals sont exténués, ils souffrent plus que dans les montagnes. Le vent du sud souffle. De petites trombes soulèvent des tourbillons de poussière qui traversent la plaine. Grands troupeaux de moutons des Arabes nomades. En approchant de Baalbek, haute colonne isolée.

Nos tentes ont été placées parmi les ruines dans la cour hexagone, la première que l'on trouve en y pénétrant.

Après le souper, par un admirable clair de lune, nous faisons notre première visite aux temples. C'est une scène d'une étrange beauté. Les ombres sont si noires, les colonnes magnifiques du temple du Soleil se détachent si bien sur le ciel. A cette froide clarté, ces débris gigantesques paraissent plus gigantesques encore. En impressions grandioses cela dépasserait même peut-être le Forum romain, si Baalbek en avait les souvenirs.

Nous nous arrêtons ici tout un jour. Nous profitons des heures fraîches de la matinée pour faire une exploration complète des ruines, et passons les heures chaudes à errer parmi les temples, cherchant l'ombre.

On a si souvent donné une description exacte de Baalbek avec des planches, des mesures et un vrai talent archéologique que je n'essayerai pas de retoucher ce qui a été bien fait. Je renvoie au Guide Murray et surtout au grand ouvrage de Wood et Dawkins qui découvrirent pour ainsi dire ces ruines en 1751.

Les croisés ne les avaient pas visitées et les anciens voyageurs en Palestine ne les mentionnent pas, à l'exception de l'intelligent Benjamin de Tudèle (1160). Bertrandon de la Brocquière (1432) passe à Baalbek sans en parler, tandis qu'il est très-occupé de quelques petits moulins. C'est ainsi qu'on observait dans ces temps-là. Les paysans font encore de même, et je soupçonne que quelques bons curés ont vu Rome de cette manière au centenaire du mois de juin.

En 1751 les ruines étaient en bien meilleur état qu'aujourd'hui. Le temple de Jupiter était presque intact. Le tremblement de terre de 1759 fit de grands dégâts.

Il y a trois temples à Baalbek. Deux sont à côté l'un de l'autre sur une esplanade d'une construction tellement solide, tellement gigantesque qu'elle confond l'esprit. C'est une masse énorme de maçonnerie parcourue en tous sens par des couloirs, par de larges souterrains. Les pierres de 20 à 30 pieds de longueur sont communes, tandis que dans la partie qui regarde l'occident à 20 pieds au-dessus du sol de la plaine, on rencontre trois pierres dont l'une a 64 pieds de long et les deux autres 63 chacune sur 13 pieds environ de largeur et de hauteur.

On se perd en conjectures au sujet de l'origine de ces substructions et des moyens mécaniques employés pour remuer ces masses à une époque qui ignorait, à ce que l'on croit, les découvertes modernes.

Les uns pensent qu'elles furent construites par les

Phéniciens, les autres les attribuent à Salomon, se fondant sur le passage des Rois, liv. III, IX, 17, 18.

« Salomon rebâtit donc Gaser et Bethoron la basse,
« Baalgad et Palmyre dans la terre du désert. »

Ne peut-on pas y voir peut-être des restes de cette civilisation Couschite si mystérieuse, pleine d'affinités avec l'Égypte et qui semble avoir précédé dans le Yémen, en Abyssinie et même sur l'Euphrate et le Tigre les Aryas et les Sémites.

Ces Couschites, les ancêtres peut-être des peuples inconnus qui élevèrent les monuments prodigieux découverts par l'infortuné naturaliste Monot dans l'Indo-Chine et ceux de Palenque dans l'Amérique centrale, étaient de grands architectes, de bons mécaniciens; leur civilisation materielle, leur organisation despotique puissante surpassaient celles des grandes races. Leurs monuments étaient splendides, leur orgueil et leur impiété semblaient menacer jusqu'au ciel : c'est le mythe des géants attaquant l'Olympe. La Bible les dépeint sous le nom de Nemrod, la personnification de l'orgueil et de la tyrannie. Mais, comme Jupiter, l'intelligence lumineuse des Hellènes devait vaincre la force brutale des enfants de la terre, l'esprit religieux des Sémites, leur noblesse, leur indépendance triomphèrent du despotisme et du matérialisme de ces populations corrompues.

Les Couschites n'ont laissé aucune trace dans l'histoire, sauf leurs énormes monuments, et le problème de leur civilisation n'intéresse que quelques esprits curieux.

Les temples de Baalbek datent d'un temps bien plus connu et plus rapproché de nous. Ils sont romains.

Leur architecture, quelques médailles, car les inscriptions manquent et les historiens sont silencieux, font croire qu'ils furent élevés sous Adrien ou Antonin le Pieux, au milieu du second siècle. Des édifices antérieurs furent probablement démolis pour faire place aux constructions nouvelles.

Quelle ne devait pas être la splendeur de l'empire pour élever de pareils monuments dans une cité dont il est assez rarement fait mention dans l'histoire et qui ne paraît pas avoir jamais été une ville de premier ordre. Combien ne doit-on pas regretter alors la ruine totale des grandes métropoles de l'Orient, Alexandrie, Antioche.

Les descriptions de leurs splendeurs ne devaient pas être exagérées par les écrivains de l'antiquité.

On montait à la plate-forme par un large escalier entièrement détruit. Des tours, des murailles sarrasines obstruent l'entrée aujourd'hui.

En avant du temple de Baal ou du Soleil, le plus important des deux et qui donnait son nom à la ville, il y avait deux cours, la première hexagone, la seconde en forme de carré long.

Elles étaient ornées de colonnes de granit rose, de niches terminées en coquille, de corniches profondément fouillées. Ce qui reste est merveilleux, mais ces deux cours sont tout à fait en ruine.

Au delà se trouvait le temple tourné vers l'occident et vers le Djebel Sunnin dont la masse couverte de teintes éclatantes fait à ces monuments le fond le plus splendide. Six colonnes seulement sont encore debout. Avec les trois colonnes du temple de Castor et Pollux dans le Forum romain, ce sont les plus belles colonnes corinthiennes de l'univers. On ne peut se lasser d'admirer l'harmonie des proportions et le travail exquis de la frise. La pierre a pris avec le temps une couleur dorée. Elles sont composées de deux ou trois blocs, mais tellement unis, qu'il faut un examen attentif pour s'en apercevoir. Plusieurs antiquaires pensent que ce temple, interrompu dans sa construction par la décadence de l'empire, ne fut jamais terminé.

Le temple de Jupiter est mieux conservé. Il est presque sur la même ligne, mais sur une partie de la plateforme un peu moins élevée. Avant le tremblement de terre de 1759 il ne lui manquait guère que la toiture. Encore maintenant la cella est intacte ainsi que la colonnade du nord. La solidité de la maçonnerie est telle, que du côté du sud deux colonnes sont tombées contre le mur de la cella sans la renverser et sans se briser elles-mêmes en plusieurs morceaux.

L'ornementation est encore plus riche que celle du temple de Baal. C'est un corinthien un peu surchargé peut-être. J'oserai critiquer les blocs de pierre découpés en caissons avec des bustes de dieux et de déesses, des feuillages, etc., qui forment le toit du péristyle et relient la colonnade à la cella. Plusieurs de ces blocs sont à terre maintenant. Sur l'un d'eux nous voyons un bas-relief de Ganymède enlevé au mont Ida par l'aigle de Jupiter. Ils ont environ 16 pieds de largeur et 4 d'épaisseur. Qu'on se figure un pareil toit. Ici la solidité, la beauté des matériaux, la perfection des détails rachètent l'ornementation excessive. Mais que dire des constructions modernes qui ont tous les défauts de la surcharge sans rien avoir de durable et de bon goût.

Le portique du temple de Jupiter, composé de deux

rangées de colonnes les unes cannelées, les autres unies, a été fort endommagé. En face s'élève une mosquée en ruine dont les ornements en forme de stalactites produisent ici un singulier effet. Il faut passer en rampant par un vrai trou pour arriver en face de la porte de la cella, morceau de sculpture si merveilleux dans son exubérante richesse, qu'il est impossible de ne pas être émerveillé, ravi quand on a quelque peu le goût des choses de l'art. C'est une senson immédiate, qui n'est point cherchée, dans le genre de celle qu'on éprouve au palais des doges devant certains tableaux de l'école vénitienne.

Cette porte est un modèle parfait pour le sculpteur, le ciseleur, l'orfévre. On ne peut la décrire, il faudrait une gravure, ou mieux encore une photographie. Qu'on se hâte de venir la voir. Quoique intacte encore, elle est fort ébranlée. Le premier tremblement de terre la renversera probablement.

Sur la soffite, au centre de la porte, est sculpté un aigle tenant entre ses serres un caducée, des guirlandes de rubans s'échappent de son bec. C'est l'aigle oriental entièrement différent de l'aigle romain. Nous le retrouverons plusieurs fois sur les temples qui entourent le mont Hermon.

L'intérieur de la cella répondait à la magnificence de l'extérieur. Quelques niches d'un travail exquis sont merveilleusement conservées. La statue de Jupiter était au fond sur une base élevée qui a été découverte dans des fouilles récentes; elle est ornée d'une guirlande de feuillage et de figurines charmantes. Au-dessus, des marques de crampons dans le mur, semblent indiquer des plaques de marbre ou de bronze qui auraient été enlevées.

Le troisième temple est dans un champ à quelques centaines de mètres de l'esplanade, au sud. Sa forme est octogone. C'est un vrai bijou, mais il ne peut subsister longtemps. Il est dans un état désolant de vétusté et il faut traverser des amas d'immondices pour arriver jusqu'à lui.

Dans l'après-midi nous montons à cheval pour aller voir les carrières situées à 20 minutes de Baalbek. Une pierre y est encore taillée, et près d'être employée. Elle surpasse en immensité même celles de la plate-forme. Elle a 68 pieds de longueur, 14 de hauteur et 13 de largeur. Nos Arméniens assez peu enthousiastes en général, s'écrient que c'est l'œuvre des génies commandés par Salomon, dont le souvenir, chose bizarre, est resté dans l'imagination des peuples de l'Orient.

Nous visitons ensuite la source de la rivière de Baalbek avec les restes d'une mosquée. Nous parcourons la ville où se trouve une vieille cathédrale très curieuse soutenue par des colonnes antiques, mais abandonnée et tombant en ruines.

Baalbek, nommée par la Bible Baalgad et Héliopolis par les Grecs et les Romains, a presque repris son ancien nom sémitique, phénomène très-fréquent dans ces contrées immuables où certains petits villages s'appellent de la même manière qu'au temps des patriarches.

Elle ne joua jamais un grand rôle dans l'histoire. Elle était célèbre par ses débauches. Les adorateurs du soleil y prostituaient leurs femmes et leurs enfants en l'honneur de leur dieu. Cruels en même temps, ils persécutaient les chrétiens avec acharnement. Ils saluèrent avec transport l'avénement de Julien l'apostat. Mais leur héros périt dans la campagne de Perse, et le grand

Théodose éleva à la place des autels de Baal le tabernacle du vrai Dieu.

Elle fut prise en 636 par les Arabes. A la fin du moyen âge, nous voyons Tamerlan y passer après les épouvantables massacres de Damas. Ce monstre, vrai type des conquérants, que les âmes basses adorent quelquefois à défaut de dieu, se piquait de goût pour les beaux arts et la philosophie. Il admira beaucoup les ruines.

Maintenant Baalbek est occupée par une tribu de Moutoualis gouvernée depuis plus d'un siècle par des petits despotes de la famille Harfousch. Volney en parle déjà en 1784.

Cette famille est une des plaies de la Syrie. Elle pille de tous les côtés en ayant toutefois le bon esprit de respecter les Occidentaux. Entre eux les Harfousch s'assassinent et s'empoisonnent avec tout le sans gêne qu'avaient au XIVe siècle les Scaliger ou les Visconti.

Joseph Caram s'est fait grand tort dans l'esprit des Européens en s'alliant dernièrement avec ces brigandeaux.

Le gouvernement turc a toujours été à leur égard d'une faiblesse ou d'une impuissance extraordinaires. Cependant en ce moment les Harfousch sont en fuite ou en exil, et un bataillon ottoman occupe la ville,

Pendant notre promenade le ciel est devenu orageux. Un vent violent souffle sur la plaine. Des teintes lilas, intenses, vigoureuses, couvrent les flancs du Liban, tandis que des panaches violets suivis de stries bleu pâle et orange envahissent tout l'occident.

Nous rentrons par un long souterrain sombre qui paraît aussi fantastique que les cavernes de voleurs de Gil-Blas ou d'Ali-Baba, mais nous n'avons pas besoin de dire « Sésame, ouvre-toi. » Notre petit camp au milieu des ruines nous fait déjà éprouver une sensation de « *Home,* » tant l'homme s'accoutume vite à toute habitation même à celle de la tente.

16 Octobre. — Nous quittons Baalbek de bon matin. Pour la première fois depuis notre départ de France le ciel est nuageux. Nous ne nous en plaignons pas, cela vaut mieux que le soleil dans ces steppes ondulées d'une aridité désolante en cette saison.

Le pays parle cependant à l'imagination. Nous passons un village où l'on nous montre le sépulcre de Sem, un peu plus loin est le tombeau d'Abel, celui de Noé est de l'autre côté de la plaine. La chose en elle-même mérite peu de croyance, mais la persistance de ces traditions semblerait prouver que les pères des peuplades sémites eurent ces contrées pour premières demeures. Leurs grands troupeaux de moutons paissaient sans doute dans ces campagnes desséchées et presque désertes aujourd'hui.

Nous campons au haut d'une vallée. Un ruisseau coule au fond, bordé de platanes et de peupliers. C'est le point de division entre les eaux qui descendent à la Méditerranée par la Litany et celles qui vont se perdre dans le désert par le Barada. Au sud, dominant quelques chaînes moins hautes, on aperçoit le dôme de l'Hermon.

A quelques centaines de mètres est un village qu'on nomme Sorghaya.

Le Guide Murray marque 4.30 de Baalbek ici. La distance est beaucoup plus considérable. Fort exact en général, il est sujet à erreur lorsqu'il fixe le temps qu'on doit mettre à parcourir les routes dans un certain rayon autour de Damas. L'auteur, missionnaire anglican, ce qui explique ses préjugés haineux contre les catholiques, habitait cette ville et employait à faire des excursions ses excellents chevaux. Dans les autres parties de la Syrie, il se servait des montures ordinaires.

C'est ce qui explique l'exactitude de ses « moyennes » en général, tandis qu'elles sont trop courtes ici. Ce renseignement peut être fort utile aux voyageurs. Ainsi compter sur 15 heures seulement de Baalbek à Damas est une illusion. En disant 20 à 21 heures on est plus près de la vérité.

17 Octobre. — Un peu avant le jour un coup de vent renverse notre tente dont le défaut est de ne pas être fort solide contre l'orage. Moment de confusion extrême.

Nous profitons de cet incident pour partir plus tôt que de coutume, car notre journée doit être longue.

De Sorghaya nous descendons sur Zebdany que nous laissons à droite, pour continuer à longer le pied de l'Anti-Liban. Le Barada coule au fond de la vallée.

Cette première partie de la route est peu intéressante. L'aridité, la sécheresse, attristent les yeux. Les jardins que l'on rencontre autour de Zebdany sont souillés de poussière.

Plus de trois heures après, les montagnes se resserrent. La rivière coule dans une gorge profonde et nous arrivons au village nommé Souk Wadi Barada (le marché de la vallée de Barada).

A l'époque romaine, une foire fameuse, le Beaucaire

de la Syrie, se tenait ici, aux portes de l'ancienne cité d'Abila. Pendant le siège de Damas, les chrétiens croyant les Sarrasins trop occupés n'y avaient pas interrompu leurs transactions de commerce. Ils furent surpris par Khaled qui, comme sur les bords de la baie de Djouni, les massacra sans pitié après avoir recueilli un riche butin.

Tout autour de nous sont des fragments de colonnes, des restes de murs, un tronçon de route avec deux inscriptions romaines de Marc-Aurèle et de Lucius Verus. Tout le long du chemin et creusés dans le roc comme lui sont de curieux tombeaux d'origine judaïque.

Observez cette coutume des Juifs d'ensevelir les morts aux portes des villes dans des tombeaux taillés dans la pierre. Elle aide à prouver l'authenticité du lieu où la tradition catholique a placé le sépulcre de Notre-Seigneur.

Abila était une ville importante dans les siècles qui précédèrent et qui suivirent l'ère chrétienne. Elle donnait son nom à une province. Une colonie juive considérable y était établie. La famille des Hérode y régna après la mort d'un Lysanias mentionné par saint Luc et dont le père fut mêlé à l'histoire de Marc-Antoine et de Cléopâtre.

« L'an quinzième de l'empire de Tibère César, Ponce Pilate étant gouverneur de la Judée, Hérode, tétrarque de la Galilée, Philippe, son frère, de l'Iturée et de la Trachonite, et Lysanias, de l'Abilène. »

Près du Barada, au fond de la vallée, il y a des jardins et de la verdure; mais notre sentier reste plus haut sur les flancs de la montagne.

Après de longs lacets dans des collines arides, au milieu de la poussière et du soleil, la route se dérobe pour ainsi dire sous nos pas, nous descendons un escalier creusé dans un rocher qui surplombe et nous nous trouvons, comme par enchantement, au milieu de l'ombre et de la fraîcheur. De grands noyers, des cerisiers, des abricotiers, forment un dôme impénétrable même à l'ardent soleil de Syrie. Près de nos tentes dressées sur une petite terrasse, sont les ruines de deux temples, constructions bizarres probablement antérieures aux Romains. Au-dessous s'échappe avec violence la belle source du Pharphar qui va se jeter aussitôt dans le Barada dont il triple le courant.

Le bruit de cette eau, le chant des oiseaux dans les branches, la fraîcheur, le mystère de ce lieu charmant font rêver aux retraites des fées, aux grottes de l'Arioste, à ce ruisseau du paradis terrestre, près duquel se promène Mathilde personnification de la vérité et de l'idéal.

> Gia m' avean trasportato i lenti passi
> Dentro all' antica selva, tanta ch' io
> Non potea rivedere ond' io m' entrassi.
>
> Ed ecco piu andar mi tolse un rio :
> . . . .
>
> Avvegna che si muove bruna bruna
> Sotto l' ombra perpetua, che mai
> Raggiar non lascia Sole ivi, ne Luna.
>
> Co pie ristretti, e con gli occhi passar
> Di la del fiumicello, per mirare
> La gran variazion de freschi mai.
>
> E la m' apparve. . . . .
> Una donna soletta, che si gia
> Cantando ed isciegliendo fior da fiore
> Ond' era pinta tutta la sua via (1).
>
> (Purgatorio, XXVIII.)

(1)   Déjà dans la forêt à l'antique ramure
      Je m'étais enfoncé si loin à l'aventure

Ce lieu se nomme aujourd'hui Aïn-Fidjeh. C'est la source la plus abondante de ces eaux dont les Damasquins sont si fiers. Quand le prophète Élisée envoie se baigner au Jourdain Naaman le lépreux, celui-ci s'écrie tout d'abord : « Est-ce que l'Abana et le Pharphar (*le Barada et la source de Fidjeh*), fleuves de Damas, ne sont pas meilleurs que toutes les eaux d'Israël? IV Rois, v. 12. » C'est exactement ce que dirait un Damasquin d'aujourd'hui. Rien ne change dans ce singulier pays. Les enfants du village qui viennent jouer autour de la fontaine se couronnent de fleurs comme aux jours des Ben-Hadad, et les femmes voilées passent portant des amphores sur leurs têtes comme Rebecca fille de Bathuel.

18 Octobre. — Nuit délicieuse. Bercés par le murmure des eaux courantes.

En quittant Aïn-Fidjeh nous suivons pendant quelque temps la vallée du Barada puis, nous traversons des collines arides avant de redescendre à Doummar où nous retrouvons des jardins et de l'eau.

Nous déjeunons au bord de la rivière sous un abri de

> Que je ne voyais plus par où j'étais entré.
> Et voici qu'à ma gauche un ruisselet m'arrête :
> . . . .
> Son onde murmurait dans son lit, brune, brune;
> Sous l'ombrage éternel que les rais de la lune
> Et les feux du soleil n'ont pénétré jamais.
>
> Du pied je m'arrêtai; mais mon regard d'avance,
> Franchissant l'humble fleuve, admirait à distance
> La prodigalité des floraisons de mai.
>
> Et là-bas m'apparut. . . . . . .
> Une dame seulette en la forêt profonde,
> Qui s'en allait chantant et cueillant à la ronde
> Les fleurs dont son chemin était tout émaillé.

branchages où deux enfants, deux frères, préparent du café et des pipes pour les passants. A moitié vêtus, gentils, mais les yeux voilés d'une sorte de tristesse précoce, ils attendent avec patience les rares chalands. Peu après nous arrive un pauvre faiseur de tours drapé dans un manteau rouge. Il porte sur l'épaule un petit singe, son compagnon de route et de misère. S'asseyant près de l'eau avec un air de fatigue et de résignation, il partage avec son singe un chétif repas de fruits secs et de galettes arabes. Celui-ci pousse de petits cris, fait des mines à son maître et lui passe les bras autour du cou. Ces deux créatures errantes semblent se plaindre et s'aimer.

Ce café chétif, ces enfants qui attendent, ce faiseur de tours résigné avec son petit singe, tout cet ensemble si humble et si pauvre émeut et rend mélancolique la pensée. La splendeur du soleil, la richesse de la nature font plutôt ressortir qu'elles ne voilent cette pauvreté. Que la vie est difficile et amère. Qu'il est dur à gagner le pain de chaque jour. Et nous nous plaignons de nos petites contrariétés d'enfants gâtés de la fortune; combien ne devons nous pas remercier Dieu, au contraire, d'être de ceux qui peuvent donner à ces pauvres créatures deshéritées quelques instants de bonheur.

Mais Dieu sera-t-il aussi indulgent pour nous que pour eux?

Après Doummar, longue montée du Djebel Kasioun pierreux et dénudé. Au sommet du col est le tombeau de quelque saint musulman. C'est de là qu'on a la première vue de Damas toute blanche au milieu de la verdure de ses vastes jardins. Le désert est au loin, et vers le sud, le profil vaporeux des montagnes du Hauran, le royaume de Bashan d'autrefois. A droite le dôme de l'Hermon domine tout le vaste paysage.

Nous redescendons rapidement et pressons le pas à travers les jardins, impatients de recevoir nos lettres qu'un des muletiers a été chercher d'avance au consulat de France. Elles arrivent enfin ces chères lettres des nôtres; mais que les dates nous paraissent anciennes et que d'événements ont pu se passer depuis.

Nous descendons à Damas dans un hôtel tenu par un grec nommé Dimitri. Il est situé dans le quartier turc, assez près de la porte de Beyrouth. La maison est belle et les chambres sont assez propres; mais la nourriture est si médiocre et le service si détestable, que nous regrettons nos tentes que nous aurions pu faire dresser dans un jardin.

Damas, 19, 20, 21, 22 Octobre. — La première vue de Damas du haut des montagnes ou lorsqu'on arrive du désert est saisissante. Damas cependant n'est pas une ville aussi éblouissante que Constantinople ou le Caire. Elle manque de cette population surabondante, pressée, mélange de toutes les races de l'Orient et du bassin de la Méditerranée. A Damas, l'élément arabe prédomine. Les bazars et une ou deux rues sont encombrés, le reste de la ville est fort tranquille. Le caractère oriental est certainement très-marqué; mais il l'est encore plus ce me semble dans les parties du Caire non remaniées par l'avarice ou le mauvais goût de son Altesse actuelle Ismaïl-Pacha. De plus, le Caire quoique délabré (qu'est-ce qui ne l'est pas en Orient?), n'a pas cet aspect de ruine absolue qui attriste les yeux ici.

Pour passer à un autre ordre d'idées, l'Européen se

trouve à Damas trop entièrement en dehors de toutes ses habitudes pour s'y plaire facilement. Il est vraiment isolé, loin de tout, et l'extrême malveillance des habitants pour les chrétiens, leur rudesse, leur mauvaise grâce forment des obstacles qu'on ne retrouve pas dans d'autres villes musulmanes. Avides, rusés, insolents, les Damasquins sont pour l'Orient ce que la canaille de Livourne ou de Florence est pour l'Italie. Ils gâtent tout ce qui les entoure. Leurs coreligionnaires du reste ne les jugent pas autrement que nous; l'expression *Chami choumi* (Damasquin coquin) est bien connue dans toute la Syrie.

Les rapports fréquents de Damas avec la Mecque y entretiennent le fanatisme musulman. La grande caravane de pèlerins part d'ici de manière à arriver dans la ville sainte pour la fin du Ramadan et les fêtes du Baïram (le carême et la pâque des disciples de Mahomet); elle visite ensuite le tombeau du prophète à Médine, et revient reprendre son campement dans la grande prairie sur les bords du Barada. On appelle ce lieu le Meïdan. C'est le seul endroit ouvert aux environs de la ville. En ce moment il ne sert qu'à l'exercice des régiments turcs. Quand la caravane y est campée, ce doit être un curieux spectacle, à en juger par ce que j'ai vu en avril 1861 quand les tapis sacrés partaient du Caire pour la Mecque.

La caravane met une quarantaine de jours de Damas à la Mecque. Avec les haltes, les séjours, c'est un voyage de quatre mois environ (aller et retour). Elle avait une importance extrême autrefois et le pacha de Damas, chef de la caravane sous le nom d'émir el Hadji (prince des pèlerins) l'emportait en dignité sur tous les pachas de l'empire. Elle est bien déchue aujourd'hui. Le pèlerinage diminue dans toute l'Asie, sauf peut-être parmi les populations fanatiques peu nombreuses de Boukkara et de Khiva. S'il est encore observé, c'est plutôt dans le nord-ouest de l'Afrique et dans le Soudan, contrées plus nouvellement conquises à l'islam. Signalons un fait généralement peu connu, c'est que le mahométisme exerce encore de nos jours une grande prépondérance en Afrique, qu'il règne en maître à Tombouctou et que les succès des tribus guerrières et envahissantes des Fellatahs le font pénétrer jusque dans les contrées au sud du lac Tchad, l'Adamoua, le Baghirmi, à peine entrevues par Barth. Mais les pèlerins arrivent par la Méditerranée et la mer Rouge et préfèrent les bateaux à vapeur tout encombrés qu'ils soient à la route longue et pénible de la Syrie et du désert.

Beaucoup d'entre eux passent par l'Algérie, grâce aux grandes facilités données pour le pèlerinage par le gouvernement français et qui, nous devons l'ajouter, tournent presque toujours à son détriment. Rien n'est simple dans ce monde, et on risque fort de se tromper en ne considérant qu'un côté des choses. Ces lieux communs, qui paraissent presque ridicules comme des vérités de M. de la Palisse, me sont suggérés par la conduite du gouvernement français à l'égard des Arabes.

Certes, selon les idées modernes « *les immortels principes de 89* » (mots dont on a bien abusé), on a mille fois raison de protéger le pèlerinage, de bâtir des mosquées, de fonder des écoles où l'on enseigne le Coran, quoique, pour être conséquent, il faudrait libérer le clergé catholique de toutes les entraves de la réglementation militaire. On approuverait hautement le gouvernement dans cette voie, s'il avait à faire à des grecs, à des protestants, même à des juifs.

Mais on oublie qu'il se trouve en contact avec des populations fanatiques, qui le haïssent en raison même de leur religion, qui le méprisent, qui sont incapables de comprendre son savant éclectisme moderne. Quand les Algériens parlent de ces condescendances aux meneurs musulmans de la Mecque, ceux-ci, selon toutes les idées arabes, n'y voient que crainte et faiblesse, aveu manifeste de l'infériorité de notre religion. Ils leur persuadent qu'ils secoueront sans peine le joug de si misérables chiens. Il est incontestable que ce sont des pèlerins, souvent conduits et ramenés sur nos Messageries impériales au risque d'infester la Méditerranée de leurs maladies asiatiques, qui fomentent les soulèvements périodiques en Algérie.

La Mecque est l'officine du fanatisme musulman. — Il est presque certain que le mot d'ordre en est parti, non-seulement pour nos échauffourées algériennes, mais pour la révolte de l'Inde de 1857 et les massacres de Syrie en 1860.

Les habitants musulmans de Damas n'étaient que trop disposés à se joindre à tout mouvement hostile aux chrétiens. Les massacres y furent plus affreux, plus systématiques que partout ailleurs. — Dans le Liban, où le sang avait commencé à couler, la guerre civile, les partis armés en présence expliquaient, jusqu'à un certain point les crimes sans les excuser. — Rien de pareil à Damas. Les chrétiens étaient désarmés, inoffensifs, tremblants. Beaucoup de familles de la montagne s'y étaient réfugiées dans l'espérance illusoire d'être protégées par le pacha turc et les troupes ottomanes.

Excités par l'appât d'un riche pillage, par des rumeurs de carnage et de sang, les musulmans commencèrent par massacrer les chrétiens isolés qui se trouvaient dispersés dans la ville, puis ils envahirent le quartier chrétien. Ils pillèrent et égorgèrent, pendant plusieurs jours, parfaitement de sang-froid, systématiques dans leurs cruautés, cherchant dans les caves, tirant des coups de fusils dans les citernes, tuant femmes et enfants.

On ne saura jamais exactement le nombre des victimes. On ne peut les compter que par milliers.

La froide atrocité de ces massacres les fit juger plus sévèrement que tous les autres par les représentants des puissances réunis à Beyrouth, et tandis que la vie des autres fonctionnaires turcs fut épargné, on fusilla le pacha de Damas.

L'armée française arriva en Syrie peu de temps après la fin de ces abominations. Les coupables tremblaient. Personne n'aurait osé élever la voix. Les égorgeurs étaient connus. On n'ignorait pas le nom des meneurs. Les vieux ulémas, sépulcres blanchis de la mosquée, se croyaient perdus sans espoir.

Pourquoi l'armée s'arrêta-t-elle à moitié chemin, entre Beyrouth et Damas? L'histoire approfondira plus tard le mystère de cet épisode peu connu de l'histoire contemporaine. — Tant de choses peuvent s'être passées, qu'on aurait grand tort d'accuser quelqu'un sans preuves, et qu'on ne doit pas trop écouter la médisance si fréquente dans ces pays ; mais ce fut un échec pour notre influence, comme pour le progrès de la civilisation en Orient.

On pouvait frapper un grand coup. Il fallait occuper

cette ville fanatique, fouler aux pieds son orgueil musulman, faire pendre aux trois tours de leur sainte mosquée les principaux égorgeurs de milliers de femmes et d'enfants, en livrant surtout les grands coupables à l'ignominie d'un supplice public. L'effet aurait été immense dans tout l'Orient. En examinant l'histoire des massacres, les atrocités calculées, la cruauté froide, on ne peut dire que ces moyens, quoique violents, eussent été d'une sévérité trop extrême.

En Europe, on ne procéderait pas ainsi ; mais en Europe de tels massacres seraient impossibles, sauf peut-être dans la *sainte Russie.*

Les musulmans fanatiques nous auraient-ils haïs plus vigoureusement que par le passé? Il est au moins permis d'en douter. Ils nous auraient certainement respectés. Les Orientaux ne connaissent et n'estiment que la force. Quand la force est dominante, incontestable, ils sont très-tentés de s'y soumettre et de l'adorer, car ils y voient la volonté de Dieu.

Le quartier chrétien est encore en grande partie un amas de ruines. L'indemnité stipulée par les puissances européennes a bien été payée à peu près, mais le fanatisme damasquin relève tellement la tête, que beaucoup de chrétiens craignent d'employer cet argent à reconstruire de nouvelles maisons.

L'église des Franciscains, terminée depuis peu, est assez belle. Elle est dans l'intérieur du couvent qui est maintenant, avec raison, une petite forteresse. Près de là se trouve une chapelle souterraine élevée sur l'emplacement de la maison d'Ananie, qui baptisa saint Paul.

Damas est pleine des souvenirs du grand apôtre des

gentils. On montre sa demeure dans la rue Droite, le lieu où il fut descendu dans un panier le long des murs, et, dans les jardins, l'endroit de sa conversion. Si ces emplacements paraissent bien problématiques, ils sont au moins intéressants comme vieilles traditions chrétiennes.

Saul, le jeune fanatique juif qui avait vu lapider saint Étienne, était parti de Jérusalem pour Damas. Muni de lettres des chefs orthodoxes de Jérusalem, il voulait étouffer, dans la nombreuse colonie juive de la capitale de la Syrie, les germes de l'hérésie semés par Ananie. Il avait franchi les plateaux brûlants de la Gaulonitide, il entrait dans les jardins de Damas, l'Hermon gigantesque jetait sa fraîcheur sur la plaine, quand il est renversé de cheval par une force mystérieuse, et dans une lumière étrange qui l'entoure, il entend une voix s'écrier : « Saul, Saul, pourquoi me persécutez-vous? »

Aveuglé, en proie à une émotion profonde, il est conduit dans la rue Droite, à la maison de Jude, où Ananie, guidé par une vision, vient le baptiser trois jours après.

Il prend le nom de Paul, et, devenu fervent chrétien, il prêche le vrai Dieu à Damas jusqu'au jour où les embûches des Juifs l'obligent à quitter secrètement la ville, à se faire descendre par les disciples « durant la nuit, le long de la muraille, dans une corbeille. »

Il se rend d'abord à Jérusalem auprès des apôtres. C'est lui qui prêchera ensuite l'Évangile aux gentils à Antioche, qui annoncera dans Athènes le Dieu inconnu, qui, venant de Rome à la fin de sa carrière, sera décapité dans les faubourgs syriens le jour même où Néron fera crucifier saint Pierre dans le quartier juif.

Au commencement de la guerre des Juifs, dans les dernières années du règne de Néron, Damas fut ensanglantée par des émeutes affreuses, où le parti romain et le parti juif rivalisèrent de cruautés. Ces derniers finirent par être vaincus. Damas conserva cependant une colonie juive. Persécutés d'abord par les idolâtres et ensuite par les chrétiens, les Juifs accueillirent les musulmans avec joie. Ils sont toujours restés les ennemis de la population chrétienne qui leur rend cette hostilité avec usure.

Assez récemment encore, en février 1840, l'assassinat mystérieux du père Thomas, capucin très-estimé qui exerçait la médecine à Damas, réveilla ces haines et produisit une sensation profonde. — L'affaire est restée si obscure entre les accusations ardentes des uns et les dénégations formelles des autres, qu'il est bien difficile d'arriver à la vérité. — Nous ne nous prononcerons donc pas à ce sujet, d'autant plus que le plan de ce journal ne comporte pas une véritable enquête judiciaire. — Nous observerons seulement que les grandes familles juives d'Europe, si éclairées, si au-dessus d'un fanatisme qui n'existe plus, Dieu merci, ni d'un côté ni d'un autre, eurent peut-être tort de s'impressionner si vivement de cette affaire. — Elles firent croire à une pression que leur richesse rendra toujours facile en Orient.

Mais ce sera toujours le cas des petites églises. Qnand on est relativement peu nombreux, la solidarité devient plus étroite et moins raisonnée. Les jansénistes étaient ainsi autrefois, et de nos jours les quakers, les frères moraves et d'autres petites sectes protestantes. C'est une chose excellente au point de vue des affaires, mais elle obscurcit les yeux pour la recherche de la vérité. Les Juifs n'échappent pas entièrement à cette tendance, et les plus distingués d'esprit d'entre eux sont intraitables quand on aborde des questions de ce genre.

Au moment de l'invasion des Arabes, Damas était presque entièrement chrétienne. Au centre de la ville s'élevait la cathédrale, sous le vocable de Saint-Jean-Baptiste. En examinant attentivement les bazars, on trouve des traces des colonnades corinthiennes et des arcs de triomphe qui l'entouraient.

La capitulation d'Abou-Obeidad (634) conserva aux chrétiens la moitié de ce vaste édifice. Ils en furent chassés par le cinquième calife de la famille des Omniades Abdel-Melek (685-705) qui, après avoir abattu les murailles profanées, construisit une mosquée nouvelle, une des merveilles de l'Orient. Ce monument fut livré aux flammes par Tamerlan (1400). Il en reste cependant certaines parties.

Jusqu'à ces dernières années, l'entrée de cette mosquée, restaurée aussitôt après le départ des hordes tartares, était absolument interdite aux chrétiens. Le duc et la duchesse de Brabant furent les premiers qui y pénétrèrent, en 1856.

Depuis 1860, où les officiers français qui allaient à Damas y circulaient sans qu'on osât leur dire une parole, il est possible de la visiter, pourvu qu'on soit accompagné du drogman d'un consulat et d'un janissaire. Les pourboires sont très-élevés; malgré cela, les autorités de la mosquée sont malveillantes, frémissantes de rage, et on ne voit jamais chez eux ce désir de montrer qu'ont maintenant les prêtres de la mosquée d'Omar à Jérusalem, qui voudraient bien avoir perpétuellement chez eux des ducs de Luynes ou des messieurs de Saulcy.

Exaspérés de voir examiner avec des lorgnettes de curieuses mosaïques à fond d'or, avec des branches, des fleurs, etc., qui datent probablement d'Abdel-Melek, ils les ont recouvertes d'un affreux badigeon.

Les colonnes de granit de la nef sont aussi badigeonnées, ainsi qu'une cage autrefois en bois doré qui couvre le souterrain où les musulmans prétendent qu'est enterrée la tête de saint Jean-Baptiste.

En somme, cette mosquée fameuse n'a de beau que sa grandeur et ses belles proportions qui rappellent les anciennes basiliques. Les murs extérieurs (mieux vus du toit des bazars) sont en grande partie de construction romaine. Une porte en bronze entourée d'une inscription arabe ajoutée après coup, figure des calices et d'autres emblèmes chrétiens.

La mosquée de Damas a trois minarets : celui de l'occident le plus élevé de tous ; celui d'Isa (Jésus), où une tradition musulmane assure qu'Isa, fils de Miriam, descendra avant la fin du monde, et le minaret de la Fiancée (Madinet-el-Arous), élevé par le calife Walid.

Nous y montons pour y jouir de la plus belle vue d'ensemble sur la ville de Damas.

Ces ascensions déplaisent singulièrement aux orthodoxes qui craignent qu'on puisse parfois apercevoir des femmes non voilées sur les terrasses ou dans les jardins intérieurs.

Le temps est admirable. La vue est belle sur la ville dont on serait loin de soupçonner les vastes palais, les jardins, quand on parcourt ses rues sales et tortueuses.

Au loin on aperçoit les vastes marécages où se perd le Barada, le désert, et terminant le paysage au sud, la ligne délicate et gracieuse des sommets du Hauran, le pays druse par excellence.

Nous profitons du drogman et du janissaire du consulat pour visiter l'intérieur de plusieurs maisons. Celle de la famille d'Ali-Bey est la plus belle. La cour intérieure est vaste, avec des orangers et des oliviers séculaires. Un salon avec de vieilles dorures et des incrustations en marbres rares est vraiment remarquable ; mais il est gâté par d'affreux meubles tout à fait dans le goût d'un épicier retiré des affaires.

La maison qui me plaît le plus peut-être est celle du consul de France. Outre qu'elle est vraiment belle et ancienne (la bibliothèque surtout, bleue et or, avec des morceaux de glaces incrustés) elle est arrangée avec goût et pleine d'objets curieux, rapportés par M. Rousseau de ses longs voyages.

Le consul de France, M. Rousseau, est de la famille du grand écrivain.

Il descend d'un cousin dont parle Jean-Jacques, et qui suivit un ambassadeur de France à Constantinople. Il se maria en Orient. Sa famille, devenue française, y continua à servir la France.

Le consul de Damas est né à Alep, où son père était consul général. Il possède le précieux avantage de parler et d'écrire facilement l'arabe et le turc. Beaucoup de fonctionnaires européens, par leur ignorance de la langue, finissent par devenir les esclaves de leurs drogmans. Il faut une rare force de volonté pour résister à cette influence.

Énergique, connaissant bien l'Orient où il a passé la

plus grande partie de sa vie, d'une probité au-dessus de tout soupçon (ce n'est malheureusement pas si souvent le cas dans ces pays), M. Rousseau était désigné par l'opinion publique pour le poste de consul général à Beyrouth.

Depuis mon retour en Europe, il y a été appelé par le ministre des affaires étrangères. Puisse-t-il réussir dans ce poste agréable comme résidence, comme importance politique, mais difficile à cause des défauts et des qualités mêmes de nos protégés maronites et de la fourberie de Daoud-Pacha. Ce sera une compensation pour le triste séjour qu'il a fait à Djeddah, et où sa charmante jeune femme a eu le courage de le suivre, malgré l'affreux climat et le souvenir des massacres alors récents.

Je ne vais pas faire une visite à l'émir Abd-el-Kader; avouons-le, j'ai peu de curiosité dans ce genre. Je ne sais pas assez l'arabe pour avoir une conversation agréable et suivie. Quant aux visites ordinaires en Orient, avec la limonade, le café, la pipe et les salamalecs d'usage, c'est assommant.

Il faut avoir la passion des formalités pour pouvoir résister à leur ennui, mais ceux qui sont rompus à la vie insipide des salons modernes, de ce qu'on appelle le monde, aiment tout ce qui rappelle ce vide et cette gêne, et s'y complaisent comme les ivrognes au cabaret.

Le reste de notre séjour à Damas se passe en promenades dans les bazars, dans les jardins. L'extrême malveillance de la population, qui ne nous épargne ni les pierres lancées par des gamins, ni les injures que nous comprenons fort bien, diminue singulièrement le charme de ces excursions.

Un petit épisode me frappe assez comme peinture de l'Orient.

En nous promenant dans le vaste cimetière au sud de la ville, nous cherchons le tombeau de Fatime, fille d'Ali. Ne la confondez avec l'autre Fatime, sa mère, fille de Mahomet, qui mourut à Médine trois mois après la mort de son père, de chagrin peut-être, d'avoir vu les droits d'Ali méconnus par le vieux fourbe Abou-Bekr.

Mais ce tombeau est difficile à trouver. Les Damasquins, à qui nous demandons de nous l'indiquer, ne répondent pas ou nous prodiguent les épithètes ordinaires. Nous allons renoncer à voir ce monument, assez médiocre du reste, quand passent quelques Persans établis à Damas. Ils nous y conduisent avec bienveillance et empressement, et leur plaisir extrême de voir un étranger au courant de la tragédie de Kerbela se traduit en une invitation à aller visiter leurs maisons.

C'est que l'infortune d'Ali et de ses fils est pour les musulmans Chyites comme le récit de la Passion pour nous autres chrétiens.

J'ai déjà dit quelques mots des Sunnites et des Chyites, à propos des Moutoualis d'Afka; mais l'histoire d'Ali a eu une telle influence sur l'Orient, qu'il me sera peut-être permis de la rappeler en quelques mots.

A la mort du prophète (7 juin 632), Ali son cousin, un de ses premiers disciples, le gendre de sa fille unique Fatime, le chef héréditaire de la famille Hashem semblait être appelé par la force des choses à succéder à Mahomet. Brave, généreux, guerrier et poëte, il répandait sur l'islam naissant tout l'éclat d'une nature sympathique et ardente. Il n'était pas brutal comme Omar, cruel comme Kaled ; mais sa noble nature répugnait aux petites habiletés du vulgaire. Pendant qu'il était tout entier à sa douleur, la femme favorite de Mahomet, Ayesha, dont la conduite, pour le moins trèslégère avec un beau jeune chamelier, avait donné bien des soucis à son époux, formait une intrigue qui amenait au califat son père, Abou-Bekr (632-634). Ali se soumit non sans murmurer. Plus tard il consentit à servir sous le calife Omar (634-644), et fit la conquête de la Perse où son humanité, sa grandeur d'âme, le firent aimer. Ce ne fut qu'à la mort du troisième calife Othman, assassiné en 656 dans une insurrection, qu'Ali monta sur le trône, vingt-quatre ans après la mort de Mahomet.

Son règne ne fut pas heureux. La veuve de Mahomet, Ayesha, qui avait voué une haine de marâtre à toute la race de Fatime, se mit à la tête d'une insurrection qui fut vaincue dans un combat que les Arabes appellent « la bataille du Chameau. »

Peu après, Moawiah, gouverneur de Syrie, fils de cet Abou-Sofian, chef de la famille des Omniades, qui avait été longtemps le défenseur des idolâtres et l'ennemi le plus acharné de Mahomet, leva l'étendard de la révolte. Après plusieurs rencontres, où la générosité et la modération d'Ali contrastèrent avec la férocité du chef Omniade, une trêve intervint. Ali se rendait vers l'Euphrate à la rencontre des renforts qui lui arrivaient de la Perse, quand le poignard d'un assassin le frappa à Koufa (660).

Ses fils, Hassan et Hossein, affaiblis, abandonnés d'une partie de leurs troupes, furent obligés de se retirer à La Mecque, où Moawiah n'osa pas les inquiéter. Hassan, doux et charitable, vénéré de tous ceux qui l'approchaient, vécut résigné à la volonté de Dieu, jusqu'au jour où il fut empoisonné à l'instigation du calife Omniade (669).

Mais Hossein, brave et téméraire, n'avait pas la résignation de son frère. A la mort de Moawiah, son fils Yesid monta sur le trône de Damas. C'était un vil et lâche tyran. L'élite des musulmans était indignée de voir cette ignoble famille usurper la place des petit-fils de Mahomet. Une grande fermentation régnait en Perse, où les vertus d'Ali n'étaient pas oubliées.

Hossein se décida à se mettre à la tête de l'insurrection. Il quitta secrètement la Mecque avec sa famille et ses amis les plus fidèles. La difficulté était de traverser le désert pour arriver à l'Euphrate. Il prit sans doute le chemin Djebel-Shomer, où règne aujourd'hui Telal, l'allié des Wahabites, pays entièrement inconnu en Europe avant le récent voyage de Palgrave.

Il approchait de Koufa, où était mort son père, quand il fut entouré par les troupes de Yésid, prévenu à temps.

Le fils d'Ali dédaigna de se rendre (10 octobre 680). Je ne puis mieux faire que de citer la belle description de Gibbon :

« Au matin du jour fatal, il monta à cheval, tenant d'une main son épée et de l'autre le Coran. Sa troupe, dévouée à la mort, ne comptait que trente-deux cavaliers et quarante fantassins; mais sur les flancs et à l'arrière elle était garantie par les cordes des tentes et par une tranchée profonde, pleine de fagots allumés, suivant l'usage arabe. L'ennemi s'avança à contre-cœur, et un de leurs chefs déserta, suivi de trente des siens, pour partager une mort inévitable. Contre tous les assauts, dans chaque combat particulier, le désespoir des Fatimites les rendit invincibles; mais la foule qui les entourait les harcela de loin avec des flèches, et les hommes et les chevaux succombèrent l'un après l'autre. Les hostilités furent suspendues des deux côtés pour l'heure de la prière, et la bataille finit enfin par la mort du dernier compagnon de Hossein. Seul, épuisé, blessé, il s'assit à la porte de sa tente. Là, pendant qu'il avalait une gorgée d'eau, une flèche l'atteignit à la bouche, et son fils et son neveu, deux beaux jeunes gens, furent tués entre ses bras. Il leva les mains au ciel; elles étaient teintes de sang; mais il fit une dernière prière pour les vivants et pour les morts. Dans un transport de désespoir, sa sœur, sortant de la tente, conjura le général des Koufians de ne pas permettre que Hossein fût massacré devant ses yeux ; une larme tomba sur sa barbe vénérable, et les plus endurcis de ses soldats reculèrent quand le héros mourant se jeta parmi eux. Shamar, nom détesté des vrais croyants, inaccessible aux remords, leur reprocha leur faiblesse, et le petit-fils de Mahomet tomba percé de trente-deux coups de lance et d'épée. Après avoir foulé aux pieds son cadavre, ils transportèrent sa tête au château de Koufa, où l'inhumain Obeidollah le frappa à la bouche avec un baton. Hélas ! s'écria un vieux musulman, sur ces lèvres j'ai vu les lèvres de l'apôtre de Dieu ! «

Les tombeaux de Mesched-Ali et de Mesched-Hossein sont en pays Sunnite; mais l'avarice des Turcs permet à une foule de Persans d'y venir pleurer leurs saints. Le 10 octobre est un jour de lamentations et de deuil, le vendredi saint des contrées Chyites.

La sœur de Hossein, Fatime, dont nous venons de voir le tombeau, resta prisonnière à Damas.

Ses plus jeunes enfants furent épargnés ; ce sont d'eux que descendirent les califes Fatimites de l'Égypte et de la Syrie, les sultans du Yémen et les souverains actuels de la Perse. Ils le prétendent du moins.

Mais leur postérité la plus illustre sont les neuf Imans, les grands saints de la Perse, dont le dernier, Mahadi, vit toujours, dit-on, endormi dans une caverne comme saint Jean ou Frédéric Barberousse, et doit venir avant le jour du jugement renverser le trône de Dejal, l'Ante-Christ des musulmans.

Les chérifs de la Mecque qui gardent, depuis 1200, ans la Kaaba, sont les descendants de Hassan. Leur origine est aussi incontestable que celle des Bourbons ou des Hapsbourgs. On sait, par les premiers livres de la Bible, l'importance extrême que les peuples sémites, qui ne changent jamais, ont toujours attribuée aux généalogies.

Damas est incontestablement une des plus anciennes cités de l'univers. Elle est mentionnée dans la Genèse à propos de la victoire qu'Abraham y remporta sur Chodorlahomor, roi d'Élam (noms qui sembleraient indiquer, à ce que l'on prétend, une origine aryenne). A l'époque juive, on y voit régner la famille des Ben-Hadad's, ennemis héréditaires des rois d'Israel. Tous ces princes sont connus par le même nom, comme les Pharaon's en Égypte. Après la guérison de Naaman, le prophète Élisée exerce une grande influence dans cette ville et contribue à l'usurpation de Hazaël, comme il avait fait triompher à Samarie, Jehu sur la famille d'Achab.

Lisez dans le livre des Rois le récit si curieux des conspirations du prophète.

Son choix ne fut pas heureux. Hazaël et Jéhu sont d'affreux types des despotes sanguinaires de l'Orient.

Theglath-Phalasar, roi de Ninive, s'empara de Damas et transporta ses habitants sur l'Euphrate.

Damas resta soumise aux Perses. Nous avons vu le dernier Darius, Codoman, y laisser une partie de ses richesses et de son harem quand il marchait à la rencontre d'Alexandre.

Sous les Romains, Damas était une ville importante, sans rivaliser pourtant avec la nouvelle capitale de la Syrie, Antioche.

Les Arabes s'en emparèrent, en 634, à la suite de la défaite de l'empereur Héraclius.

Moawiah, après la mort d'Ali, y établit le siége de son empire, et sous la dynastie des Omniades elle fut la métropole de ce califat immense qui allait de l'Atlantique à l'Himalaya.

Les croisés ne prirent point Damas. En 1148, Louis VII, roi de France, Conrad, empereur d'Allemagne et le roi de Jérusalem Baudoin III (1144-1162) vinrent l'assiéger. Mais, après de brillants combats, la discorde, comme toujours, se mit dans le camp chrétien qui manquait d'unité de commandement. On se retira.

C'est à ce siége que Saladin fit ses premières armes, lui qui, trente-neuf ans plus tard, devait détruire le royaume de Jérusalem et régner en souverain à Damas.

C'est ici qu'il mourut (1193) et que son porte-étendard promena par son ordre, dans toute la ville, un linceul au bout d'une lance en criant : « Voilà tout ce que le maître de l'Orient emporte avec lui de sa gloire et de ses richesses. »

En 1400, Damas vit arriver sous ses murs Tamerlan. L'impitoyable Tartare, zélé Chyite, voulait punir la capitale de ceux qui avaient persécuté la race d'Ali.

La ville fut livrée au pillage et aux flammes. Les femmes étaient violées et éventrées, les enfants massacrés. Les soldats tartares, selon leur coutume, élevaient à l'entrée du camp une pyramide de têtes humaines.

Cependant le conquérant philosophait avec quelques

docteurs musulmans qu'il avait épargnés parce qu'il les regardait en quelque sorte comme des confrères.

« Je suis un pauvre mortel boiteux et décrépit, leur disait-il; pourtant le seigneur a soumis à mes armes et la Perse, et les Indes, et toute l'Asie. Je ne suis pas un homme de sang et, Dieu m'en soit témoin, je n'ai jamais fait la guerre pour conquérir, mais seulement pour me défendre contre mes ennemis. »

Peut-être le croyait-il? Peut-être Napoléon pensait-il, lui aussi, défendre les intérêts de la France en marchant sur Moscou et s'imaginait intéresser vivement le cœur des femmes, des mères et des sœurs quand, après avoir annoncé la mort de cinq cent mille hommes sacrifiés à sa folle ambition, il assurait au pays que la santé de Sa Majesté n'avait jamais été meilleure. (Expression textuelle du vingt-neuvième bulletin publié dans le *Moniteur* du 17 décembre 1812.) (1).

Damas se releva promptement de ses ruines et peu

---

(1) Je crois intéresser le lecteur en lui mettant sous les yeux les dernières phrases de ce document fameux. Napoléon avait, pendant longtemps, laissé la France sans nouvelles. Enfin, avant d'abandonner les restes de son armée, il se décida à rédiger un bulletin où il avouait toute l'étendue du désastre. Il le terminait ainsi :

« Notre cavalerie était tellement démontée, que l'on a pu réunir les officiers auxquels il restait un cheval pour former quatre compagnies de 150 hommes chacune. Les généraux y faisaient les fonctions de capitaine, et les colonels celles de sous-officiers. Cet escadron *sacré*, commandé par le général Grouchy, et sous les ordres du roi de Naples, ne perdait pas de vue l'empereur dans tous ses mouvements.

La santé de Sa Majesté n'a jamais été meilleure. »

Le délire de la personnalité implacable a-t-il jamais été aussi loin ?

Si l'on veut voir maintenant jusqu'où peut arriver la platitude officielle, il faut lire dans les *Moniteurs* des jours suivants les adresses de ces grands corps de l'État qui, moins de deux ans après, voteront la déchéance du maître.

Ce sont des souvenirs qui devraient être plus présents à l'esprit des monarques absolus et de leurs trop humbles serviteurs.

de temps après fut incorporée à l'empire ottoman. Sa position est si heureuse que depuis des milliers d'années et malgré de grands désastres elle n'a jamais subi les fluctuations prodigieuses si fréquentes dans les cités d'Orient.

Elle est encore florissante et peuplée, quand quelques pauvres paysans errent seuls parmi les ruines informes d'Antioche, et que le désert s'est fait sur Babylone et Ninive.

CHAPITRE V

LES RAVINS DE L'HERMON.

Lady E***. — Lady Hester Stanhope. — Les Druses de Deir-el-Aschair.— Les temples de l'Hermon. — Racheya. — Deux vertueux protestants. Hasbeya. — Impression du dimanche. — La gorge de la Litany et le château de Belfort. — Le Bahr-el-Houled. — Les sources du Jourdain. — Banias. — Notre-Seigneur et saint Pierre. — Meis. — Un époux de quatorze ans. — Kedes-Nephtali. — Safed.

23 Octobre. — Je parcours une dernière fois les bazars de Damas, sans me laisser tenter par les antiquités frelatées qui font la joie de la masse des touristes. Il est possible, à la grande rigueur, que de vrais connaisseurs trouvent encore quelques curiosités; mais, en général, les soieries viennent de Lyon, et les lames fines de Sheffield. Le bazar des tabacs est assez comique. L'odeur y est si forte que tous les passants éternuent.

Les chiens des bazars sont aussi hargneux que les musulmans. Quelques galettes arabes, distribuées à propos, m'ont cependant fait faire plusieurs connaissances parmi ces toutous. Ce sont les amis intimes des ânes, qui sous aucun prétexte ne veulent marcher sur eux. Aussi un chien n'aboie jamais après un âne. Échange touchant de bons procédés.

Nous avons envoyé en avant hommes et bagages.

Nous ne partons que dans l'après-midi, en voiture. Ce mode de locomotion tout nouveau en Syrie arrive fort à propos.

Nous avons été souffrants presque tous à Damas. Comme dans beaucoup d'autres endroits, les mois de septembre et octobre n'y sont pas sains. Les eaux, en coulant dans des canaux remplis d'immondices, perdent leur bonne qualité. Les hammals arméniens ont été les premiers attaqués d'un commencement de dyssenterie, c'est aujourd'hui mon tour. Je n'en jouis que plus de me trouver en voiture découverte, sur une bonne route, dans un beau pays.

La route est celle de Beyrouth à Damas. C'est la seule de toute la Syrie. Elle a été construite dans ces dernières années par une compagnie française. Les directeurs, MM. de Perthuis, ont été amenés en Orient par les déplorables événements de 1848 et la chute d'une famille à laquelle ils étaient profondément dévoués.

Nous quittons Damas par le Meidan, le lieu de campement de la caravane de la Mecque. La partie de la ville qui l'avoisine est occupée par des maisons de fonctionnaires construites dans le mauvais goût de Constantinople.

Çà et là, pour compenser la laideur des bâtisses, s'élèvent quelques platanes vraiment magnifiques et gigantesques.

A l'entrée du Meidan se trouve un café où s'arrête la voiture de Damas. C'est le lieu de promenade des chrétiens, à l'heure de l'arrivée de la diligence, un peu avant le coucher du soleil.

Nous traversons des ravins feuillus, des jardins ; puis, laissant Doummar à notre droite, nous montons sur des plateaux élevés que l'Hermon domine de sa masse grandiose. Un temps ravissant comme à Rome en automne. Pas un nuage au ciel, un vent frais, quelque chose de vif qui nous enchante après l'air lourd des jardins de Damas.

Un des derniers jardins que nous rencontrons, un peu moins mal tenu que les autres, a un kiosque dont l'apparence est tant soit peu britannique. C'est une des demeures d'une femme célèbre, si connue en Orient que je crois pouvoir conter son histoire sans être trop indiscret. Elle montre l'énergie incroyable de la race anglaise à la poursuite de ses fantaisies. Quand elles sont innocentes, tant mieux. Mais parmi ces fières et belles patriciennes de la très-vertueuse Angleterre, il se révèle de temps en temps des natures qui rappellent les reines orientales et les impératrices de Russie.

Mademoiselle D*** était une fille unique, elle épousa en 1824, toute jeune, lord E***, qui devait être plus tard ministre et vice-roi de l'Inde. Ils n'eurent pas d'enfants et dès 1830 de grands scandales provoquèrent un divorce. Après quelques galanteries du beau monde, dont la fadeur la dégoûta, lady E*** vint en Grèce, où elle fut pendant quelques années la maîtresse d'un capitaine de brigands. Mais cette haute position ne lui suffisait pas. L'Orient lointain produisait sur elle cette fascination célèbre déjà dans les temps bibliques. Elle se remit en route et parcourut longtemps la Syrie et la Palestine à la recherche de son idéal. Elle fit enfin la connaissance du cheik Miguel, un des principaux chefs de la tribu des Anazées, assez laid, assez vieux, mais renommé dans tout le désert. Le mariage se fit. Elle vit maintenant en partie sous la tente maritale, errant avec la tribu; mais en hiver et au printemps elle vient à Damas ou ici. Encore riche, ayant une volonté énergique (il n'est pas facile d'en douter), elle exerce une grande influence sur les Anazées qui occupent le désert entre Damas et Palmyre et se venge des observations peu charitables de la vertu rougissante de ses compatriotes, en leur suscitant mille difficultés quand ils veulent visiter les ruines de la ville de Zénobie, qui a repris son nom sémitique de Tadmor.

Ce n'est pas la première anglaise qui se soit rendue fameuse en Syrie. Mais la fière lady Hester Stanhope, la petite-fille du grand comte de Chatham, la nièce chérie de William Pitt, qu'elle avait vu expirer en murmurant le nom fatal d'Austerlitz, était un caractère d'une autre trempe. Noble et virile, elle n'aspirait qu'à commander. Elle fut pendant quelque temps la reine du désert, puis elle se retira sur les sommets du Liban, au château de Djoun au-dessus de Sidon. Jusqu'à sa mort, elle y resta redoutée et respectée des populations (ces mots vont toujours ensemble en Orient). Ibrahim Pacha, qu'elle bravait, disait que cette vieille anglaise lui avait donné plus de mal que toutes les autres affaires de Syrie.

Sur la fin de sa vie, le mysticisme, la solitude, le mélange d'idées chrétiennes, druses et musulmanes lui troublèrent un peu le cerveau. Elle ne se moqua pas moins fort agréablement de la vanité toute française de M. de Lamartine.

Elle mourut en 1839.

Nous trouvons nos tentes à Khan-Meiseloun, lieu où la route carrossable de Beyrouth se sépare du chemin que nous devons suivre pour gagner Racheya.

L'emplacement est élevé et sain, l'eau excellente, mais je souffre si cruellement que je me demande s'il ne serait pas plus prudent de retourner à Beyrouth.

24 Octobre. — La matinée est si belle, l'air des montagnes est si plein de joie et de santé que je me décide à continuer mon voyage vers cette Galilée si sainte et si chère, que tous nous désirerions voir une fois avant de mourir.

Mais si je puis aller en avant, c'est que j'ai porté avec moi des remèdes. Je mentionne ce fait, car une pharmacie portative est absolument nécessaire aux voyageurs en Orient. Le pays n'est nullement plus malsain qu'un autre ; mais le changement d'habitudes et de nourriture, le soleil ardent, les eaux, dérangent au moins quelques jours dans le courant du voyage, et il est rare qu'on n'ait pas, selon les tempéraments, soit un peu de fièvre, soit un commencement de dyssenterie. Avec quelques soins on s'en guérit, mais encore faut-il avoir des médicaments. Ma boîte à médecine, achetée à la pharmacie Centrale, rue Drouot, et à laquelle j'avais fait ajouter une abondante provision de quinine et de laudanum a empêché la maladie de s'emparer de la caravane, et nous a valu la reconnaissance de bien des Arabes. Comme ils sont peu accoutumés aux médecines, celles-ci produisent sur eux un effet immédiat et merveilleux. Aussi aiment-ils beaucoup à en prendre. Ils se lécheraient les lèvres en avalant de l'huile de ricin.

Nous quittons la route carrossable de Beyrouth. Une heure de marche à travers une vallée aride nous conduit au village druse de Deir-el-Aschair, où s'élèvent les restes d'un temple. Il reposait sur des substructions

S.

dans le genre de celles de Baalbek, en plus petit. Nous ne voyons pas de débris de colonnes, mais un grand pilastre d'ordre ionique est encore debout ; des fragments de chapiteaux qui gisent à terre sont habilement travaillés.

L'édifice était tourné vers le mont Hermon. C'est le premier d'une série de temples que nous trouverons orientés ainsi. Il est probable que la cime si imposante et d'une forme si particulière de l'Hermon était le « kébleh » de la religion de Baal.

On entend par « kébleh » le lieu vers lequel on se tourne au moment de la prière. Jérusalem pour les juifs, La Mecque, pour les mahométans. Aussi, un des petits présents qui soit le plus agréable à un chef Arabe, est celui d'une jolie boussole. Sans suivre toujours exactement cette règle, les autels de nos églises catholiques regardent en général l'Orient où Notre-Seigneur fut crucifié.

Les cheiks druses du village viennent nous faire les honneurs de leur temple et nous interrogent avec une sorte de politesse native qui nous frappe. Quoi qu'on puisse penser des rites indécents ou bizarres de leur religion, de leur hostilité contre les Maronites, de leurs goûts sanguinaires et pillards, il est impossible de ne pas reconnaître chez eux quelque chose de calme, de distingué, qui intéresse au premier abord.

Les Anglais expriment ce que je veux rendre en disant que ce sont des « gentlemen ».

Même les beaux enfants, plusieurs blonds, qui nous entourent, le font sans indiscrétion, et je n'entends pas une seule fois le mot « *backsheech* ». Nous remarquons la même chose à Ruckled, village druse également.

Ces Druses de Deir-el-Aschair ne se font pas faute de piller de temps en temps la route de Damas, mais ils n'auraient même pas l'idée de molester les Européens. Ils regardent surtout les Anglais comme leurs protecteurs, leurs intimes amis. De même que le Français est la langue qu'apprennent maintenant les Maronites, les chefs druses font enseigner l'Anglais à leurs enfants.

Cette sorte de sympathie, qui existait depuis longtemps, s'est encore fortifiée à la suite des événements de 1860. Le commissaire anglais, lord Dufferin, défendit énergiquement la vie de plusieurs chefs druses.

Ce n'est pas qu'il approuvât leur conduite en aucune façon ; mais il lui aurait répugné de les voir fusiller, tandis qu'on épargnait des pachas et des officiers turcs, moralement beaucoup plus coupables.

Nous ne mettons que deux heures environ de Deir-el-Aschair à Ruckled. Le sentier serpente dans un joli ravin, où des arbustes toujours verts relèvent la couleur fauve des grands rochers.

Nous campons beaucoup trop tôt aujourd'hui. Mais (avis aux voyageurs), du moment où leur surveillance et leur volonté ferme fait un instant défaut, ils sont sûrs que tout ira mal. Il ne faut jamais laisser toute liberté aux drogmans et aux muletiers. Nous aurions pu facilement pousser jusqu'à Racheya.

Ce qui nous console, c'est la beauté sauvage du vallon de Ruckled. On y trouve trois ruines, mais une seule offre encore de l'intérêt au commun des mortels. C'est un petit temple tourné vers le mont Hermon. Sur une pierre brisée en deux, nous trouvons un aigle qui ressemble à celui de Baalbek, et plus loin une figure en bas-relief, entourée de rayons et représentant sans doute le soleil.

Il est difficile de donner une idée de la beauté du temps, de la hauteur du ciel, de la limpidité de l'air, des teintes moirées de ces belles montagnes bleues. Puis ces contrées parlent de plus en plus à l'imagination et au cœur. Nous approchons de ce doux pays de Galilée, consacré jadis par la présence divine du Verbe. Déjà nous apercevons la trace de ses pas. C'est sur ce mont Hermon, peut-être, que s'accomplit la Transfiguration.

25 Octobre. — Nous contournons pendant plusieurs heures dans les contre-forts de l'Hermon. Son double sommet et les cimes environnantes sont baignés dans l'azur. Les mâquis que nous traversons sont très-giboyeux. On y trouve des gazelles, de petits ours noirs et même, dit-on, des panthères ; plus modestes, nous nous contentons de faire lever à chaque pas des compagnies de perdreaux. Le drogman Joseph, qui prétend être habile chasseur, les manque avec la plus louable persévérance. Il est très-fier quand il peut en tuer quatre ou cinq au repos. Du reste, les Arabes en sont tous là. Ils tirent indignement. Abattre un oiseau au vol est pour eux la plus grande des merveilles.

Nous rencontrons les ruines de plusieurs petits temples de construction très-ancienne, tous tournés vers l'Hermon.

Impossible d'obtenir des drogmans le moindre renseignement sur des ruines. Quoiqu'ils les visitent depuis tant d'années, ils sont d'une ignorance absolue à ce sujet. A tout ce que vous leur demanderez ils ont une réponse invariable « *ils sont des crottes des Roumains* » (*sic*).

Nous déjeunons à Aiha, sous de beaux noyers, au-dessus d'une petite plaine circulaire, qui a l'aspect du cratère d'un ancien volcan éteint. Vers une heure de l'après-midi, nous arrivons à notre campement, placé au pied du monticule où s'élève, en ruche d'abeille, la petite ville de Racheya.

Après les longues sécheresses de l'été, l'eau est si rare que des soldats montent la garde près de l'unique fontaine non tarie, pour empêcher les étrangers de venir y puiser. Mais une lettre de recommandation pressante du pacha de Damas, que je dois à l'obligeance de M. Rousseau, lève toutes les difficultés, et me procure une visite immédiate du chef de bataillon des zouaves ottomans en garnison ici. Il est accompagné du chirurgien du régiment.

Je leur donne quelques détails sur un sujet qui les intéresse vivement, le voyage du sultan Abdul-Azis, son excellente réception par le peuple de Londres, et je leur parle en toute sincérité en admirant sa bonne tenue. S'il était un peu dépaysé en arrivant à Paris, par le changement des scènes et l'ignorance de la langue, il a su, au moins, éviter certains écueils où est venu sombrer le prestige autocratique d'autres souverains, et en Angleterre, où il était plus à son aise qu'en France, tout le monde a été content de lui.

Plus tard, je rends à mon tour visite à ces officiers. Ils sont installés ainsi que leurs soldats, au haut de la ville, dans un grand palais qui appartenait à un émir druse, de la famille Chehab, fort compromis en 1860. Beaucoup de personnes furent massacrées ici.

La chaise à porteurs me procure, comme à l'ordinaire, une réception-distinguée. On fait ranger les soldats dans la cour du palais, et nous passons entre les rangs. Ce sont des hommes magnifiques, forts, bien découplés; ils ne sont pas trop sales pour des soldats orientaux, mais ils n'ont pas la tournure militaire.

Nous montons ensuite sur les terrasses, d'où l'on découvre toute la rangée de l'Hermon, les plaines de la Célésyrie, et de l'autre côté, le Liban. La soirée est belle. Les officiers m'annoncent cependant la pluie pour demain. Cela me décide à renoncer à l'ascension de l'Hermon, bien difficile pour mes hammals. Il aurait fallu au moins six porteurs supplémentaires, et nous ne les trouvions pas à Racheya.

On nous assure aussi que le froid est déjà extrême sur le sommet.

26 Octobre. — La pluie a, en effet, commencé dans la nuit, et elle est si forte le matin qu'elle empêche notre départ pour Hasbeya.

Heureusement il y a peu de vent, le camp est dans un endroit bien abrité et les tentes résistent bien.

Cette journée de pluie, la première depuis notre départ de France, ne serait rien si elle ne nous faisait craindre le commencement des mauvais temps.

Nous lisons et écrivons une bonne partie du jour.

Dans l'après-midi, pendant que le drogman est allé en ville et que le camp est à moitié désert, un grand jeune homme s'approche de ma tente où je suis à écrire, me disant avec un air confit: « Protestant, Inglezi, Bible, Bible. » Voyant que je fais peu attention à lui, il reprend de plus belle : « Protestant, Inglezi, Roumi, idolâtre », et me raconte dans un jargon mêlé d'italien et d'arabe, avec quelques paroles anglaises, qu'il était grec catholique, mais qu'il avait été converti à la vraie foi par un missionnaire protestant, qui lui avait fait comprendre l'idolâtrie de ses pratiques religieuses. (Je soupçonne que ses pratiques religieuses se réduisaient à peu de chose.) Comme je lui avais répondu, tant bien que mal, que j'admirais peu sa conversion et que je n'avais pas la plus haute opinion de sa vraie foi, je croyais être délivré du personnage : mais il ne se tint pas pour battu, et souriant du coin de l'œil : « Votre Seigneurie ne voudrait-elle pas voir une jolie femme? Elle ne connaît que des étrangers ; le révérend Inglezi l'aimait *ketir*, *ketir* (beaucoup, beaucoup).

J'ai toutes les peines du monde à me débarrasser de cet aimable converti, et je reste dans la stupéfaction de la haute moralité du pieux missionnaire évangélique. Il est vrai que plusieurs sont soutenus par ces calvinistes, ces baptistes irlandais et écossais, mille fois moins respectables que l'Église anglicane et qui se donnent le plaisir d'insulter chaque jour en Irlande la religion de la masse du peuple. On les voit provoquer des émeutes sanglantes comme celles de Murphy, par un fanatime qui n'est pas même sincère, et que le bon sens anglais finira par ne plus tolérer, malgré le cant d'Exeter-hall et les ridicules préjugés anti-papistes.

27 Octobre. — Nous partons malgré le ciel menaçant. Peu à peu le temps se remet au beau.

La route de Racheya à Hasbeya est extrêmement variée ; tantôt on domine la vallée profonde de la Litany, tantôt on aperçoit les sommets de l'Hermon blanchis par la neige tombée hier, on descend ensuite dans des wadis escarpés, où un ruisseau coule sous des lauriers roses encore couverts de fleurs ; plus loin on traverse des plateaux ravinés qui me rappellent certaines parties de l'Andalousie, entre Cordoue et Grenade. Nous trouvons enfin des bois de vieux oliviers.

Nous campons dans une clairière, à peu de distance de Hasbeya, un des principaux sanctuaires des Druses.

L'endroit est charmant. A nos pieds s'étendent des jardins d'arbres fruitiers et une jolie rivière aux eaux limpides et poissonneuses court sur un lit de sable parmi de grands roseaux.

A mesure qu'on approche des lieux où vécut Notre-Seigneur, les Évangiles prennent un charme plus pénétrant. Qu'il est doux de relire ces histoires de dévouement et d'amour dans ces sites gracieux, pendant que le soleil disparaît sur des montagnes qui virent le Maître et ses premiers disciples.

Ne vous semble-t-il pas qu'il y a une impression mystérieuse dans la nature le dimanche, quelque chose de suave et de calme, où la douce gaieté et la mélancolie paraissent se toucher ? N'éprouvez-vous pas ce sentiment dans toute sa plénitude les beaux dimanches d'automne ?

Plusieurs me diront que ce sont des souvenirs de l'adolescence et des jours de sortie du collége. Je ne le pense pas. Pour nous, la déplorable éducation de l'Université, la sécheresse d'une direction religieuse, rappelant toute la stérilité janséniste, avaient anéanti pour un temps tout idéal et tout amour de Dieu.

Non, ce doux sentiment des dimanches soirs, auquel s'associe la nature, vient de quelque chose de plus vrai et de plus tendre. Mais il faudrait une main plus délicate pour effleurer ces sujets qui touchent aux cordes les plus intimes de l'âme.

Soyons reconnaissants si nous pouvons sentir et la présence, et la tendresse, et l'indulgence du Créateur.

28 Octobre. — Au lieu de nous rendre directement à Banias, nous nous décidons à visiter le Pont naturel, la gorge de la Litany et le château de Belfort. Je décrirai cette journée avec quelques détails, car elle est très-curieuse et tout à fait en dehors de la route battue et des itinéraires de drogmans.

La grande difficulté consiste à trouver le chemin, non pas qu'il soit fort compliqué ; mais rien ne peut égaler l'ahurissement des Arabes quand on les sort de la routine.

Nous prenons deux porteurs supplémentaires, qui doivent, en outre, servir de guides ; mais je m'aperçois bientôt qu'avec l'excellente carte Van de Velde, je connais le pays mieux qu'eux.

Passant par le village de Kaoukaba, nous arrivons au pont de Barghouz, village druse. Les guides se sont trompés. Pour visiter le Pont naturel, nommé dans le pays el Kouwéh, il aurait fallu prendre plus au nord, en partant de Hasbeya, et descendre vers le village de Yuhmour.

Il faudrait maintenant faire un si long détour, que nous sommes obligés d'y renoncer.

Nous longeons le ravin de la Litany jusqu'à Belat, village habité par les Moutoualis.

Cette gorge est d'une beauté bizarre et saisissante. C'est un des endroits les plus curieux de la Syrie. Le fleuve a conquis un passage à travers les durs rochers du Liban; profond, large de deux ou trois mètres à peine, il écume avec fureur à plus de mille pieds au-dessous du sentier. Dans plusieurs endroits le ravin est si étroit qu'on pourrait se parler d'un côté à l'autre. Ses parois sont couvertes d'arbustes d'essences variées revêtus des riches couleurs de l'automne.

Je suis obligé de mettre pied à terre ; quelques endroits sont effrayants, et ce sentier est vraiment dangereux pour les chevaux et les mulets, accident rare dans le Liban, où il y a des chemins affreux mais peu de précipices.

A ceux qui craignent les éblouissements, je conseille de gagner directement Belat, et de se contenter de la vue splendide qu'on découvre d'une esplanade de rochers un peu plus bas que le village, là où la rivière fait un coude.

De Belat nous venons déjeuner à Dibbin, autre gros village moutouali. Les habitants me paraissant bons agriculteurs. Ils sont occupés aux semailles dans les champs d'alentour pendant que les femmes et les enfants font la cueillette des olives. Des bandes de corbeaux croassent en tournant dans l'air, et toute la scène a un air de travail d'automne qui frappe quand on sort de ces défilés sauvages.

En quittant Dibbin nous passons sur de hautes montagnes couvertes de mâquis, d'où l'on aperçoit à la fois et l'Hermon et la mer; puis, descendant vers la Litany, nous trouvons nos tentes dressées près du fleuve à une portée de fusil du pont de Khurdela. Elles sont venues de Hasbeya par la route directe.

L'après-midi est peu avancé; après quelques instants

de repos, je monte à cheval, car les hammals sont trop fatigués par les sentiers escarpés d'aujourd'hui.

Traversant un vieux pont de pierre, nous gravissons une haute montagne aride pour arriver à Kalat esh Chékif, nom moderne que les Arabes donnent au château que les croisés nommaient Belfort.

Cet immense donjon féodal, construit sur des ruines romaines qui reposent elles-mêmes sur de vastes fondations phéniciennes, frappe l'âme d'un étonnement mêlé d'effroi : tout est formidable, le rocher, le château, la nature, jusqu'au ciel bleu automnal traversé par de grands nuages blancs. Le paysage n'a aucune mollesse, aucun détail gracieux. Il a de la grandeur, comme ces temps lointains où l'ensemble de l'humanité valait moins, mais où elle produisait des caractères de colosses comparés aux pygmées d'aujourd'hui.

Nous grimpons le long des pierres taillées en diamant, puis parmi les belles assises régulières des Romains pour arriver au faîte du manoir, au milieu des ruines d'une chapelle du moyen âge; des œillets de poëte, de la menthe, croissent sur les décombres avec des chardons desséchés de la hauteur d'un homme.

D'un côté l'on domine la mer, toute la Phénicie, ces villes de Sidon et de Tyr sur lesquelles planent encore les malédictions des prophètes; de l'autre, l'Hermon, le pays de Dan et de Nephtali, Banias où vint Notre Seigneur. Nous sommes ici entre le paganisme et le monothéisme, ce château lui-même, païen et chrétien à la fois, accentue bien ce contraste dans sa sauvage grandeur.

Il commandait la route de la Phénicie à l'Iturée et à la Trachonitide (le Hauran moderne). Ces provinces fertiles faisaient partie des royaumes de Sidon et de

Tyr, aux jours de leur prospérité. Ces villes en tiraient leurs subsistances.

Encore maintenant sur cette route il y a un commerce de céréales entre l'intérieur du pays et la côte. Nous rencontrons de longues files de chameaux qui vont chercher du blé chez les Druses du Hauran.

Une forte journée de marche conduit d'ici à Sidon, une journée et demie à Tyr.

A la tombée de la nuit, nous redescendons par le petit village d'Arnoun, habités par ces Moutoualis qui nous rappellent à chaque pas les infortunes du gendre et des petits-fils de Mahomet.

29 Octobre. — Quand nous quittons le pont de Khurdela, à la pointe du jour, Belfort vu du fond d'un ravin boisé qui retient encore les ombres de la nuit, ressemble au château lointain de la Belle au bois dormant.

Laissons les bords de la Litany, et montons sur des plateaux pour redescendre ensuite vers la vallée du Haut-Jourdain. Au détour d'une colline le Bahr-el-Houled s'offre inopinément à nos yeux. C'est une magnifique surprise. Nous ne nous attendions à rien d'aussi beau.

Devant nous une vaste plaine où fument les feux des Arabes pasteurs, plus loin les ondes brillantes de ces eaux de Mérom près desquelles Josué mit en fuite les rois chananéens.

« Josué marcha donc contre eux avec toute l'armée jusqu'aux eaux de Mérom ; et, les ayant chargés à l'improviste,

« Le Seigneur les livra entre les mains des enfants d'Israël » (Josué XI, 7-8).

Le mont Hermon est au nord, à droite les collines de Kedes-Nephtali et de Safed, à gauche les plateaux où vécut Og, roi de Basan, le dernier prince des géants. Mais ce n'est pas là encore ce qui arrête nos yeux. Tout à l'horizon, au delà des eaux de Mérom, est une échancrure de montagnes où passe le Jourdain, et vaguement, dans la brume bleue de l'automne nous pouvons entrevoir la mer de Génézareth, le lac sacré près duquel prêcha le Sauveur.

Je ne puis dire quelle harmonie est répandue sur toute cette scène, quelle noblesse de lignes dans cet horizon. Pour s'en faire une idée, il faut songer à la campagne de Rome, à ces montagnes d'Albe et de la Sabine qui charmeront éternellement les regards avides de beauté.

Nous traversons le torrent Hasbany sur un pont qui menace ruine, et, passant devant le monticule en forme de tumulus de Tell el Kadi, où s'élevait autrefois la ville de Dan, nous venons faire halte sous un vieux chêne près de la source principale du Jourdain.

Nous entrons donc dans le domaine des enfants d'Israël que nous espérons parcourir, « de Dan à Beersheba. » C'est la vieille expression qui reparaît si souvent dans la Bible : « Et Juda et Israël reposaient sans aucune crainte, chacun sous sa vigne et sous son figuier, depuis Dan jusqu'à Beersheba, durant les jours de Salomon » (3 Rois, IV, 25).

Le chêne sous lequel nous sommes arrêtés est immense, une eau abondante et rapide en baigne les racines ; à quelques pas plus haut une source sort de terre, digne de rivaliser avec la belle fontaine d'Aïn Fijeh. Des arbustes encore couverts de fleurs forment au-dessus d'elle un dôme d'ombre où résonne le chant des oiseaux.

Nous sommes en plein siècle pastoral et rien ne rappelle 1867, sauf nos costumes européens.

Rien ne change en Orient, et tout ce que nous voyons est de même qu'au temps des patriarches. Le pays est peut être encore un peu plus sauvage, quoique je sois convaincu que les villes pompeuses dont parle Josué ressemblaient singulièrement aux bourgades actuelles de Moutoualis ou de Druses.

Parmi les mâquis et les hautes herbes des Bédouins font paître des troupeaux de petites vaches noires et de brebis. Une caravane de chameaux passe chargée des blés du Hauran. Les chameliers ont un beau type élancé ; ils traversent à pied la rivière, à moitié nus ; leurs femmes viennent ensuite, non voilées, montées sur de petits ânes blancs. Elles ont de beaux yeux, des dents blanches, mais le bas du visage est défiguré par des tatouages, et plusieurs ont la narine droite percée et ornée d'un bouton d'émail bleu.

Le sang est beaucoup plus beau ici que dans la partie entièrement Maronite du Liban. Cela tient-il aux mariages consanguins, au mélange avec des peuples assez laids à l'époque des croisades ? Mais le fait est qu'il y a fort peu de beauté chez les Maronites du Kesrouan. Du reste, les populations de montagnards ne sont presque jamais belles nulle part.

La ville de Dan s'appelait d'abord Laish. Elle était habitée par des Sidoniens « sans aucune crainte, en paix et assurance, extrêmement riches ; » ils s'étaient amollis dans l'atmosphère lourde de cette contrée fertile. La tribu de Dan, mal partagée, pressée entre les possessions de Juda et le pays des Philistins, cherchait de nouvelles terres. Cinq de ses espions vinrent à Laish. A leur retour chez eux, ils déterminèrent à les suivre six cents hommes de bonne volonté. Lisez la curieuse histoire de cette bande d'aventuriers aux allures de brigands dans le dix-huitième livre des Juges.

Ils trouvèrent les habitants endormis dans la sécurité et les ayant massacrés sans peine, ils donnèrent à Laish le nom patronymique de Dan.

C'était l'extrémité nord du domaine des Juifs. David, Salomon, régnèrent au delà, mais sur des populations étrangères.

C'est à Dan que Jéroboam établit l'un de ses veaux d'or, l'autre était à Béthel.

« Il fit deux veaux d'or et les plaça l'un à Béthel l'autre à Dan.

« Et ce fut là un sujet de scandale et de péché : car le peuple allait jusqu'à Dan pour adorer ce veau (3 Rois XII, 29, 30). »

De Tell el Kadi à Banias appelée Césarée de Philippe au temps des Hérode, nous trouvons de belles collines bien boisées.

La position de Banias est charmante, au pied du mont Hermon, adossée à une immense muraille de rochers et entre deux ravins.

Une fontaine abondante jaillit d'une grotte et va se confondre avec les eaux de la source du Jourdain. Sous les Séleucides et les Romains, cette grotte fut dédiée au dieu Pan et Hérode le Grand qui mourut un an après la naissance de Notre-Seigneur y éleva un temple en l'honneur d'Auguste.

Son fils Philippe fit de Banias la capitale de ses États

et la nomma par flatterie Césarée. Il était fils de l'infortunée Mariamne, dernière descendante des Asmonéens et frère par conséquent des jeunes princes dont nous avons déjà raconté la mort inique en parlant de Beyrouth. Ce fut le meilleur des Hérode. Mais ayant épousé sa nièce Hérodiade, il eut le tort de la céder à Hérode Antipas son frère d'un autre lit.

C'est Hérode Antipas qui fit décapiter saint Jean-Baptiste à l'instigation de cette femme orgueilleuse et cruelle. C'est devant lui que parut le Sauveur à Jérusalem.

Il reste peu de chose à Banias des constructions hérodiennes.

La grotte a été bouleversée par des tremblements de terre fréquents. Des morceaux de colonnes de marbre blanc cannelées sont probablement des débris du temple d'Auguste. Tout auprès on voit quelques niches taillées dans le rocher. L'une fort belle avec un ornement en coquille dans le goût des édifices de Baalbek, porte une inscription grecque bien conservée.

On peut suivre encore l'ancienne enceinte de la ville. A la porte du sud, défigurée par des murailles arabes, se trouve un pont décoré de sculpture parmi lesquelles on voit cet ornement en tournesol que nous remarquerons souvent sur les monuments d'origine juive. D'autres décombres se rencontrent au milieu des quelques maisons habitées par des Arabes misérables qui sont réfugiés en ce moment dans des abris de feuillage élevés sur leurs toits pour éviter un peu la vermine et les scorpions qui pullulent autour d'eux.

Mais la ruine capitale de Banias est le vieux château

construit comme celui de Belfort sur des fondations phéniciennes ou juives.

On y découvre une vue immense sur « le royaume d'Og, roi de Basan, le dernier des Raphaïm (les géants) qui demeurait à Astaroth et à Edraï et dont les domaines s'étendaient depuis la montagne Hermon jusqu'à Gessuri à la moitié de Galaad, bornes de Séhon, roi d'Hesébon. »

Les croisés s'emparèrent de Banias à la fin du règne de Foulques d'Anjou (1131-1144), qui comme le dit naïvement Guillaume de Tyr « n'était ni libertin, ni colère, quoique de poil roux. » Ce donjon devint un des postes avancés du royaume de Jérusalem. Noureddin, sultan de Damas, le reprit en 1163. Ce fut le commencement de cette série de désastres qui devait aboutir à la bataille de Tibériade (1187).

Longtemps après, en 1253, un détachement des troupes de saint Louis parmi lequel se trouvait l'historien Joinville, capitaine des gendarmes du roi, arriva jusqu'à Banias à la poursuite d'une horde de Turcomans. Il ne put s'emparer de la forteresse.

Mais Césarée de Philippe a un souvenir qui laisse bien loin derrière lui tous les autres.

Pour la première fois de ce voyage, nous arrivons à un lieu incontestablement sanctifié par la présence du Sauveur.

C'est ici, ou bien près d'ici, que Notre-Seigneur prononça les paroles fameuses qui fondèrent l'Église catholique et qui sont inscrites sur le dôme du monument le plus sublime que l'homme ait élevé à la gloire de son Créateur.

Jésus, après avoir guéri l'aveugle à Bethsaïde était parti pour Césarée.

« Étant venu aux environs de Césarée de Philippe, il interrogea ses disciples et leur dit : « Que disent les hommes touchant le fils de l'Homme ? »

« Simon Pierre, prenant la parole, lui dit : « Vous êtes le Christ, fils du Dieu vivant. »

« Jésus lui répondit : « Vous êtes bienheureux, Simon, fils de Jean, parce que ce n'est point la chair et le sang qui vous ont révélé ceci, mais mon père qui est dans les cieux.

« Et moi aussi je vous dis que vous êtes Pierre, et que sur cette pierre je bâtirai mon Église, et les portes de l'enfer ne prévaudront point contre elle.

« Et je vous donnerai les clefs du royaume des cieux ; et tout ce que vous lierez sur la terre sera aussi lié dans les cieux, et tout ce que vous délierez sur la terre sera aussi délié dans les cieux. »

(Saint Matthieu, XVI, 13, 16, 17, 18, 19.)

Ce fut six jours après, selon saint Matthieu et saint Marc, que Notre-Seigneur monta sur une « haute montagne » et y fut transfiguré. Il est donc probable que sur le mont Hermon si longtemps souillé par le culte de Baal, se passa cette scène sublime qui vit dans nos cœurs encore plus que sur la toile du plus grand des peintres de l'Italie.

30 Octobre. — Nous redescendons les collines de Banias à travers les bois de chênes verts et les buissons d'aubépine. Un grand loup noir passe sur le sentier. La campagne est baignée de vapeurs bleues ; les montagnes de Safed sont gorge de pigeon.

Nous traversons l'extrémité nord de l'Ard el Houleh, et suivons jusqu'au torrent Hasbany la route d'hier.

Longue montée pour arriver à Hounin, village misérable sans eau. Vieux château qui n'a pas d'histoire et où tous les âges ont cependant posé leur pierre, depuis les Juifs jusqu'aux conquérants arabes.

Dominons la plaine. A peu de distance d'ici, sur un de ces tertres qu'on voit de distance en distance, devait être la ville de « Jabin, roi de Hazor, » le chef de la confédération des rois chananéens que Josué vainquit aux eaux de Mérom.

Après avoir poursuivi l'ennemi, Josué revint vers Hazor s'en empara. « Il passa au fil de l'épée tous les habitants ; ravagea et extermina tout, sans y laisser rien sur pied et réduisit la ville en cendres. »

Espérons que les protestants n'iront pas chercher dans la Bible des modèles d'humanité et de respect du droit des gens en temps de guerre. Les Prussiens, même à Francfort, n'ont pas été jusque-là.

Après avoir déjeuné parmi les ruines du château de Hounin, nous traversons des croupes de montagnes couvertes de forêts et gagnons une haute vallée circulaire assez triste où s'élève le gros village Moutouali de Meis ed Djebel.

Nous campons dans un espace vide situé au milieu du village qui se compose de deux parties.

Ce sont des lieux de campement recherchés car on est presque sûr de ne pas y rencontrer des scorpions ou des serpents, reptiles qui, du reste, ne sont pas aussi communs en Syrie que l'on pourrait le croire. En revanche, nous y trouvons des puces plus qu'il n'en faudrait. Ces petits insectes ont leurs amitiés et leurs antipathies. J'ai le bonheur de leur inspirer une grande aversion.

C'est à Meis que nous quitte un jeune porteur maronite de Hasbeya. Il était venu jusqu'ici pour remplacer Botrus qui avait été fort malade depuis Damas. Nous le voyons tous partir avec peine. Gai, souple, actif, c'était un des meilleurs de la bande. Quoique âgé seulement de 21 ans, il était déjà père de plusieurs enfants.

Lors des massacres de 1860, sa beauté et sa gentillesse avaient frappé un chef druse, qui le protégea, et l'envoya en lieu sûr dans le Hauran, jusqu'au rétablissement de l'ordre. A son retour à Hasbeya, il trouva beaucoup de femmes de sa nation. Elles avaient été épargnées par les égorgeurs; mais il n'y avait plus d'hommes dans la force de l'âge. Ces pauvres dames regrettaient presque d'avoir survécu. Une veuve de trente-quatre ans jeta son dévolu sur Halil qui en avait quatorze, et le mariage se fit au plus vite; car le clergé maronite désirait bien naturellement reconstituer son troupeau.

31 Octobre. — Quittant de bonne heure Meis nous descendons vers Kédes-Nephtali par des ravins poudreux où croissent de place en place de grands térébinthes.

Kédes, ville cananéenne, fut conquise par Josué, après la défaite du premier Jabin, roi d'Hazor qu'il ne faut pas confondre avec le second Jabin qui opprima plus tard les tribus du nord et dont le général Sisera fut vaincu dans la plaine de Mageddo par Barak de Kédes suscité par la prophétesse Debora, « qui était assise sous un térébinthe qu'on avait nommé de son nom entre Rama et Bethel sur la montagne d'Éphraïm (Juges, IV, 4). »

Kédes devint la ville principale de cette tribu de Nephtali, que Jacob bénit en disant « sa parole est pleine de grâces (Genèse, 47, 21), » et d'où devaient sortir les apôtres, car elle possédait les beaux rivages du lac de Génézareth.

Il reste deux ruines à Kédes et plusieurs sarcophages richement ornés. Malgré Joseph qui nous déclare comme de coutume que ce sont « *des crottes des Roumains pas curieux*, » nous les examinons avec soin.

Ces monuments ont-ils une origine juive ?

Il est permis d'en douter, surtout pour la ruine orientale qui a beaucoup d'analogie avec les temples qui entourent l'Hermon. Elle est orientée, elle aussi, vers cette montagne.

L'édifice repose sur une base de pierres de taille sculptées, des chapiteaux de pilastres corinthiens gisent à terre. La façade a trois portes. La principale est en mauvais état.

Les portes latérales, bien conservées, ne se ressemblent pas ; celle du nord a des ornements en forme de tournesol; celle du sud, une guirlande terminée par de petits nœuds. Parmi les fragments épars, je crois reconnaître les ailes déployées de l'aigle oriental. Cela déciderait la question en faveur de l'origine païenne.

Peu après Kédes, dans les gorges arides que nous avons à traverser pour arriver à Safed, nous trouvons un village d'Algériens venus ici pour fuir la domination française. Ce doivent être des Kabyles, car ils ne sont pas nomades, et mes Maronites ne comprennent pas leur langage. Leur type est fort laid. Ennemis des Européens, c'est avec des regards farouches qu'ils nous voient passer.

La journée de Meis à Safed est une des plus fatigantes du voyage, non qu'elle soit une des plus longues ; mais il semble qu'on n'atteindra jamais cette ville qu'on voit au loin, blanche, sur sa haute montagne. Enfin nous gravissons les derniers escarpements, nous traversons le quartier habité par les juifs polonais, et, arrivés sur l'autre versant, nous trouvons tout à coup le lac de Génézareth qui se déroule tout entier devant nous.

Qu'il est difficile de décrire ces moments de bonheur et d'amour, où à la beauté de la nature viennent s'ajouter les souvenirs de la présence du Verbe. Parmi les jardins de grenadiers et de figuiers, nous montons vers le vieux château de Safed.

Le ciel est d'un bleu pâle, pommelé de blanc vers l'ouest. Pas un seul nuage. Une brise fraîche. Plus bleu que le ciel, un beau lac repose dans une coupe de montagnes dorées. C'est la mer de Galilée, le lac sacré du Sauveur ; ces deux petites collines s'élèvent au-dessus de Capharnaum, qu'on appelait sa ville. Ce promontoire d'ombre cache Tibériade. Au delà du lac, voici le midi de la Gaulanitide ; les collines mamelonnées qui montent vers les sommets de Galaad, héritage de Manassé ; plus loin, le désert qui s'étend jusqu'aux oasis du Djebel Shomer. Le mont Thabor est au sud. A l'occident, tout à fait à l'horizon, est le Carmel.

Pendant que je lis l'évangile de saint Luc et l'Apocalypse, les teintes brillantes du soir envahissent le ciel. Même près de la ville aux sept collines, je n'avais jamais vu spectacle plus grandiose et plus doux.

Il n'y a pas de chrétiens à Safed. Il s'y trouve quelques musulmans ; mais la majorité de la population est juive.

Les juifs y viennent s'établir de toutes les parties du monde ; les plus nombreux, cependant, sont les juifs polonais. Un peu de spéculation (ils ne seraient pas sans cela de leur race) vient se mêler à leur dévotion. Soutenus par les aumônes énormes des princes de la finance de l'Occident, les juifs pauvres peuvent vivre ici confortablement. On leur construit d'assez bonnes maisons avec des fenêtres vitrées, chose bien rare en Orient. Après leur mort, ils ont la consolation de dormir près de leurs rabbins les plus illustres.

Les traditions thalmudiques assignent à Tibériade et à Safed une sainteté qui rivalise avec celle de Jérusalem. Selon elles, le Messie sortira du lac de Génézareth, à Tibériade, et établira le siége de son empire à Safed.

Après la destruction de Jérusalem par Titus, cette partie de la Galilée devint le refuge des principaux rabbins échappés au massacre. Déjà, avant l'ère chrétienne, une école célèbre y avait fleuri ; Hillel et Schammaï, les chefs des sectes rivales qui existaient un peu avant Notre-Seigneur, sont enterrés à Meïron, près d'ici. Plus près encore est Kefr Beïrim, avec ses curieuses ruines juives. Benjamin de Tudèle parle de ces deux endroits, mais il ne mentionne pas Safed, qui semble relativement fort moderne, quoique certains auteurs l'identifient avec « la ville située sur une montagne qui ne peut être cachée. » (Matth., V, 14.)

CHAPITRE VI.

LE LAC DE GÉNÉZARETH ET LES COLLINES DE GALILÉE.

La ville du Sauveur. — La patrie de saint Pierre. — Les saintes femmes. — Magdala. — La plaine de Génézareth. — Tibériade. — Le jour des morts. — La coupe et la lèvre. — Le camp d'Akiel-Agha. — La fontaine de la sainte Vierge. — Les dames de Nazareth. — Jotapata. — L'historien Josèphe. — La guerre des Juifs.

1ᵉʳ Novembre. — Nous descendons de Safed vers Tell-Hum, sur le lac de Génézareth. C'est le lieu où les catholiques reconnaissent généralement le site de Capharnaüm. Les récents explorateurs protestants le placent à Aïn-et-Tin (*la fontaine du Figuier*). Nous visiterons les deux endroits. N'entrons point dans la controverse; qu'il nous suffise de savoir que Notre-Seigneur habita plusieurs années dans ce petit canton, qu'il foula chaque sentier de ces beaux rivages, qu'il but l'eau de ces fontaines, que ces flots berçaient les barques des apôtres, que sur une de ces montagnes furent prononcés les mots qui soutiennent, depuis dix-neuf siècles, l'humanité souffrante : « Bienheureux ceux qui pleurent, car ils seront consolés. »

Nous prenons un guide pour descendre à Tell-Hum. Le sentier, si c'en est un, est rocailleux et difficile. Les drogmans l'évitent autant que possible. Au printemps il disparaît, dans beaucoup d'endroits, sous une végétation de chardons gigantesques. Maintenant ils sont desséchés.

Les collines sont tristes, arides; mais la vue du lac, par une matinée radieuse, serait admirable même sans les souvenirs.

La descente est longue, et à mesure que nous approchons de Tell-Hum la chaleur devient intense. Il ne faut pas oublier que nous sommes en présence d'un enfoncement extraordinaire de la croûte terrestre. Le lac de Tibériade est à 652 pieds au-dessous du niveau de la Méditerranée. Safed est à 2,770 pieds au-dessus.

Nous trouvons à Tell-Hum les restes d'un assez grand édifice couvert de sculptures, dans un style juif-corinthien qui rappelle ce que nous avons vu à Banias.

Un sentier qui longe de près le lac nous conduit à plusieurs fontaines (dont une seule n'est pas saumâtre); elles se jettent dans une petite baie qui, avec sa frange de sable et sa couche de galets, ressemble à une anse de la mer.

C'est ici que s'élevait Bethsaïde, patrie de Pierre et d'André, de Philippe, et probablement aussi de leurs compagnons Jacques et Jean, fils de Zébédée. « Or Philippe était de Bethsaïde, la ville d'André et de Pierre. » (Jean, I, 44.)

Un promontoire rocailleux, qu'il faut tourner, nous fait quitter le rivage. Nous rencontrons les ruines d'un grand khan (*khan Minyeh*), élevé sur l'ancienne route des caravanes entre Damas et l'Égypte; et, un peu plus loin, nous arrivons à la fontaine du Figuier.

Elle sort de la falaise, à une vingtaine de pas du lac. Deux ou trois vieux figuiers noueux forment, avec les lianes qui les entourent, comme une grotte ombreuse au-dessus de la source. Exténués, brûlés par le soleil, nous nous y arrêtons pour le repas du milieu du jour.

Devant nous l'azur profond des eaux, et les montagnes de l'est, où Notre-Seigneur se retira plusieurs fois, entre autres après la mort de saint Jean, pour éviter Hérode. A droite est la plaine de Génézareth, qui donna son nom au lac.

Nous la traversons pour venir nous reposer encore sous un grand saule, au bord de l'eau, près du misérable village de pécheurs Mejdel, seul lieu habité aujourd'hui sur ces rivages, sauf Tibériade.

C'est Magdala, la patrie de *sancta Maria-Magdalena*, une des plus suaves et des plus consolantes figures du christianisme naissant, la plus aimante de ces saintes femmes, Jeanne, Suzanne, Marie Cléophas qui suivaient partout le Sauveur, attentives à sa parole, à ses besoins, les aïeules selon l'esprit des grandes saintes du moyen âge, les saintes Claire, les saintes Catherine de Sienne.

Voici la description que Josèphe donne de la plaine de Génézareth, au troisième livre de la guerre des Juifs, chapitre xxxv :

« La terre qui environne le lac de Génézareth, et qui porte le même nom, est également admirable par sa beauté et par sa fécondité. Il n'y a point de plantes que la nature ne la rende pas capable de porter, ni rien que l'art et le travail de ceux qui l'habitent ne contribuent pour faire qu'un tel avantage ne leur soit pas inutile. L'air y est si tempéré qu'il est propre à toutes sortes de fruits. On y voit en grande quantité des noyers qui sont des arbres qui se plaisent dans les climats les plus froids ; et ceux qui ont besoin de plus de chaleur, comme les palmiers ; et d'un air doux et modéré comme les figuiers et les oliviers n'y rencontrent pas moins ce qu'ils désirent. En sorte qu'il semble que la nature, par un effort de son amour pour ce beau pays, prend plaisir d'allier des choses contraires, et que, par une agréable contestation, toutes les saisons favorisent à l'envy cette heureuse terre ; car elle ne produit pas seulement tant d'excellents fruits, mais ils s'y conservent si longtemps, que l'on y mange durant dix mois des raisins, des figues, et d'autres fruits durant toute l'année. Outre cette température de l'air, on y voit couler les eaux d'une source très-abondante, qui porte le nom de Capernaum, que quelques-uns croyent estre une petite branche du Nil, parce que l'on y trouve des poissons semblables au Coracin d'Alexandrie, qui ne se voit nulle part que là dans ce grand fleuve. (Traduction d'ARNAUD D'ANDILLY.)

Aujourd'hui c'est un désert, mais il est admirablement fertile. Des mâquis encore couverts de feuilles et de fleurs bordent les clairs ruisseaux, des oiseaux volent dans leurs branches ou viennent se baigner dans le lac, à côté de crabes et de petites tortues qu'on trouve ici comme partout sur le parcours du Jourdain. Le lac, qu'on nommait autrefois la mer de Galilée et que les Arabes appellent encore Bahr Tubarîyeh (la mer de Tibériade), mérite bien ce nom. Point de lagunes, de marécages fangeux, mais de petites falaises, ou une rive de galets et de sable comme sur les bords de la Méditerranée.

C'est ici qu'eut lieu la pêche miraculeuse, ici que Notre-Seigneur monta sur une barque pour prêcher aux multitudes assises sur la plage. C'est devant les anémones rouges, couleur de la robe royale, qui émaillent ces champs au printemps, qu'il dit à ses disciples : « Considérez comment croissent les lis des champs : ils ne travaillent ni ne filent. Or je vous dis que Salomon, même dans toute sa gloire, n'était pas vêtu comme l'un d'eux. » (Mathieu, VI, 28-29.)

C'est sur ce rivage qu'il apparut une dernière fois à Pierre et à Jean et dit à Simon-Pierre : « Paissez mes brebis. » (Jean, XXI, 17.)

Quels souvenirs valent ceux-ci. L'âme les vient chercher avec joie du fond de l'Occident. Ils doivent émouvoir même les incrédules, les enfants ahuris de ce siècle de machines. Car, au point de vue simplement historique, la prédication du Christ ne fut-elle pas le fait qui eut l'influence la plus capitale sur les destinées de l'homme?

Au temps de Notre-Seigneur, ce lac et ces rivages étaient non-seulement bien peuplés, mais ils contenaient une population considérable de passage qui devait répandre au loin la parole divine. L'idée qu'on se fait d'un canton isolé est complétement fausse. Nazareth, cachée dans les collines de la Galilée, a bien plus d'isolement. Un sentier en corniche mène de Mejdel à Tibériade. Nous traversons toute la ville pour arriver à notre camp situé du côté des eaux thermales. De loin, les grands murs moyen âge qui entourent Tibériade lui donnent une certaine apparence; mais, quand on y pénètre, on ne trouve que des décombres et que toutes les saletés et les puanteurs des juifs allemands et polonais. Nos habillements de flanelle blanche sont bientôt noircis de puces. Selon les Arabes, c'est ici que le roi des puces tient sa cour, tandis que la reine des mouches a son palais à Yambô, port de Médine, qui joue pour cette dernière ville le rôle de Djeddah pour la Mecque.

Tibériade fut construite par cet Hérode Antipas qui fit mourir saint Jean, et nommée ainsi en l'honneur de Tibère. Elle n'est pas mentionnée dans l'Évangile et il paraîtrait que Notre Seigneur, quoique habitant si près, l'évita toujours. Il faut lire dans la vie de Josèphe, écrite par lui-même, le récit de ses difficultés avec les habitants de cette ville quand il était gouverneur de la Galilée et les stratagèmes de ce Juif rusé, vrai fils de Jacob. Tibériade eut la bonne chance de se soumettre à temps à Vespasien, tandis que la ville voisine de Tarichée, située à l'extrémité sud du lac, fut livrée au fer et au feu. Ceux de ses citoyens qui avaient pu se réfugier sur leurs navires furent vaincus dans une bataille navale.

Une bataille navale paraît singulière en parlant de ce lac qui ne porte plus aujourd'hui qu'une seule barque en mauvais état.

Ce soir un jeune homme de Mulhouse, M. Jacques Siegfrid, arrive de Damas par la route directe et vient camper près de nous. Il commence en ce moment un voyage autour du monde qu'il continuera par l'Inde, la Cochinchine, le Japon et la Californie. Puisse ce voyage prospérer au moment où j'écris ceci. Vif plaisir de rencontrer un vrai voyageur et quelqu'un de bien élevé avec qui il est possible de causer. Hélas! la différence de culture empêche à la longue toute conversation agréable, surtout si l'on a à faire aux natures parisiennes, à la fois ignorantes, présomptueuses et susceptibles.

2 Novembre. — Nous voulions passer le jour des morts sur ce beau lac où le Sauveur vint promettre à l'espérance de l'homme la résurrection et la vie, longer le rivage de l'est et débarquer peut-être à Gamala, que nous apercevons vaguement sur sa haute colline en forme de bosse de chameau (de là son nom).

Cette ville, fortifiée par Josèphe, résista vigoureusement à Vespasien et à Titus qui déployèrent le plus grand courage pendant le siége, mais se vengèrent cruellement ensuite.

La chaleur accablante et malsaine nous fait renoncer à ce projet. Nous nous décidons à gagner Nazareth sans faire l'ascension du mont Thabor, difficile pour mes hommes fatigués.

Avant notre départ, un franciscain, le seul ici, nous dit la messe dans une petite chapelle. La solitude de ce triste lieu où il n'y a que deux familles chrétiennes, la chaleur, la pénurie de tout et le sang napolitain brochant sur l'ensemble, ont fait perdre un peu la tête à ce pauvre homme. Il m'assure que le Garibaldi qui donne des ennuis en ce moment au Pape, est un imposteur suscité par le diable, et que le véritable Garibaldi a été tué en 1860 devant Capoue.

Nous rencontrons une bien longue montée au sortir de Tibériade, mais nous ne nous en plaignons pas, car, à mesure que nous nous élevons, nous retrouvons la fraîcheur.

Arrivés en haut, nous nous trouvons sur un plateau près du double sommet en forme de selle de chameau que les arabes nomment les cornes de Hattin. La tradition catholique y place la scène du sermon des béatitudes.

C'est ici que s'arrêta Guy de Lusignan, roi de Jérusalem, marchant contre Saladin. Il voulait faire lever au sultan de Damas le siége de Tibériade. Mais ses mesures étaient mal prises, tandis que Saladin était un habile guerrier.

L'armée chrétienne, après une série de défaites, fut enfin cernée sur la montagne de Hattin. On était au 5 juillet 1187. La chaleur était affreuse. L'eau manquait entièrement. Après une défense désespérée, il fallut se rendre. Le roi et les principaux seigneurs furent conduits à la tente de Saladin, qui les reçut avec courtoisie et ordonna de leur porter des boissons fraîches, car plusieurs étaient blessés et presque morts de soif. Mais parmi les prisonniers se trouvait Renaud de Châtillon, sire de Kérak, sur les confins du désert, tête folle qui avait attiré cette invasion sur le royaume en pillant la caravane de la Mecque et en insultant la mère et les sœurs de Saladin. Lorsque les sherbets furent apportés, Guy de Lusignan, qui avait bon cœur, lui passa rapidement sa coupe; car si Renaud avait bu sous la tente du sultan, celui-ci, pieux musulman, aurait été obligé de respecter sa vie. Mais Saladin ne lui en laissa pas le temps et, prompt comme l'éclair, lui trancha la tête d'un coup de sabre en s'écriant : « Il y a loin de la coupe aux lèvres. »

Cette bataille, qui porte le nom de bataille de Tibériade, fut la fin du royaume chrétien de Jérusalem. Saladin s'empara de la ville sainte peu de semaines après, et les rois qui succédèrent à Guy de Lusignan ne furent plus que des souverains titulaires.

Après avoir quitté Hattin, nous suivons pendant plusieurs heures les grands plateaux fort desséchés en cette saison de la haute Galilée. Nous ne trouvons de l'eau qu'à la fontaine de Kefr Kenna, qu'on croit être Cana, où eut lieu le premier miracle du Sauveur. On y montre des reliques, des lieux saints; mais ici et ailleurs j'aime mieux ne pas parler de ces reliques traditionnelles qui ont si peu de vraisemblance et ont besoin d'une foi aveugle qui ne nous est pas demandée.

Pendant que nous sommes arrêtés près de la fontaine, nous voyons se dérouler une scène pastorale de l'Orient. Dans ces pays brûlants, une source abondante comme celle-ci est toujours un centre d'animation et de vie.

Elle est entourée de chameaux, de bœufs, de troupeaux de chèvres. Les bergers jouent d'une sorte de musette, tandis que des femmes descendent du village des amphores sur leurs têtes. Dans les jardins d'alentour il y a de belles vignes, de beaux grenadiers. Les maisons sont moins misérables qu'ailleurs : c'est que la population est plus industrieuse parce qu'elle est chrétienne. Du reste, dans toute la Galilée, les chrétiens sont beaucoup plus nombreux que je ne croyais.

Une partie du camp d'Akiel-Agha, le fameux chef bédouin, est ici; lui-même est en ce moment à Chouffamar, entre Nazareth et Acre.

C'est un brigand, si l'on veut; mais un brigand doué de bons instincts. Protégé autrefois par M. de Lesseps, consul de France à Beyrouth, celui qui vient de mourir au Pérou (juillet 1868) après avoir laissé de grands souvenirs en Orient, Akiel-Agha a gardé une vive reconnaissance aux Français. Il protége les chrétiens. C'est lui qui empêcha les massacres projetés en 1860, et son ascendant maintient un certain ordre dans la Galilée.

Nous laissons à notre droite Sepphoris, où habitèrent les parents de la Sainte Vierge, et que nous apercevons sur une colline avec beaucoup de ruines. C'était une ville importante à l'époque de la guerre des Juifs. Josèphe en parle plusieurs fois.

Deux collines à escalader, les vergers d'Er Rheineh, village chrétien, à passer, et un peu avant le coucher du soleil nous arrivons au-dessus de l'heureuse petite ville de Nazareth. Belle vue paisible et gaie.

Nous campons parmi les oliviers, près de la fontaine de la Sainte Vierge. Une tradition veut que ce soit là qu'eut lieu l'Annonciation. Mais, ce qui est certain, c'est que cette fontaine est la seule qui soit à Nazareth et que chaque jour, comme toutes les femmes de l'Orient, y venait notre Mère, la consolatrice des affligés, le refuge des pécheurs.

Nazareth, 3 et 4 novembre. — Nous sommes réveillés par un violent orage, la pluie tombe à torrents et les éclairs sillonnent le ciel, mais cela dure peu et nous nous rendons pour la grand'messe au couvent des Pères de Terre-Sainte. Il est élevé au-dessus de l'endroit où était la maison de la Sainte-Famille. Le Sauveur y passa son enfance. L'église se trouve sur l'emplacement de la chambre de la Sainte Vierge, elle est assez belle et dans le goût italien.

Comment ne pas être ému et reconnaissant d'être arrivé jusqu'ici.

Nous nous reposons dans l'après-midi. Air de dimanche, son des cloches. Habitants qui se promènent sous les oliviers. Beauté du sang. Paix et gaieté.

Longue visite du père gardien et de deux autres frères mineurs. Nous causons de l'Italie et en italien.

J'avais vaguement appris avant de quitter Damas le commencement du mouvement garibaldien, mais combien nous nous doutions peu pendant que nous parlions de Rome, des chers couvents de l'Ara cœli et de Saint-Bonaventure, au milieu de la douce tranquillité de la ville de saint Joseph, combien nous nous doutions peu de la honteuse duplicité de Ratazzi, des explosions et des assassinats dans Rome et de ce qui se passait en ce moment même sur les coteaux de Mentana où l'héroïque Garibaldi abandonnait sans trop se faire prier une jeunesse fourvoyée et trompée par ses paroles creuses, et que le fusil Chassepot moissonnait, tandis qu'il se retirait en train-express, nouvelle et plus noble manière de fuir.

Dans l'après-midi, je monte sur la colline de Nazareth et découvre ce paysage que contempla souvent le Sauveur.

La vue est immense. Toute la plaine d'Esdraélon, le champ de bataille d'Israël, Endor, Naïm, Sunem, Jezraël, avec leurs souvenirs terribles ou charmants. Les montagnes de Gelboé, le Petit-Hermon, le Thabor. A l'occident, le Carmel, dont les belles lignes droites se couvrent d'orange et d'or.

Toute cette scène a un caractère de noblesse et de sérénité. Rien d'abrupt, rien de heurté comme dans les grandes montagnes dentelées de la Suisse ou de la Scandinavie.

Le lendemain le mauvais temps recommence. Impossible de monter au Thabor.

Nous allons cependant à la montagne de la Précipitation, du haut de laquelle les habitants de Nazareth voulurent jeter le Sauveur.

Et ils se levèrent et le chassèrent et le conduisirent jusqu'au sommet de la montagne... pour le précipiter (Luc, IV, 29).

De là, le dire fameux « nul n'est prophète en son pays. »

Nous visitons ensuite le couvent des Dames de Nazareth qui font le plus grand bien au milieu de cette population chrétienne et sans aucun moyen d'éducation pour les filles. Il serait bien à désirer que les franciscains, fort nombreux ici, eussent des écoles plus satisfaisantes, mais leur ignorance de l'arabe paralyse le bien qu'ils pourraient faire. Ceux qui occupent les fonctions de curés sont les seuls qui étudient un peu sérieusement cette langue indispensable cependant pour agir.

La communauté de Nazareth fut fondée vers 1820 dans le but d'élever des filles de la petite bourgeoisie et d'en faire de bonnes femmes de ménage et de vertueuses mères de famille. Plus tard, seulement, le cadre de cette éducation fut agrandi en France, et il sortit de ses couvents des femmes d'un mérite incontestable et des institutrices exemplaires.

La règle des Dames de Nazareth examinée avec soin par un jésuite distingué le père Varin, se rapproche beaucoup de celle de Saint-Ignace avec les différences nécessaires pour des religieuses.

La fondatrice de l'ordre fut la duchesse de Doudeauville (1) secondée par la première supérieure générale madame Rollat. La maison mère est à Montmirail. D'autres maisons sont à Lyon et à Boulogne. La seconde supérieure, madame Hellot, fonda l'établissement de Nazareth, puis celui de Khaifa. En ce moment malgré de grandes difficultés, les dames de Nazareth élèvent un couvent dans le gros village catholique de Chouffamar.

La bonne tenue des écoles, la propreté de l'orphelinat, l'air de piété et de gaieté à la fois rappellent les

---

(1) Née Le Tellier de Montmirail, arrière-petite-fille de Louvois, duchesse de Doudeauville de son chef, elle porta ce titre, la grandesse d'Espagne et une très-grande fortune au vicomte de La Rochefoucault, qu'elle épousa en 1779. Elle n'émigra pas et conserva ainsi une grande partie de ses terres. — Devenue aveugle de bonne heure, elle ne fit jamais entendre une plainte et se consacra tout entière à Dieu. Elle mourut en 1849, âgée de plus de quatre-vingts ans.

colléges des jésuites et sont un des souvenirs agréables modernes qu'on emporte de Nazareth.

5 Novembre. — Nous quittons Nazareth par une belle matinée, et nous nous dirigeons vers Khaifa et le mont Carmel, à travers les gracieuses collines de la Galilée. La terre rafraîchie par la pluie a encore un peu de verdure, et nous passons plusieurs bois de haute futaie, si rares en Orient.

A droite, en sortant de Nazareth, nous revoyons Sepphoris et sur une haute montagne Jotopata où l'historien Josèphe résista avec tant d'acharnement aux troupes de Vespasien. Il est si souvent question de la guerre des Juifs, œuvre capitale pour l'étude de la Palestine et de la Galilée, que le lecteur me permettra une courte digression au sujet de son auteur.

Josèphe naquit à Jérusalem en 37, l'année de la mort de Tibère. Il était de race sacerdotale et appartenait à une des principales familles de Jérusalem. Son enfance, sa jeunesse, se passèrent au milieu de cette fermentation extraordinaire, de ces révoltes, de ces réactions, qui devaient conduire les Juifs à leur perte. Quoiqu'il faille tenir compte de l'extrême exagération des chiffres de Josèphe, car à prendre le total de ses morts, la race juive aurait pu subsister quelques années à peine, on peut dire cependant que jamais peuple ne fut plus turbulent, plus sanguinaire, que les Juifs pendant le siècle qui précéda la prise de Jérusalem et leur dispersion.

Quand eut lieu la révolte définitive contre les Romains, vers la fin du règne de Néron, Josèphe âgé de 30 ans environ, fut nommée gouverneur de la Galilée par une assemblée de Juifs de Jérusalem réunis dans le temple.

C'était un vrai fils de Jacob, rusé, perfide, plein d'esprit et de ressources, non pas cruel et même plutôt charitable de sa nature, mais impitoyable quand il le fallait.

Pendant les premiers temps de son commandement, on pouvait espérer le succès de la révolte. Le général romain Cestius avait été vaincu et mis en déroute. L'empire, gouverné par un baladin en délire semblait près de se dissoudre.

Josèphe s'acquitta bien de ses fonctions. Il se fit aimer en Galilée, il fortifia habilement les villes, et établit autant d'ordre et de cohésion qu'il était possible d'en obtenir de têtes dans un état d'effervescence aussi bizarre.

Mais il ne paraît pas qu'il se soit fait illusion un instant sur l'issue de la lutte. Doué d'un jugement calme, bon politique, il comprenait que l'affaissement de l'empire romain n'était que momentané, qu'il y avait encore de l'unité dans le commandement des légions, tandis que ses compatriotes se déchiraient, divisés en mille factions rivales. Du reste son esprit modéré semblait préférer, même les Romains, aux plus violents des Juifs, aux zélateurs, aux sicaires, qui croyaient bien mériter de Dieu en massacrant ceux qui ne vivaient pas exactement selon la loi.

Après le désastre de Cestius, Néron donna à Vespasien le commandement des troupes qui devaient opérer contre les Juifs. Vespasien était d'une bonne famille provinciale des Abruzzes, il avait vieilli dans les camps, et Titus, son fils aîné, avait déjà la réputation d'un habile général.

Il prit toutes ses mesures avec ordre et prudence, et

ayant rassemblé son armée à Ptolémaïde, aujourd'hui Saint-Jean d'Acre, il entra en Galilée.

Josèphe trahi par ceux de Sepphoris, s'enferma à Jotapata où il résista pendant quarante-sept jours à tous les efforts d'une grande armée romaine. Les Juifs se battaient avec tout le désespoir d'Orientaux fatalistes. La mort ne semblait rien pour eux.

Enfin la ville fut emportée d'assaut. Josèphe et quarante de ses compagnons les plus braves purent se réfugier dans une caverne presque inaccessible, mais ils y furent cernés par les Romains. Ils résolurent de se donner mutuellement la mort, malgré l'avis de Josèphe qui ne dut qu'à des prodiges d'habileté de ne pas être poignardé à son tour par ces fanatiques. Avec le seul compagnon qui lui restait, il se rendit alors à Vespasien.

Ces événements se passaient au milieu de l'été 68.

Si on n'avait pas déjà appris en Orient la mort de Néron, du moins on connaissait les révoltes qui éclataient de tous côtés. L'esprit pénétrant de Josèphe lui fit prévoir l'élévation à l'empire de Vespasien, le général le plus habile et qui était à la tête de plusieurs légions qui l'idolâtraient. Quand il fut conduit devant son vainqueur, il le salua comme empereur. Vespasien en fut un peu étonné d'abord, mais le fait est qu'il épargna la vie de Josèphe, et quand la prédiction se fut vérifiée quelques mois plus tard, il le délivra de ses chaînes et l'admit dans sa plus grande intimité.

Josèphe vint à Rome où il composa son histoire et plusieurs autres ouvrages, qui toutefois sont déparés par des flatteries envers la famille Flavienne. Il loue trop souvent Titus, cruel exterminateur de sa nation, et il est tout à fait ridicule quand il parle de la haute influence qu'avait Domitien sur la jeunesse romaine avant l'avénement au trône de son père. On sait en effet par Suétone, que ce personnage, qui devait faire un si mauvais empereur, était fort déconsidéré et qu'il jouait volontiers un rôle peu distingué auprès des riches chevaliers romains.

Josèphe mourut sous le règne de Nerva, vers l'âge de soixante ans.

Au bout de plusieurs heures de marche, nous arrivons en vue de la mer, et après avoir traversé le torrent Kishon, nous gagnons Khaïfa, en longeant les hautes collines boisées du Carmel.

C'est toujours avec plaisir que nous revoyons la mer, cette belle Méditerranée, près de laquelle nous avons passé tant d'heures de bonheur et de jeunesse, depuis les ravins d'Amalfi jusqu'aux caps du Sahel, jusqu'aux rivages de la Catalogne, où les roses trémières fleurissent près des flots.

Le ciel, ce soir, est aussi bleu que la mer. Le golfe s'arrondit et va se terminer au cap Blanc, près de Tyr. D'un côté est Khaïfa, entourée d'une vraie forêt de palmiers qui s'étend jusqu'à la plage, de l'autre, les vieux murs de Saint-Jean-d'Acre avec les souvenirs de Philippe-Auguste et de Richard Cœur-de-Lion.

Nous campons à l'ouest de la ville sur une prairie verte. Je cite le fait, car il est rare en Orient. Des troupes d'oiseaux chantent dans les arbres. La ville, quoique sale, n'a pas un air d'abandon. On y construit. Bel hôpital des Pères du mont Carmel.

CHAPITRE VII.

LA PLAINE D'ÉESDRAÉLON ET LA MONTAGNE D'ÉPHRAÏM.

Le mont Carmel. — Saint Louis. — Le comte de Chambord et le *Livre des voyageurs*. — La bataille du Kishon. — La tribu d'Issachar. — Le sacrifice d'Élie. — Mageddo. — L'usurpation de Jéhu. — Manassé. — Samarie. — Oolla et Oollibah. — Sichem. — Le puits de Jacob. — Notre-Seigneur et la Samaritaine. — Une caverne des Chananéens. — Les défilés d'Éphraïm. — Bethel. — Beeroth.

6 Novembre. — Par une matinée ravissante, nous montons au couvent du Carmel, qui s'élève à l'extrémité du cap, à quarante-cinq minutes de Khaïfa. Oliviers énormes. Herbe fine et petites fleurs roses comme dans les forêts de Corfou.

Le couvent est un vaste et solide édifice; il pourrait soutenir un siége. Il a été reconstruit il y a une trentaine d'années, grâce aux efforts incroyables du frère Jean-Baptiste, qui parcourut l'Europe en se faisant partout des amis par sa gaieté et son entrain. Sur sa liste de souscripteurs on voyait la reine Victoria auprès du roi Louis-Philippe, lord Palmerston et M. de Metternich, M. de Rothschild non loin du baron Sina.

Rien ne peut égaler l'accueil hospitalier que l'on reçoit au Carmel. Ce serait une délicieuse retraite pendant les chaleurs de l'été.

Le bon père qui nous fait les honneurs du couvent est de Montalenghe, dans le Canavet, ce charmant pays de bois et de collines, entre la vallée d'Aoste et les plaines de Turin. Il connaît tous les miens, et nous causons avec bien de la joie du cher vieux Piémont.

Du haut des terrasses, la vue est admirable. Au nord, c'est la même que nous voyions de Khaïfa, mais, au sud, on aperçoit toute la côte jusqu'aux environs de Césarée, la ville d'Hérode le Grand, où saint Pierre convertit Corneille. Sur cette ligne droite, il n'y a qu'un seul petit cap qui porte les ruines d'un manoir, nommé par les croisés castel Peregrini.

L'église, il faut l'avouer, est construite dans le plus mauvais goût italien. Affreuses peintures. Au-dessous est la grotte d'Élie.

J'ai déjà dit combien était puissant et vivace encore en Orient le souvenir du grand prophète d'Israël. Plusieurs fois pendant le cours de son étrange carrière, il habita les cavernes du mont Carmel. Élisée y vint après lui.

C'est du Carmel qu'il partit pour aller ressusciter aux confins de la plaine d'Esdraélon, le jeune enfant de la femme de Sunem. Lisez ce touchant récit au IVe chapitre du IVe livre des rois.

Depuis l'époque d'Élie et d'Élisée, il paraîtrait que des solitaires ont toujours habité cette montagne.

Sous les Romains, l'oracle du mont Carmel était si célèbre, que Vespasien vint le consulter de Ptolémaïde avant de marcher contre Josèphe, retranché à Jotapata.

Plus tard, les ermites devenus chrétiens, se mirent sous la protection spéciale de la Sainte Vierge. Saint

Louis s'étant embarqué pour la France, après avoir appris la mort de Blanche de Castille, sa mère, fut surpris par un épouvantable orage. Il invoqua Notre-Dame du Carmel. Les flots se calmèrent et il débarqua pour la remercier sur la sainte montagne.

Six cent huit ans plus tard, un descendant exilé de saint Louis, Henri, comte de Chambord, venait visiter ce sanctuaire.

Son nom est inscrit sur le livre des voyageurs avec ceux du duc de Lévis, du comte de Damas, de Fernand de la Ferronnays, frère de cet Albert, si cher à ceux qui ont lu le beau *Récit d'une sœur*. Mais ces signatures sont éclipsées par celle de quelque hobereau ridicule, qui tout à côté d'elles, avec vignette et force enjolivures, annonce au public « que Hugo, comte de Poligny, huit mois après le passage de monseigneur, est venu ici. » Il s'est attiré d'un anonyme la note suivante, très-bien méritée : « Quelle stupide, sotte, bête vanité, de la part de cet imbécile, d'être venu se fourrer au milieu de ces nobles signatures, qu'il n'a pas su respecter ! »

Après un trop court séjour, nous quittons avec regret le Carmel et, repassant à Khaïfa, nous venons camper pour la première fois, depuis les Cèdres, dans un lieu complétement désert.

Nous sommes sur les bords du torrent Kishon, à l'endroit resserré entre le Carmel et les collines de la Galilée, où il sort de la plaine d'Esdraélon.

Le campement est mal choisi ; mais notre escorte ne voulait pas s'aventurer plus avant dans la plaine. Que l'on comprenne bien que, par le mot pompeux d'escorte, je veux parler de ce qui s'appelle ainsi en Orient. Deux cavaliers mal armés, fournis par le gouverneur de

Khaïfa, qui tourneraient bride à la première attaque. Ils sont utiles, cependant; car, espèce d'agents de police du pays, ils connaissent leur monde et dénonceraient immédiatement la tribu coupable. Du reste, il y a peu de danger réel; il y en aurait davantage, sous le nouveau royaume d'Italie, à se promener aux environs de Palerme ou à aller à Pœstum.

Le danger qui me touche le plus est celui du désastre qui arriva à l'armée de Sisera. Nos tentes sont placées sur le bord du torrent Kishon, au milieu de terres si molles, si profondément crevassées, que, malgré la sécheresse, il est difficile d'y rester à cheval; pour mes hommes, ils ne peuvent plus avancer. Le ciel est menaçant vers le nord, et, sérieusement parlant, si la pluie venait à tomber, nous aurions grand'peine à regagner la hauteur avec nos bêtes de somme lourdement chargées. Qu'on se figure maintenant une armée de chars de guerre embourbée dans ce terrain et surprise au milieu d'une pluie terrible et d'une crue subite des torrents, par d'agiles adversaires combattant à pied.

Débora, du haut du Thabor, s'écrie : « Les rois de Chanaan ont combattu près des eaux de Mageddo, ils n'ont rien emporté de leur butin. — Le ciel a combattu contre eux, le torrent de Kishon a roulé leurs cadavres. » (Juges, V, 19, 21.)

C'est un des exemples frappants de la vérité des descriptions de la Bible, quand on examine avec soin les pays où se passa son histoire.

C'est le seul livre de l'antiquité qui ait le sentiment topographique. — Les historiens grecs et romains, si admirables comme style, manquent essentiellement de cette qualité. Ils en sont désolants pour ceux qui ne comprennent pas l'histoire sans la géographie. Cherchez donc dans Tacite une idée de la campagne de Rome ou des paysages du golfe de Naples. Salluste écrit l'histoire de Jugurtha sans penser même une fois à la saisissante nature africaine.

Dans la Bible, au contraire, nous allons trouver à chaque pas des descriptions d'une exactitude photographique et courtes, cependant, tandis que les modernes sont souvent diffus à force de vouloir entrer dans les plus petits détails.

7 Novembre. — La nuit s'est passée sans pluie. Longtemps avant le jour nous sommes sur pied pour éviter les moustiques de ce lieu marécageux et des petites mouches qui piquent comme des épingles. Aux premières lueurs de l'aube, nous entrons dans la plaine d'Esdraélon.

A l'orient, un ciel limpide sur lequel flottent quelques petits nuages floconneux ; peu à peu ils se frangent d'or, puis l'or se change en feu. Le soleil paraît enfin entre le Petit-Hermon et le Thabor et verse ses rayons ardents sur ce noble et vaste paysage.

Nous passons le tell de Caimon, où une route, qui s'incline à droite, se dirige directement vers Jaffa. C'est par elle que s'avança, en 1799, l'armée française qui allait ajouter une bataille de plus (connue sous le nom de combat du Thabor) à toutes celles qui furent livrées dans cette plaine.

Ces tells, collines carrées évidemment taillées et terrassées par l'homme, sont fréquents dans ces pays qui ont été tant habités. Le tell de Caimon portait une ville lévitique.

En entrant en Palestine, nous avons trouvé les terres de Dan et de Nephtali; à Nazareth, nous étions dans celles de Zabulon; à Khaifa, dans celles d'Aser. Nous entrons maintenant dans le domaine d'Issachar. Cette tribu ne joua jamais un grand rôle; plus exposée que les autres aux incursions des nomades, amollie par la richesse du sol, elle eut un caractère fort bien décrit dans ces paroles de Jacob :

Issachar est comme un animal robuste, couché au milieu de son héritage.
Il a vu que le repos était bon, et que sa terre était excellente: et il a soumis son épaule aux fardeaux, il s'est assujetti aux tributs. (Genèse XLIX, 14-15.)

Après avoir traversé plusieurs jolis ruisseaux bordés de lauriers-roses qui descendent du Carmel, nous arrivons pour la halte du milieu du jour à Mageddo, l'endroit central de la plaine, et qui lui donna quelquefois son nom.

Il y a là, près d'une fontaine pleine de cresson, un vieux figuier noueux, énorme, qui étend une ombre épaisse au loin.

Nous sommes au milieu des souvenirs du livre des Rois, et, ouvrant la Bible, toutes les grandes scènes d'autrefois passent vivantes devant nos yeux.

Derrière nous, sur le haut du Carmel, est une sorte de tumulus. C'est le lieu du sacrifice d'Élie. C'est là qu'il confondit les faux prophètes, et que, impitoyable et cruel comme l'ancienne loi, « il les mena au torrent de Kishon où ils furent mis à mort. » C'est là qu'après avoir prié sept fois le Seigneur pour qu'il fît cesser la sécheresse, il vit enfin un nuage qui s'élevait de la mer et dit à Achab : « Mets tes chevaux à ton char, de peur que la pluie ne te surprenne. Et voilà le ciel couvert de ténèbres, et les nuées et le vent, et une grande pluie. Achab montant donc sur un char s'en alla à Jezraël, et la main du Seigneur fut sur Élie, et s'étant ceint les reins, il courait devant Achab jusqu'à ce qu'il vînt à Jezraël. »

C'est de ce point encore que vient la pluie, et nos Arabes ne la craignaient pas hier, car les nuages sombres étaient au nord et non au-dessus du Carmel.

Devant nous est le Thabor, et, vaguement dessiné au-dessus de son sommet, le cône lointain et neigeux du grand Hermon. Le petit Hermon, ayant sur ses pentes Sunem et Naim, où deux fils uniques de pauvres mères furent ressuscités par la bonté de Dieu. Endor, où l'ombre de Samuel apparut à Saül. Les monts de Gelboé, où furent tués Saül et Jonathan, arides comme le jour où David s'écria : « Montagnes de Gelboé, que la pluie ni la rosée ne descendent jamais sur vous. »

Bien plus près, séparées de nous seulement par un enfoncement de la plaine, sont quelques huttes, seuls restes de Jezraël, la cité d'Achab et de Jézabel. Un point vert, au pied de la colline, près d'une fontaine, est probablement le champ de Naboth.

> L'impie Achab détruit, et de son sang trempé,
> Le champ que par le meurtre il avait usurpé ;
> Près de ce champ fatal Jézabel immolée,
> Sous les pieds des chevaux cette reine foulée ;
> Dans son sang inhumain des chiens désaltérés ;
> Et de son corps hideux les membres déchirés ;
> Des prophètes menteurs la foule confondue,
> Et la flamme du ciel sur l'autel descendue ;
> Élie aux éléments parlant en souverain.

Mais ces vers, si beaux qu'ils soient, qu'ils sont pâles à côté du récit effroyable et saisissant du quatrième livre des Rois. Assis sous le vieux figuier de Mageddo, toute la scène de l'usurpation de Jéhu se fixe dans la mémoire à tout jamais. Les princes : Joram, fils d'Achab, qui venait d'être blessé dans le pays de Galaad, au delà du Jourdain, et qui avait quitté son armée, Ochozias, roi de Juda, qui était venu voir son cousin germain, campés aux portes de la ville selon l'usage fréquent encore en Orient, où la véritable demeure semble être la tente. La conspiration qui avait pour âme le prophète Élisée, comme celle qui avait renversé Ben-Hadad du trône de Damas. L'armée soulevée par ce qu'on appellerait, en Espagne, un *pronunciamento* militaire, arrivant par la large vallée qui descend au Jourdain. Jéhu au premier rang. Joram tué dans le champ de Naboth, Ochosias blessé d'un coup de flèche au moment où il prenait la fuite, et venant expirer ici même, à Mageddo. La reine-mère Jézabel, vieille, fardée, mais altière et indomptable encore, sortant du harem pour savoir la cause du désordre, et ayant appris le désastre des siens, apostrophant l'usurpateur en lui disant : « la paix peut-elle être avec celui qui a tué son maître? » Jéhu la faisant jeter du haut de son palais et fouler aux pieds des chevaux. Enfin, trait de génie qui termine le récit, l'hypocrite tyran justifiant ses crimes et ses vengeances, en disant : « C'est la parole du Seigneur! » (IV Rois, IX, 36.)

Après une longue halte, nous nous arrachons au passé et reprenons le chemin de Jénin. C'est une petite ville de deux mille à trois mille âmes, entourée d'assez beaux jardins. La route est longue et nous y campons pour la nuit. La tribu d'Issachar venait jusqu'ici. Jénin est l'Engannin de la Bible. C'est entre Engannin et Mageddo, sur la route que nous venons de parcourir, que le pieux roi Josias ayant eu l'imprudence d'attaquer Néchao Pharaon d'Égypte, qui marchait contre l'Assyrie, fut tué dans le combat. Avec lui s'éteint la dernière lueur du royaume de Juda. Bientôt après devait venir Nabuchodonosor. Que ne laissait-il se consumer en luttes sanglantes ses puissants voisins? Les prophètes avaient raison, les alliances étrangères furent toujours fatales au peuple juif.

8 Novembre. — Nous devons aujourd'hui traverser les terres de Manassé, et après avoir visité Samarie gagner Naplouse, l'ancienne Sichem, la métropole d'Éphraïm.

Immédiatement en sortant de Jénin, nous entrons dans des défilés, « les cornes de Joseph, les mille d'Éphraïm et les mille de Manassé. » La tribu guerrière de Manassé qui possédait ces étroits sentiers à travers les montagnes, devait protéger Israël contre les envahisseurs venant du nord : au commencement du livre de Judith, on ordonne aux fils de Manassé « d'occuper les chemins des montagnes et de garder tous les lieux, vers Dothain, où la route était resserrée. »

Après avoir traversé le grand village de Kubatiyeh, dont les habitants, fanatiques et pillards, sont la terreur des drogmans, nous entrons dans une sorte de coupe au milieu des montagnes. Elle est dominée par le château fort aujourd'hui démantelé, de Sanûr, résidence d'une grande famille qui lutta longtemps, avec succès, contre les troupes d'Ibrahim Pacha, lors de l'occupation égyptienne.

On croit que c'est ici que s'élevait Béthulie, et que c'est dans cette plaine qu'Holopherne était campé, et que Judith s'étant introduite dans sa tente comme on sait, « frappa son cou par deux fois, coupa sa tête. » (Judith, XIII, 10.)

Déjeuner à Jeba, vieux village pittoresque entouré de grands bois d'oliviers.

De là, quittant la route directe de Naplouse, nous allons vers Samarie par des sentiers à pic qui contournent les flancs de la montagne.

C'est une magnifique journée d'automne; une légère brume bleuâtre embellit les objets lointains sans les assombrir. La vue est immense. Nous dominons entièrement tout le paysage, d'abord un pays mamelonné où nous voyons, au nord, la colline de Dothan, près de la route des caravanes qui va de Syrie en Égypte, et où Joseph fut vendu par ses frères; la plaine de Sarons ensuite, puis la mer. L'air est frais sur ces hauteurs, les hammals cherchent à se couvrir, tandis que de rudes montagnards arabes passent nus, presque jusqu'à la ceinture, pour ne pas gêner leur marche.

Il faut descendre par des gorges escarpées pour gagner Samarie. L'ancienne capitale du royaume d'Israël était située sur une éminence isolée, au milieu d'un amphithéâtre de collines. Elle était à la fois forte et entourée d'un pays fertile, et Amri, père d'Achab, qui l'avait achetée à Somer pour deux talents d'argent, avait bien choisi sa résidence.

Lorsque Jéroboam s'était séparé de la maison de David et du royaume de Juda, il avait d'abord établi sa capitale à Sichem, la principale ville du royaume du Nord. Mais les rois d'Israël qui, avec leurs usurpations fréquentes, leurs meurtres, leurs caprices, avaient tout à fait le caractère des despotes orientaux, je crois que je pourrais ajouter des despotes de tous les temps et de tous les pays, voulurent se construire des résidences à part, des parcs, des harems. On les voit changer de Sichem à Thirza, de Thirza à Samarie. Achab même, fils d'Amri, quitte les palais de son père pour aller habiter Jezraël. Samarie finit néanmoins par rester la capitale.

Sa forte position la fit résister à plusieurs siéges, dont nous voyons le récit dans le livre des Rois. Mais ses monarques presque idolâtres, ses alliances impolitiques, tantôt avec Damas, tantôt avec l'Assyrie, devaient enfin attirer sur elle le malheur.

Salmanasar, roi de Ninive (724-712), la prit d'assaut et déporta ses habitants sur les bords du Tigre, manière de gouverner qu'imitent de nos jours les tsars très-orthodoxes de la sainte Russie.

Rien ne reste de la ville d'Amri et de Jéhu, et en présence de cette désolation, de ce néant, des souvenirs de ces crimes, de ces massacres, de ces rois d'Assyrie, on lit avec saisissement les imprécations éloquentes et bizarres d'Ézéchiel, où comparant Samarie et Jérusalem à deux courtisanes, filles d'une même mère, il montre le même sort qui attend leurs débauches et leurs infidélités au Tout-Puissant.

Fils de l'homme, deux femmes furent les filles d'une seule mère.

Et leurs noms Oollah l'aînée et Oollibah sa sœur... Et Oollah est Samarie, Oollibah Jérusalem.

Et Oollah a succombé, et elle a aimé avec fureur ses amants, ses voisins d'Assyrie,

Vêtus d'hyacinthe, princes des peuples, jeunes, les élus de ses désirs; tous cavaliers, maniant habilement les chevaux.

Elle a prodigué ses amours à ces élus, et elle s'est souillée du culte impur de tous ceux qu'elle a aimés.

Et elle n'a pas renoncé à ses débordements d'Égypte...

C'est pourquoi je l'ai livrée aux mains de ceux qu'elle a aimés, des fils d'Assur qui enflammaient ses fureurs.

Et ils l'ont tuée avec le glaive ; et elle est devenue fameuse, et ses amants ont accompli ses jugements sur elle.

Après l'avoir vu sa sœur Oollibah a surpassé sa folie et a ajouté sa lubricité à la lubricité de sa sœur.

Elle s'est livrée impudemment aux fils des Assyriens, aux chefs des soldats, aux princes du peuple, qui venaient à elle vêtus d'habits de diverses couleurs, aux cavaliers montés sur de superbes coursiers ; tous sont devenus les élus de ses désirs.

Et elle a multiplié ses impuretés quand elle a vu des hommes peints sur la muraille; images des Chaldéens tracées avec des couleurs.

Leurs baudriers sur les reins, des tiares éclatantes sur la tête ayant tous l'aspect guerrier et l'air des enfants de la Chaldée, terre de leur naissance.

Et les fils de Babylone vinrent à elle, au lit de ses crimes et ils la souillèrent de leurs ardeurs... et son âme se rassasia d'eux.

... Et je me suis retiré d'elle, comme je me suis retiré de sa sœur.

Car elle a multiplié sa honte se ressouvenant des jours de sa jeunesse et de la terre d'Égypte.

Et elle s'abandonna avec rage aux embrassements de ceux dont l'approche est comme celle de l'onagre et la force comme celle du taureau.

C'est pourquoi, Oollibah, voici ce que dit le Seigneur Dieu : Moi je susciterai tous tes amants contre toi, ceux dont ton âme s'est rassasiée et je les assemblerai de toutes parts.

Les fils de Babylone et tous les Chaldéens, les illustres, les rois, les princes du peuple, les fils de l'Assyrie, les élus de tes désirs et tous ceux qui montent des chevaux.

Ils viendront contre toi avec des chariots et une multitude de peuples armés... ils te jugeront suivant leurs justices.

Ils te dépouilleront de tes vêtements, et ils enlèveront les instruments de ta gloire.

Et je ferai cesser le crime en toi... et tu ne te souviendras plus de l'Égypte...

Je te livrerai aux mains de ceux que tu abhorres, aux mains de ceux dont ton âme s'est rassasiée... Ils te laisseront nue et pleine d'ignominie...

Ils te traiteront ainsi parce que tu as succombé aux nations, et que tu t'es souillée devant leurs idoles.

Tu as marché dans la voie de ta sœur et je te mettrai dans la main son calice... Tu seras en dérision et en opprobre... car ce calice est immense...

Et tu t'enivreras de douleur, et tu boiras l'affliction et la tristesse dans le calice de ta sœur Samarie.

Et tu le boiras et tu l'épuiseras jusqu'à la lie, tu en dévoreras les débris, et tu déchireras ton sein : parce que moi j'ai parlé, dit le Seigneur Dieu.

(Ézéchiel, XXIII.)

La vigueur, l'inspiration puissante de ces paroles terribles, le lieu où on les lit, cachent ce qu'elles peuvent avoir d'étrange et d'effrayant à la faiblesse moderne et à la pruderie de l'Occident. La malédiction du Ciel est bien tombée sur Samarie. Hérode le Grand essaya de la reconstruire, et les restes d'une colonnade, l'emplacement d'un cirque datent de lui. Mais Samarie retomba bientôt, on n'y voit plus que quelques musulmans fanatiques, groupés autour d'une mosquée, qui fut une église.

Une tradition veut qu'ici eut lieu la scène de la mort de saint Jean. Mais il paraîtrait que ce fut dans une des forteresses des Hérode, au delà du Jourdain, probablement à Machéro, qu'une femme cruelle fit décapiter le grand précurseur.

De Samarie à Naplouse, nous suivons une riche vallée, d'un aspect tout différent de ce que nous avons vu jusqu'ici dans la Terre Promise ; de riches récoltes, de beaux jardins d'oliviers et d'arbres fruitiers, qui se changent en approchant de la ville en une véritable forêt. Des fontaines de tous côtés avec des ruines de construction romaine ; une profonde verdure qui contraste avec les croupes nues de deux grandes montagnes arrondies. Le mont Ebal, au nord, au sud, le mont Garizim, le lieu sacré des Samaritains.

Cette secte pseudo-juive, et qui se compose maintenant de cent à cent-cinquante individus seulement, qui habitent Naplouse et ses environs, descend des peuplades asiatiques qui remplacèrent les Juifs aux temps de la captivité. Dès le règne du premier Darius, on les voit convertis partiellement au judaïsme, mais ils avaient supprimé plusieurs des pratiques incommodes, la distinction du pur et de l'impur, etc. Les Juifs orthodoxes de Jérusalem les détestaient plus que des idolâtres. Nous parlerons plus tard de la visite de Notre-Seigneur à Sichem, mais qu'il nous suffise de dire que plusieurs de ses disciples étaient Samaritains, et que Pierre et Jean prêchèrent l'Évangile avec beaucoup de succès parmi eux.

A l'exception d'Hébron, nul lieu n'est aussi rempli du souvenir des patriarches que Sichem. Elle s'élevait probablement un peu plus à l'Orient que la ville actuelle qui, chose extrêmement rare dans l'immuable Asie, a perdu son nom sémitique pour prendre un nom dérivé de la cité élevée par Vespasien (Neapolis-Naplouse).

Abraham vint ici quand il arriva de Mésopotamie dans la Terre Promise. Jacob s'y établit avec Rachel et Lia, lorsqu'il fut épargné par la générosité et la bonté de son frère Ésaü, que l'antipathique aïeul du peuple Juif trompa alors comme toujours.

Par l'ouverture de la vallée, au loin à l'est, au delà

du Jourdain, on peut voir les montagnes, parmi lesquelles descend le torrent Jaboc où Jacob rencontra son frère. Plus près son premier campement à Succoth.

Il vint ensuite ici, « et il acheta au prix de cent agneaux, des enfants d'Hemor..., une portion du champ où il avait aussi ses tentes. » (Genèse, XXXIII, 19.) On voit que la propriété foncière est pour le moins une assez vieille institution.

Il y resta jusqu'au moment où ses fils, Siméon et Lévy, massacrèrent lâchement, et par une ignoble trahison, les Sichémites, pour venger l'injure de leur sœur Dina.

C'est ici que Josué, selon l'ordre de Moïse, conduisit les Israélites, après qu'ils eurent passé le Jourdain et pris Jéricho et Haï, pour entendre la bénédiction et la malédiction.

Les lévites les prononçaient entre les deux montagnes, et debout au sud, sur le Garizim, les tribus d'Éphraïm, de Manassé, de Siméon, d'Issachar, de Juda et de Benjamin répétaient les bénédictions ; tandis que les malédictions étaient répétées au nord, sur le mont Ebal, par les tribus de Ruben, de Gad, d'Aser, de Zabulon, de Dan et de Nephtali.

Avant la nuit, nous visitons la ville assez animée et commerçante. Grande foule dans les bazars. La population est célèbre pour sa turbulence, mais Ibrahim-Pacha y réprima un soulèvement avec une telle sévérité, qu'elle a été plus paisible depuis.

9 Novembre. — En sortant de Naplouse, sur la route de Jérusalem, est un lieu qui ne le cède en sainteté à

aucun autre endroit de la Palestine, et qui a, en outre, une authenticité des plus incontestables et, je puis ajouter, des plus incontestées.

C'est le puits que creusa Jacob, dans le champ qu'il avait acheté d'Hémor, et qui a toujours porté son nom. Qu'on n'en soit point étonné. Rien ne change en Orient. Une fontaine, un puits qui ne tarit pas, y ont toujours eu une grande importance.

Les disputes et les guerres des peuples de bergers viennent bien plutôt de l'eau que des pâturages.

Dans Livingstone et les autres explorateurs de l'Afrique australe, ne voit-on pas les puits, stations principales du désert Kalahari, prendre le nom du chef qui y abreuve ses troupeaux ?

Jacob laissa à Joseph cette eau et ce champ, et les descendants d'Ephraïm et de Manassé, fils de Joseph, y enterrèrent au centre de leurs possessions, les ossements de leur ancêtre, qu'ils n'avaient pas voulu laisser dans la terre d'Égypte. A peu de distance du puits, on voit l'emplacement de ce tombeau.

Mais ce n'est pas là encore le souvenir qui va jusqu'au cœur de tout chrétien qui passe. Laissons parler saint Jean.

Jésus quitta la Judée et s'en alla de nouveau en Galilée. Or il fallait qu'il passât à travers la Samarie. Il vint donc en une ville de Samarie, nommée Sichar, près de la terre que Jacob donna à Joseph son fils. Là était la fontaine de Jacob.

Jésus donc, fatigué du chemin, s'assit sur la fontaine, c'était vers la sixième heure.

Une femme samaritaine vint puiser de l'eau. Jésus lui dit, donnez-moi à boire. Car ses disciples s'en étaient allés à la ville pour acheter de quoi se nourrir. Or cette femme samaritaine, lui dit : Comment vous qui êtes Juif me demandez-vous à boire moi qui suis Samaritaine? Les Juifs ne communiquent point avec les Samaritains. Jésus lui répondit : Si vous saviez le don de Dieu, et qui est celui qui vous dit : Donnez-moi à boire; vous lui en auriez peut-être demandé, et il vous aurait donné de l'eau vive. Cette femme lui dit : Seigneur, vous n'avez pas de vase pour puiser, et le puits est profond, d'où auriez-vous donc cette eau vive? Êtes vous plus grand que Jacob notre père qui nous a donné le puits? Et lui-même en a bu et ses enfants et ses troupeaux. Jésus lui répondit : Quiconque boit de cette eau aura encore soif. Mais celui qui boira de l'eau que je lui donnerai n'aura jamais soif. Mais l'eau que je lui donnerai deviendra en lui une fontaine jaillissante jusqu'à la vie éternelle. La femme lui dit : Seigneur, donnez-moi cette eau afin que je n'aie plus soif et que je ne vienne plus en puiser ici. Jésus lui dit : Allez appeler votre mari et revenez.

La femme lui répondit : Je n'ai point de mari. Jésus lui dit : Vous avez bien dit je n'ai point de mari. Car vous avez eu cinq maris et celui que vous avez maintenant n'est point votre mari, et en cela vous dites vrai.

La femme lui dit : Seigneur je vois que vous êtes prophète.

Nos pères ont adoré sur cette montagne et vous dites que Jérusalem est le lieu où il faut adorer. Jésus lui dit : Femme, croyez-moi, l'heure vient que vous n'adorerez votre père ni sur cette montagne ni dans Jérusalem.

Vous adorez ce que vous ne connaissez pas, pour nous, nous adorons ce que nous connaissons, car le salut vient des Juifs. Mais l'heure vient, elle est venue que de vrais adorateurs adoreront le Père en esprit et en vérité car le Père demande de semblables adorateurs.

Dieu est esprit et il faut que ceux qui l'adorent, l'adorent en esprit et en vérité.

Ces paroles sublimes du Sauveur frappent même ceux qui ne croient pas en lui.

Voici ce que Renan dit à ce sujet :

« Le jour où il prononça cette parole il fut vraiment fils de Dieu. Il dit pour la première fois le mot sur lequel reposera l'édifice de la religion éternelle. Il fonda le culte pur, sans date, sans patrie, celui que pratiqueront toutes les âmes élevées jusqu'à la fin des temps. Non-seulement sa religion, ce jour-là, fut la bonne religion de l'humanité, ce fut la religion absolue. »

Dans les âmes qui, bien que fourvoyées, restent fidèles à l'idéal en repoussant le matérialisme qui fait de l'homme un animal (seulement un peu plus vicieux que les autres animaux), il est des moments où la vérité reprend son empire.

Assis sur la margelle du puits, nous pouvons être certains que nous sommes au lieu où se passa cette scène touchante, si pleine d'espérance pour celles qui ont erré.

En parcourant les sentiers qui mènent d'ici à Jérusalem, nous suivons un chemin qui a été souvent pris par le fils de Dieu. Nous pouvons songer aux voyages heureux dans ce beau pays quand les douces leçons du maître charmaient les fatigues de la route.

Après le puits de Jacob est une assez vaste plaine, ensuite nous escaladons des collines. Dès le matin, de grands nuages menaçants venant de la mer couvrent le Garizim et la chaîne des montagnes d'Éphraïm. La pluie nous surprend au moment où nous étions sur le point de nous détourner du chemin direct pour aller visiter dans une vallée ovale les restes informes de Shiloh. C'est une pluie torrentielle; en un instant nous sommes ruisselants d'eau, mes hommes ne peuvent plus avancer sur un sol détrempé et raviné de crevasses profondes où l'on enfonce parfois jusqu'à la cuisse, sensation très-effrayante. Je me traîne péniblement, car, si la volonté ne me manque pas, les forces me font entièrement défaut. Enfin, nous apercevons comme un port de salut le pauvre village arabe de Lubban, la Lebonah de l'Écriture. Il est impossible de dresser les tentes, et nous nous réfugions pêle-mêle dans la meilleure maison de l'endroit.

C'est une espèce de caverne à deux étages qui date, peut-être, du temps des Chananéens, et devant laquelle est un mur épais de grosses pierres. Dans l'étage d'en bas sont les animaux domestiques, la famille est en haut. Pas de traces de lits, seulement des nattes fort sales. Il fait si noir, qu'il faut allumer nos flambeaux.

Quel qu'il soit, ce logis a l'avantage de nous donner un abri solide au milieu de la tempête, et, ce qui est le plus ennuyeux peut-être, ce sont les lamentations ridicules de mon domestique, qui, entre autres choses, dit qu'il ne peut manger, tant il est dégoûté. Mais c'est à cela que doivent s'attendre les voyageurs qui sont obligés d'emmener en Orient des serviteurs européens. Si on avait à choisir, les Italiens, qui ont de la gaieté et de la bonhomie, seraient encore les meilleurs.

10 Novembre. — La nuit se passe tant bien que mal, et je dois dire qu'il y a dans notre caverne moins de puces qu'on ne croirait.

La matinée est froide et très-menaçante encore. Nous nous décidons cependant à partir, soutenus par l'idée (qui ne s'est pas réalisée) que nous pourrons gagner Jérusalem ce soir.

Nous marchons droit devant nous et renonçons à l'idée de visiter Shiloh.

Entre Lubban et Sinjil, nous trouvons un des défilés les plus élevés et les plus sauvages des montagnes d'Éphraïm. Ensuite, vient le vallon qui prend son nom de l'Ain Haramiyeh (la source des voleurs). Il est d'une richesse extrême, vignes, figuiers, beaux oliviers. Ces contrastes de stérilité et de richesse sont du reste le caractère des terres de la tribu d'Éphraïm.

Cette tribu fut la plus puissante pendant la période des Juges. Quand Joseph avait amené ses fils près du lit de mort de Jacob, le vieux patriarche posa sa main droite sur la tête d'Éphraïm, quoique Manassé fût l'aîné, « et il mit Éphraïm devant Manassé. » (Genèse, XLVIII, 20.)

A l'époque de l'entrée des Israélites dans la terre promise, l'hégémonie d'Éphraïm était reconnue. C'était dans son territoire que se trouvaient les deux grands sanctuaires de Shiloh et de Béthel.

Gédéon, dont les fils furent sur le point de devenir rois héréditaires, Samuel, etc., étaient des enfants d'Éphraïm.

Cette tribu remuante concentra longtemps en elle la vie de la nationalité juive. La montagne d'Éphraïm revient dans le récit de tous les grands événements. Elle se soumit de mauvaise grâce à l'ascendant de Juda sous la maison de David, et ce fut elle, à la mort de Salomon, qui donna le signal de la révolte qui devait fonder le royaume du Nord.

Après avoir quitté la source des Voleurs, nous rentrons peu à peu dans l'aridité des pierres blanches. Montant encore, nous arrivons à une grande élévation d'où l'on aperçoit, d'un côté, une série de sommets qui descendent vers la grande mer, de l'autre, les montagnes de Galaad, d'où Moïse contempla la Terre promise où il ne devait point entrer.

Le site est grandiose, austère, plein de songes. Un pauvre village ; une douzaine de maigres oliviers ; quelques grottes sépulcrales, et sur deux escarpements voisins, des débris très-antiques, près des ruines d'une tour plus moderne.

C'est là, au milieu d'une nature sombre et désolée, loin de la mollesse et des riches pâturages des vallées, que vint Jacob, fuyant la juste colère d'Ésaü. Fatigué, il s'endormit, une pierre sous la tête, et il vit en rêve l'échelle des anges, qui allaient de la terre aux cieux. Lorsqu'il se leva, ses regards tombèrent sur ce vaste paysage, le même qui se déroule aujourd'hui sous nos yeux. Et, avant de partir, « le matin, il prit la pierre qu'il avait mise sous sa tête et l'éleva comme un monument et y répandit de l'huile. » (Genèse, XXVIII, 18.) Et ce lieu fut nommé Béthel (*Beit-Allah*, qui veut dire encore en arabe : la maison de Dieu).

C'est ici, au retour de Jacob de Mésopotamie, que « mourut Débora, la nourrice de Rebecca, et elle fut ensevelie au pied de Béthel, sous un chêne, et ce lieu fut appelé le chêne des pleurs. »

Le sanctuaire de Béthel reparaît souvent dans l'histoire juive, et lorsque Jéroboam se fut révolté contre le fils de Salomon,

Il fit deux veaux d'or, et dit au peuple : Ne montez plus à Jérusalem, voici vos dieux qui vous ont tiré de l'Égypte.
Or il les plaça l'un à Béthel, l'autre à Dan.
(III, Rois, XII, 28-29.)

Depuis lors Béthel devient un lieu d'abomination et d'horreur, les prophètes monothéistes le maudissent et Osée, au lieu de l'appeler Béthel, lui donne le nom de *Beth-Aven* (la maison du crime).

Quittant les hauteurs, nous redescendons vers Beeroth, où la fatigue nous oblige de rester, quoique nous ne soyons plus qu'à trois heures environ de Jérusalem.

Nous sommes campés au bas du village, près d'une assez belle fontaine de construction musulmane. Les habitants sont en liesse aujourd'hui, leur cheik se marie, et, habillés de leur mieux, c'est-à-dire avec un turban plus large que de coutume et presque propre, ils essaient des feux de file sans ordre et sans adresse. Il est vrai que leurs fusils à pierre sont d'antiques et incommodes instruments.

Beeroth est la première étape sur la route de Galilée. On part de Jérusalem assez tard, et la première journée est toujours courte en Orient. C'est ici que la sainte Vierge et saint Joseph s'aperçurent de l'absence de l'enfant Jésus, qui était resté dans le Temple (Luc II). Ils le croyaient parti avec leurs parents et leurs amis. Cet épisode, qui paraît bien bizarre, j'en suis sûr, à nos mères modernes, quoiqu'elles n'osent pas le dire, est tout à fait dans la vérité des mœurs de l'Orient.

Avant dîner je monte au village pour voir les restes d'une église gothique élevée par les Croisés. Le chœur, la sacristie sont assez bien préservés; c'est le style que les architectes nomment « *early-English* » (Anglais primitif).

Tout est désert. Les femmes sont rentrées. Les hommes sont au repas de noces. Les dernières teintes pâles du coucher du soleil éclairent tristement la montagne d'Éphraïm. La pleine lune qui se lève paraît et disparaît tour à tour sous des nuages noirs. Une profonde mélancolie règne sur toute cette scène, et l'âme est bien loin du ravissement de la Galilée, de la douce joie de Nazareth. Tout annonce l'entrée d'une région terrible et fatale, où les épouvantables tragédies humaines sont dominées encore par la tragédie divine du Calvaire. C'est de là cependant qu'est sortie la rédemption ; et c'est ce grand sacrifice qui convie au salut éternel les fidèles de Dieu. Mais ces idées ne me viennent pas à l'esprit, et c'est un sentiment de désolation et de tristesse que j'éprouve ce soir en approchant de Jérusalem. Plus d'une fois j'ai vu la grande semaine à Rome ; le Golgotha rappelé aux chrétiens accourus de toutes les parties de l'univers. Au milieu des splendeurs de cette ville de merveilles, j'ai senti la mort triomphant des ténèbres, et la joie de l'humanité devant sa délivrance. Ici je ne songe qu'à l'épouvantable sacrilége, et mon âme reste tremblante et comme anéantie.

CHAPITRE VIII

BENJAMIN ET JUDA.

La tribu de Benjamin et le lévite d'Éphraïm. — Jérusalem. — Le cantique d'Hésébon. — Le jardin de Gethsémani. — La montagne de l'Ascension. — La mosquée d'Omar. — Le Saint Sépulcre. — Les Juifs. — Siloé. — Le siège de Jérusalem par Titus. — Mar Saba. — La mer Morte. — Le Jourdain et Jéricho. — Le Sauveur chez Zachée. — Béthanie. — Le térébinthe d'Élie. — Ruth et Booz. — Bethléem. — Les réservoirs de Salomon. — Hébron.

11 Novembre 1867. — La matinée est belle, quoique froide comme l'hiver. Un pays désolé est devant nous entre Beeroth et Jérusalem. La malédiction du ciel semble planer sur ces plateaux tristes et pierreux. Ce sont les terres de Benjamin, cette tribu énergique et farouche qui devait lutter, dans une circonstance, contre toutes les autres tribus d'Israël. « Benjamin est un loup ravissant : le matin il dévorera sa proie, et le soir il partagera les dépouilles. » (Genèse, XLIX, 2.)

Le principal caractère du paysage est une série de monticules rocailleux qui portaient chacun sa ville ou son château.

Voici Ramah, la forteresse de la maison de David contre les invasions du royaume du Nord.

A droite la haute colline de Neby Samwil, que j'ai

visité en 1861 à mon premier voyage à Jérusalem. C'est l'endroit le plus élevé du pays et celui qui frappe le premier les regards dans les environs de la ville sainte. On y est au centre des souvenirs bibliques, et la vue que l'on découvre de ce sommet est une de celles qui restent profondément gravées dans l'esprit. Les musulmans y montrent le tombeau du prophète Samuel; les Croisés croyaient y trouver l'emplacement de Shiloh. Les explorateurs modernes y placent Maspah, lieu d'assemblée du peuple à la fin de la période des Juges, et où Saül, fils de Cis, de la tribu de Benjamin, « qui était beau et grand, et le mieux fait de tous les enfants d'Israel » (I, Rois, IX, 2), fut reconnu roi après avoir été sacré par Samuel.

Saül, fils de Cis, qui, comme dit Gœthe à la fin de Wilhelm Meister, « partit pour chercher l'ânesse de son père, et finit par trouver un royaume. »

Plus près de notre route est Gabaa, célèbre par l'affreuse histoire du « Lévite d'Éphraïm, » qui causa cette guerre dont nous venons de parler, entre la tribu de Benjamin et toutes les autres tribus d'Israël.

Un lévite qui habitait le penchant de la montagne d'Éphraïm, avait épousé une femme de Bethléem. Elle se conduisit mal et il la renvoya chez son père, mais il l'aimait et, après quatre mois, il lui pardonna et la vint chercher. Son beau-père lui fit bon accueil, et ce ne fut que dans l'après-midi du cinquième jour qu'il partit avec sa femme pour s'en retourner chez lui. Il était déjà tard quand ils passèrent devant Jérusalem, mais le lévite ne voulut point s'y arrêter, car cette ville était encore occupée alors par une peuplade chananéenne.

Il marcha jusqu'à Gabaa, ville Benjamite, où il fut

reçu par un vieillard, son compatriote, qui l'habitait.
Mais les habitants de Gabaa entourèrent la maison et
après avoir d'abord outragé le lévite, ils traitèrent sa
femme de telle sorte que le lendemain, dans les lueurs
froides du matin, quand l'orgie atroce fut passée, il la
trouva étendue morte sur le seuil.

Il prit son corps et le mit sur son âne, et retourna en sa maison.
Arrivé chez lui il prit un couteau, et partagea le corps de sa femme avec ses os, en douze parts et il en envoya une part à chacune des tribus d'Israël.
(Juges, XIX, 28, 29.)

Bien qu'ils fussent accoutumés aux scènes les plus
affreuses, ce crime révolta néanmoins les Israélites, excités par la puissante tribu d'Ephraïm. Un cri d'horreur
s'éleva contre Gabaa, mais la tribu de Benjamin, au lieu
d'abandonner cette bourgade à son sort, prit fait et cause
pour elle. Il en résulta une guerre d'extermination, épisode terrible de la férocité juive. Les femmes, les enfants, les troupeaux ne furent point épargnés. L'énergie
des Benjamites, l'unité de commandement, leur valurent
quelques succès, mais il fallut enfin céder au nombre.
La tribu de Benjamin fut réduite à quelques centaines
d'hommes réfugiés sur un rocher inaccessible.

Les Israélites réunis à Shiloh regrettèrent alors la
ruine d'une des douze tribus, mais ils avaient juré de
ne jamais donner leurs filles en mariage aux fils de la
tribu de Benjamin. Pour éluder ce serment ils adop-
tèrent un moyen détourné. Le jour d'une grande fête à
Shiloh, pendant que les jeunes filles dansaient aux
portes de la ville, les hommes s'éloignèrent ou firent

sourde oreilles et les Benjamites, prévenus d'avance, parurent tout à coup et enlevèrent celles qui leur convenaient. Je ne doute pas qu'elles firent la résistance voulue à ces guerriers intrépides, l'histoire ne dit pas si celles qu'on laissa en arrière furent contentes ou non, mais, comme les Sabines, elles semblent s'être résignées sans trop de chagrin à leur sort et de ces noces irrégulières sortit une seconde tribu de Benjamin. Elle resta cependant toujours beaucoup moins nombreuse que les autres.

Ce sont ces souvenirs et d'autres épisodes de sang; les cruautés impitoyables et les vengeances de Saül et de David, les batailles des Machabées, la défaite de Cestius, qui frappent l'esprit lorsqu'on approche de Jérusalem.

Enfin nous apercevons du haut des collines les murs crénelés, les dômes de l'église du Saint-Sépulcre et de la mosquée d'Omar, et un édifice bien moins agréable à nos yeux, les constructions russes, sorte de citadelle qui domine la ville. Elle n'existait pas en 1861. Cette menace du despotisme qui égorgea la Pologne catholique, est, hélas! la première chose qu'on aperçoit en arrivant près de la cité de David.

Traversant la vallée de Josaphat, entre les tombeaux souterrains nommés tombeaux des Juges et celui d'Hélène, reine d'Adiabéné, à qui on a donné le nom de sépulcre des Rois, nous entrons à Jérusalem à dix heures du matin par la porte de Damas.

JÉRUSALEM. 11, 12, 13, 14 NOVEMBRE. — Nous allons loger à l'hôtel de la Méditerranée, près de la voie Douloureuse et de l'ancienne tour Antonia, qui joue un si grand rôle dans les récits de Josèphe. C'est un excellent hôtel. Le service se fait à merveille et la nourriture est un tour de force quand on connaît le peu de ressources de Jérusalem. Il est assez d'usage, pour les voyageurs catholiques, de descendre à la Casa-Nuova, sorte de caravansérail, annexe du couvent des Pères de Terre Sainte. Mais c'est chose impossible pour qui ne se porte pas bien. Les heures sont on ne peut plus incommodes, et les excellents Franciscains sont si accoumés à faire maigre chère eux-mêmes, qu'ils ne se doutent pas que leur cuisine est quelque chose de fabuleux et d'inouï. Aussi le meilleur moyen, pour ceux qui ne peuvent ou ne veulent faire une rude pénitence, est d'aller à l'hôtel en donnant néanmoins leur offrande aux fidèles gardiens du saint Sépulcre pendant tant de siècles de persécution.

Qu'on ne s'étonne pas de me voir entrer dans ces détails. Ils sont singulièrement détachés des choses de ce monde, ceux à qui leur installation est indifférente. Je ne viens pas du reste donner une longue description de Jérusalem. Le sujet demanderait un volume à lui seul, et quoique ayant fait deux séjours à Jérusalem (le premier, d'une douzaine de jours, en 1861), je n'ai pas la prétention de bien connaître cette ville, presque aussi inépuisable que Rome en curieux souvenirs à interroger. Les descriptions minutieuses ont été faites si souvent (sans plans et sans cartes, elles sont fatigantes et confuses), que je crois qu'on préférera quelques notes bien simples où l'on s'en tiendra à l'ensemble.

Mais pour cela une grande sincérité est nécessaire. Il n'y a pas de lieu au monde sur lequel on puisse trouver plus de phrases toutes faites, mais il faut un long séjour ou une tension d'esprit extraordinaire pour réaliser, en la parcourant, les immenses souvenirs de Jérusalem.

Les lieux sont trop changés. Quand on a habité Rome, on est accoutumé à l'exhaussement bizarre du sol. Ce n'est rien cependant en comparaison de Jérusalem. C'est que Rome, dévastée, saccagée plusieurs fois, ne fut jamais systématiquement détruite. Le contraire eut lieu ici. Sans parler de plusieurs autres catastrophes moins absolues, les Babyloniens de Nabuchodonosor et les Romains de Titus n'y laissèrent point pierre sur pierre. De là une accumulation de décombres qui confond l'esprit. Dans de certains endroits ils ont quatre-vingt-dix pieds de profondeur, comme viennent de le prouver les excavations récentes de la société d'explorateurs anglaise.

Aussi non-seulement les différents emplacements de Jérusalem, mais ses collines et ses ravins mentionnés dans la longue description de Josèphe, forment l'objet d'interminables controverses. De loin, elles n'intéressent presque personne. De près, pour peu qu'on reste à Jérusalem, on se passionne, et quiconque a un peu de lecture, devient archéologue ici. Plus on vit dans ce milieu extraordinaire, plus on s'y attache, et il semble que, malgré les inconvénients de climat, d'isolement, on finisse par éprouver pour cette ville austère quelque chose du sentiment que Rome inspire à bien des âmes.

Au premier abord, surtout quand on arrive par la porte de Jaffa, on est frappé par l'absence de beauté. — Les collines grises qui entourent la ville sont tristes et monotones, et l'on n'a pas eu le temps encore de comprendre le caractère bizarre des montagnes de Moab, qui, quoique fort éloignées et séparées de Jérusalem par la profonde vallée du Jourdain, semblent toucher à la ville et lui servir de repoussoir. Peu à peu la grandeur, l'étrangeté de cette longue ligne droite entrent dans les yeux. Les montagnes de Moab sont pour nous le mystère. Quelques voyageurs ont visité Kerak, la forteresse de Renaud de Chatillon, Hésébon dont la prise par les Israélites, dans leur marche vers la Terre Promise, est célébrée par un cantique fameux (1) : « Le feu est sorti d'Hésébon ; la flamme de la cité de Sehon, et elle a consumé Ar des Moabites, et les habitants des hauteurs de l'Arnon. Malheur à toi Moab. Tu as péri, peuple de Chamos. » (Nombres XXI, 28, 29.) Mais au delà sont les profondeurs inexplorées du désert. A chaque heure du jour les teintes de ces montagnes varient, tantôt sombres et terribles comme les cimes du Nord, tantôt violettes ou lilas, tantôt revêtues de cet azur joyeux qui inonde si souvent les riants sommets de Vico et de Sorrente.

On traverse la ville, et malgré quelques affreuses constructions modernes, son aspect vénérable commence à se dévoiler peu à peu. On arrive à la porte de Saint-Étienne. On descend dans le ravin du Cédron, le jardin de Gethsémani avec ses oliviers bien des fois sé-

---

(1) Ce cantique est avec les paroles mystérieuses de Lamech :

« Or Lamech dit à ses femmes Ada et Sella : Femmes de Lamech, entendez ma voix, prêtez l'oreille à mes paroles. J'ai tué un homme d'une blessure et un jeune homme d'une blessure que je lui ai faite.

Caïn sera vengé sept fois, mais Lamech septante fois sept. »

(Genèse, IV, 23, 24.)

et le récit de la tour de Babel, le morceau qui donne l'exemple le plus complet de l'hébreu archaïque.

culaires est à droite du sentier qui mène à Béthanie et sur lequel marcha le Sauveur. — Si l'on pénètre ensuite sur la montagne des Oliviers dans le Minaret de la Mosquée qui marque l'emplacement traditionnel de l'Ascension, on est en présence d'un des paysages les plus grandioses de l'univers et l'on ne peut plus nier la beauté de Jérusalem.

La vue est à peu près nulle au Nord, ce sont les tristes plateaux rocailleux entre Béthel et Jérusalem. A l'Ouest, la vallée de Josaphat s'enfonce dans les collines jusqu'à la haute cime de Neby-Samwil. A l'Est voici les mamelons nus, blanchâtres de la solitude de Juda où David s'enfuit et où se retira saint Jean, la vallée du Jourdain, l'azur profond de la mer de Sodome, le pays de Galaad où planent encore les ombres colossales de Moïse et de Balaam, et plus loin le désert qui s'étend jusqu'aux villes du prophète, jusqu'au puits de Zem-Zem où s'abreuvait Agar. Plus près que les montagnes d'Engaddi et de Masada qui se perdent dans un bleu rosé, plus près que la montagne des Francs, sommet carré qui portait une citadelle d'Hérode, séparée seulement du spectateur par une gorge escarpée, est la ville de Jérusalem.

Malgré l'immense exhaussement du sol on voit tout de suite la force de sa position ; les ravins profonds qui descendent comme des cascades vers l'extrémité Sud-Est sous le Mont-Sion. On n'arrive facilement que d'un seul côté, le Nord-Ouest. C'est là qu'en dehors de la porte de Damas était en 1099 le camp des croisés.

Les ravins secondaires qui traversent la ville sont peu perceptibles ; il n'en est pas de même de l'inclinaison qui partant du point le plus élevé, la caserne Turque, entre la porte de Jaffa et le Mont-Sion, vient aboutir à l'esplanade du temple sur le Mont-Moriah, endroit incontestablement moins élevé que le reste de la cité de David.

Le centre de cette esplanade est occupé maintenant par la mosquée d'Omar. Jusqu'en 1856 l'entrée en était rigoureusement défendue aux chrétiens, des eunuques noirs armés d'un long poignard veillaient aux portes, prêts à massacrer l'infidèle imprudent qui aurait essayé d'y pénétrer. Les consuls maintenant peuvent la faire visiter facilement, les habitants y sont accoutumés, et les autorités de la mosquée apprivoisées par le *backsheech* ne montrent aucune trace de cette malveillance que l'on rencontre à Damas. L'enclos est vaste, plein de vieux arbres et de fleurs. Les substructions sont immenses. Quelque chose dans le genre des substructions de Baalbek. On leur donne une origine salomonienne.

La mosquée d'Omar avec son dôme élégant, ses portiques, ses colonnes de marbres précieux, est l'un des plus beaux monuments de l'Islam.

Au milieu est l'énorme rocher avec une sorte de caverne au-dessous, où les Musulmans voient l'empreinte du pied de Mahomet, lorsque l'ange Gabriel le conduisit une nuit à Jérusalem.

On se perd en conjectures sur ce rocher. Peut-être est-ce l'aire d'Ornan le Jébuséen près duquel était l'ange du Seigneur. Cette caverne est peut-être le silo où il enfouissait son blé, et dans lequel : « Ornan et ses quatre fils, qui battaient alors le blé dans l'aire, ayant levé les yeux, et ayant vu l'ange du Seigneur se cachèrent. » (Paralipomènes, XXI, 20.)

Sur l'emplacement du Mont Moriah, et par conséquent sur le site général du temple il n'y a point de doutes. C'est donc là que Notre-Seigneur interrogea les

Docteurs, qu'il prêcha sa doctrine au peuple pendant les dernières semaines de sa vie. Ce lieu est plein aussi du souvenir des apôtres.

Qu'on ne s'étonne pas de ces prédications qui étaient des conversations si souvent près du sanctuaire du fanatisme juif.

Le temple ne répondait pas à l'église des catholiques, que le mystère de l'Eucharistie revêt d'un caractère essentiellement sacré. C'était plutôt la mosquée orientale, avec ses vastes portiques ouverts, lieu à la fois de prière de réunion et de repos. Dans les religions antiques aussi il y avait moins de crainte de l'hérésie. Assis à l'écart à l'ombre des colonnades ou sous les arbres le maître et les apôtres pouvaient s'adresser sans peine à un petit cercle avide de recevoir la bonne semence.

Ce serait donc une idée fausse que de se représenter les premières prédications chrétiennes dans le temple comme si un missionnaire calviniste venait nous proclamer idolâtres à Notre-Dame de Paris, ou si un Jésuite exposait toute la sottise de l'anglicanisme à Saint-Paul de Londres.

C'est à l'une des extrémités de l'enceinte du Temple que se trouve la porte en dehors de laquelle fut lapidé saint Étienne, pendant que les vêtements des bourreaux étaient gardés par « un jeune homme nommé Saul (Actes, VII, 57), celui qui plus tard devait être le grand apôtre des gentils.

Près de là, était la demeure du gouverneur romain Ponce-Pilate, non loin de la tour Antonia. La voie Douloureuse monte ensuite vers l'église du Saint-Sépulcre.

Le même vaste édifice contient le sommet du Calvaire, le saint Sépulcre et la grotte où la mère de Constantin trouva la sainte Croix. Si vous le pouvez, entrez y seul. Faites acte d'humilité et négligez entièrement tous les détails secondaires. Si vous y allez avec les pères du couvent, l'accumulation de lieux saints, les détails incohérents, la tension d'esprit que vous voudrez en vain préserver produiront la fatigue et l'indifférence.

Au bout de quelques jours, quand vous serez familiarisé avec une topographie très-compliquée, lisez le recit des Évangiles, et vous verrez que les improbabilités qui frappent d'abord l'esprit et qui choquent les idées préconçues diminuent devant l'examen.

On se figure le Calvaire une haute montagne dominant au loin Jérusalem. Il n'en était pas ainsi. C'était un petit monticule entouré de décombres comme on en voit aux portes de presque toutes les villes d'Orient. Il était tout près des murs, « et Pilate fit une inscription et la plaça sur la Croix. Or, il était écrit : Jésus de Nazareth, roi des Juifs.

« Comme le lieu où l'on avait crucifié Jésus était près de la ville, un grand nombre de Juifs lurent cette inscription, qui était en hébreu, en grec et en latin. » (S. Jean, XIX, 19, 20.)

Aux portes même de toutes les villes juives il y avait des sépulcres taillés dans le roc, nous les avons vus à Abila, à Kèdes, à Béthel.

« Or, il y avait au lieu où il avait été crucifié un jardin, et, dans ce jardin, un sépulcre neuf où personne n'avait encore été mis.

« Comme c'était la veille du sabbat des Juifs, et que ce sépulcre était proche, ils y déposèrent Jésus. » (S. Jean, XIX, 41-42.)

Du reste, pourquoi douter? Avons-nous la prétention

d'en savoir plus que sainte Hélène, qui vint, trois cents ans seulement après la mort du Sauveur, interroger avec soin tous les souvenirs; que saint Jérôme, qui pria sur cette tombe; que cette foule de pèlerins illustres qui s'y assemblèrent depuis tant de siècles? Et quand même l'emplacement véritable serait à quelques centaines de pas à droite ou à gauche, ne sommes-nous pas bien près du lieu qui entendit le dernier soupir du Christ?

Il est cependant une raison qui empêche d'éprouver ici le même sentiment de joie et d'amour que sur les bords du lac de Genézareth, qu'au puits de Jacob, que sur la montagne des Oliviers. Tout est trop changé : dans une église de mauvais goût, surchargée d'autels, d'ornements médiocres, l'esprit est distrait, et il est presque impossible de se figurer l'aspect antique des lieux.

Je pourrais donner du piquant à ces pages en parlant des dissensions perpétuelles entre les Latins, les Grecs, les Arméniens et autres communions chrétiennes. J'aime mieux les passer sous silence. On serait encore heureux si ces communions rivales, divisées en plusieurs partis, ne se déchiraient pas dans des luttes intestines. Il est certaines histoires déplaisantes qu'on entend immédiatement à son arrivée à Jérusalem. Pour me résumer, ce qui manque essentiellement ici, c'est l'unité avec l'universalité, caractères essentiels et admirables de Rome.

L'église du saint Sépulcre date de tous les temps, la porte d'entrée est gothique. Le dôme qui s'élève au-dessus de la petite chapelle en marbre qui contient le tombeau, fut réparé au commencement de ce siècle, après un incendie. En 1861 elle menaçait ruine; mais la jalousie des puissances faisait de sa reconstruction une affaire extrêmement épineuse. La guerre de Crimée n'a-t-elle pas eu pour origine la question des lieux saints? Enfin, grâce aux efforts incessants du consul général de France, M. de Barrère, les travaux ont commencé aux frais communs de la France protectrice des Latins et de la Russie protectrice des Grecs, ou se posant comme telle. Les emblèmes uniquement grecs ne paraîtront pas dans la construction nouvelle, on s'en tiendra aux emblèmes communs aux Latins et aux Grecs, et la coupole sera une propriété commune comme la chapelle du saint Sépulcre. Les autres autels sont la propriété exclusive de telle ou telle communion, et, chose triste à dire, un corps de garde turc dont les soldats se conduisent très-convenablement, on doit l'ajouter, veille à la porte du saint Sépulcre pour empêcher les rixes.

J'ai nommé M. de Barrère. Qu'il me soit permis de joindre l'expression de ma reconnaissance à celle de tous les voyageurs français qui ont visité Jérusalem dans ces dernières années. Sa bienveillance, son hospitalité sont inépuisables. Archéologue distingué, il connaît Jérusalem mieux que personne, et il faut espérer qu'il publiera un livre sur la ville sainte, ainsi que sa traduction de Josèphe faite sur les lieux, tandis que les autres traducteurs sont d'une ignorance presque absolue sur la topographie de la Palestine.

Ses efforts ont valu à la France la propriété de l'église de Sainte-Anne, quoiqu'elle eût été convertie en mosquée. On la restaure en ce moment avec goût et grande solidité.

Comprenant bien nos intérêts en Orient, M. de Barrère a toujours lutté contre l'influence délétère de la Russie. Il ne faut pas en conclure cependant que tout le monde soit content de nous à Jérusalem, et j'ai trouvé quelques moines espagnols qui, avec le sens éclairé et l'amour-propre intelligent de leur nation, voudraient remplacer le protectorat de la France par celui d'une puissance vigoureuse et florissante, qui ferait bien respecter les intérêts catholiques, la couronne de Castille.

Le mont Sion est maintenant en dehors de l'enceinte de la ville; près de la porte qui y conduit est le quartier des Lépreux. Cette hideuse maladie, qui a presque disparu du reste du monde, persiste encore ici. Sur la cime de Sion est une mosquée qui contient, dit-on, dans ses souterrains le tombeau de David. Elle est de très-difficile accès. Tout autour sont des cimetières juifs. La population juive est encore considérable, elle est de 7,000 à 8,000 âmes environ, la moitié de la population totale de Jérusalem. Il y a 4,000 musulmans, 1,500 grecs, 1,500 catholiques.

Les Juifs vivent en partie des aumônes de leurs coreligionnaires d'Europe. Les charités des grandes familles juives sont énormes et feraient honte à bien des chrétiens. Sont-elles toujours bien placées?

Safed, Tibériade, Jérusalem sont les seuls endroits où j'ai vu parmi les Juifs une véritable fainéantise. Ce n'est pas en général leur défaut.

Leur saleté est inouïe, ainsi que leur ignorance. Cependant on fait tout ce qu'on peut pour les tirer de ce cloaque.

J'ai vu d'excellentes écoles entretenues aux frais de

la famille Rothschild, à côté d'un hôpital admirablement bien tenu.

Le samedi, les femmes juives vont prier et pleurer le long d'un pan des murailles de l'enceinte du Temple, reste probablement des constructions d'Hérode, mais je crains bien que ce ne soit un prétexte pour demander l'aumône aux voyageurs européens.

De Sion on descend, par un ravin très-escarpé, praticable cependant à la rigueur pour les chevaux, vers deux fontaines, ou plutôt un puits et une fontaine, En Rogel et Siloé. Ce ravin est, selon plusieurs antiquaires, le Tyropæon de Josèphe. L'humidité y entretient une végétation abondante d'arbustes et de fleurs. C'est un des lieux les plus agréables des environs immédiats de Jérusalem. Le puits d'En Rogel et la vallée d'Himmon qui borne Jérusalem au sud, est mentionné dans le livre de Josué, comme les frontières de Juda et de Benjamin. Il en est question plusieurs fois dans l'histoire de ces insurrections contre David, dont le vieux monarque se souvint à son lit de mort, avec une rage et un esprit de vengeance qui nous étonnent, nous disciples plus doux de la loi nouvelle. La fontaine de Siloé, à laquelle Notre-Seigneur envoya l'aveugle de naissance « Va à la piscine de Siloé et lave-toi » (saint Jean, IX, 11), communique par un long et curieux passage avec une fontaine dite de la Sainte-Vierge, placée sur les pentes du mont Moriah. Elles sont alimentées toutes deux par des sources jaillissant dans l'enceinte du temple et qui augmentaient considérablement la force de la position militaire de Jérusalem.

De la fontaine de Siloé, on gagne la porte de Saint-Étienne, en remontant la vallée du Cédron.

Adossés aux rochers de la montagne des Oliviers, sont plusieurs grands tombeaux dans le style gréco-juif, du temps des Hérodes. On leur donne, sans aucune raison historique, le nom de sépulcres de Zacharie, d'Absalon, de Josaphat et de saint Jacques. Cette gorge étroite et profonde, dominée par les murailles du temple, ne fut probablement pas occupée par les Romains de Titus. Son mur de circonvallation passait plus haut sur les flancs de la montagne.

C'était là, peut-être, l'endroit où l'on jetait les cadavres, et où les Juifs, à la fin du siége, trouvaient encore quelques herbes qui trompaient leur faim.

C'est ce qui donne quelque probabilité à l'opinion de ceux qui prétendent que le jardin de Gethsémani échappa à la dévastation de tous les endroits boisés, ordonnée par Titus, et que les oliviers antiques qu'on y voit encore, peuvent être ceux sous lesquels pleura le Sauveur.

De la porte de Saint-Étienne à la porte de Damas, et de la porte de Damas à celle de Jaffa, Jérusalem est bien moins défendue par la nature. Nous avons vu que ce fut de côté que les croisés l'attaquèrent. Il en fut de même des Romains.

Le siége fameux de Titus rappelé, à tous les voyageurs qui visitent Rome par les bas-reliefs qui ornent son arc de triomphe, la ruine de Jérusalem, la dispersion de la nation juive, sont des événements d'une telle importance, qu'il me sera permis d'en dire quelques mots.

Nous avons parlé du siége de Jotapata et de sa prise par Vespasien et Titus, après une lutte acharnée (été de 68). Ils s'emparèrent de Tarichée et de Gamala, villes du lac de Génézareth. Mais des événements politiques interrompirent la guerre. Vespasien fut proclamé empereur et envoya une partie de ses troupes contre Vitellius, lui-même passa en Égypte avec Titus, et près de deux ans s'écoulèrent pendant lesquels Jérusalem fut laissée en paix.

On aurait pu croire que les insurgés profiteraient de ce moment de répit. Il n'en fut rien. Une monomanie sanguinaire semblait s'être emparée de la nation juive. Je ne connais pas dans l'histoire un autre exemple d'un état aussi extraordinaire des âmes. Un peuple entier changé en une meute de fous furieux. Qui veut se faire une idée de cette période étrange doit lire le curieux récit de Josèphe.

Trois chefs étaient en présence, fortifiés chacun dans un quartier différent, Éléazar, Jean de Gisgala, Simon, fils de Goras. De temps en temps d'autres petits tyrans surgissaient. Il serait difficile de savoir à qui revient la palme de la cruauté. Le carnage partout. On se donnait des assauts d'un quartier à l'autre. On brûlait les provisions de blé. La disette commençait avant qu'on fût assiégé, et, cependant, ceux qui voulaient quitter la ville étaient massacrés sur les routes et laissés sans sépulture, et, avant l'arrivée des légions,

> Tous les tristes oiseaux mangeurs de chair humaine,
> Fils de ces vieux vautours nés de l'aigle romaine
> Que la louve d'airain aux cirques appela,
> Qui suivaient Marius et connaissaient Sylla (1),

s'assemblaient sur toutes les collines arides qui entourent Jérusalem.

(1) Légende des siècles, Ratbert.

Enfin, au printemps de l'an 70, l'armée de Titus. quittant la mer et traversant la montagne d'Éphraïm, vint camper près de Gabaa. Après une reconnaissance dirigée par Titus en personne et pendant laquelle il courut les plus grands dangers, les légions s'avancèrent plus près encore et s'établirent, — deux sur la route de Damas, au lieu appelé maintenant le camp des croisés, une qui venait de Jéricho sur la partie nord du mont des Oliviers (elle formait une sorte de réserve). — La dernière vers la porte de Jaffa.

A l'approche des Romains, les Juifs suspendirent un moment leurs discordes, mais elles recommencèrent bientôt. On s'unissait pour faire des sorties furieuses, souvent suivies de succès, mais, à peine était-on rentré dans la ville, que les discordes renaissaient, suivies d'affreux massacres. Chaque parti cependant était également cruel pour les modérés, et ceux qui osaient prononcer une parole sensée étaient impitoyablement égorgés et leurs corps jetés en dehors de la ville.

On croirait qu'une cité ainsi divisée contre elle-même ne pourrait opposer qu'une faible résistance à une grande armée bien disciplinée, mais les Juifs étaient aidés par leur folie de sang, par une valeur de forcenés qui épouvantait quelquefois les légions et enfin par la force extraordinaire de la ville de Jérusalem.

La partie la plus vulnérable de l'enceinte était défendue par trois hautes murailles d'une extrême solidité. D'autres murs environnaient le temple et le séparaient de la partie la plus haute de la ville, le mont Sion.

Il fallut plusieurs sièges successifs pour s'emparer de ces différentes parties de la ville. La tour Antonia fut renversée. Le temple incendié. Sion fut le dernier endroit qui résista. Les Romains avaient d'abord été disposés à l'indulgence, mais, exaspérés par la lutte, ils finirent par commettre des cruautés presque aussi épouvantables que celles des Juifs.

L'incendie du temple eut lieu le 10 août 70, anniversaire du jour où, plus de 600 ans auparavant, il avait été détruit une première fois par Nabuchodonosor.

La nation juive fut dispersée. Pendant longtemps les empereurs romains ne lui permirent plus de retourner à Jérusalem. La ville fut renversée jusqu'aux fondations. Elle devait présenter un aspect presque magique, avec son temple superbe, ses tours de marbre, ses grands palais, quand le Sauveur, assis sur la montagne des Oliviers, prédit ce jour et pleura sur elle.

Dix-huit siècles se sont écoulés. Bien des Juifs sont revenus dans la capitale de leurs ancêtres. D'autres enfants de cette race malheureuse y sont aussi; mais ils ont courbé leur orgueil devant le crucifié du Calvaire. Rome les a reçus dans son sein, et, sur l'emplacement du lieu où les Juifs insultèrent Jésus-Christ, des prières d'expiation s'élèvent du monastère de Notre-Dame-de-Sion.

La crainte de trouver de nouveau le mauvais temps que nous avons rencontré entre Naplouse et Jérusalem nous fait renoncer à l'excursion de la mer Morte, mais qu'il me soit permis de détacher quelques pages d'un ancien journal de voyage où je raconte ma visite aux villes Maudites et au Jourdain avec un ami bien cher, mort en 1864.

29 Avril 1861. — Nous partons de Jérusalem dans

l'après-midi. Troupe nombreuse. Escorte de dix bachi-bouzouks. Ils portent à la main une lance d'une longueur démesurée, mais d'un bois très-léger. Peut-être est-ce une lance de ce genre qui perça le flanc du Sauveur. Nous mettons trois heures de Jérusalem à Mar Saba. Nous suivons la vallée du Cédron, tantôt en bas, tantôt serpentant le long de montagnes d'une inexorable stérilité. Le temps est admirable, un ciel lumineux, et juste assez de fraîcheur pour avoir du plaisir le soir à se mettre au lit.

Le couvent grec de Mar Saba est un des lieux les plus étranges que l'on puisse imaginer. Il est collé en nid d'hirondelle aux parois à pic du torrent de Cédron. Une grande partie est creusée dans le roc. On a profité de quelques anfractuosités des rochers pour faire des escaliers et établir plusieurs terrasses. On y entre par une grosse tour, solide, admirablement dorée par le soleil. Toute la partie accessible est entourée de murs; aussi, les moines bien armés, faisant bonne garde, ne craignent pas les Arabes nomades.

Le couvent est fort riche. Il est sous la protection des tsars orthodoxes qui le comblent de dons. L'église est surchargée d'ornements de mauvais goût, mais il s'y trouve une très-belle boiserie dorée qui représente les symboles eucharistiques, la vigne et les épis de blé entrelacés.

Nous allons aussi voir la grotte d'où saint Saba chassa un lion. De beaux merles au plumage lustré, apprivoisés par les moines, viennent se percher près de nous pendant que nous dînons. Il faut toute la sottise sèche et pédante d'un missionnaire biblique pour reprocher cet amusement innocent aux anachorètes de Mar Saba, ainsi que le fait le révérend auteur du *Guide Murray* pour la Syrie.

30 Avril. — Nous partons de Mar Saba à la pointe du jour et descendons vers la mer Morte à travers des collines, nues assurément, mais qui, dans cette saison, sont couvertes de fleurs magnifiques partout où il y a un peu d'abri contre le vent.

On ne voit pas la mer Morte de Mar Saba. Ce n'est qu'au bout d'une heure que nous arrivons en face d'un des plus beaux paysages qu'aient jamais contemplé nos yeux.

Autour de nous sont des sommets arides, sablonneux; au second plan les dunes d'Engaddi marbrées, tantôt de rose, tantôt d'azur. Plus loin, la mer Morte et les montagnes de Moab baignées dans un bleu d'un éclat et d'une douceur infinis.

On se croirait près d'arriver, et cependant il faut de longues heures pour gagner les bords de la mer. Certains passages sont difficiles, presque dangereux pour les chevaux. Dans un ravin envahi par des arbustes épineux, nous trouvons des restes de malles, des cantines brisées. C'est là qu'une société américaine qui avait eu l'imprudence de partir de Jérusalem sans escorte, fut pillée par les Arabes. Irrités de trouver fort peu d'argent, les pillards maltraitèrent les voyageurs, qui furent obligés de retourner à Mar Saba, à peu près dans le costume d'Adam et d'Ève.

Il ne faut pas prendre à la lettre les descriptions qui prétendent que rien ne vit sur les bords de la mer Morte. Nous y trouvons des insectes et nous voyons s'envoler plusieurs oiseaux. La plage sablonneuse, sauvage, avec son bois flotté, me rappelle les rives de l'île Madeleine, au fond du lac Supérieur. Quant à la mer elle-même, bleue, soulevée par la brise, avec ses montagnes et sa courbe à l'horizon, elle donne plutôt l'idée d'un golfe d'Écosse que du lac maudit.

Nous traversons une plaine marécageuse pour nous rendre au Jourdain où nous nous baignons sous les grands arbres, non sans quelques précautions, car le fleuve est trouble et rapide. Notre drogman prétend que les Arabes embusqués dans les fourrés de l'autre côté de l'eau pourraient bien nous tirer des coups de fusil, mais ce sont de ces histoires sujettes à caution.

Aujourd'hui la chaleur n'est pas excessive, mais c'est une chose rare, car cette vallée du Jourdain et la mer Morte qui est située à 1310 pieds au-dessous du niveau de la mer, ont un climat qui ressemble à celui des tropiques. A part tous les souvenirs historiques qui s'y rattachent, c'est un des lieux les plus curieux de la terre au point de vue de la géologie.

En quittant le Jourdain nous trouvons bientôt l'emplacement de Galgal, le premier campement des Israélites dans la Terre Promise après qu'ils eurent traversé le fleuve. C'est là qu'ils circoncirent ceux qui étaient nés dans la longue marche à travers le désert.

Et le Seigneur dit à Josué : Aujourd'hui j'ai ôté du milieu de vous l'opprobre de l'Égypte. Et ce lieu fut appelé Galgal jusqu'à ce jour.

Et les enfants d'Israël demeurèrent à Galgal, et célébrèrent la Pâque le quatorzième jour du mois, vers le soir.

(Josué, V, 9, 10.)

Une heure après nous sommes à Jéricho. Il n'y reste

que quelques huttes entourées d'une sorte de rempart de terre et d'épines et une vieille tour que M. de Lamartine appelle « le palais de l'émir de Jéricho. »

Nous sommes à côté du camp des pèlerins grecs, c'est le moment de leur Pâque, et fort nombreux, escortés par une troupe de soldats, ils viennent faire leur pèlerinage au Jourdain.

Nous aurions dû camper plus loin dans la verdure, près de la belle fontaine dont les prières d'Élisée corrigèrent l'amertume.

> Ces eaux furent donc purifiées jusqu'à ce jour, selon la parole que prononça Élisée.
>
> (IV Rois, II, 22.)

Chose singulière, toute l'épopée sublime d'Élie et d'Élisée qui remplit le livre des Rois et subsiste encore dans les imaginations de l'Orient, est entièrement passée sous silence dans les Paralipomènes. On pense que le corps sacerdotal qui les rédigea était jaloux de l'immense influence du prophétisme, la manifestation la plus haute de l'inspiration du peuple d'Israël.

L'antique Jéricho devait être non loin de cette fontaine. C'est donc près d'ici que vint Notre-Seigneur, peu de temps avant son dernier retour à Jérusalem, qu'il dîna à la table du bon Zachée « qui était monté sur un sycomore pour le voir arriver, car il était fort petit. » C'est ici qu'il confondit les hypocrites qui murmuraient en disant : il est entré chez un pécheur.

> Jésus dit à Zachée : Cette maison a reçu aujourd'hui le salut... Car le fils de l'homme est venu chercher et sauver ce qui était perdu.
>
> (S. Luc, XIX, 9, 10.)

1ᵉʳ Mai. — De Jéricho à Jérusalem, la route commence par une montée rude et difficile sur des pierres glissantes. A droite, surmonté par les précipices presque inaccessibles de la montagne de la Quarantaine, où le démon tenta Notre-Seigneur, est le ravin de Carith où Élie se retira au commencement de la sécheresse avant de se rendre chez la veuve de Sarepta.

Ensuite on traverse les solitudes de Juda, terres arides, désertes même à l'époque de la prospérité juive et où le récit des Évangiles place si bien la scène du voyageur dépouillé par les brigands et secouru par le bon Samaritain.

Après plusieurs heures, nous arrivons à Béthanie (le nom n'a pas changé), le village où habitait Lazare, et Marthe et Marie, ses sœurs, et où le Sauveur ressuscita Lazare.

Dans le poëme qu'il écrivit sur ce sujet, Victor Hugo, avec le dédain superbe des Français pour la géographie, s'écrie :

> Or de Jérusalem où Salomon mit l'arche
> Pour gagner Béthanie il faut trois jours de marche.

Il ne faut qu'une heure au plus.

Si je cite ceci, c'est que l'absence absolue de la curiosité des lieux, m'a toujours paru un des traits bizarres de ce grand poëte. Depuis dix-sept ans qu'il vit dans l'exil, il n'a pas eu l'idée de venir en Orient, il n'a même jamais visité l'Italie.

Mais passons à de bien autres souvenirs.

La résurrection de Lazare fut un des derniers miracles de Notre-Seigneur. Opéré près de Jérusalem, ayant eu pour témoins un grand nombre de Juifs, il fut suivi par l'ovation du jour des Rameaux, qui détermina les autorités ecclésiastiques du temple à sévir contre la religion nouvelle.

De Béthanie à Jérusalem nous foulons avec émotion le sentier qui fut suivi par Jésus-Christ le jour des Rameaux. Nous arrivons sur la montagne de l'ascension, au lieu où il pleura sur la cité coupable, magnifique alors, riche de tous les monuments des Hérode, et, passant la gorge du Cédron entre le tombeau de la Sainte Vierge et le jardin de Gethsémani, nous rentrons dans la ville sainte par la porte de Saint-Étienne.

---

15 NOVEMBRE 1867. — Après une dernière prière au saint sépulcre, nous sortons de Jérusalem par la porte de Jaffa. L'impression de la dernière heure a été touchante, et cependant, avouons-le, tout comme en 1861, nous nous sentons plus légers en nous éloignant de ces murs. Leurs terribles souvenirs, la conviction qu'on est si indigne du grand sacrifice, produisent sur l'âme un mystérieux accablement. Nous respirons plus librement en suivant la route bénie de Bethléem.

La beauté ravissante de la matinée augmente sans doute cette sensation. L'air est plein de gaieté et de vie. Après quelques mauvais jours le ciel, rafraîchi et rasséréné, va nous donner ce temps charmant que je ne puis comparer qu'à ce que les Américains nomment « l'été indien, » et que je trouvais en ce moment, il y a neuf ans, dans les prairies du Kansas.

En dehors de la porte de Jaffa nous rencontrons deux larges réservoirs qu'on appelle les étangs de Gihon. Ils sont bien des fois mentionnés dans la Bible. C'est là, sans doute que David, à l'heure de midi, vit, du haut de son palais, Bethsabée, femme d'Urie, qui se baignait et s'enflamma de concupiscence pour elle, « car cette femme était fort belle. » (2 Rois, XI, 2.) Je recommande la lecture de ce chapitre aux protestants qui veulent convertir le monde par la Bible seule. En un sens il est consolant. Il nous montre la miséricorde infinie du Seigneur. Dieu merci, les plus grands libertins de nos jours sont de pâles tableaux auprès du grand roi de Juda.

C'est près de ces mêmes étangs que son armée était campée lorsqu'elle reconnut pour roi le fils de cette même Bethsabée, Salomon.

Traversant le haut de la vallée de l'Hinnon, nous laissons à gauche la montagne dite du Mauvais Conseil (1), remarquable par un vieil arbre que l'on voit de loin, tordu, courbé par les vents de l'ouest, sur lequel on veut que Judas se soit pendu.

Nous arrivons ensuite à un puits, lieu traditionnel où les rois mages revirent l'étoile qui les avait guidés de l'Orient.

A côté est le couvent grec de Saint-Élie, élevé, dit-on, près du lieu où le prophète s'endormit sous un térébinthe lorsqu'il fuyait les fureurs de Jézabel.

Cette tradition est, en vérité, trop contraire à la narration très-précise de la Bible. C'est par cette accumulation inintelligente de légendes invraisemblables que les bonnes âmes, ici comme ailleurs, ont fini par diminuer le prestige des lieux véritablement saints.

(1) Nommée ainsi parce que ce fut, selon la tradition, sur cette montagne où il avait une villa que Caïphe complota la mort de Jésus Christ.

Je donne cet exemple, car il est curieux.

Voici le récit du livre des Rois :

> Élie étant venu à Bersabée de Juda, renvoya son serviteur. Et il marcha dans le désert durant une journée de chemin, et s'étant assis sous un térébinthe, il souhaita la mort, et dit à Dieu : Seigneur c'est assez, prenez mon âme, car je ne suis pas meilleur que mes pères.
>
> Et il se jeta par terre et s'endormit à l'ombre du térébinthe ; en même temps un ange le toucha, et lui dit : Levez-vous et mangez. Élie se leva et il vit auprès de sa tête un pain cuit et un vase d'eau.
>
> Il mangea et but ; et, fortifié par cette nourriture, il marcha quarante jours et quarante nuits jusqu'au pied d'Horeb, la montagne de Dieu.
>
> (III, Rois, XIX, 3, 8.)

Non loin de nous, au contraire, est le lieu très-authentique (quoique le petit monument soit moderne) de la sépulture de Rachel.

Rachel mourut en donnant le jour à Benjamin.

> Et elle fut ensevelie sur le chemin qui mène à Ephrata, c'est Béthléem.
>
> (Genèse, XXXV, 19.)

En approchant de Bethléem, belle vue sur la montagne des Francs et sur la vallée des Bergers, que nous dominons.

C'est la scène de l'histoire touchante de Noémi, de Ruth et de Booz.

L'aurore lointaine de l'Évangile semble répandre ses rayons charmants sur ce doux épisode qui repose l'esprit au milieu des scènes de carnage et de dureté. Les tendres paroles de Ruth à sa belle-mère, combien de pauvres veuves n'ont-elles pas soutenues :

Ne vous opposez pas à moi, afin que je vous laisse et m'en aille, car partout où vous irez, j'irai, et là où vous vous arrêterez, là aussi je m'arrêterai. Votre peuple est mon peuple et votre Dieu est mon Dieu.

Et Noémi revint de la terre de son pèlerinage avec Ruth la Moabite, sa belle-fille, et elle rentra à Bethléem au commencement de la moisson de l'orge. (Ruth, I, 16-22.)

La charité de Booz, le maître couchant dans l'aire auprès des moissonneurs, Ruth endormie sur les épis blonds.

> Booz ne savait point qu'une femme était là,
> Et Ruth ne savait point ce que Dieu voulait d'elle.
> Un frais parfum sortait des touffes d'asphodèle;
> Les souffles de la nuit flottaient sur Galgala.
>
> L'ombre était nuptiale, auguste et solennelle;
> Les anges y volaient sans doute obscurément,
> Car on voyait passer dans la nuit par moment
> Quelque chose de bleu qui paraissait une aile.
>
> (Victor Hugo.)

Ce fut dans cette même vallée que, pendant l'heureuse nuit de Noël, l'ange apparut « aux bergers qui gardaient tour à tour leurs troupeaux pendant les veilles de la nuit. » (Saint Luc, II, 8.)

Autant Jérusalem, cité de la mort, est triste, autant est gaie Bethléem, ville du berceau. Ce n'est pas une antithèse cherchée; c'est la vérité telle qu'elle frappe les yeux. La population est chrétienne et d'une remarquable beauté. Les enfants, aux yeux limpides, n'ont rien de ces regards lascifs que le musulman a dès l'enfance. Au moment où nous traversons les rues pour aller au couvent, un cortége bruyant nous barre le passage. Ce sont de jeunes époux devant lesquels on porte, en chantant, leurs coussins, leurs matelas et les coffres de bois peint qui contiennent les vêtements et le trousseau.

Le couvent de Bethléem est une vaste citadelle. Au-dessous, propriété des Latins et des Grecs, est la grotte de la Nativité.

C'est près de ce lieu sacré que se retirèrent sainte Paule et sa fille sainte Eustochie et que saint Jérôme passa les dernières années d'une vie agitée qu'ont fait connaître si bien les beaux récits d'Amédée Thierry sur l'histoire romaine au IVe siècle.

Une étoile d'argent sous un autel, montre le lieu où vint au monde le Sauveur. Pourquoi faut-il que l'impression de la grotte de la Nativité, comme celle du saint Sépulcre, soit diminuée par une accumulation de lieux saints, la place où se tenait saint Joseph, le lieu où s'agenouillèrent les rois mages, etc., etc.

L'église bâtie par sainte Hélène a été usurpée par les Grecs et gâtée par eux.

Les colonnes corinthiennes en pierre rouge veinée sont assez belles. On trouve cette pierre dans les environs.

Nous quittons Bethléem à quatre heures. Des sentiers dans des bois d'oliviers nous ramènent à la route d'Hébron, en face du village de Beit-Djalla où le patriarche de Jérusalem, monseigneur Valerga, a construit un vaste édifice, moitié palais, moitié séminaire, aliment inépuisable des cancans de la ville sainte.

Plateau rocailleux jusqu'aux réservoirs de Salomon où nous campons.

Ce sont trois vastes bassins étagés le long d'une vallée. La maçonnerie d'une solidité à toute épreuve est encore merveilleusement conservée. Ils alimentaient d'eaux le vallon d'Urtas où Salomon avait une maison de plaisance et ces bois et ces jardins dont parle l'Ecclésiaste.

> J'ai élevé des ouvrages magnifiques, j'ai bâti pour moi des maisons..., j'ai fait des jardins, des vignes, des vergers... J'ai creusé des réservoirs pour arroser la forêt de mes jeunes arbres. (Ecclésiaste, II, 4, 6.)

Ce sont ces vallons, ces eaux, ces jardins, ces fleurs, ces bois pleins du roucoulement des colombes, qui ont inspiré les paysages gracieux du Cantique des Cantiques et non les collines pierreuses des environs immédiats de Jérusalem.

16 NOVEMBRE. — Nuit froide. Belles teintes du matin, au loin sur les montagnes de Moab. Nous suivons la route d'Hébron. Elle serpente parmi des collines couvertes d'un maquis d'arbustes toujours verts. Nous faisons lever une quantité de perdrix.

Pas de villages, mais sur chaque monticule un amoncellement incroyable de ruines, de substructions, de bases de colonnes, de chapiteaux brisés.

Tout prouve que ce pays de Juda, aujourd'hui si stérile, était extrêmement peuplé autrefois. C'était par excellence un pays de vignes. La grappe de raisin était comme un emblème de la nation juive, dans le temple il y en avait une en or, elle paraît sur les monnaies des Asmonéens et sur les anciens tombeaux des cimetières juifs comme à Prague en Bohême.

Cette région que nous traversons prit une part importante aux guerres des Macchabées et au dernier soulèvement des Juifs révoltés contre Adrien sous la conduite de Bar-Cocheba (le fils de l'étoile).

La résistance prodigieuse, désespérée, que les Juifs opposèrent plusieurs fois à l'élite des légions romaines prouve que le reproche de lâcheté qu'on fait aux Juifs était une calomnie quant à leurs ancêtres et l'est probablement encore aujourd'hui. Car comment contester l'influence du sang dans une race aussi pure.

Nous arrivons de bonne heure à Hébron. C'est de toute la Palestine la ville la plus élevée au-dessus du niveau de la mer. Elle n'a pas de vue cependant. Elle est construite au point de réunion de plusieurs collines, mais des sommets grisâtres la dominent de tous côtés. C'est avec Damas la plus ancienne ville du monde, au moins de celles dont l'histoire constate l'existence. En voyant Damas, on conçoit immédiatement pourquoi les peuples s'y établirent dès le commencement des âges. Ici rien de semblable. Cependant c'est un point central où viennent aboutir plusieurs vallées et comme tel il pouvait convenir à un campement de pasteurs.

Le charme d'Hébron consiste dans ses beaux arbres célèbres de tous temps, et dans les souvenirs si nombreux du siècle patriarcal.

Son nom revient à chaque page de la Genèse. Abraham et Sara, Isaac et Rebecca, Jacob et Lia, y passèrent une partie de leur vie et y furent ensevelis « dans la caverne double en face de Mambré où est la ville d'Hébron. » (Genèse, XXIII, 19.) David régna à Hébron avant la conquête de Jérusalem.

Et par cette belle soirée de novembre, assis devant la tente, au-dessus de la citerne de David, il est impossible de ne pas évoquer les scènes d'autrefois et les douces soirées d'enfance où l'on aime à entendre raconter aux genoux de sa grand'mère les histoires d'Abraham et d'Isaac, de Jacob et de Rachel, de Joseph vendu par ses méchants frères et du petit Benjamin.

La plus grande partie de la ville s'étage sur la colline du nord. Elle est dominée par la masse imposante de la mosquée sous laquelle s'étend cette caverne où l'on trouverait probablement encore les ossements de la famille de nomades d'où sortit le peuple d'Israël. L'entrée est interdite aux chrétiens. Quand le prince de Galles la visita en 1862, il fallut rassembler une petite armée pour contenir la population fanatique et turbulente. Depuis, le marquis de Bute ce jeune héritier d'une fortune royale qui va, dit-on, devenir catholique, la visita avec plus de loisirs, grâce à d'énormes pourboires.

Nous en faisons le tour à cheval, non sans nous attirer des injures.

Substructions juives, murailles du temps des croisades, ornements arabes.

On trouve un quartier juif à Hébron, mais il n'y a pas de chrétiens. Le commerce est considérable pour un lieu si retiré. Grande verrerie. On y confectionne aussi ces outres de peaux de chevreaux dont parle Gérard de Nerval quand il dit « on me donna à boire avec la patte de la bête. »

En revenant au camp nous passons entre deux champs entièrement remplis de ces puants ustensiles qui sèchent au soleil.

Ce soir, belle couleur bleu-vert du ciel.

CHAPITRE IX.

LES PLAINES DES PHILISTINS.

Le chêne d'Abraham. — La caverne d'Adullam. — Gladstone et Disraeli. — La science biblique d'un juge anglican. — David et Goliath. — Les térébinthes et les prophètes. — Samson et Dalila — L'arche sainte. — Les Philistins. — La tour de Ramleh. — Un ami qui n'est plus. — Route directe de Jérusalem. — Lydda. — Jaffa. — Saint Corneille et la vision de saint Pierre.

17 NOVEMBRE. — Un lever de soleil livide et fantastique et de grands nuages menaçants hâtent notre départ. Nous remontons la vallée de Mambré jusqu'au lieu où se trouve parmi les vignes, le grand arbre nommé le « chêne d'Abraham. » C'est un arbre magnifique, encore en pleine vigueur, il ne doit avoir que quelques centaines d'années ; mais il peut bien être un rejeton de la « chênaie de Mambré » sous laquelle le patriarche reçut la visite des anges.

La route serpente ensuite à travers les montagnes de Juda qui descendent graduellement vers les plaines de la Philistie.

Le pays est beau. Malgré la saison avancée, les rochers sont couverts d'un épais taillis d'arbustes. L'air en est embaumé, et leur fraîche verdure repose les yeux après tant de paysages desséchés. La vue est immense et va jusqu'à la mer par-dessus un vaste panorama de collines et de plaines. De grandes nuées d'orage et de pluie traversent la campagne à nos pieds, puis le temps se rassérène et devient beau comme hier.

Nous apercevons à une faible distance à gauche, la colline couverte de ruines de Tell es Safiyeh, emplacement probable de la ville philistine de Gath, et plus près encore les restes d'Eleutheropolis, ville importante sous les empereurs de la famille des Sévère.

Nous désirions visiter ces curieuses catacombes creusées peut-être aux temps pré-historiques par les Chananéens qui habitaient dans des cavernes, mais la crainte d'être surpris par le mauvais temps dans ces plaines nous fait renoncer à Eleutheropolis et à Ascalon.

Ce pays est plein de grottes, de souterrains, c'est quelque part par ici qu'était la caverne d'Adullam où David se réfugia fuyant la colère de Saül.

Lorsque le grand orateur des démocrates anglais Bright compara les libéraux qui abandonnaient le parti de Gladstone pour se joindre à Disraeli, « aux gens dans la détresse, accablés de dettes et mécontents (1), » réfugiés auprès de David dans la caverne d'Adullam, on aurait pu facilement lui faire une réponse sanglante.

Nous sommes fiers de cette comparaison, aurait-on pu lui dire, ceux qui laissaient là Saül, prévoyaient sainement l'avenir, ils quittaient un insensé, jouet d'une folie furieuse pour se joindre à un homme sage et bon politique.

(1) 1 Rois, XXII, 2.

Les impatiences, les surexcitations de Gladstone, sa nature féminine qui lui joue si souvent de mauvais tours, auraient donné du piquant à cette comparaison avec Saül. Mais personne n'y songea.

Est-ce que la familiarité des Anglais avec la Bible n'est qu'une prétention conventionnelle, comme tant de choses dans ce singulier pays, ses vertus et sa chasteté entre autres ?

On serait tenté de le croire, en vérité. Un juge éminent, m'assure-t-on, pilier de force des associations pour la défense de l'église protestante d'Irlande, déclara que la caverne n'était pas mentionnée dans la Bible, mais que c'était le lieu où Mahomet s'était réfugié en quittant *Médine* (accumulation de bévues assez drôle). Ayant une fois mentionné l'histoire du lévite d'Éphraïm devant un dignitaire de l'Église anglicane, heureux possesseur d'un bénéfice de 2,500 liv. sterling, je m'aperçus, à mon grand étonnement, que c'était la première fois qu'il en avait entendu parler.

Il est vrai que, quelques moments auparavant, il m'avait dit avec une aimable condescendance que, nous autres catholiques, nous étions de fort braves gens, mais ignorant les idées bibliques et entièrement livrés à des pratiques d'idolâtrie.

Nous descendons dans le Wady Sur, frontière des Philistins et de la tribu de Juda. Elle fut le théâtre des luttes continuelles entre le lion d'Israël et ce peuple curieux dont l'origine fut peut-être aryenne.

Près du sentier s'élève une tour carrée dont les fondations paraissent remonter à une haute antiquité. C'est Nézib, forteresse frontière de Juda.

Après avoir passé quelques puits très-anciens, nous

croisons la route de Jérusalem à Gaza, sur laquelle saint Philippe baptisa l'eunuque de la reine d'Éthiopie, qu'il avait trouvé lisant Isaïe dans son char.

C'est un des rares chemins carrossables mentionnés dans l'Écriture.

Encore devait-il dater d'Hérode ou des Romains.

A la bifurcation s'élève un térébinthe énorme.

C'est un arbre dont la feuille ressemble assez à celle du frêne; son écorce, quand on y fait des entailles, distille une sorte de résine parfumée. Ces arbres étaient beaucoup plus communs autrefois et donnaient leur nom à une autre vallée qui tombe dans le Wady Sur.

Le lieu où nous nous reposons est presque l'endroit même du combat de David et de Goliath. Il est bien décrit dans la Bible :

> Et Saül et les enfants d'Israël assemblés vinrent en la vallée des Térébinthes, et rangèrent leur armée pour combattre contre les Philistins.
> Et les Philistins étaient d'un côté, sur la montagne, et Israël sur la montagne de l'autre côté, et la vallée entre eux.
> (I Rois, XVII, 2, 3.)

On ne comprend bien la Bible qu'après un voyage dans ces pays. Ce térébinthe et d'autres en sont des exemples.

Quand on considère des arbres si vastes, si touffus, on comprend comment des prophètes, ainsi que le mentionne si souvent l'Écriture, purent vivre sous leur ombrage, abrités en partie contre l'intempérie des saisons.

« Il trouva l'homme de Dieu assis sous un térébinthe. » (III Rois, XIII, 14). — Ce n'étaient nullement des lieux solitaires et loin du monde. Dans ces pays du soleil, les voyageurs qui rencontrent un de ces arbres sur leur chemin s'y arrêtent au moins quelques instants. C'est un centre.

Les prophètes y pouvaient savoir les nouvelles, exercer leur influence, communiquer avec les initiés.

Nous quittons la vallée et venons camper sur les hauteurs près des masures informes et fétides du village de Beit-Nétif. Mais la vue est belle et intéressante, et nous l'examinons avec joie pendant que des lignes de carmin se forment peu à peu à l'occident.

Nous touchons aux terres de la tribu de Dan. — Nous sommes en plein pays du héros danite, Samson.

Sur un mamelon à notre droite voici Zorah, où il naquit, et, beaucoup plus bas, Timnath, demeure de sa femme Philistine. La Bible indique bien cette position :

Samson *descendit* à Thinath et vit une femme des filles des Philistins... Son père *descendit* donc chez cette femme
(Juges, XIV, 1, 10.)

L'immuable race sémitique nous entoure. Après tant de siècles, les noms ont à peine changé. Puis voici un des charmes de la Palestine : non-seulement les souvenirs sont nombreux, mais ils sont dans un cadre étroit qui permet de les suivre mieux et d'en jouir doublement.

C'est dans une de ces vallées que Samson tua le lion. Ce fut dans les tanières de ces collines qu'il trouva les renards qu'il lâcha dans les blés mûrs des Philistins, une torche allumée à leur queue.

Pauvre Samson ! Ce furent toujours les femmes qui le trahirent ; son épouse d'abord, ensuite Dalila.

Mais c'est leur éternel instinct quand il n'est pas modifié par le sentiment maternel, ou par la religion qui fait les sainte Thérèse et les sainte Catherine de Sienne.

Bien plus que l'homme encore elles en ont besoin. Plus dociles, plus facilement apprivoisées elles sont infiniment meilleures que lui quand elles obéissent à cette direction divine. Livrées à leurs instincts elles sont inférieures à l'homme. On peut se fier souvent à un homme livré à ses passions; à une courtisane jamais, car même dans les bons moments où la ruse est oubliée, elle n'agit que par caprice. L'histoire de « Dalila femme de la vallée de Sorec qui fit dormir Samson sur ses genoux, et posa sa tête sur son sein, et appela un homme qui rasa les sept tresses de ses cheveux et commença à le repousser et à le chasser, car sa force l'abandonna aussitôt » (Juges, XVI, 19), sera éternellement reproduite tant qu'habiteront sur la terre les filles d'Ève et les fils d'Adam.

18 Novembre. — Nous descendons de Beit-Netif vers Ain Shems (la fontaine du soleil) qui est probablement le Beth-Shemesh ou Beth-Samès où les Philistins renvoyèrent l'arche sainte. Devant nous sans doute est la vallée où les vaches qui la portaient « avançaient dans le chemin en mugissant et ne se détournant ni à droite ni à gauche suivies des princes Philistins qui ne les quittèrent que lorsqu'elles furent arrivées en la terre de Beth-Samès. » (1 Rois VI, 12.)

L'arche avait été prise après la désastreuse bataille d'Aphec où périrent les fils d'Héli.

Elle avait été d'abord transportée à Ashod et mise

comme un trophée dans le temple de Dagon, mais la statue de Dagon avait été trouvée brisée, et la peste et toutes sortes de calamités avaient fondu sur la ville. L'arche avait été envoyée ensuite à Gath, puis à Ekron, toujours suivie des mêmes désastres. C'est alors que les Philistins la rendirent au peuple d'Israël.

Nous passons entre Zorah et Thimnath et traversons une nouvelle rangée de collines. Belle vue sur la mer. Mamelons chargés de ruines.

Nous entrons enfin dans les plaines de la Philistie où nous marchons jusqu'à Ramleh. Paysage brûlé et désert, mais on voit la fertilité du sol dans les hautes herbes desséchées. Énorme quantité de gibier, huit sangliers, trois bandes de gazelles, sans parler de perdrix, pigeons, etc.

Nous passons près d'Ekron, la plus septentrionale des cinq villes royales de la Philistie : Gaza, Ascalon, Ashod, Gath, Ekron. C'est un grand village de fellahs sans aucune ruine, mais il n'en est pas de même d'Ascalon, située à une journée de marche au Sud, et que l'impatience déraisonnable que j'éprouve toujours à la fin d'un voyage m'empêche de visiter.

Le peuple Philistin est un problème ethnographique. Plusieurs savants allemands lui donnent une origine aryenne. Il vint du sud de l'Asie Mineure ou de l'île de Crète. Il était navigateur, et plus connu du monde Grec que les Juifs, il donna son nom à la Palestine. Ses divinités Dercéto et Dagon, la déesse et le dieu-poisson, étaient maritimes et différaient entièrement des idoles des Chananéens.

Qu'on ne s'étonne pas de les voir résister plus longtemps aux Israélites que les habitants des montagnes.

Ils avaient dans leurs plaines de la cavalerie et des chars armés de faux, engins terribles contre les Juifs dont la force unique était l'infanterie. De plus ils étaient de braves guerriers comme le prouvent les siéges d'Ashod par Psammetichus, et qui dura vingt-sept ans, et celui de Gasa, par Alexandre-le-Grand. Leur commerce sur mer leur donnait de grandes richesses.

Il fait encore très-chaud dans la plaine, et nous avons grand plaisir à trouver nos tentes dressées parmi les oliviers près de la tour de Ramleh.

Ramleh pour ces pays-ci est une ville fort moderne. Il n'en est pas question dans l'histoire avant la conquête musulmane. Au temps des Croisades elle acquiert une grande importance à cause de sa position au point de jonction des routes de Damas au Caire, et de Jaffa à Jérusalem. Elle resta longtemps entre les mains des chrétiens après la prise de Jérusalem et ne fut abandonnée par eux qu'après le départ de saint Louis, au milieu du XIIIe siècle. Son commerce a encore une certaine activité. Les Pères Franciscains de Terre-Sainte y ont un grand couvent.

Sa haute tour, superbe construction sarrazine, était le minaret d'une mosquée attachée au grand caravansérail élevé ici par les sultans de Damas.

Un peu avant le soir je monte sur cette tour. Les riches couleurs de ce beau climat couvrent les plaines de Philistie et de Sarons, et la ligne onduleuse des montagnes de Juda et d'Éphraïm. Des oiseaux de proie planent dans l'air, des chansons d'enfants montent des jardins. Je contemple lentement ce paysage que, selon toute probabilité, je ne reverrai plus jamais, et je songe avec émotion au cher compagnon perdu mais jamais oublié,

Robert Colthurst, avec qui j'étais assis sur cette plateforme le 24 avril 1861.

Et pendant que j'écris ces dernières pages sur le pays sacré qui donna le jour au Sauveur, d'autres paysages m'entourent et me retracent les plus doux souvenirs que l'âme de l'homme peut avoir après ceux de la Sainte Vierge et de son fils divin. Les montagnes pierreuses se penchent vers le golfe, les rayons du couchant éclairent au loin les pics du Connemara et les grandes lames de l'Atlantique viennent expirer sur les grèves de l'Irlande à quelques pas du vieux cimetière de Duras.

19 NOVEMBRE. — Avant de quitter Ramleh, il est bon peut-être de dire quelques mots de la route directe de Jaffa à Jérusalem.

Avec de bons chevaux on peut la faire facilement en un jour, surtout à la descente, au retour de Jérusalem. Elle traverse la plaine et est assez bonne en temps ordinaire jusqu'à la colline de Latrûn, où quelques explorateurs modernes placent Modin, résidence du père des Machabées. Ensuite on pénètre dans des défilés rocailleux, charmants, pleins de fleurs quand nous les vîmes, animés par des troupeaux de chèvres et par la musette des bergers.

> Le chevreau noir qui doute
> Pendu sur un rocher
>   L'écoute,
> L'écoute s'approcher (1).

Puis l'on arrive aux restes d'une église gothique, à Kuryet-el-Enab, emplacement probable de Kirjat-Jearim, où l'arche sainte séjourna longtemps.

(1) **Alfred de Musset.**

C'était jadis la résidence du brigandeau Abou-Gosch, terreur des voyageurs, mais qui fut assez gracieux pour M. de Chateaubriand.

Quand on approche de Jérusalem les collines deviennent tristes et stériles; ce n'est qu'au moment d'arriver qu'on l'aperçoit enfin, blanche, avec la sombre masse des montagnes de Moab au delà.

En général, cependant, on emploie deux jours à faire ce trajet. On part assez tard de Jaffa et on couche le premier jour au couvent de Ramleh.

En ce moment, le pacha de Jérusalem fait faire une route; s'il persévère, chose qui n'est pas très-commune ici, on pourra bientôt aller en voiture de Jaffa à Jérusalem.

Nous quittons Ramleh de bon matin, et une avenue plantée d'arbres nous conduit à Lydda, où sont les belles ruines d'une église de Saint-Georges, patron de l'Angleterre, construite ou au moins réparée par Richard Cœur-de-Lion. L'architecture n'est pas d'un style très-correct; mais les chapiteaux de marbre, bien travaillés, sont magnifiques.

C'est à Lydda que saint Pierre guérit Énée le paralytique et qu'il rendit à la vie Tabithe, en grec Dorcas, sainte femme dont « la vie était remplie de bonnes œuvres et d'aumônes. » (Actes des Apôtres, IX, 36.)

De Lydda à Jaffa nous traversons la plaine de Sarons, qui ne demanderait qu'un peu de travail et de sécurité pour redevenir admirablement fertile.

En approchant de Jaffa nous trouvons de beaux jardins d'orangers et de citronniers qui forment comme une forêt. Les oranges surtout sont superbes, sans être encore assez mûres. Quels arbres magnifiques! Ces jardins prouvent ce qu'on pourrait tirer de ce sol.

Jaffa est une ville sale et puante, mais elle a l'air animée. Elle date de l'antiquité la plus reculée. Le paganisme plaçait ici la scène de la délivrance d'Andromède par Persée.

Mais restons dans le domaine de l'histoire.

Jaffa était le seul port des Juifs sur la Méditerranée jusqu'au jour où Hérode le Grand construisit Césarée. Les autres ports mentionnés dans les règnes de David et de Salomon sont les ports de la Phénicie qui leur étaient ouverts par une alliance intime avec Hiram, roi de Tyr, « et Asion-Gaber, près d'Ailath, sur le rivage de la mer Rouge, dans la terre d'Idumée. » (III Rois, IX, 26.) La bourgade moderne d'Akaba doit montrer environ l'emplacement d'Asion-Gaber.

C'est à Jaffa que débarquaient les charpentes de cèdre pour la construction du temple qui venaient de Byblos.

Avant de prendre leur essor vers l'Occident qu'ils devaient conquérir, nous voyons les apôtres séjourner sur les côtes de la Palestine. Philippe, après avoir baptisé l'eunuque de la reine Candace se rend à Ashod, puis à Césarée, avec ses filles, les premières vierges chrétiennes qui semblent avoir vécu en communauté.

Pierre habite à Jaffa dans la maison de Simon le corroyeur, située sur le bord de la mer. C'est là que pendant que les serviteurs du centurion romain Corneille s'approchaient de la ville,

Pierre monta au haut de la maison vers la sixième heure, pour prier. Et ayant faim, il voulut manger. Pendant qu'on préparait sa nourriture, un ravissement d'esprit lui survint : Et il vit le ciel ouvert et comme une grande nappe suspendue par les quatre coins, qui descendait du ciel jusqu'à terre. Là, étaient toutes sortes de quadrupèdes, de reptiles et d'oiseaux du ciel. Et une voix vint à lui : Lève-toi, Pierre, tue et mange. Or Pierre dit : Non, Seigneur ; car je n'ai rien mangé d'impur ou de souillé.

La voix dit une seconde fois : N'appelle point impur ce que Dieu a purifié. Cela fut fait par trois fois ; et aussitôt la nappe rentra dans le ciel. Et tandis que Pierre hésitait sur ce que signifiait la vision qu'il avait eue, voilà que les hommes que Corneille avait envoyés, demandant la maison de Simon se présentèrent à la porte.

Et ayant appelé quelqu'un, ils s'informèrent si ce n'était pas là qu'habitait Simon, surnommé Pierre.

Or, Pierre songeant à sa vision, l'Esprit lui dit : Voilà trois hommes qui te demandent.

Lève-toi donc, et n'hésite pas à aller avec eux, car moi je les ai envoyés.

Or Pierre descendant vers eux, leur dit : Je suis celui que vous cherchez, quelle est la cause qui vous amène?

Ils répondirent : Corneille, centurion, homme juste et craignant Dieu selon le témoignage que lui rend toute la nation des Juifs, a reçu d'un saint ange l'ordre de vous appeler chez lui et d'écouter vos paroles.

Pierre les fit donc entrer et les reçut en sa maison. Et le jour suivant il partit avec eux, et quelques-uns des frères de Joppé l'accompagnèrent.

Pierre partit donc avec eux pour Césarée, et guidé par la révélation divine, il baptisa Corneille le premier des chrétiens Romains.

Pierre revint à Jaffa, et c'est de ce port qu'il partit pour l'Italie.

Au moyen âge et dans les temps modernes, Jaffa est célèbre comme le port de Jérusalem, tous les illustres pèlerins y passent depuis l'anglo-saxon Sœwulf jusqu'à saint Ignace de Loyola.

Les souvenirs de tous les temps se pressent donc sur une plage où nous foulâmes pour la première fois en 1861 la vieille terre d'Asie.

Quand nous y arrivons aujourd'hui le bateau des Messageries *le Volga*, est en rade, prêt à partir pour Beyrouth.

Nous nous décidons à retourner pour deux jours à Beyrouth pour être sûrs de ne pas manquer notre départ pour l'Egypte, car dès que la mer est grosse, la rade de Jaffa devient si mauvaise que pendant des quinzaines de jours quelquefois, les bateaux à vapeur ne peuvent communiquer avec la terre. C'est une des grandes difficultés du voyage de Jérusalem en hiver. Du reste, de décembre à mars, on fera mieux de ne pas être en Syrie. Voyageurs en perspective qui lirez ce livre, mettez-vous bien dans la tête ces deux vérités :

1º Il fait très-mauvais pendant l'hiver en Syrie et en Palestine ; 2º Pour voyager avec plaisir en campant sous la tente il faut absolument du beau temps.

CHAPITRE X.

DE PALESTINE EN ÉGYPTE.

Beyrouth. — Gérard de Nerval. — Cloches du soir. — Le Bâb. — Le Bâbisme. — Port-Saïd. — Alexandrie d'Égypte. — Histoire de Méhémet-Ali. — Voyage de Palgrave en Arabie. — Les Wahabites. — Abbas-Pacha. — Saïd-Pacha. — Son Altesse Ismaïl Pacha et le choléra. — Le Delta. — Lettre d'Amrou. — Le Nil et le prince Albert. — Mœurs de l'Égypte.

20, 21, 22, 23, 24, 25 NOVEMBRE. — Nous mettons une nuit à franchir la distance qui sépare Jaffa de Beyrouth. A Beyrouth nous restons deux jours, très-heureux de nous retrouver dans l'excellent hôtel Bellevue. La neige couvre les hauts sommets du Liban, et notre voyage dans la montagne serait impossible maintenant.

Dans l'après-midi du 22, nous nous embarquons à bord du bateau des messageries l'*Ilissus*. Nous ne sommes pas fâchés d'être débarrassés d'une suite aussi coûteuse que nombreuse, et de toute la cérémonie des adieux qui peut être dépeinte par le mot sempiternel de *backsheech*.

C'est avec peine, cependant, que je quitte mes braves porteurs maronites et que je perds de vue la bonne figure de Botrus et son sourire résigné et doux.

Assis sur le pont, ayant devant nous le magnifique panorama de Beyrouth et du Liban, nous lisons les descriptions si justes et si vivantes de Gérard de Nerval, un des poëtes les plus sympathiques de la génération de 1830 et dont un suicide affreux devait terminer si misérablement la vie. Sans doute, il était assez fou, mais peu d'hommes de son temps sentirent aussi profondément la beauté. C'est dans un accès de folie qu'il écrivit ce sonnet bizarre :

> Je suis le ténébreux, le veuf, l'inconsolé,
> Le prince d'Aquitaine, à la tour abolie :
> Ma seule étoile est morte et mon luth constellé
> Porte le soleil noir de la mélancolie.
>
> Dans la nuit du tombeau toi qui m'as consolé,
> Rends-moi le Pausilippe et la mer d'Italie,
> La fleur qui plaisait tant à mon cœur désolé,
> Et la treille où le pampre à la rose s'allie.
>
> Suis-je Amour ou Phébus, Lusignan ou Byron ?
> Mon front est rouge encor du baiser de la reine,
> J'ai rêvé dans la grotte où nage la sirène,
>
> Et j'ai deux fois vainqueur traversé l'Achéron ;
> Modulant tour à tour sur la lyre d'Orphée,
> Les soupirs de la sainte et les cris de la fée.

N'y trouve-t-on pas quelque chose de pénétrant et de suave comme ces climats du soleil Naples ou le Bosphore ?

Mais voici d'autres souvenirs.

Le jour tombe et les riches teintes lilas pâlissent rapidement sur les premières assises du Liban, tandis que le Sunnin couvert de neiges reste longtemps rose encore. Partant des monastères européens de la ville, des couvents maronites plus loin dans la campagne, des sons de cloches retentissent dans l'air.

> Era gia l' ora, che volge' l disio
> A' naviganti, e' ntenerisce' l cuore
> Lo di, c' han detto a dolci amici a Dio :
>
> E che il nuovo peregrin d' amore
> Punge, se ode squilla di lontano,
> Che paia il giorno pianger, che si muore.
>
> (Purgatoire, chant VIII.)

C'est à leurs tintements que nous levons l'ancre et tournons le Ras Beyrouth par une belle nuit.

Je quitte donc, peut-être pour toujours, cette vieille terre d'Asie dont le nom seul produit sur l'âme une si étrange fascination. Plus jeune et moins malade j'aurais voulu voir plus loin. Bagdad et Haroun-el-Reschid, le champ de bataille de Kerbela, la Perse, la Bactriane et la Sogdiane berceau de cette noble race Aryenne à laquelle j'ai le bonheur d'appartenir.

Mais le sort en a décidé autrement. Soyons satisfaits d'avoir déjà beaucoup vu, et cependant, quelle lacune dans une vie de voyages que de ne pas connaître cette Perse étrange, toujours conquise, toujours nationale et finissant toujours par absorber ses conquérants.

C'est elle qui, intimement liée à nous par son origine, vit fleurir ces royaumes de Chaldée, les premiers des grands empires que devait fonder la race Aryenne dans sa marche de l'Himalaya à l'Océan. C'est elle qui par la légende d'Ali et des Imans jette un peu de poésie sur le mahométisme. C'est elle qui est en train en ce moment,

---

(1) C'était l'heure où revient l'ardente rêverie
  Et du navigateur gagne l'âme attendrie
  Le jour des chers adieux quand il a dû partir;

  L'heure où se sent poigné d'une amoureuse peine
  Le nouveau pèlerin, si la cloche lointaine
  Tinte, comme en pleurant le jour qui va mourir.

peut-être, de donner une religion nouvelle au centre de l'Asie.

Car le bâbisme mérite d'appeler l'attention de tous les esprits sérieux. Cette conception qui par sa théorie des Eons, manifestations multiples de Dieu, tient au gnosticisme et aux vieux cultes de la Chaldée, a déjà poussé depuis quinze ans de profondes racines. Elle a l'avantage de se rapprocher, dans cette Asie qui n'oublie rien, des vieilles idées populaires que le mahométisme n'a jamais pu étouffer, en Perse surtout. Si le Bâb (1) suspendu par une corde aux murailles de Tébriz et échappant comme par miracle à une fusillade bien nourrie qui avait seulement coupé le lien qui l'attachait, au lieu de se réfugier dans un corps de garde où il fut massacré, s'était jeté parmi la foule émue, prête à tourner, il est probable que le bâbisme dominerait aujourd'hui en Perse et que le Bâb aurait remplacé sur le trône la dynastie kadjare fondée en 1794. La mort du fondateur et de plusieurs de ses dix-neuf Eons, dont un au moins doit être une femme, n'a pas désorganisé la secte. Ils ont été remplacés, et le bâbisme gagne du terrain dans tout le centre de l'Asie. Les bâbis soupçonnés, quoique pas entièrement connus, sont partout dans l'Asie Centrale, comme les chrétiens l'étaient à Rome à la fin du second siècle. D'un jour à l'autre ils peuvent faire surgir de grands événements.

Le prophète de cette religion, Seyd-Mirza-Aly-Mohammed, était de Shyraz, d'une famille distinguée qui avait la prétention de descendre d'Ali et de Hossein. Il commença à prêcher tout jeune, entre les années 1845 et

(1) Lisez sur le Bâbisme le livre si intéressant de M. de Gobineau : *Les religions et les philosophies dans l'Asie Centrale.*

1848; quand il périt en 1851, il n'avait pas vingt-sept ans. Il se donna le nom de Bâb qui signifie porte, car il était la Porte par laquelle on arrivait aux vérités éternelles ; mais ses disciples l'appelèrent plutôt Hezret-e-Ala (l'Altesse Sublime).

Il était d'une grande beauté, et sa douceur, son charme agissaient sur les cœurs. Cependant plusieurs des sectaires les plus intrépides ne l'avaient jamais vu, Moulla-Hossein-Boushrewyeh entre autres, qui conduisit avec tant de vigueur l'insurrection du Mazendaran. Le Bâb ne paraît pas avoir encouragé cette révolte, ni celle de Zendjan, il n'en fut pas moins sacrifié à la raison d'État encore plus odieuse en Asie qu'en Europe.

Le courage des bâbis, leur impassibilité dans le martyre sont un des traits les plus frappants de cette manifestation bizarre. Suspendu près du Bâb, le long des murs de Tebriz, un de ses compagnons ne prononçait que ces paroles : « Maître, es-tu content de moi ? »

A la suite de l'attentat manqué contre la personne du roi, pour venger la mort du Bâb, le bâbisme fut réprimé d'une façon effroyable à Téhéran.

« On vit alors, » je cite M. de Gobineau :

On vit ce jour-là, dans les rues et les bazars de Téhéran, un spectacle que la population semble devoir n'oublier jamais. Quand la conversation, encore aujourd'hui, se met sur cette matière, on peut juger de l'admiration horrible que la foule éprouva et que les années n'ont pas diminuée.

On vit s'avancer, entre les bourreaux, des enfants et des femmes, les chairs ouvertes sur tout le corps, avec des mèches allumées flambantes fichées dans les blessures. On traînait les victimes par des cordes et on les faisait marcher à coups de fouet.

Enfants et femmes s'avançaient en chantant un verset qui dit : « En vérité, nous venons de Dieu et nous retournons à lui ! »

Leurs voix s'élevaient éclatantes au-dessus du silence profond de la foule, car la population Tehérany n'est ni méchante, ni très-croyante à l'Islam. Quand un des suppliciés tombait et qu'on le faisait relever à coups de fouet ou de baïonnettes, pour peu que la perte de son sang, qui ruisselait sur tous ses membres, lui laissât encore un peu de force, il se mettait à danser et criait avec un surcroît d'enthousiasme : « En vérité nous sommes à Dieu et nous retournons à lui ! » Quelques-uns des enfants expirèrent dans le trajet. Les bourreaux jetèrent leurs corps sous les pieds de leurs pères et de leurs sœurs, qui marchèrent fièrement dessus et ne leur donnèrent pas deux regards.

Quand on arriva au lieu d'exécution, près de la porte neuve, on proposa encore aux victimes la vie pour leur abjuration, et ce qui semblait difficile, on trouva même à leur appliquer des moyens d'intimidation. Un bourreau imagina de dire à un père que s'il ne cédait pas, il couperait la gorge à ses fils sur sa poitrine. C'étaient deux petits garçons dont l'aîné avait quatorze ans, et qui, rouges de leur propre sang, les chairs calcinées, écoutaient froidement le dialogue; le père répondit, en se couchant par terre, qu'il était prêt, et l'aîné des enfants, réclamant avec emportement son droit d'aînesse, demanda à être égorgé le premier.

Il n'est pas impossible que le bourreau lui ait refusé cette dernière satisfaction. Enfin tout fut achevé; la nuit tomba sur un amas de chairs informes; les têtes étaient attachées en paquets au poteau de justice, et les chiens du faubourg se dirigeaient par troupe de ce côté.

Cette journée donna au Bâb plus de partisans secrets que bien des prédications n'auraient pu faire.

Le 23 nous passons la journée devant Jaffa. La mer est déjà grosse, et nous craignons trop pour songer à débarquer, qu'un coup de vent ne s'élève pendant que nous servons à terre.

Le 24 au matin, nous arrivons à Port-Saïd. Nous entrons difficilement dans le port, car le passage est étroit et malgré les dragues et l'immense jetée (qui n'est point terminée, il est vrai), on a beaucoup de peine à se préserver des bancs de sable. A vrai dire, cela ressemble un peu au rocher de Sisyphe ou au tonneau des Danaïdes.

Port-Saïd est assurément une création étonnante, principalement quand on pense que tout, jusqu'au sol y est artificiel. Cela ressemble à un décor de théâtre. Il faut s'empresser d'ajouter, à un bien vilain décor, d'affreuses maisons de carton avec des rues de sable où l'on avance péniblement. Aucun signe de végétation, et c'est grand bonheur, car dans ce climat brûlant, les feuilles et les plantes pourrissant dans des eaux peu profondes, entretiendraient des fièvres putrides dans le genre de celles des côtes de Madagascar.

La ville se compose du comptoir européen et du village arabe. Le comptoir est un mélange d'usines, de guinguettes et de maisons dont je laisse à deviner l'usage. La plus belle, garnie par les rebuts de Marseille, porte le nom glorieux de « café Garibaldi. » Serait-ce là, par hasard, que le héros recrute le plus grand nombre de ses adorateurs?

Je visite, pour l'acquit de ma conscience, les ateliers des forges et chantiers avec leurs dragues énormes et l'atelier où l'on confectionne les masses de béton pour la jetée. Chacune de ces masses porte un numéro; en ce moment on peut apercevoir au bout du brise-lame le 15,367. Mais, l'avouerai-je, ces ateliers, ces machines me laissent entièrement froid. Je crois même qu'ils m'ennuient parfaitement. Je sens bien que je vais tomber à plat dans l'estime des dix-neuf vingtièmes de l'univers. Je suis indigne de mon siècle. Je m'en console en songeant qu'après tout cette infirmité n'est pas plus terrible que celle des foules ahuries qui n'ont d'autre dieu que l'industrialisme.

Je suis donc entièrement incompétent à parler de Port-Saïd et du canal de Suez. Mais comme on ne peut pas venir en Égypte sans donner son opinion sur ce sujet, je dirai que c'est une entreprise gigantesque conçue avec audace par un homme extraordinaire et conduite avec une énergie qui mérite de réussir et qui a l'air de réussir.

Le canal d'eau douce est terminé, les travaux de Port-Saïd avancent malgré les difficultés de l'ensablement et sur le canal lui-même on peut voyager en barque.

Il faut ajouter qu'il est difficile de concevoir comment les recettes pourront fournir l'intérêt des sommes prodigieuses qui y ont été prodiguées et y sont prodiguées encore.

Pendant que nous sommes à Port-Saïd le vent du désert commence à souffler. Le ciel se décolore, le soleil paraît comme un disque pâle au milieu des nuées de poussière. C'est bien ce mélange de sensualisme et de mort présent partout en Égypte. Cette lutte de deux éléments où le sombre Typhon triomphe parfois du divin Osiris.

Une mer furieuse nous ballotte cruellement depuis quatre heures de l'après-midi jusqu'à deux heures du soir le 25, quand le bateau franchit enfin, non sans peine, les passes difficiles du port d'Alexandrie.

Nous débarquons à la hâte au milieu d'une populace insolente et désagréable, et gagnons l'hôtel Abbat, vaste caravansérail encombré par les passagers de la malle de l'Inde.

La journée se passe dans la lecture joyeuse de bonnes lettres des nôtres. Enfin nous voici assez rapprochés pour recevoir des nouvelles un peu récentes. Ce n'est qu'ici que j'apprends un peu clairement les événements de Rome, où l'Italie, guidée par la fourberie grossière de Rattazzi et l'extravagance de Garibaldi, a joué un si triste rôle. Au moins la France, quoique bien tard, a fait son devoir.

Alexandrie, 26-27 novembre. — Alexandrie s'est beaucoup agrandie depuis 1861. Des maisons, des rues nouvelles ont été bâties de tous côtés dans le quartier européen, comme dans le quartier arabe. Cette ville qui fut si vaste dans l'antiquité, est en train de le redevenir. Plusieurs personnes du pays me disent qu'en comptant les grands villages indigènes qui sont aux portes, l'agglomération alexandrine peut aller de 500,000 à 600,000 âmes. Ce chiffre paraît énorme. Cependant en parcourant la ville et les environs, on est frappé du fourmillement immense de tout un peuple affairé.

L'animation de la place des Consuls, le nombre des voitures, la richesse des magasins, paraissent doublés.

On se sent vraiment dans une très-grande ville. A chaque pas, on entend des langues autres que l'arabe.

L'italien prédomine et je retrouve avec joie tous ses dialectes depuis le napolitain grotesque jusqu'au gracieux zézayement vénitien.

Il y a plus de 100,000 étrangers à Alexandrie, Italiens, Grecs, Français, etc.

Ils ne forment pas l'élite de la population. A vrai dire, cette cité est devenue la sentine de la Méditerranée. C'est un endroit de jeux, de rixes et de tripots. Un San-

Francisco africain. L'insécurité y est extrême. Peu de nuits se passent sans vols ni assassinats.

Ce genre de ville peut plaire un moment à cause de l'indépendance qui règne au milieu de cette exubérance de vie; mais elle doit être bien désagréable à habiter pour ceux qui ne veulent pas hurler avec les loups.

Alexandrie présente, du reste, extrêmement peu de ressources à ceux qui aiment les souvenirs d'autrefois. On ne trouve presque aucune trace de la ville antique, si célèbre par sa magnificence. Une promenade à la colonne dite de Pompée, aux catacombes, à l'aiguille de Cléopâtre et voilà tout. On rencontrerait encore bien des choses peut-être, en fouillant dans l'immense amas de décombres, mais cela n'a pas été fait.

La nature n'est pas belle. Le pays est plat. Pas de lignes. Cependant le nouveau port et le rocher de Pharos, vus de l'aiguille de Cléopâtre, au coucher du soleil, ont quelque chose de grandiose qui plaît aux yeux.

Le vieux port (Eunostus), qui seul sert maintenant, présente un aspect très-animé; mais rien de plus. La langue de terre qui le protége au nord (*Ras et Tin*, cap du Figuier), porte un lourd palais du plus mauvais goût de Constantinople qui n'a pour lui que sa position très-fraîche et très-exposée aux brises de mer en été.

On gagne beaucoup d'argent à Alexandrie et les négociants et les pachas d'origine européenne pour tâcher d'égayer leur vie monotone, se livrent au goût de la truelle et au luxe des jardins.

Leurs villas, ainsi que celles de la famille régnante, bordent pendant quelques kilomètres le Mahmoudied. C'est le canal construit par Méhémet-Ali pour relier le

Nil au port d'Alexandrie. Il lui donna le nom du sultan dont il était le si obéissant sujet.

Je ne puis dire grand chose de l'architecture de ces villas, ni de leur triste vue sur le lac Maréotis, lagune qui se dessèche de jour en jour, mais les jardins sont charmants. Le climat, le sol d'Alexandrie conviennent aux fleurs. On en voit de toutes les espèces et en grande profusion, malgré la saison si avancée.

Même sans entrer dans ces jardins bien tenus, on peut voir à l'une des extrémités de la ville de beaux vergers plantés de palmiers et de bananiers à l'aspect pittoresque et oriental. Les régimes de dattes sont encore en grande partie sur les arbres. On les vend pour quelques paras aux promeneurs qui viennent faire le *kief* à l'ombre. Viennent-ils seulement faire le *kief*. Les environs ne sont pas trop bien fréquentés et ces vergers s'appelleraient peut-être en Chine des *jardins à thé*.

Je suppose que je n'ai pas besoin de dire qu'Alexandrie fut fondée par Alexandre le Grand. Elle fut la capitale des Ptolémées, et sous l'empire romain, elle rivalisa de splendeur avec Rome. Sa population était célèbre par ses tumultes, preuve certaine que comme aujourd'hui, elle n'était qu'à moitié égyptienne. La douceur des fellahs est remarquable depuis les Pharaons jusqu'à nos jours. Alexandrie déclina sous les Arabes. Au moyen âge on la voit éclipsée par Rosette et Damiette. Elle redevient le port de l'Égypte sous les mameloucks et on y voit débarquer l'expédition française sous Bonaparte, mais elle ne reprend son essor qu'à l'époque où Méhémet-Ali entre en scène.

C'est le moment de résumer en quelques mots l'histoire moderne de l'Égypte, car en parlant du Caire, il y sera nécessairement fait allusion.

Méhémet-Ali naquit en 1769, de parents obscurs, à la Cavale, petite ville de Roumélie entre Thessalonique et Andrinople. Il embrassa de bonne heure l'état militaire, et à vingt ans nous le voyons déjà marié avec la veuve d'un officier dont il prit et la place et la femme. Il fut envoyé en Égypte lors de l'expédition française, et se distingua si bien que, vers l'âge de trente-deux ans, il avait déjà atteint le rang de général.

Du reste, il ne faut jamais oublier, en parlant de l'Orient, que l'égalité complète s'y trouve mêlée au despotisme turc. Le rang héréditaire existe parmi les Arabes du désert; à Constantinople, c'est le caprice du maître qui fait tout. Un esclave peut fort bien devenir grand vizir.

En 1806, Méhémet-Ali fut nommé pacha d'Égypte. Le pays était alors dans le plus grand désordre. L'invasion française avait désorganisé le système de gouvernement des mamelouks. Cependant ils étaient puissants encore dans la haute Égypte. Pour consolider son pouvoir, Méhémet-Ali devait se débarrasser d'eux. Le 1er mars 1811, il attira 400 à 500 des principaux mamelouks dans la citadelle du Caire, sous prétexte d'une négociation. Ils y furent massacrés. Ceux qui se trouvaient dans la ville du Caire partagèrent leur sort. La masse du peuple, fatiguée de leur tyrannie, ne leur donna aucun secours.

Débarrassé de ces adversaires qui le dédaignaient (car comment comprendre sans cela leur imprudence à aller se mettre dans la gueule du lion), Méhémet-Ali dirigea tous ses efforts contre les villes saintes, qu'il avait ordre de reconquérir sur les Wahabites.

Ce n'est pas ici le lieu de donner l'histoire de cette secte fanatique et grossière, les Jean Knox et les Calvin du mahométisme, secte encore puissante dans la partie de l'Arabie qui s'étend entre la Mecque et le golfe Persique. Palgrave (1) les a peints au vif, et leur mélange de débauches bizarres et cachées, de tristesse farouche et de goûts sanguinaires, rappelle tout à fait les puritains.

Au commencement de ce siècle, ils s'étaient emparés de la Mecque et de Médine, où ils avaient commis les plus grands excès.

Méhémet-Ali marcha contre eux. Il reprit les villes saintes, brisa leur pouvoir et les frappa au cœur par

---

(1) William Giffard Palgrave était d'une famille juive qui se convertit à l'anglicanisme. Après avoir été pendant quelque temps officier dans l'armée des Indes, il devint catholique et entra dans la société de Jésus. Il fut envoyé en Syrie où il montra le plus grand zèle. Travailleur infatigable, il parvint à acquérir une connaissance approfondie de la langue arabe. Étant revenu en Europe il soumit à l'empereur Napoléon III un plan pour l'exploration de l'Arabie centrale qui fut favorablement accueilli. Devant le désir manifesté par ce souverain, les supérieurs du père Palgrave crurent ne pas devoir refuser leur permission. Ils se méfiaient cependant de sa tête bizarre. Il partit avec un jeune chrétien de Damas se donnant pour un médecin syrien mais ne dissimulant pas sa religion. Il pénétra ainsi jusqu'à Riad, la capitale actuelle des Wahabites, où régnait encore à cette époque (1862-1863) Feysul, vieux tyran soupçonneux et rusé, du genre de notre Louis XI à Plessis-les-Tours. Palgrave y courut de grands dangers dont son adresse seule le sauva. Il gagna de là les bords du golfe Persique et retourna en Syrie par Bagdad. Là, au lieu de rentrer dans les couvents de son ordre, il vécut en laïque et quand il alla en Angleterre pour publier son ouvrage sur l'Arabie centrale il se fit luthérien. Il s'est marié depuis et a été nommé consul de Prusse à Trébizonde. En matière religieuse, on peut croire sans grand effort de charité que son cerveau n'est pas bien solide. Son livre n'en est pas moins extrêmement intéressant. Il est écrit avec goût, tandis que d'autres explorateurs comme Barth, Livingstone n'ont malheureusement pas la moindre notion littéraire.

la prise de Derayeh, leur capitale, qu'il détruisît. Ses fils Ibrahim et Tossoun montrèrent, pendant cette guerre, de vrais talents militaires

Méhémet-Ali, de retour en Égypte, y fortifia sa puissance, envoya des expéditions en Nubie, donna une vive impulsion au commerce et fit incontestablement de grandes choses, quoique en employant souvent des moyens trop barbares.

Le sultan Mahmoud commenca à être jaloux de lui et à lui tendre toutes sortes de piéges. Lorsque l'insurrection de la Grèce éclata, il lui donna la mission de la dompter, espérant affaiblir ainsi ses deux ennemis. Mais l'intervention européenne délivra la Grèce à la suite de la bataille de Navarin, 1827.

Pour prix de ses services et en dédommagement des pertes énormes qu'il avait faites en Grèce, Méhémet-Ali demanda le gouvernement de la Syrie. Mahmoud le lui ayant refusé, il s'en empara, 1831-1832. De cette époque jusqu'en 1840, date le moment le plus brillant de la vie de Méhémet-Ali. Soutenu par la France, il était le maître absolu de la plus grande partie de l'Orient. Son fils Ibrahim-Pacha administrait avec habileté la Syrie. Une sécurité inconnue pendant des siècles régnait dans ses États. Son armée, disciplinée par des officiers francais, l'emportait de beaucoup sur les troupes ottomanes. En 1839, le sultan Mahmoud, peu de temps avant sa mort, ayant voulu reprendre la Syrie, Ibrahim-Pacha mit en déroute l'armée impériale, et se serait emparé de Constantinople s'il n'avait été arrêté par l'intervention des puissances européennes.

La Russie, craignant de voir un gouvernement vigoureux s'établir à Constantinople; l'Angleterre, guidée par une jalousie mesquine envers la France, dont lord Palmerston a assez vécu pour se repentir, formèrent, avec les puissances allemandes, une coalition contre Méhémet-Ali. La France, peut-être à tort, ne crut pas devoir s'engager dans une guerre formidable, et Ibrahim-Pacha, après une courte résistance, fut obligé d'évacuer la Syrie ; en revanche, les traités de 1841 assurèrent à la famille de Méhémet-Ali la possession héréditaire de l'Égypte sous la suzeraineté nominale de la Turquie.

En 1847, Méhémet-Ali tomba en enfance. Grand amateur de femmes, il avait fait abus de potions excitantes quand les forces lui faisaient défaut, chose peu extraordinaire à soixante-dix ans passés.

Ibrahim-Pacha prit les rênes du gouvernement, mais il mourut au bout d'un an, et Méhémet-Ali fut de nouveau souverain nominal de l'Égypte jusqu'à sa mort, en novembre 1849.

La nouvelle de la révolution de 1848 le tira un moment de sa torpeur ; il avait toujours aimé le roi Louis-Philippe, et il répétait continuellement qu'il voulait se mettre à la tête de son armée pour le ramener à Paris. Mélancoliques hallucinations de la vieillesse qui montrent au moins un cœur capable d'attachement.

C'était en effet une des qualités de Méhémet-Ali. Sa nature était affectueuse, il était sincère et fidèle ami. Sorti du peuple, il avait gardé la bonne humeur, la gaieté des basses classes turques. Il n'avait pas adopté l'ennui solennel des pachas.

Entouré de personnes sympathiques, il était aimable, bon enfant, et son regard, son sourire étaient charmants. Il est impossible de ne pas être frappé de l'affection avec laquelle on parle de lui après tant d'années.

Irrité, il devenait terrible : mais sa colère était juste en général. Il pouvait être cruel, mais cela durait peu. Pour l'Orient, ce fut un très-grand prince. Il n'était pas aveuglé par l'orgueil. Sur les choses qu'il ne connaissait pas bien, il demandait et écoutait volontiers un conseil. Quoiqu'il fût sans éducation, la vigueur d'un esprit juste et que ne troublaient pas les fumées de la vanité lui faisait distinguer le vrai. Comme Runjet-Sing à Lahore, il aurait aimé Jacquemont. Tout ce qui est encore un peu passable en Égypte date de lui.

Il eut pour successeur son petit-fils Abbas-Pacha, fils de Tossoun, mort depuis un grand nombre d'années. Selon la loi dynastique turque, ce n'est pas le fils qui succède nécessairement au père. C'est l'individu le plus âgé de la famille. Aussi, pour assurer leur trône à leurs descendants, le premier acte des sultans d'autrefois était de faire mettre à mort tous leurs frères. Maintenant l'opinion publique de l'Occident empêche ces atrocités, mais on a encore recours aux empoisonnements. Le vice-roi actuel, S. A. Ismaïl-Pacha, a obtenu de Constantinople un firman qui l'autorise à transmettre l'Égypte à son fils aîné, au détriment de son frère et de son oncle ; mais ce document, qui lui a coûté des sommes telles qu'il a contribué à appauvrir l'Égypte, n'a pas la sanction de l'Europe et ne vaut pas un centime.

Abbas-Pacha était un monstre. Sur une scène plus petite, il rivalisa avec Tibère et Domitien. Il sera plus d'une fois question de lui. On dirait qu'il avait étudié les monstrueuses horreurs du marquis de Sades. Son plaisir était de torturer les victimes de sa lubricité. Il était toujours entouré de mamelouks; quand il s'était rassasié d'eux, il leur faisait trancher la tête avec délices. Deux de ces infortunés le devancèrent, et une mort bien digne de sa vie le surprit au palais de Benha, dans la nuit du 13 au 14 juillet 1854.

Abbas-Pacha avait une peur inouïe des Européens; il sentait instinctivement que la France et l'Angleterre avaient tort de le tolérer. Il tremblait devant le consul de France, M. Sabatier. Pendant tout son règne il n'alla pas une seule fois à Alexandrie. « J'y verrais trop de chapeaux, » disait-il. Du reste, l'horreur pour notre ridicule tuyau de poêle est commune en Orient, et son successeur Saïd-Pacha, un tout autre homme, l'éprouvait aussi; pour être admis dans son intimité, il fallait porter le fez.

Saïd-Pacha, fils de Méhémet-Ali, succéda à son neveu. C'était un gros homme, louche, ventru, loustic à l'occasion, de bonne humeur en général mais sujet de temps en temps à des accès de colère furieuse. Il était brave de sa personne et ne manquait pas de vivacité d'intelligence. On le regrette maintenant. Pendant son règne, dans les dernières années surtout, il était un peu déconsidéré. On pourrait tracer sur Saïd-Pacha des tableaux curieux où défilerait toute la fantasmagorie des mœurs de l'Égypte.

Mais le sujet serait trop scabreux. Qu'il me suffise de dire que rien ne semble déplacé ici, si on y met un certain décorum; mais Saïd-Pacha avait pris parmi les aventuriers et aventurières d'Europe, où il avait été en partie élevé, des manières et une conversation si crapuleuses, qu'il en était embarrassant. Pour lui plaire on avait besoin de la désinvolture de l'abbé Alberoni auprès du duc de Vendôme. L'Égypte sous son règne, devint le pays de cocagne de tous les batteurs de grosse caisse, de tous les vendeurs d'orviétan modernes. Les histoires des glaces, de la machine du bateau à vapeur qui jouait de la musique ont été répétées à satiété. Quand quelques Européens respectables (et il y en a plus d'un en Égypte, il ne faut pas l'oublier) voulaient lui donner des avis. « Je le vois bien, disait-il, X... est un grand voleur, mais il est si amusant. »

Au milieu de tous ses caprices, qui frisaient de bien près la folie, quelques côtés généreux rappelaient son père Méhémet-Ali. Il était très-critiqué et assez aimé au fond quand il mourut en janvier 1863, d'une hémorrhagie suite de ses débauches. Il était venu se faire traiter en Europe en 1862, mais son impatience ne lui permit pas de terminer sa cure. Il expira dans un kiosque sur le canal d'Alexandrie qui porte, on ne sait pourquoi, le nom de palais n° 3.

Ismaïl-Pacha lui succéda. Il n'a pas réalisé les espérances qu'il donnait, et l'Égypte a rétrogradé sous lui. L'administration est désorganisée et les finances sont dans le plus triste état.

Ismaïl-Pacha est surtout connu en Europe par son héroïque conduite à l'époque du choléra. A la première apparition du fléau ce prince intrépide quitta ses États à grande vapeur et n'y revint que quand le danger fut entièrement passé. J'ai peine à ajouter que cet énergique instinct de préservation qui contraste avec l'imprudence d'autres souverains, ne fut pas apprécié à sa juste valeur par les Occidentaux.

Le principal soin du pacha est d'encenser le sultan (Saïd avait plus de dignité). Abdul-Azis, en flattant la vanité du vice-roi, lui fait tirer les marrons du feu (affaire de Crète) quand il ne lui prend pas des sommes énormes. Le pacha veut ménager aussi la chèvre et le chou, la France et l'Angleterre.

Si un colonel français est nommé gouverneur d'un fils, bien vite l'autre garçon doit être envoyé en Angleterre pour son éducation ; si on fait un compliment à l'isthme de Suez, il faut déclarer le lendemain que le commerce anglais est le soutien de l'Égypte. En ce moment l'expédition d'Abyssinie est son grand cauchemar.

Nous parlerons des résidences d'Abbas-Pacha. Saïd habitait principalement les environs d'Alexandrie, où il avait une douzaine de petites maisons, palais est un trop beau nom en vérité ; Ismaïl-Pacha préfère le séjour du Caire, en cela il a bien raison.

28 Novembre. — Nous prenons de bonne heure le chemin de fer pour le Caire. En sortant d'Alexandrie on traverse d'abord une partie du désert. Quand on arrive dans les terres fertiles, la première station que l'on trouve est Damanhour. En lisant les *Orientales* autrefois, nous croyions peu y passer un jour.

> Dis, crains-tu les filles de Grèce,
> Les lis pâles de Damanhour,
> Ou l'œil ardent de la négresse
> Qui, comme une jeune tigresse,
> Bondit rugissante d'amour ?

On traverse le Nil au pont tournant de Kefr-Zâyat. C'est là que périt (non sans laisser des soupçons sur la connivence de sa famille) Ahmed-Pacha, frère du vice-roi et héritier du trône sous Saïd. Le train où il se trouvait fut précipité dans le Nil. Halim-Pacha, son oncle, plus agile que lui, put se sauver à la nage.

On passe ensuite à Tantah, célèbre pour sa grande foire au printemps, où les dévotes musulmanes pour conjurer la stérilité font un sacrifice nocturne à Priape sur les marches de la mosquée.

L'autre branche principale du Nil (celle de Damiette) est franchie à Benha-Assal, près du grand palais désert qui vit la fin tragique mais si bien méritée d'Abbas-Pacha.

On aperçoit ensuite les Pyramides bleues à l'horizon, la chaîne aride du Mokattan, et l'on approche du Caire à travers de la verdure et de beaux jardins.

Une des meilleures descriptions de l'Égypte est celle donnée par Amrou dans une lettre au calife Omar. On y voit que le soi-disant farouche conquérant arabe, auquel on a attribué l'incendie de la bibliothèque d'Alexandrie, ne manquait pas de talent littéraire.

O commandeur des croyants ! l'Égypte est une terre noire et un champ vert entre une montagne pulvérisée et un sable rouge. De Syène à la mer, il y a un mois de voyage pour un homme à cheval. Le long de la vallée descend un fleuve sur lequel se répand, le matin et le soir, la bénédiction du Très-Haut, et qui s'élève et qui s'abaisse selon les révolutions du soleil et de la lune. Lorsque, chaque année, la Providence ouvre les portes aux fontaines et aux sources, qui nourrissent la terre, le Nil roule ses ondes, soulevées et mugissantes, à travers le royaume de l'Égypte, les champs sont submergés par ses eaux salutaires, et les villages communiquent entre eux au moyen de barques bariolées. L'inondation, en se retirant, laisse après elle un limon fertile où l'on dépose les diverses semences. La foule des cultivateurs, semblable à un essaim de fourmis industrieuses, noircit la terre. Leur paresse native est stimulée par le fouet des surveillants et par la perspective d'une abondante récolte. Rarement leur espoir est déçu ; mais les richesses qu'ils tirent du froment, de l'orge, du riz, des légumes, des arbres fruitiers et du bétail, sont inégalement partagées entre ceux qui travaillent et ceux qui possèdent. Selon la vicissitude des saisons, le pays se pare de l'argent des flots, de la verdure de l'émeraude et du jaune foncé d'une moisson dorée. »

Toute cette fertilité est due au Nil. La vue de ce fleuve, le plus vaste et le plus mystérieux courant d'eau de notre terre, ne peut laisser indifférents ceux qui ont quelque littérature. Il se mêle à cet intérêt un vif sentiment de curiosité. Les sources du Nil, qui préoccupaient Hérodote, Diodore de Sicile, Ptolémée, sont encore inconnues, quoique la découverte du lac Victoria-Nyanza, par Speke et Grant, et celle du lac Albert-Nyanza, par Samuel Baker, aient beaucoup éclairé la question. Avouons, en passant, que les explorateurs anglais ont un peu abusé de ces deux noms augustes, et que l'albertomanie, dont l'Angleterre commence à se lasser tant soit peu, embrouillera considérablement les futurs géographes. Du train où vont les bustes, les portraits, les statues, debout ou assises, couchées ou équestres, la figure de ce bon prince sera aussi connue des siècles futurs que celle de l'Antinoüs.

Mais revenons au Nil.

Chose curieuse, les découvertes récentes confirment en grande partie les traditions anciennes, qui paraissaient fabuleuses au commencement de ce siècle. L'antiquité savait vaguement que le Nil sortait d'un ou de plusieurs grands lacs; elle se doutait que la cause des crues régulières du Nil à l'automne, saison où les autres fleuves sont au plus bas, provenait des pluies d'été immenses, qui tombent dans l'Afrique centrale, en Abyssinie, ainsi que sur ces plateaux, vers les lacs, où Speke trouva le royaume de Mtesa, roi d'Uganda, et où Samuel Baker et son héroïque jeune femme Dalmate, furent cruellement traités par le vil et lâche Kamrasi, roi d'Unyoro.

Il n'entre pas dans le plan de ce journal, qu'on trouvera déjà peut-être trop étendu, de donner de longues citations ; mais que le lecteur relise la fin du premier livre de Diodore de Sicile, et le livre d'Euterpe d'Hérodote, si intéressant quand il parle de l'Égypte.

Il avait parcouru ce pays jusqu'à la première cataracte, et avait deviné le génie bizarre et licencieux de cette race, que le mélange de sang sémitique et l'islamisme n'ont pas tant changée qu'on le croit.

Le dévergondage inouï qui présidait à certaines fêtes antiques (lisez dans Hérodote, la description des fêtes de Bacchus), l'absence complète de toute retenue, sont encore dans les mœurs. Tandis que dans les autres pays musulmans, il y a une modestie apparente qu'envierait souvent la prude Angleterre, la nudité s'étale partout en Égypte. On dirait que le culte du phallus est encore en honneur. Il est impossible de donner même une idée des lubricités étranges, représentées par des acrobates à l'entrée de l'allée de Choubrah, où chaque jour les parents mènent leurs petits garçons et leurs petites filles, comme à Paris, à Guignol ou à la lanterne magique. Quelque partisan que l'on soit de tout ce qui est couleur locale, il est difficile de ne pas en être indigné. Pendant le Ramadan, et au Baïram, que je vis au Caire en 1861, toutes ces scènes redoublent d'intensité et produisent une atmosphère d'orgie fantastique, comme celle que décrit Gérard de Nerval en racontant la vie du calife Hakem.

CHAPITRE XI

LE CAIRE ET SUÈZ.

———

L'Esbeyeh. — Le mauvais goût de Son Altesse. — Les tombeaux des califes. — Les hôtels. — Le sultan Hakem. — Une averse. — Choubrah. — Halim-Pacha. — L'Abbassieh. — Les soldats égyptiens. — Héliopolis. — Kléber. — Les mosquées. — Les derviches hurleurs. — Une Marguerite de Bourgogne. — Les Pyramides. — Le désert de Suez. — L'hôtel *Pand O*. — M. Menachem. — Louis XV et Bouret — Souvenirs de Vienne.

Le Caire, 28 Novembre, 13 Décembre 1867. — Il fallait dire ce qui précède pour accentuer l'impression que donne le Caire ; mais sans que cette ville ait rien gagné en vertu — ces pays ne changent pas — elle a énormément perdu depuis l'avénement au trône de son Altesse actuelle, Ismaïl-Pacha.

Ce prince a fait tout ce qu'il était possible d'imaginer pour gâter le Caire. Que les amateurs du pittoresque, les gens hardis qui osent préférer le vieil Alger au boulevard Haussmann, se hâtent de venir ici, car on peut prévoir le jour où la beauté de l'ensemble sera détruite ; pour celle des détails, elle échappera longtemps encore, Dieu merci, aux caprices inintelligents d'un roitelet turc.

Autrefois, l'un des principaux charmes du Caire était l'Esbeyeh. Ce beau jardin, plein de verdure et d'oiseaux, était planté d'essences d'arbres très-variées, dont les fleurs diverses embaumaient l'air. Tout autour étaient des cafés, de petits théâtres, qu'assiégeait à toute heure du jour et de la nuit une foule joyeuse et bigarrée. Le soir, on y venait respirer la fraîcheur sous les grands arbres en écoutant la musique. L'Esbeyeh offrait un lieu de promenade unique en Orient, où les Européens, la nuit venue, sont obligés de rester maussadement enfermés chez eux. C'était une des causes de la prospérité du Caire comme station d'hiver.

Son Altesse a changé tout cela. Dans un jour néfaste, il vit le parc Monceaux et voulut l'imiter, mais il s'y prit à la turque. On commença par mettre le feu aux théâtres et aux cafés, puis on abattit, on ne sait trop pourquoi, bon nombre des plus beaux arbres qui gisent encore sur le sol. Il fut décidé ensuite qu'on détruirait la partie la plus agréable du jardin, pour y construire des maisons meublées, mais après avoir creusé quelques fondations, on se ravisa. Au centre on éleva un grand mur, qui commençait à être couronné d'une grille monumentale, assez étonnée de se trouver dans cette galère, quand la pénurie du trésor, conséquence de la visite du souverain à l'Exposition universelle, fit suspendre tous les travaux.

Dans l'état actuel, l'Esbeyeh n'est plus qu'un cloaque affreux, qui ne semble servir qu'à un seul usage, celui de latrine pour une bonne moitié de la population du Caire. On dit que Son Altesse ne manque pas de vanité. Je voudrais qu'elle pût entendre le tolle universel de tous les voyageurs ; une demie-heure à une table d'hôte de sa capitale, un jour de la malle des Indes, serait une petite leçon qu'elle mériterait bien.

On a aussi beaucoup gâté le Mousky. Les maisons arabes ont été démolies pour faire place à des constructions dont les moins laides sont dans le mauvais goût bâtard de Constantinople. En ce moment, troublé par les lauriers de l'illustre édile parisien, le Pacha fait percer une vaste trouée pour continuer la rue jusqu'à l'extrémité orientale de la ville.

Le soleil, la poussière et le vent s'en donnent à cœur joie dans cet espace beaucoup trop large pour le climat. On a été obligé d'établir, après coup, entre les maisons une disgracieuse toiture en planches, tant on a tort de vouloir singer l'Europe en ces pays.

Les coutumes, les vêtements, la manière de bâtir ont leur raison d'être. C'est par le côté moral et non par le côté matériel que devrait pénétrer notre civilisation. Malheureusement, c'est tout le contraire qui a lieu en Egypte. On y voit des Abbas-Pacha, et pour compensation on nous donne de plates imitations du style Haussmann, quand l'original n'est déjà pas si agréable.

Mais ce qu'on ne peut ôter au Caire, c'est l'extrême originalité de sa position. D'un côté, la riche vallée du Nil avec ses terres noires, sa végétation touffue et son fleuve qui ne le cède à aucun cours d'eau en célébrité et en mystère ; de l'autre les hauteurs roussâtres du Mokattan avec cet énorme ensemble de constructions qu'on nomme la citadelle ; enfin au nord et au nord-est le désert qui va jusqu'à la mer Rouge.

C'est une chose étrange que de quitter ces bazars si pleins de vie, de couleur et de richesse, et de se trouver au bout de quelques instants au milieu de l'aridité du désert. De ce côté-là du Caire, pas de faubourgs, pas de transition.

Dès qu'on sort de Bab-el-Nasr, quelques tombes, puis la solitude.

Les tourbillons de sable poussés par le Kiamsin viennent s'amonceler contre les vieux murs croulants de l'antique cité.

Dans une vallée de ce désert, à peu de distance de Bab-el-Nasr, se trouve la nécropole que les Européens appellent à tort les tombeaux des califes; mais le mot est consacré.

Ce sont les tombeaux de la dynastie de sultans circassiens ou mamelouks qui régnèrent en Egypte depuis la fin du quatorzième siècle jusqu'aux premières années du seizième, où le sultan Sélim soumit l'Égypte au trône de Constantinople, tout en laissant subsister une aristocratie mamelouke, qui dura jusqu'à Méhémet-Ali (1).

Ces monuments, auxquels sont souvent annexés des mosquées, forment, avec l'Alhambra de Grenade, les morceaux les plus exquis de l'architecture arabe.

Les plus beaux sont les tombeaux de Berkook, fondateur de la dynastie, qui eut la gloire de préserver l'Égypte de l'invasion des Tartares de Tamerlan, et de Kait-Bey, qui régna de 1468 à 1496, et résista toujours avec succès aux armées turques.

En revenant de ces tombeaux à la porte el Ghorée on s'aventure dans des buttes de sable mouvant. Une solitude morne, rien qui rappelle le voisinage d'une grande ville. On se croirait plutôt sur une de ces affreuses routes du Sahara, entre Tuggurt et le Souf. Le soleil est

---

(1) Lisez dans Volney l'histoire de ces maîtres étranges qui se recrutaient par l'esclavage, n'avaient jamais de famille (car le climat de l'Égypte est fatal aux enfants de race aryenne) et dont les habitudes répondaient si peu à toutes les idées générales.

brûlant. Tout à coup, du haut d'un monticule, on aperçoit la ville immense, les grands murs, les minarets gracieux découpés sur le ciel brillant.

C'est un coup de théâtre auquel vient s'ajouter le charme des sensations. On entre, et l'ombre et la fraîcheur des rues étroites reposent la vue et donnent un bien-être délicieux. Cette partie de la ville est aussi une des plus curieuses.

Elle n'a pas encore subi les *enlaidissements* d'Ismaïl-Pacha. De vieilles maisons aux façades sculptées, des moucharabys finement découpés, des fontaines aux arabesques charmantes, des femmes voilées, mystérieuses, une foule pittoresque parmi laquelle fait tache notre disgracieux costume. En un mot tout un chapitre des Mille et une Nuits, et avec cela de la douceur, de l'aménité, rien de la grossière malveillance de Damas ou de Hébron.

On arrive bientôt à la mosquée el Ezher (la splendide). C'est une des plus vastes mosquées du Caire. Elle a sept portes et contient de vastes portiques, des écoles de garçons et une bibliothèque, sorte de collége de doctes et graves musulmans dont les mœurs licencieuses forment un sujet inépuisable d'anecdotes aux mauvais plaisants du Caire.

Nous revenons ensuite à l'hôtel par le Mousky.

Le sujet de l'hôtel ne manque pas d'intérêt pour les voyageurs. Je suis descendu à l'hôtel des Ambassadeurs, ayant pour principe d'éviter les hôtels anglais où une propreté (douteuse) et un water closet plus soigné que les lits, ne compensent pas une nourriture exécrable.

La cuisine est excellente à l'hôtel des Ambassadeurs

et la propreté ne laisse rien à désirer; mais, pour avoir une chambre un peu convenable, je paye 28 francs par jour, 10 francs pour mon domestique, ce qui fait 38 francs par jour sans vin et aucun autre extra. Il n'y a pas de bouteille de vin au-dessous de 5 francs. Les heures de repas ne sont pas agréables, midi et sept heures et demie.

Je dois ajouter, pour être juste, que ce sont les prix et les heures du Caire. Je payerais à peu près aussi cher dans les autres hôtels sans être aussi bien. Mais cette cherté excessive de l'Égypte (tout est dans la même proportion, sauf les ânes), est un grand inconvénient (sans parler des autres) pour un séjour d'hiver.

L'Italie, le midi de l'Espagne sont bien préférables; et ceux qui se plaignent de l'augmentation de prix à Rome et à Naples (je ne parle pas du coupe-gorge de Nice) n'auraient pour se calmer qu'à passer une quinzaine de jours dans la capitale d'Ismaïl-Pacha.

―――

Le 3 décembre, nous assistons à un spectacle qui ne se présente pas souvent au Caire : c'est celui d'une grande pluie. Il se passe quelquefois des années sans que cela arrive. Nous avions été le matin, voir la mosquée du sultan Hakem.

Hakem est un sujet intéressant. Gérard de Nerval a écrit son histoire d'une façon un peu fantastique. Ce beau jeune prince, ardent, enivré de force et de désirs, se crut une incarnation de la divinité. C'est le dieu des Druses. Il fut aussi décrié qu'Héliogabale et peut-être sans plus de raison. La foule des laids est toujours si jalouse de la beauté. Il périt par suite d'une conjuration de haines féminines. Ce fut sa sœur qui le fit assassiner.

Sa mosquée est dans un coin du Caire près de Bab-el-Nasr. Elle date de l'an 1000. Elle couvre beaucoup de terrain: mais ce n'est plus qu'une ruine grandiose, remarquable par les arceaux en ogive, forme architecturale qu'on ne rencontre que cent ans plus tard en Europe. Ses minarets, d'une construction inusitée, ont quelque chose d'étrange qui fait songer à ce brillant moyen âge égyptien où la race persécutée d'Ali parvint enfin au califat de l'Afrique.

En revenant par les rues tortueuses du quartier copte, nous nous apercevions que le ciel devenait de plus en plus sombre, cependant les âniers assuraient qu'il ne tomberait que quelques gouttes d'eau. Tout à coup le tonnerre gronde d'une façon terrible, la foudre éclate sur l'Esbeyeh, et les rues sont changées en rivières de boue par une pluie diluvienne. L'orage dure plus de trois heures. L'eau entre dans les maisons, toutes les chambres du dernier étage sont inondées. Les boutiques se ferment.

Lorsque la pluie cesse je monte à âne et vais par curiosité dans le Mousky. Tout est désert, tout est barricadé: on dirait une ville prise par l'ennemi. C'est qu'une pluie au Caire est chose plus rare qu'un tremblement de terre dans beaucoup d'endroits. On ne construit pas en prévision du mauvais temps, et un orage comme celui de ce matin amène toujours la chute de quelques maisons. Le climat deviendrait-il plus pluvieux dans notre coin du globe? On serait tenté de le croire à voir les tristes étés de Paris. Ici, on le prétend; car, chose inouïe, il y a eu trois journées de pluie en cet an de grâce 1867.

La promenade en voiture, le Hyde-Park ou le bois de Boulogne du Caire est l'avenue de Choubrah. La poussière est le seul défaut de cette promenade; un peu d'arrosage y remédierait et le Nil n'est pas loin. De grands sycomores et des acacias qui ressemblent peu à la vilaine espèce d'Europe, qui n'a pour elle que sa fleur, forment au-dessus de la route un dôme impénétrable de verdure; d'un côté, on voit se détachant sur l'azur profond du ciel la chaîne du Mokattan; de l'autre, la riche vallée du Nil, et plus loin, en approchant de Choubrah, le fleuve lui-même, large, roulant ses eaux terreuses qui, sortant des solitudes inexplorées viennent donner la fertilité à l'Égypte.

Choubrah est une création de Méhémet-Ali, un rêve de pacha réalisé. C'est un beau jardin où des haies de géraniums bordent des massifs de citronniers, où des fleurs grimpantes aux calices bleus ou rouges courent parmi les roses et s'enlacent au tronc des orangers. Au milieu est un vaste kiosque de marbre blanc qui entoure un bassin d'eau qui vient du Nil.

Il peut être brillamment éclairé au gaz. C'est là, pendant les nuits d'été, que le Pacha faisait baigner ses femmes et se promenait poussé par elles dans un caique doré. Cela peut sembler charmant pour une fois; mais je doute que ce rêve oriental, s'il a été mis à exécution, se soit répété souvent. Ce serait bien fade à la longue, et la figure mâle de Méhémet-Ali avec sa barbe grisonnante me semble peu faite pour ce genre d'exercice céladon. Il aurait fallu à Choubrah un Alcibiade, un Hakem, un de ces beaux jeunes écervelés qu'on est tenté d'excuser quand on a devant les yeux la débauche plate et ennuyée de nos don Juan modernes.

Aux coins du kiosque se trouvent quatre salons meublés à l'européenne. De très-riches soieries de Lyon, mais pas d'un goût très-pur. Des portraits de famille, malgré les prescriptions du Coran qui défendent d'imiter la forme humaine et même celle des animaux. Mais, sous le rapport de l'indifférence religieuse, la dynastie égyptienne ne laisse rien à désirer à d'autres familles régnantes et est vraiment fort civilisée. Beaucoup de tableaux de chasse aussi, car le propriétaire actuel de Choubrah est un intrépide chasseur. C'est Halim-Pacha, le plus jeune des fils de Méhémet-Ali. J'ai fait avec lui le voyage de Constantinople à Vienne. A bord des bateaux à vapeur du Danube il se faisait filouter au jeu d'une manière fort réjouissante par les escrocs moldo-valaques. Ce n'en est pas moins le plus distingué des princes égyptiens ; il est vrai que ce compliment n'est pas un superlatif. Ismaïl-Pacha le craint et le persécute en même temps. Aux dernières nouvelles, Halim-Pacha avait été obligé de se mettre sous la protection des consuls de France et d'Angleterre pour échapper à la tyrannie capricieuse de son neveu. Ce n'est pas tout. Un soi-disant attentat contre le vice-roi a été organisé (octobre 1868), probablement par la police, pour compromettre Halim-Pacha.

Une balle jetée à la main aurait été trouvée dans la voiture de Son Altesse. On avouera que ce n'était rien de bien formidable. La population européenne est restée incrédule. Mais le monde officiel s'est vu forcé néanmoins de présenter des adresses, et Ismaïl-Pacha a répondu en invoquant la Providence dans ce style pompeux et pédant qui a été mis à la mode depuis quelques années.

Le 7 décembre, nous allons visiter l'obélisque d'Héliopolis.

Nous sortons de la ville par Bab-el-Nasr et nous revoyons les minarets bizarres de la mosquée de l'illuminé Hakem. Une large route traversant le désert et bordée de quelques arbres mal venus conduit à l'Abbassieh. C'est une ville qu'Abbas-Pacha voulut créer. Ce monstre, que l'Europe eut bien tort de tolérer, avait l'idée folle d'éclipser le Caire avec une cité qui porterait son nom. Sa mort interrompit ce beau projet. L'Abbassieh tombe en ruines, le désert reprend son empire. Le hideux palais, bariolé de bleu et de jaune, du fondateur est seul encore solide. Il sert de caserne. Les autres casernes sont vides et crevassées. Il y en avait beaucoup cependant, car c'est le genre de bâtisses qu'affectionnent particulièrement les despotes de tous pays. Il y a aussi un grand nombre de pigeonniers croulants, car Abbas-Pacha partageait ses loisirs entre les supplices et la manie des animaux.

Il avait de petites distractions, comme celle de faire coudre la bouche aux esclaves qui lui déplaisaient ; mais il aimait ensuite à nourrir ses pigeons et ses pintades. Ce mélange de férocité et de goûts d'un bon bourgeois de Viroflay et de Romainville n'est-il pas assez piquant ?

A quelques centaines de pas de l'Abbassieh, dans le désert, est établi un camp. Je ne puis dire que les soldats de Son Altesse (c'est l'expression consacrée en Égypte, ne l'oubliez pas) m'aient laissé une impression favorable. Gêné dans son uniforme européen, le fellah a perdu sa bonne grâce naturelle, et, fier de son fusil, il a cru devoir adopter un petit air fendant qui ne lui va aucunement. Le mouton posant en spadassin est toujours assez ridicule.

Pour se donner l'air crâne il y ajoute un peu de filouterie, — pas bien terrible, cependant. — Quand nous entrons dans un rassemblement pour entendre des chanteuses ou des chanteurs, car ce sont, je crois, de jeunes garçons habillés en femmes, nos âniers nous recommandent de faire attention à nos mouchoirs. En effet, au bout d'un moment, je sens une main qui tripote ma poche. Je la saisis vivement en disant : « chouya, chouya » (doucement, doucement), et le larron, sans plus se troubler, se met à rire de bon cœur. Ceci est tout à fait dans le goût napolitain,

Nous entrons ensuite dans des bois d'oliviers. Un peu avant d'arriver à Héliopolis, au milieu d'un grand jardin plein de canaux et de roses, est un sycomore gigantesque.

Une tradition touchante veut que la Sainte Famille se soit reposée à l'ombre de ses branches pendant la fuite en Égypte. Cette tradition est bien vague, bien peu historique ; mais dans ce beau jardin, à l'ombre, bercé par le bruit des eaux, mille doux songes remplissent l'esprit, on pense à ces gracieux tableaux de l'Albane où les anges viennent servir la Sainte Vierge, où les arbres courbent leurs branches devant l'enfant Jésus.

Il ne reste qu'un obélisque de la ville fameuse d'Héliopolis, qui donna le jour à Aseneth, femme de Joseph. « Pharaon lui donna pour femme Aseneth, fille du Putipharé, prêtre d'Héliopolis. (Genèse, XLI, 45.)

Cet obélisque porte le cartouche (1) d'Osirtasen, pre-

(1) Dans l'écriture hiéroglyphique les Égyptiens avaient l'usage d'entourer entièrement d'une ligne les noms des rois. La découverte de cette

mier roi de la douzième dynastie qui régnait plus de deux mille ans avant l'ère chrétienne. Elle prouve l'immense antiquité d'Héliopolis, qui était déjà en ruines et abandonnée depuis longtemps quand le voyageur Strabon la visita quelques années avant l'ère chrétienne. Nous revenons au Caire par une autre route beaucoup plus ombragée. Elle longe par moments le canal qui, avant de retourner au Nil, coupe en deux la ville du Caire. C'est un assez vilain fossé boueux qu'on aperçoit rarement et dont bien des touristes européens ne soupçonnent pas même l'existence.

Cette partie de la banlieue du Caire est une succession de belles plantations de figuiers, de palmiers et de bananiers qui égalent bien ce me semble les fameux jardins de Damas. C'est de ce côté, dans un coin très retiré, qu'est le tombeau de l'héroïque Kléber. Sa fin fut triste ; mais au moins il n'eut pas à supporter les avanies que lui aurait probablement fait subir Napoléon, si jaloux non-seulement des grands généraux de la république, comme Moreau, mais des chefs qui se distinguaient trop en dehors de lui. Ainsi cet homme prodigieux, dont l'âme ne fut pas grande comme le génie, ne pardonna jamais au jeune Kellermann d'avoir trop puissamment contribué à la victoire de Marengo.

On rentre au Caire par Bab-Charieh. Sous l'arche de la porte, joli motif de paysage. Au premier plan un palmier et un corps de garde sous un sycomore. Des minarets dans le fond. Grand mouvement. Très-gen-

---

habitude, due à la pierre de Rosette (maintenant au musée britannique) où à côté de l'hiéroglyphe se trouvait le texte grec, fut de la plus grande utilité à Champollion.

tilles toutes jeunes « fellahines » déjà mères à treize ans.

L'église catholique du Caire est un assez vaste édifice, beau à l'intérieur et bien décoré dans le goût italien. Elle est desservie par les Franciscains. Il y a ici une nombreuse population latine, mais elle est fort indifférente en général. On ne rencontre pas cet amour pour la religion qui caractérise le Liban et la Galilée. En sortant de là nous allons visiter des mosquées et sommes frappés de leur abandon. Pas de traces de ce fanatisme qui brille dans les yeux des Damasquins quand ils voient un « giaour ».

Le fait est que l'Égypte, si renommée autrefois comme le pays religieux par excellence est tout le contraire maintenant. Le mahométisme, si fanatique ailleurs, y est assez tranquille, sauf parmi quelques têtes blanches des mosquées Hossaneyn et el Ezher.

Le peuple se serait-il fatigué de cette théocratie qui le tint pendant tant de siècles sous un joug si absolu ? Le ressort religieux se serait-il usé à la longue à adorer des ibis, des crocodiles, des chats et des bœufs ? Ce qui est sûr c'est que l'Égyptien d'aujourd'hui, uniquement attaché à quelques superstitions indécentes ou grossières, se soucie peu du grand inconnu.

Il faut noter ce trait, car c'est une exception à la règle ordinaire. Les nations changent peu ; et pour les autres particularités de caractère, les « fellahs » semblent avoir beaucoup d'analogie avec les Égyptiens d'autrefois.

La mosquée de Touloum est une des plus anciennes

du Caire. Comme dans celle de Hakem l'ogive y est employée, mais c'est une ogive d'une espèce particulière qui a en bas un sorte de renflement en fer à cheval. La vue qu'on aperçoit du haut des minarets est magnifique. Malheureusement, c'est une ruine qui s'écroulerait bien vite si le climat n'était si beau.

Je n'en dirai pas autant de la mosquée du sultan Hassan (1), la plus belle du Caire. Ses murs, bâtis avec des pierres des Pyramides, ont une solidité qui manque en général aux constructions arabes. Ses voûtes colossales font l'admiration des architectes. Derrière la mosquée proprement dite est une vaste salle au centre de laquelle est le tombeau du fondateur. Vanité des vanités. Les marbres précieux commencent à se détacher, les boiseries incrustées pourrissent et les oiseaux du ciel viennent faire leurs nids parmi les stalactites de la frise.

En revenant vers le Mousky de l'extrémité sud de la ville, on rencontre plusieurs jolies fontaines et plusieurs petites mosquées; les minarets sont presque toujours gracieux, bien proportionnés, mais ils pèchent par le délabrement et sont défigurés par des peintures ridicules. Passe encore quand on se contente de lignes rouges et blanches; mais quelquefois le bleu, le vert, le jaune produisent les effets les plus désastreux.

On arrive ensuite à la mosquée el Moyed, construite par le prince mamelouk de ce nom (1415-1421). Elle se trouve à l'endroit le plus encombré du Caire. L'arche colossale qui domine la rue se nomme Bab-ez-Zoueileh. C'est comme un pont de Chiaja. Seulement, ici le commun des mortels ne passe pas dessus, que je sache. Les

(1) Prince de la dynastie Baharite qui succéda à la famille de Saladin (les Ayoubites) et régna de 1348 à 1365.

boiseries de cette mosquée sont dorées, et pour l'Orient elle est passablement entretenue.

J'en dirai autant de celle du sultan Kaloum qui se trouve dans la même rue, mais plus bas après avoir depassé le Mousky.

Elle est attachée à l'hôpital des fous, ou Moristan. Le grand nombre de fous qu'on rencontre dans ces parages rend la promenade assez désagréable; car, s'il est quelque chose qu'on doive craindre, c'est un fou, tant on a vu les plus inoffensifs tomber quelquefois, au moment où l'on s'y attend le moins, dans des frénésies terribles.

Chose singulière, c'est aussi le quartier des cafés des fumeurs de hachish. On dirait cependant que la vue de la folie produite si souvent par ce mélange funeste devrait dégoûter de cette passion. Il n'en est rien. On voit dans ces cafés et à l'entour des gens à la face livide, aux yeux cernés, animés d'un feu étrange, tous affaiblis, amaigris. Ils rappellent ce que l'on lit des fumeurs d'opium en Chine.

On traverse le bazar turc, d'un luxe moins éblouissant qu'on veut bien le dire. Il est abîmé du reste par les démolitions et les bâtisses sans goût d'Ismaïl-Pacha. Au delà est la mosquée Hossaneyn, dédiée aux deux fils d'Ali dont j'ai déjà si souvent parlé.

C'est la mosquée populaire, et la fête de Hossein et de Hassan est une des grandes fêtes du Caire. Loin d'être abandonnée comme les autres mosquées, l'Hossaneyn se reconstruit en ce moment. Il est trop tôt pour juger du nouvel édifice.

Voici les principales mosquées du Caire. Parler de toutes remplirait un volume; car on dit qu'il y a autant de mosquées au Caire que d'églises à Rome. Mais quel contraste entre le bon entretien de celles-ci et le délabrement des mosquées.

Pour terminer ce sujet, je dois ajouter qu'il y a une grande monotonie dans l'ornementation arabe et que les matériaux sont par trop peu solides. C'est presque toujours du plâtre, et le plâtre quelque bien travaillé qu'il soit, ne remplacera jamais entièrement la pierre, le marbre ou même le bois.

Le 9 décembre nous allons visiter le Nilomètre dans l'île de Rhoda.

C'est près de là que se tenaient autrefois les séances publiques des derviches hurleurs, scènes étranges, vertigineuses, avec les femmes voilées regardant du haut de la coupole, la chaleur, l'odeur de bêtes fauves, et les jeunes princes entourés de mamelouks vêtus de soieries et d'or. Elles sont bien mal remplacées par les pâles pirouettes des derviches tourneurs.

Le Nilomètre, situé à l'extrémité méridionale de l'île, est un puits carré au milieu duquel s'élève une colonne graduée qui sert à mesurer les crues du Nil. Tout autour est une inscription coufique, sans date, mais dont les caractères se rapportent au neuvième siècle, période de la splendeur de la dynastie des Abbassides à laquelle appartenait Haroun-el-Reschid, l'illustre contemporain de Charlemagne.

Ce monument est un sujet d'études pour les savants ; pour ceux qui n'ont malheureusement aucune culture scientifique, ce lieu offre un tout autre intérêt. Un grand palais s'élève auprès ; il est si bien placé pour qu'on y reçoive les brises fraîches du fleuve et qu'on y contemple la plaine de Memphis et les Pyramides, qu'on oublie son mauvais goût et son délabrement. Dans le jardin qui l'entoure, des berceaux d'orangers, de vignes, de jasmins forment un abri impénétrable au soleil. On marche lentement dans des allées fraîches pavées de petits cailloux, admirant le vaste fleuve couvert de barques, les bois de palmiers et les gigantesques tombeaux au delà.

Quel séjour de sultane! Mais la beauté du paysage n'apaisait pas l'âme cruelle et licencieuse de Nuzleh-Hanem, fille de Méhémet-Ali, veuve de Defterdar-Bey, et les fables de Marguerite de Bourgogne et de la tour de Nesle furent une réalité dans l'île de Rhoda.

Nous nous rendons ensuite au mausolée de la famille de Méhémet-Ali situé au milieu de la nécropole de l'Iman Chafey. J'avais vu ce lieu plein de monde et de bruit lorsque le jour du Baïran, la population en habits de fête vient aux tombeaux des aïeux. C'est plutôt une visite de cérémonie que de tristesse. Aujourd'hui tout est désert, mais le paysage borné par les lignes sévères du Mokattan n'en est que plus grandiose.

Que de morts déjà dans la famille régnante. Les Turcs ont bien de la peine à vivre en Égypte et surtout à y élever des enfants. Les tombeaux, dans le goût de Constantinople, sont couverts de châles de cachemire. Quelques-uns ont même des aigrettes en diamant.

Nous retournons au Caire par les tombeaux des mamelouks et un chemin qui gagne Kaït-Bey, en passant entre le Mokattan et la citadelle. Le soleil se penche sur le désert libyque, au delà des grandes Pyramides. Les minarets du Caire se détachent sur le safran et l'or. Je ne puis dire toute la grandeur de cette scène, vue d'une gorge de sable du désert d'Arabie. Elle me restera longtemps dans les yeux.

Cette heure, du reste, était la belle heure du Caire avant que l'Esbeyeh ne fût détruit par l'inconcevable sottise du vice-roi. On se promenait sous les grands arbres, au son de la musique, pendant que les nuages brillants du soir descendaient vers Boulac.

On me demandera sans doute pourquoi je ne parle pas des Pyramides. Le fait est, qu'à ce second séjour au Caire je me suis dispensé de cette intéressante mais bien pénible excursion.

En 1861, je suis monté sur la pyramide de Chéops, suivi du cortége obligatoire d'une vingtaine d'Arabes de mine peu orthodoxe, mais effrayants seulement pour ceux qui veulent être peureux, car le gouvernement les rend responsables d'un accident quelconque qui arriverait à un voyageur.

J'ai pénétré dans cette immense montagne de maçonnerie, chose curieuse mais désagréable au possible et qu'on n'a pas envie de recommencer. J'ai gagné ensuite le village Saccarah ou l'on couche tant bien que mal dans une maison arabe, pour revenir le lendemain matin par la plaine de Memphis où il reste si peu de traces d'une si immense cité.

Ce qui frappe le plus dans cette excursion, c'est le sphinx et ensuite le Sérapeum.

Le sphinx colossal, accroupi et à moitié enseveli par les sables du désert, conserve encore cette sorte de beauté pénétrante mais sensuelle qu'on voit encore sur la figure de certains « fellahs » égyptiens.

Le Sérapeum, découverte du savant M. Mariette qui a si bien disposé le musée de Boulac, se trouve entre les petites pyramides d'Abousir et la pyramide de Saccarah construite en gradins. C'est le lieu de sépulture des bœufs Apis qui gisent dans des sarcophages de granit placés dans des corniches creusées dans le roc. A côté sont les tombeaux des ibis sacrés, et un petit temple dont les sculptures murales, encore revêtues de peintures brillantes, offrent une quantité de scènes intéressantes de la vie ordinaire des anciens Égyptiens. Plus loin sont les pyramides de Dachour, le dernier point que l'on aperçoit au sud quand on contemple le vaste panorama de l'Égypte, du haut de l'esplanade de la citadelle du Caire.

———

13 Décembre. — Le désir de voir la mer Rouge et de comparer le désert d'Égypte avec le Sahara, nous fait prendre le chemin de fer de Suez. Le prix des places (35 fr.), et le temps employé à faire une centaine de kilomètres (6 à 7 heures), choquent nos habitudes européennes. Mais quel progrès sur les voyages en caravanes !

A peine hors du Caire, on se trouve en plein désert. Il est encore plus désolé que le Sahara entre Biskra et Ouargla. Pas d'oasis, mais dans quelques wady's abrités du vent, des touffes d'une herbe clair-semée et chétive.

Environ à moitié chemin, sur une montagne aride, on aperçoit un vaste édifice, masse confuse de murailles crénelées et de tours. C'est le palais abandonné d'Abbas-Pacha, où il venait cacher dans la solitude ses infamies sanglantes. Ce lieu se nomme Deïr-el-Hamra (la demeure rouge), mais comme c'est un des titres arabes de l'enfer, le pacha se fâchait fort si l'on ne l'appelait au contraire Deïr-el-Bayda (la maison blanche).

Le service est extrêmement mal organisé, et nous éprouvons de longs retards; heureusement je fais route avec M. Dussault, l'entrepreneur des grandes jetées de Port-Saïd et de Suez, et avec Mouchelet-Bey, ingénieur français au service de l'Égypte depuis une trentaine d'années. Cet excellent homme, plein de la vieille bonhomie française qui s'en va chaque jour, me donne mille détails intéressants sur Méhémet-Ali et ses successeurs. C'est lui que Charles Didier (*Séjour chez le grand chérif de la Mecque*) trouva occupé à faire une route entre Tor et une des cimes de la péninsule du Sinaï, où Abbas-Pacha voulait se faire construire un repaire encore plus inaccessible que Deïr-el-Hamra. La tragédie de Benha (nuit du 13 au 14 juillet 1854) fit interrompre cette entreprise.

Mouchelet-Bey a aussi connu et aimé un cher parent, mort aujourd'hui, qui visita l'Égypte vers 1840.

Arrivés à Suez, nous nous dirigeons vers l'hôtel Péninsulaire-Oriental qu'on nous avait vanté. Des « *chamber-maids* » assez fripées, mais drapées de dignité; des « *waiters* » indiens, mais singeant avec avantage l'air sot et pompeux de leurs confrères anglais nous impressionnent tout d'abord désagréablement. On me conduit à la maîtresse de l'hôtel, grande créature fanée qui, me toisant avec cette insolence polie où cette caste, à Paris, commence à imiter l'Angleterre avec succès. « Nous n'avons pas de chambre, mais on pourra vous faire un lit dans le « *coffee-room* » passé minuit. » Sur ce, nous lui tournons le dos à son grand étonnement et allons au petit hôtel Victoria, où au moins on est poli;

Le Grand-Hôtel appartient à la compagnie Péninsulaire-Orientale, et tel maître, tel valet (1).

La mer Rouge a des marées très-fortes, qui font un effet singulier quand on vient de la Méditerranée.

Nous allons visiter, avant le coucher du soleil, l'entrée du canal dans la mer, le port et la jetée, travaux encore plus gigantesques que ceux de Port-Saïd.

En revenant, nous apercevons au loin les montagnes de la presqu'île sinaïtique.

Tout est lilas, le ciel, les montagnes, la mer.

L'expédition d'Abyssinie donne en ce moment un grand mouvement au port de Suez. C'est le sujet de toutes les conversations, et je me fais moquer de moi quand je prétends (la suite l'a bien prouvé) que l'Angleterre n'a aucune vue de conquête ultérieure. — La crainte de « la perfide Albion » est un des petits ridicules des employés du canal de Suez.

Le 14 décembre, nous revenons directement de Suez à Alexandrie. Grâce à la désorganisation du service, c'est un voyage qui prend de dix heures du matin à neuf heures du soir, et cependant on ne s'arrête pour manger nulle part. Ismaïl-Pacha, par une misérable économie, a remplacé presque tous les Européens par des employés arabes. Il en coûtera cher quelque jour aux voyageurs (au moins si c'était à son auguste personne,

---

(1) Cette compagnie, connue plutôt sous le nom de « P and O, » avait, avant l'établissement de l'excellent service des Messageries, le monopole absolu de la navigation à vapeur des mers de l'Inde et de la Chine. Elle en abusait avec une insolence devenue proverbiale. Aucun égard pour les passagers. Quant à le nourriture, libre aux Anglais encroûtés de s'extasier devant ces grands morceaux de viande encore saignante ; mais à bord, ces repas de sauvages suffisaient pour éterniser le mal de mer chez ceux qui avaient l'estomac tant soit peu délicat.

plutôt qu'à quelques Européens qui n'y peuvent rien).

A Suez le temps est beau et les montagnes au sud sont couvertes de teintes brillantes; au Caire, il fait sombre, et pour une fois cette ville a un aspect presque septentrional. En arrivant à Alexandrie, nous trouvons le vent et la pluie.

15, 16, 17 et 18 Décembre. — Nous passons ces quatre journées à Alexandrie occupés à regarder la mer, espérant une amélioration de temps pour notre traversée de retour. Il fait très-vilain pour l'Égypte, du vent presque toujours et plusieurs fois de fortes ondées qui mettent les rues de la ville dans un état affreux. Nous avons le contre-coup d'une crise de l'hiver qui, comme nous l'apprenons plus tard, est extrêmement rude en Europe.

Alexandrie est très-occupée d'un bal donné en l'honneur du vice-roi par un riche négociant juif, M. Menachem. Il doit coûter plus de 60,000 francs. Il a lieu la nuit du 16 décembre. Son Altesse arrive du Caire vers onze heures par un train express. Elle paraît un moment au bal, daigne prendre une glace, et repart avant minuit. Quel honneur pour le banquier et comme il a bien placé son argent!

Cela me rappelle l'anecdote du roi Louis XV et de Bouret. Ce grand financier avait élevé un magnifique pavillon près de Sainte-Assise, entouré d'un beau jardin, dans l'espoir que le roi, en allant faire une partie de chasse dans la forêt de Sénart, s'arrêterait un jour chez lui. Enfin Sa Majesté se décide à venir. Bouret est dans la joie et fait des préparatifs en conséquence.

Louis XV arrive, il entre dans le jardin et il prend

une pêche mûre à l'espalier et la mange en disant : « Vos pêches ne sont pas mauvaises, Bouret, » puis remonte à cheval sans avoir même vu la maison.

Les uns s'apitoient sur les dépenses de M. Menachem, les autres prétendent qu'elles sont couvertes par le vice-roi lui-même, qui veut seulement faire voir aux Anglais de distinction de passage combien il est aimé et vénéré de ses sujets.

Alexandrie ne nous plaît pas plus qu'autrefois. Nous commençons à désirer Rome et l'Italie, et les villes métis ne sont jamais sympathiques.

La veille de notre départ d'Égypte, vers le coucher du soleil, j'allai m'asseoir dans un café, au bord de la mer. Les grandes lames de la tempête venaient se briser sur la plage, quelques arbres maigres et effeuillés se détachaient sur les teintes livides du ciel. Un orchestre allemand jouait des airs de *Lucie* et de *Martha*. Un des musiciens, adolescent encore, avait le type gracieux et doux des blondes jeunes filles de Vienne. Je ne sais quels souvenirs cette musique réveilla en moi, mais ma pensée, quittant ces côtes desséchées, se reporta aux beaux jardins de Schœnbrunn, où le rossignol chante dans les lilas et les roses, aux vertes prairies du Danube, le soir, quand le Prater répand au loin l'odeur pénétrante et molle de ses tilleuls en fleurs.

CHAPITRE XII.

D'ALEXANDRIE A ROME.

Tempêtes. — Un homme à la mer. — Messine. — Le golfe de Naples — La veille de Noël. — Une indigestion d'usage. — Les Napolitains. — Tacite et Pétrone. — L'ancienne route de Rome. — Ferdinand II et l'archiduc Maximilien. — San Germano. — Les frontières des États de l'Église.

Le 19 décembre, dans l'après-midi, nous nous embarquons sur le grand bateau des Messageries le *Saïd*. Nous quittons l'Égypte sans aucun des sentiments tristes qui nous poursuivaient en voyant disparaître, probablement pour toujours, la vieille terre d'Asie. — Le temps s'est un peu remis et nous avons quelque espoir d'une traversée passable. Il n'en est rien. La tempête recommence dans la nuit, et pendant trois longs jours et trois longues nuits, nous sommes cruellement ballottés. Les traversées sur mer sont la plaie des voyages, et je me rappelle toujours le dire si sensé du docteur Johnson : « Je ne conçois pas que quelqu'un qui peut se faire mettre en prison préfère aller sur mer; car, ajoutait-il avec beaucoup de raison, un bâtiment est une prison, avec les tortures et le risque d'être noyé. »

Le 21, au plus fort de la tempête, les vagues balayent

tellement l'avant qu'un pauvre matelot, père de cinq enfants, est enlevé et lancé à la mer.

On lui jette une bouée qu'il a le bonheur d'attraper. Le vapeur stoppe.

C'est un moment affreux. Malgré les coups de roulis d'une amplitude effrayante, tout le monde est sur le pont amarré aux cordages ou aux barres de fer. Ceux qui ne peuvent rien faire invoquent Notre-Dame au secours de ce malheureux. Enfin, par une manœuvre habile, accomplie au milieu d'une mer furieuse, le capitaine a le bonheur de faire approcher le navire et de hisser à bord le vieux marin dont les forces commençaient à faiblir.

Nous repartons, et il était temps, car nous commencions à être dans le creux de la lame, et les vagues pouvaient finir par éteindre les feux.

Enfin, le 22 décembre vers minuit, nous entrons dans le port de Messine. Même là, le vent se fait sentir, et c'est une grande barque à plusieurs rameurs qui nous descend à terre.

Épuisés de fatigue, nous nous faisons conduire à l'hôtel Victoria, où, chance fâcheuse, nous trouvons avec peine deux mauvais petits lits.

Le lendemain matin, 23 décembre, notre première visite est pour la belle cathédrale de Messine, au curieux portail. La ville a un aspect morne et triste qu'elle n'avait pas autrefois. Elle a été cruellement éprouvée par le choléra. Il y règne une misère affreuse. Tout va de mal en pis en Sicile, et l'on comprend bien le désir des Siciliens d'être indépendants et débarrassés du royaume d'Italie.

Le vent a tourné au nord; l'excellent petit bateau à

vapeur de la compagnie Florio, le *Dispaccio*, que nous connaissons pour l'avoir vu sortir bien souvent du port de Naples, va partir dans l'après-midi. Malgré notre fatigue, nous avons une telle hâte d'en avoir fini avec la mer, que nous nous décidons à nous embarquer de nouveau.

Nous partons à trois heures, et par une soirée glaciale nous passons entre le tourbillon de Charybde et le rocher de Scilla. Ils sont là toujours, mais la navigation actuelle ne les redoute plus beaucoup. Plus loin, nous avons à notre droite les côtes dentelées de la Calabre, à gauche les îles Lipari avec le volcan du Stromboli. La mer est encore bien grosse, mais le plaisir d'entendre parler italien, la joie du retour nous la font supporter gaiement. Nous descendons de bonne heure, et quand nous nous réveillons, le 24 décembre au matin, nous traversons, sur une mer moins houleuse, le beau golfe de Salerne. Voici la côte d'Amalfi, Positano, les îles des Sirènes, le cap Campanella, Capri, ces beaux rivages couverts d'une jeunesse éternelle, et dont chaque recoin me rappelle quelque charmant souvenir.

> Le soleil est ici, les plages où la brise
> Emporte sous les caps l'odeur du citronnier;
> L'œillet et le jasmin, le myrte et le cytise,
> Fleurissent dans la gorge ou parent le sentier.
>
> C'est ici qu'Amalfi s'élève sur les ondes,
> Que le Vésuve en feux ébrèche le ciel pur.
> Ici que Capri dort, sur ces grottes profondes,
> Où la syrène nage au sein des flots d'azur.
>
> C'est ici qu'est l'autel de Bacchus, de Diane,
> Du Mithra couronné de l'Orient venu;
> Où loin des yeux furtifs de la foule profane,
> Et Lucrèce et Virgile adoraient l'inconnu.

Ce pays merveilleux, ces sommets et ces îles,
Ces rivages fleuris, ce golfe dentelé,
Ces rochers endormis sur les vagues tranquilles,
Sont les temples sacrés de la grande beauté !

(Avril 1864.)

Vers midi nous entrons dans le port de Naples. Des amis, des figures de connaissance égayent notre débarquement. La douane est tracassière et ridicule, et faquins et bateliers criaillent de leur mieux ; mais c'est l'antique usage, et bientôt nous nous trouvons installés en face du Vésuve à l'hôtel Bellevue, 71, Sainte-Lucie.

Naples est en liesse aujourd'hui. C'est à peu près la plus grande fête de l'année. Une foule bruyante et joyeuse envahit Tolède, Santa-Brigitta, le Basso-Porto. Des boutiques de comestibles enrubannées, entourées de guirlandes tout à fait dans le goût des peintures de Pompéi, s'élèvent de tous côtés en plein vent. Il y a dans toutes les familles un grand dîner ce soir, mais pour obéir aux prescriptions de l'Eglise, on fait maigre et le mets principal est le capitone, grande anguille de mer qu'on envoie de tous côtés à Naples et surtout des lagunes de la Vénétie. C'est un régal encore plus problématique et indigeste que le plum-pudding anglais. Ces grands serpents tachetés qu'on voit dans des baquets sont fort peu ragoûtants. Mais c'est l'usage, et tout Naples doit se donner une indigestion obligatoire pour le matin de Noël.

25-26 Décembre 1867. — Le jour de Noël nous assistons à une grand'messe militaire dans l'église de Saint-François-de-Paule, qui n'est plus interdite depuis le retour de l'archevêque-cardinal Riario-Sforza, et l'expulsion de quelques prêtres à moitié défroqués, dont le gouvernement commençait à avoir honte. Nous pensons avec ravissement aux saints lieux que nous venons de parcourir, à Nazareth, à la mer de Galilée, à Bethléem. Et cependant quel plaisir de se retrouver en pays catholique au milieu des grandes fêtes de la Nativité, si aimées dès l'enfance! Un pays catholique, du moins en apparence, l'Italie l'est encore. Les habitudes persistent, et qui sait si cette crise ne sera pas moins déplorable qu'elle le paraît?

Mais les entreprises contre le pape ne porteront pas bonheur à la maison de Savoie, longtemps une des plus catholiques de l'Europe. Elle a mécontenté ses anciens sujets si fidèles, elle a abandonné son berceau à la France, et elle se ferait singulièrement illusion si elle se croyait acceptée par ses nouveaux sujets autrement que comme une utilité temporaire.

Ici, à Naples, elle n'a aucune racine. Mais nous traiterons de la politique plus tard; parlons plutôt maintenant de Naples et du caractère napolitain.

Nous avons souvent habité Naples, mais chaque fois que nous y sommes revenus, nous l'avons trouvée plus belle et plus radieuse. S'il y manque le charme intellectuel si profond de Rome, et la noblesse infinie de l'horizon, l'alliance si charmante des caps et de la mer, ce Vésuve qui fume, ces montagnes aux proportions si gracieuses, cette île de Capri qui change de teintes à toutes les heures du jour, remplissent l'âme et les yeux d'un enivrement de splendeur et de joie.

Les Napolitains sont-ils à la hauteur de cette magnifique nature? Physiquement ils sont très-inférieurs aux Romains, aux Vénitiens, aux habitants de la Romagne et des Marches; ils ont quelquefois une fleur de beauté dans l'adolescence, mais elle se fane bien rapidement. Moralement on les jugerait avec une sévérité extrême, si l'on tenait compte des idées européennes. Mais les Napolitains ne sont pas des Européens. L'Europe va jusqu'à Rome. A Naples commence l'Orient. Cette phrase de quatre mots est la clef de la connaissance des Napolitains; mais il faut des années pour arriver à l'énoncer. Leurs habitudes, leurs idées, leurs logements, leurs repas sans heure fixe, leur manière de vivre où le riche ne diffère guère du pauvre que par le luxe des chevaux, la très-grande reclusion des femmes, tandis que les hommes vivent beaucoup entre eux en plein air. Toutes ces choses ressemblent aux coutumes de l'Orient.

Un des lieux communs les plus ridicules de la classe des commis voyageurs, c'est de rendre les Bourbons responsables des défauts, des vices des Napolitains. Naples, au contraire, est immuable comme l'Asie. Lisez l'histoire de toutes les conquêtes de Naples depuis Annibal jusqu'à Garibaldi. Ne sont-elles pas presque absolument identiques? Les Napolitains sont encore ce que Tacite décrit au quinzième livre des *Annales*, une population de Grecs asiatiques, avide de nouveautés, prête à applaudir les riches et les puissants et parmi laquelle Néron osa monter, pour la première fois, sur un théâtre public. C'est à Naples et dans ses environs que se passe la satire de Pétrone, et Encolpe Ascylte et Giton, les esclaves débauchés et fripons, ressemblent bien à certains lazaroni d'aujourd'hui.

Ce que l'on peut dire des Bourbons, c'est que les uns, comme le vieux roi Ferdinand Ier, étaient devenus Napolitains (ne nous en étonnons pas, nous qui raisonnons, nous ne passerions pas impunément dix ans dans ce climat absorbant), et que les autres, comme Ferdinand II, avaient pris, peut-être dans leur sang allemand, quelques chose de froid et de guindé extrêmement antipathique au pays.

Ce qu'il aurait fallu, ce qu'il faudrait aux Napolitains, c'est un despote généreux, magnifique et intelligent, si tant est qu'un despote puisse l'être. Ferdinand II, au contraire, sombre, économe, soupçonneux, entouré d'espions, avait tous les caractères odieux d'un commissaire de police, quoiqu'il fût religieux et animé probablement de bonnes intentions. Sa jalousie de son fils, qui était à moitié abruti par l'ignorance et qui ne s'est développé que dans le malheur et depuis son séjour à Rome, restera une grande tache sur sa mémoire. Voulant la bassesse et l'espionnage avant tout, il avait très-mal choisi ses agents préférés qui furent les premiers à le trahir.

Sous lui le peuple, obsédé par une police mélangée de tracasserie française et d'arbitraire russe, se dégoûta profondément des Bourbons. On accepta avec transport un changement quelconque, sauf à se repentir plus tard.

Si Ferdinand II avait été un despote brillant, ou même un bon lazarone comme son grand-père, sa famille serait encore sur le trône de Naples. Quant aux constitutions et à tout l'attirail politico-philosophique de l'Occident, on les verra échouer à Naples devant la force d'inertie de l'Orient.

Naples devrait être une ville de récréation et de plaisir. Il est si doux de venir se reposer de l'industrialisme dans ce délicieux climat et en présence de ce beau golfe.

Mais pour cela il faudrait qu'il y eût un peu de sécurité matérielle, chose qui existait au moins sous les Bourbons ; en ce moment on risque d'être enlevé presque aux portes de Naples, et des bandes de brigands rendent inaccessibles la plupart de ces belles chaînes de montagnes qu'on voit de Santa-Lucia et de la Villa-Reale.

27 Décembre. — Le Vésuve est en éruption depuis quinze jours. Il était magnifique cette nuit. Ce matin le ciel est admirable, mais il fait très-froid, et l'on voit sur la montagne le curieux spectacle de la neige auprès du feu.

Nous partons par le train direct de dix heures. On ne met que huit heures maintenant entre Rome et Naples. En 1856 j'ai mis quatre jours, et, malgré la beauté du temps et du pays, c'était un peu long, il faut l'avouer. La route suivait l'ancienne voie Appienne et passait par Terracine et Gaëte. La traversée des Marais Pontins était ennuyeuse et triste, mais la ville de Terracine était charmante, bien assise sur sa colline boisée avec son vieux temple et les souvenirs de sainte Flavie Domitille, cousine de Domitien, et des saints Achille et Nérée, ses serviteurs. Puis venaient Formies, où les sicaires d'Antoine, complices de l'exécrable Auguste, massacrèrent lâchement Cicéron, Gaëte et les jardins embaumés près du golfe étincelant.

Ferdinand II y avait une villa aussi laide qu'un endroit peut l'être dans un site aussi beau. Il y passait beaucoup de temps auprès de ses casernes et à deux pas de ses galériens. Lisez, dans les œuvres de l'infortuné empereur du Mexique, Maximilien, le récit d'une visite à Gaète. Malgré le prestige que toute autorité légitime avait pour le descendant de Charles-Quint, on voit l'antipathie que ce triste entourage inspira au sympathique jeune prince dont l'histoire conservera un pieux souvenir, et qui seul avec la malheureuse impératrice se conduisit bien, au milieu des extravagances, de la duplicité et des carnages des déplorables événements du Mexique. Je ne parle pas, bien entendu, des pauvres héroïques soldats tristement sacrifiés dans un camp ou dans l'autre.

Le chemin de fer s'enfonce dans les terres et longe l'Apennin. Il pénètre dans l'État romain par cette large vallée qui sépare du pays des Volsques les montagnes des Èques et des Marses.

Nous traversons les riches campagnes de la Campanie. La vigne pend en festons d'un arbre à l'autre. Ces arbres sont taillés pour cet usage; ici cela a sa raison d'être, mais pourquoi imiter ces mutilations dans les promenades publiques et les jardins d'agrément? Nous avons trouvé la Villa-Réale de plus en plus abîmée. Bientôt il ne restera plus d'ombrage.

Même dans cette saison la Campanie a quelque chose de moelleux et de doux. Les délices de Capoue n'étaient pas un vain mot. Qu'on pense à la joie d'une armée cantonnée dans ces plaines fertiles où le vin est bon et où les femmes sont peu sauvages, surtout après les privations et les souffrances des Carthaginois dans leur marche aventureuse à travers la Gaule et les Alpes.

On passe le grand palais carré de Caserte où l'absence de goût pour la nature des princes de la maison de Bourbon si perceptible à Versailles, à Marly, se montre dans toute sa force. Charles III choisit pour bâtir cette demeure le seul lieu entièrement laid et sans vue des environs de Naples.

Nous nous arrêtons un instant à Cajanello, où nous arrivâmes, il y a trois ans, après avoir traversé l'Apennin en partant de Pescara sur l'Adriatique. Les cols élevés de la montagne, les forêts de chênes et la vieille ville samnite d'Isernia ne manquent pas de grandeur, mais nous ne conseillons ce voyage à personne; tantôt nous étions escortés par la cavalerie, tantôt des sentinelles étaient placées tous les cent pas sur la route.

Le pays a du caractère. Les lignes sont belles et la fertilité des vallées rachète l'âpreté des sommets de rochers blancs. Mais on peut remarquer les traces de cette profonde insécurité qui désole les provinces méridionales et dont nous parlerons plus au long, car elle n'est pas assez connue et appréciée. Peu ou pas de fermes isolées. Celles qu'on voit de temps en temps sont abandonnées. Les villages ressemblent à des forteresses. Les paysans viennent de loin à leur travail en escouades nombreuses et bien armés.

San-Germano, dernière ville napolitaine, a un air féodal; quant au couvent du mont Cassin qui la domine, c'est un immense édifice carré qui de loin paraît moderne. Je n'en parlerai point. J'eus la paresse de ne pas le visiter autrefois, et maintenant j'ai peu le goût d'assister aux spoliations d'un parlement inepte.

Voici enfin les frontières du patrimoine de Saint-Pierre qui a encore résisté à l'orage de cet automne. La folle tentative de Garibaldi devait aboutir à une fuite en train express pour le héros, et à une humiliation méritée pour le royaume d'Italie.

Le prétendu droit du parlement de Florence peut se résumer comme la fable du loup et de l'agneau dans ce vers :

La raison du plus fort est toujours la meilleure.

Mais Dieu soit loué, ils n'ont pas été plus forts cette année et ne le seront peut-être jamais.

Comme il y a souvent loin de la coupe aux lèvres, ainsi que disait Saladin, un déraillement qui aurait pu être très-grave arrive à notre train entre Ceprano et Rome, et ce n'est que bien tard dans la nuit que j'arrive dans cette chère vieille ville où je retrouve les miens.

CHAPITRE XIII.

La Rome des Papes et la Rome des Césars.

La dernière demeure de saint Pierre. — Ceux à qui Rome déplaît. — La campagne romaine. — Mazzini et ses disciples. — Saint-Sylvestre. — Le pape au Gesu. — Saint Ignace de Loyola. — Les grandes basiliques. — Le climat. — Les Zouaves. — *La Beffana.* — Liberté de Rome. — Un jardin sur le Quirinal. — Les Cenci. — La villa et le palais Borghèse. — L'hiver sous les Romains. — Le prince Torlonia. — Sainte Agnès. — La villa Albani. — Winckelmann. — L'Antinoüs. — Atelier de Benzoni. — La via Salara. — La mort de Néron. — San Piétro in Montorio. — La grande-duchesse de Gérolstein.

Nous avons vu la mer de Génézareth et le beau pays de Galilée, où sur les flots bleus, au faîte des gracieuses collines, le Sauveur jeta les semences de la loi nouvelle qui devait guider les destinées meilleures de l'humanité, les débris de Capharnaüm, de Bethsaïde et de Magdala, bourgades des humbles pêcheurs qui devaient devenir « pêcheurs d'hommes, » — le berceau de notre religion et en mot.—Voici que nous arrivons maintenant dans cette ville qui est devenue la capitale du christianisme, où les Grégoire VII, les Benoît XIV, les Pie IX ont remplacé les Césars, les Vitellius et les Domitiens. Nous avons suivi les pas du chef des apôtres : le lac de Tibériade d'abord, Jérusalem ensuite, puis Jaffa où le pauvre pêcheur galiléen s'embarque pour conquérir la métropole de l'univers.

C'est notre seconde ville sainte, et elle satisfait l'âme plus que la première, car tandis qu'à Jérusalem on est entouré de musulmans, tracassé par de misérables querelles de sectes, on circule à Rome au milieu de toutes les splendeurs du triomphe et de l'unité.

On voit l'enfantement douloureux là-bas, ici la réalisation glorieuse.

A Jérusalem, du reste, les souvenirs du peuple déicide, la perversité humaine, l'iniquité terrible du drame de Gethsémani et du Golgotha troublent et confondent l'esprit.

Le charme profond de Rome ne peut être entièrement compris que par ceux qui y sont initiés. Cette vie paisible et variée à la fois, cette population si belle, si originale, et tenant encore aux usages d'autrefois, ces rues irrégulières où l'on se heurte à chaque pas à quelque souvenir chrétien ou profane; cet horizon merveilleux, ces promenades si diverses, le caractère universel de cette ville étrange plongent l'âme dans une sorte de ravissement où la vie se passe avec une étonnante rapidité.

Briseux dit avec raison :

« Même on raconte qu'un jeune homme
« Venu du nord pour un été,
« Vieillard, n'avait pas quitté Rome,
« Captif comme Merlin dans un cercle enchanté.

Rome devient une sorte de seconde patrie où l'on retourne toujours avec joie, où l'on vient souvent terminer son existence.

Nul endroit au monde n'offre tant de ressources aux esprit cultivés. Les amateurs d'antiquités chrétiennes ou profanes, de l'empire romain ou du moyen âge, les historiens, les artistes, les poëtes trouvent mieux que partout ailleurs à satisfaire leurs goûts.

Les plaisirs du monde, la distraction de la chasse ne manquent pas.

Ceux qui préfèrent la nature aux beaux-arts, ont une immense variété de promenades, de paysages et l'horizon romain.

Rome ne plait pas, par exemple, aux commis-voyageurs, aux habitués de cafés, aux flâneurs de boulevards, fanatiques des belles rues droites de M. Haussmann, plantées d'arbres et de sergents de ville. Ce n'est pas non plus ce qu'on appelle une ville de plaisir, quoiqu'il y ait autant d'amour et plus de beauté qu'ailleurs ; mais la jeunesse dorée, les princes russes, les pachas égyptiens n'y trouvent pas leurs petites maisons, leurs cabinets particuliers et les drôlesses éclaboussant le public avec désinvolture. Il est vrai que l'absence de ces vilains produits de la vie parisienne, assez drôlement nommés *petits crevés*, est pour beaucoup de personnes un charme de plus à ajouter aux autres charmes de Rome.

Nous avons parlé de l'horizon romain ; rien ne peut égaler son caractère grandiose, la pureté de ses lignes. Rome et Naples sont les chefs-d'œuvre de la création. A Naples, c'est la grâce qui domine, ici c'est la majesté.

On sent qu'on est en dehors de la mollesse de la grande Grèce, au milieu des populations plus énergiques du Latium.

De même que sur le golfe de Naples, l'île de Capr

complète tout et donne la dernière touche de perfection au paysage; ici au sein de la campagne romaine, c'est le massif isolé des belles collines que couronne le mont Albain. Ces riants coteaux couverts de bois et de villages assez rapprochés pour être distingués facilement, reposent les yeux de la magnificence sévère des sommets de la Sabine.

Comme Capri, ils changent de teintes aux différentes heures du jour. Pour y arriver, on traverse cette solitude herbue qui entoure Rome de tous côtés et qui contribue tant à lui donner cette si merveilleuse originalité.

Les personnes qui ne connaissent pas Rome ou qui n'y sont venues qu'en passant, se font des idées très-fausses sur la campagne romaine. On s'y figure une vaste plaine sans arbres et entièrement déserte. La Campagna, au contraire, est fort accidentée, sillonnée de ravins profonds où croissent des taillis de chênes et d'aubépines le long des cours d'eaux. On y rencontre des fermes isolées, sortes de forteresses, des ruines d'aqueducs, de villas, de tours, mille débris confus de l'époque romaine et du moyen âge.

Je ne connais personne ayant le moindre sentiment du beau qui n'ait éprouvé la fascination extraordinaire de cette solitude.

Nous parlerons plus tard de la *malaria* et de la sottise de ceux qui accusent de ce fléau le gouvernement des papes. La présence de cette maladie est à regretter, mais nous ne sommes pas de ceux qui voudraient voir la campagne de Rome changer d'aspect. Sauf à scandaliser les économistes, nous la préférons aux affreuses plaines de la Beauce ou de la Brie.

Ces dernières années, dans les environs immédiats

de la ville, on a planté beaucoup de vignes et élevé encore plus de grands murs. Pour jouir de la Campagna, il faut aller maintenant assez loin ; on a gâté le paysage sans assainir le pays.

Je ne puis avoir la prétention de donner une description complète de Rome ou de dire quelque chose de nouveau ; Rome est un sujet inépuisable, on le sait, mais il faut pour le traiter, des études approfondies et une abondance de détails que ne comporte pas ce journal.

Ma seule prétention est de connaître et d'aimer Rome, et de sentir assez son charme pour donner une note juste qui puisse inspirer le désir de visiter ce lieu incomparable et qui aide quelquefois à le comprendre.

En parlant de Rome, comme du reste de l'Italie, j'ai l'avantage de l'avoir longtemps habitée, d'y être revenu à plusieurs reprises, d'avoir vu le pays à toutes les saisons et dans des moments de paix comme dans des jours d'effervescence politique. Au contraire, beaucoup de ceux qui ont écrit sur l'Italie y sont restés trop peu de temps.

Pour ne citer que le dernier ouvrage qui ait eu du retentissement, Taine, malgré son grand talent, ses connaissances variées et son intuition des choses, chante faux bien souvent. C'est qu'il n'a passé en Italie qu'une couple de mois du printemps humide de 1864.

Or, on a beau posséder de l'imagination, de la synthèse, on ne peut apprécier Rome après y avoir passé une quinzaine de jours de pluie et de boue, ou Sienne, pour y être resté un après-midi.

Nous éviterons le genre de détails qu'on trouve dans

les Guides et les livres spéciaux en continuant la forme de journal qui donne une grande liberté d'allures. On peut la critiquer, mais tout genre est bon, on l'a dit de tout temps, sauf le genre ennuyeux. Plus tard, du reste, il sera peut-être curieux de voir quelle était la vie journalière de Rome, au milieu d'une crise si complexe et si importante dans les destinées de l'humanité.

Rome, en effet, est le point d'attaque du parti révolutionnaire que j'appelle ainsi, faute d'un meilleur nom, et en sachant bien que tout n'est pas mauvais dans le mot révolution. Mais je parle de ce parti dont Mazzini et Garibaldi sont les héros d'aujourd'hui, comme Robespierre et Danton, les saints d'autrefois, n'aspirant qu'à détruire, si niais et si impuissant qu'il n'a pas même un système. S'il en a un, il a au moins la bonne grâce de ne pas l'avouer ; car le seul système qu'il put jamais mettre à exécution fut la Terreur de 1793, où les *amis de l'homme*, les *âmes sensibles*, furent plus froidement féroces qu'un empereur romain ou qu'un tsar de toutes les Russies.

L'idée un peu claire de ce parti est la haine du christianisme, mal dissimulée par des phrases creuses qui ne trompent que les sots. C'est pour cela qu'il tente de la frapper au cœur, à *Rome*. Dieu nous garde cependant du culte de la déesse Raison. L'exemple de Chine n'est pas encourageant pour ceux qui rêvent un peuple sans foi, uniquement occupé des intérêts matériels. Mais l'instinct religieux profond, ce don des grandes races nobles, des Aryas et des Sémites, nous préservera du triomphe de ces illuminés qui veulent renier les traditions les plus glorieuses des peuples de l'Occident.

Ce n'est pas que l'état de l'Europe soit satisfaisant et qu'on n'y ait pas besoin de changement.

Il existe une choquante contradiction entre les phrases officielles et la triste réalité. Il est beaucoup question de droits des peuples, de souveraineté nationale, et le bon plaisir d'un souverain, d'un ministre et de quelques douzaines de colonels et de généraux ont allumé et allumeront encore dès le printemps prochain, peut-être, des guerres lamentables. Mais ce qui fait justement la force des gouvernements despotiques, c'est la crainte de ce parti révolutionnaire avec ses crimes et son incapacité. N'était cet épouvantail, les honnêtes gens s'uniraient bientôt pour en finir avec le gouvernement personnel, héritage désastreux de l'empire romain.

En ce moment, au contraire, les conservateurs honnêtes, les bourgeois paisibles préfèrent le despotisme quelquefois intelligent d'un seul à l'anarchie sanglante ou ridicule des sectaires.

31 Décembre. — Il y a une fête ce matin à l'église de Saint-Sylvestre in Capite, sur la place du même nom, près du Corso. Grande foule, messe en musique et plusieurs des chanteurs de la chapelle Sixtine, entre autres le fameux soprano Mustapha. Il y a des siècles que les protestants, malgré toutes les preuves imaginables du contraire, s'obstinent à soutenir que les souverains pontifes commandent des eunuques pour leur musique particulière, comme si cette voix n'était pas un phénomène assez commun. Un des soi-disant castrats est marié et père d'une nombreuse famille.

La voix de Mustapha est fort belle, et je ne prétendrai pas que beaucoup de personnes ne viennent à Saint-Sylvestre pour l'entendre.

Les rigoristes de tous pays s'en indignent et blâment plus ou moins haut la splendeur des cérémonies romaines. Ne les imitons point. Soyons bien convaincus que ce qui se fait à Rome est bien fait. L'idée de Dieu ne doit pas être une idée sombre. Certaines de ces cérémonies sont un peu théâtrales, soit; mais on organise assez de fêtes en l'honneur des souverains de la terre, pourquoi ne pas en avoir pour le Sauveur, pour le maître du ciel?

Dans l'après-midi, un peu avant la nuit, le pape, selon un antique usage, visite l'église du Gesu, où un *Te Deum* est chanté pour remercier Dieu de toutes les grâces qu'il a accordées dans le courant de l'année.

Le pape est admirablement reçu par la foule sur la place, en face de l'église. Beaucoup de souverains européens, qui se croient solidement assis sur leur trône, désireraient bien un pareil accueil. Fort peu d'étrangers sont arrivés à Rome, et cette ovation vient des Romains. Nous apercevons dans la foule plusieurs des jeunes gens de la noblesse qui, malgré leur peu de goût pour l'état militaire, se sont engagés dans l'armée pontificale lors de l'invasion garibaldienne de cet automne,

Ils sont remarquables par leur bonne mine. Cela vient-il du sang ou de l'éducation des jésuites? Mais ils n'ont pas cet air chétif et déjà blasé de notre triste jeunesse parisienne.

L'église du Gesu et son vaste couvent, résidence du général de l'ordre des Jésuites, sont pleins du souvenir des illustres fondateurs de cette organisation admirable.

Combien il faut reconnaître la protection de Dieu et

le don de l'Église catholique de satisfaire à tous les besoins de l'humanité !

A la suite de la chute de l'empire romain et de l'invasion des peuples du Nord, quand la littérature, les sciences allaient périr au milieu de la barbarie, nous voyons se former des ordres qui, comme celui de Saint-Benoît, conservent dans les cloîtres les traditions saintes et celles du beau. Car, élément civilisateur, la religion chrétienne a toujours craint l'état sauvage (idéal de l'école de Jean-Jacques Rousseau), et a toujours souffert de la grossièreté des mœurs.

Au moyen âge, pour corriger l'abus de la force, pour rappeler l'humilité évangélique aux rudes chevaliers bardés de fer, François d'Assise promulgue sa règle d'abnégation et d'amour.

Quand les temps modernes arrivent, avec les idées nouvelles et une civilisation toute différente, Dieu suscite l'ordre des Jésuites, qui unissent la piété la plus haute à l'indulgence, au sens pratique le plus développé.

La vie de saint Ignace est curieuse à étudier à ce point de vue.

D'abord des rêves, des visions, un idéal lointain et vague, le couvent de Manrèse, un pèlerinage à Jérusalem, puis les études théologiques sérieuses, le profond vouloir, le séjour à Paris avec son compatriote, François Xavier et le savoyard Pierre Faber, la clarté de vues, le but pratique croissant en intensité depuis la prise de vœux dans l'église de Montmartre, le 15 août 1534, jusqu'à l'approbation de la Société de Jésus par le pape Paul III (Farnèse), le 27 septembre 1540.

Quand Ignace de Loyola mourut, le 31 juillet 1556

(il devait être béatifié en 1609 et canonisé en 1622), l'ordre des Jésuites s'était déjà répandu dans toute l'Europe, combattant partout le protestantisme et ramenant les âmes au bien, et François-Xavier, l'apôtre de l'Orient, avait proclamé le vrai Dieu de Goa jusqu'aux provinces les plus lointaines du Japon.

C'est Montmartre qui a l'honneur d'avoir vu naître la compagnie de Jésus, et Venise et les villes de la terre ferme qui entendirent les premières prédications de saint Ignace et de ses compagnons; mais c'est ici qu'ils vécurent le plus longtemps, qu'ils organisèrent leurs missions, et ce sont ces murs qui virent mourir saint Ignace, Lainez et l'illustre saint François Borgia, qui quitta la position la plus haute et le rang de vice-roi pour se faire jésuite.

On n'entre pas dans le couvent du Gesu sans une profonde émotion. Ce sont là des sentiments trop intimes pour pouvoir s'y étendre, mais qu'il me soit permis cependant d'honorer la mémoire du P. de Villefort qui, pendant si longtemps, soutint et consola bien des âmes et qui fut l'ami de tous ceux qui le connurent.

L'église du Gesu a toujours été riche, et elle a été encore embellie récemment par le prince don Alessandro Torlonia, pieux et entièrement dévoué à l'ordre.

L'autel de Saint-Ignace, dans le transept à gauche, est peut-être le plus magnifique de Rome. Dans le genre très-riche et très-orné, c'est ce que je connais de plus beau. On y voit une urne en bronze doré, des bas-reliefs et une statue de saint Ignace en argent, du vert antique, une boule énorme de lapis-lazuli, la plus grosse qui existe. De l'autre côté est l'autel de Saint-Francois Xavier, et près du maître-autel est le tombeau de l'illustre cardinal Bellarmin (1542-1621), qui fut nommé cardinal par la volonté la plus expresse du pape Clément VIII, car les jésuites n'acceptent jamais autrement le cardinalat ou d'autres dignités ecclésiastiques.

1ᵉʳ Janvier 1868. — Il n'y a pas de cérémonie spéciale à Rome pour le 1ᵉʳ janvier, et même les cadeaux aux enfants se font plutôt à Noël ou à l'Épiphanie.

Nous visitons les trois principales basiliques, Saint-Pierre, qui grandit aux yeux chaque fois qu'on la revoit, splendide, satisfaisant l'âme, symbole de l'unité, de la puissance, de la majesté de Rome. Tout est beau depuis la colonnade, l'obélisque, et les fontaines de la place, jusqu'aux sépulcres de Paul III et d'Urbain VIII, au fond du chœur près de l'autel en bronze doré de la chaire de Saint-Pierre. Examinez tout, et revenez-y souvent.

Saint-Jean-de-Latran plus nue, plus sévère, gâtée par les restaurations du dernier siècle; mais toujours grandiose avec son autel du Saint-Sacrement, orné de quatre colonnes de bronze doré qui proviennent du temple de Jupiter Capitolin, et furent faites, dit-on, par ordre d'Auguste, avec les restes en bronze des galères de Cléopâtre prises à Actium. La chapelle Corsini est le triomphe de la décoration par des marbres de différentes couleurs. Le pape Clément XII (Corsini 1730-1740) y repose dans un sarcophage de porphyre. Si, nouvellement arrivé à Rome, vous voulez avoir une première vue sur la campagne romaine, entrez par la porte de derrière, et venez sortir par le péristyle.

Sainte-Marie-Majeure, basilique superbe avec ses colonnes ioniques de marbre blanc, provenant des anciens temples, et son plafond de bois doré. On y employa, au onzième siècle, le premier or qui arriva d'Amérique en Europe.

Pie IX a fait orner de marbres précieux la confession sous le maître-autel. On dit qu'il veut y être enterré comme Pie VI dans celle de Saint-Pierre, où sa statue agenouillée est un des bons ouvrages de Canova. Les deux chapelles, celle du Saint-Sacrement où sont ensevelis Sixte-Quint et saint Pie V, et la chapelle Borghèse qui contient les tombeaux de Clément VIII et de Paul V, sont des prodiges de richesse. La seconde a la réputation d'être la plus belle chapelle de Rome. Elle est peut-être un peu trop surchargée.

Le dimanche 5 janvier, veille de l'Épiphanie, le matin, nous traversons le cœur de Rome pour aller à l'église de San-Francesco à Ripa, au bout du Trastevère. Je vois avec plaisir que dans ces quartiers où l'absence des étrangers ne se fait pas sentir (comme dans celui de la place d'Espagne), Rome a sa physionomie ordinaire. Les rues sont encombrées de ces paysans de la campagne romaine qui ont tant d'originalité dans le costume et de fierté dans le maintien.

Quelle différence entre eux et nos paysans du centre de la France, alourdis par l'atmosphère morne d'une centralisation absorbante !

Dans le Trastevère, de belles jeunes femmes, un peu fortes, les cheveux relevés sur le front, à l'allure fière, répondent à l'idéal qu'on se fait de ces terribles impératrices romaines, les Faustine, les Messaline et les Julie. En réalité, aucune de ces princesses n'était belle. Regardez leurs bustes au musée du Capitole, à Florence, à Naples.

Chose singulière, quand on examine l'immense série de bustes-portraits antiques, après avoir parcouru le Trastevère, les Monti, le Corso les jours de fête, on est très-tenté de croire que la population romaine est plus belle maintenant qu'autrefois.

Tout le contraire vous frappe en Grèce. Il est vrai que ces bustes-portraits appartiennent en général aux temps de l'empire et à la classe élevée qu'avaient fait dégénérer le sensualisme et la peur.

L'église de San-Francesco à Ripa, est petite, et fort laide à l'extérieur, mais ses chapelles sont pleines de marbres, de tombeaux, de statues dont un seul ferait la célébrité d'une de nos si pauvres églises du Nord.

Le grand saint qui résuma en lui le moment héroïque du moyen âge, entre le triste an 1000 et le quatorzième siècle plus lugubre encore, François-d'Assise, habitait ici pendant ses séjours à Rome.

Dans le couvent dont dépend l'église, on montre sa chambre transformée en chapelle et un portrait de lui qu'on croit authentique. Le saint a une figure pâle, une taille chétive ; il paraît usé par les austérités.

Autour du couvent est un grand jardin où croissent deux beaux palmiers.

A Noël les deux principales crèches se trouvent à l'Ara-Cœli et à San-Francesco à Ripa. Il y a une grande émulation à ce sujet entre les deux couvents, et les bons moines s'ingénient à des inventions quelquefois un peu burlesques.

Nous revenons par Ripa-Grande et le Ponte-Rotto, nom peu rassurant du pont suspendu construit sur les restes de l'ancien Pons Emilius.

Ripa-Grande est le port de Rome, port bien déchu.

Il s'y trouve cependant deux ou trois petits bateaux à vapeur et quelques barques.

Le Tibre, grossi par les pluies, envahit le quai, et de lourds nuages rasent presque le haut de l'Aventin ; cette pluie, ces nuages sont de la neige dans la haute Italie. Pendant qu'il fait ici un temps désagréable mais assez doux, un hiver très-rigoureux se fait sentir, non-seulement à Paris, où la Seine est entièrement prise, mais dans toute l'Italie du Nord,

La Lombardie est couverte de neige, même en pays de plaine entre Milan et Bologne, les trains ne peuvent marcher ; la circulation est impossible à Bologne et difficile à Florence.

Ici, nous n'avons qu'un contre-coup ; c'est que le climat devient entièrement méridional à partir de la rangée de montagnes qui séparent la Toscane de l'État romain vers Aqua-Pendente et Radicofani. Jusque-là, sauf quelques localités privilégiées, on est encore plus ou moins dans le nord. Le Piémont, la Lombardie, ont certainement un plus beau climat que la France, mais l'hiver y est beaucoup plus rude qu'on ne croit. Quant à Florence, ville malsaine, on n'y est bien qu'au printemps et en automne. C'est une fournaise en été, et une glacière en hiver.

Près de Ripa-Grande est le plus vaste hôpital de Rome, San-Michele.

Dans une partie de ce spacieux bâtiment sont logés les recrues qui ne sont pas encore en uniforme des zouaves pontificaux. Ils se composent de deux catégories bien distinctes : les Français, jeunes gens d'une position élevée, ou au moins des classes moyennes, actifs, éveillés, pleins de feu, l'air militaire ; les Flamands et Hollandais de la Gueldre, paysans assez laids et fort lourds, venus en grande partie par l'appât d'une bonne paye, mais fervents catholiques, sans autres vices que le vin et ne manquant ni de persévérance ni de frugalité, qualités essentielles aux bons militaires.

Cette armée si décriée par le parti anti-chrétien a fait ses preuves à Nerola et à Mentana. On a pu voir qu'elle était supérieure de toutes façons aux bandes garibaldiennes, où quelques illuminés se perdent dans la masse de ces vantards de café désœuvrés, déclassés, têtes folles sans énergie et sans courage, qui fourmillent malheureusement en Italie, et dont ceux qui ont pratiqué le pays pourraient citer bien des types. Heureuses encore les bandes qui n'ont ni filous ni brigands.

L'Épiphanie est une des grandes fêtes populaires de Rome. Le peuple la nomme la *Beffana*.

La nuit du 5 au 6 janvier, toute la population afflue à la petite place qui se trouve devant l'église de Saint-Eustache au delà du Panthéon, nommé par les Romains *la Rotonda*. Cette place et les rues adjacentes sont envahies de petites boutiques de joujoux, car c'est à la *Beffana* qu'on donne les étrennes. C'est un souvenir des dons des rois mages à l'enfant Jésus.

Ces vieilles coutumes qui se perdent dans le terne ennui de la vie moderne nous touchent extrêmement. Nous voyons avec plaisir que les choses se passent comme à l'ordinaire, malgré les déclamations des sectes; les Romains tiennent beaucoup à leurs anciennes habitudes.

La population est bruyante, joyeuse, il y a un grand air de fête et j'ajouterai de liberté. Quoi qu'en disent les écrivains hostiles qui ne sont jamais venus ici, peut-être, il y avait une grande liberté d'allures à Rome aux xviie et xviiie siècles. C'était un des endroits les plus libres de l'Europe, un refuge pour des personnes accablées par le pesant despotisme d'alors. Les lettres du président de Brosses en font foi. Je le cite, car il ne peut pas passer pour ce qu'on nomme un clérical.

« Ce pays est fort agréable pour les étrangers, non-seulement pour les motifs de curiosité, mais par l'extrême liberté qui y règne, par la politesse des gens qui l'habitent, obligeants et de facile accès, bien plus qu'en nul endroit d'Italie. » Lettre XXXVI.

Et plus loin. Lettre XLII.

« La liberté de penser en matière de religion et quelquefois même de parler, est au moins aussi grande à Rome qu'en aucune ville que je connaisse. Il ne faut pas croire que le saint office soit aussi diable qu'il est noir ; je n'ai ouï parler d'aucune aventure de gens mis à l'inquisition, ou par elle traités avec rigueur. »

Même maintenant, nous connaissons peu d'endroits où l'on soit moins tourmenté par cette peste d'agents de police, de procès-verbaux, etc., etc., qui a pris en France la tournure d'une véritable plaie d'Égypte.

Pour en revenir à la *Beffana*, quoique Rome soit, on peut le dire, assiégée par la révolution, on est frappé du peu de déploiement de la force publique. Quelques gendarmes seulement se promènent fort tranquillement dans la foule sans ennuyer leur monde de consignes. Aussi beaucoup de franche gaieté et nul désordre. Ce sont nos arrogants et brutaux sergents de ville qui le créent le plus souvent.

La nuit, des bandes de jeunes gens parcourent la ville en chantant.

6 Janvier. — Le matin, nous allons à Saint-Andrea della Valle; l'Épiphanie est la grande fête de cette église. Les murs sont couverts de tentures rouge et argent. Derrière le maître-autel, sous un baldaquin, sont des figures de cire représentant la sainte famille, recevant les offrandes des trois rois mages. Au-dessus brille l'étoile. Toute la matinée, des messes sont célébrées dans les différents rites orientaux, et pendant l'octave de l'Épiphanie chaque soir un sermon est prêché dans une langue étrangère.

A Saint-Athanase dei Greci, dans le Babuino, église rarement ouverte, on dit la messe solennelle en rite grec. A la propagande, les élèves étrangers prononcent un discours dans la langue de leur pays.

Quelquefois ont entend quarante langues différentes. Fort peu de recueillement préside à cette scène curieuse où les étrangers viennent en foule, mais c'est un de ces spectacles qu'on ne voit qu'à Rome et qui donnent l'idée de l'universalité du catholicisme.

Saint-Andrea della Valle est une vaste église grandiose, assez sombre et sale. Je ne dirai rien de la coupole de Lanfranc, ayant peu de goût pour ces peintures qu'on ne peut voir qu'avec des yeux de lynx; même celle du Corrège à Parme, vous laissent froid. Les quatre évangélistes du Dominiquin sont d'un très-grand style, dit-on, mais ils ne sont pas agréables à la vue. Du reste, il y a peu de tableaux de ce maître qui soient sympathiques. Son saint Pierre l'Ermite à Bologne est grossier quand on le compare à l'admirable Titien qui a été détruit dans le déplorable incendie de San Giovanni et Paolo de Venise; et même le saint Jérôme du Vatican;

tout chef-d'œuvre qu'il soit, ne produit pas une sensation irréfléchie de plaisir.

7 Janvier. — Vraie journée de printemps. Nous passons une partie de l'après-midi dans un beau jardin situé sur la pente du Quirinal, près de la vieille église de San Vitale. C'est un de ces coins ravissants comme on en trouve tant à Rome.

De beaux chênes verts, des néfliers du Japon, des myrtes, des lauriers, de vieux acacias couverts de lierre, forment un petit bois clair-semé, gracieux, où les oiseaux chantent au milieu du soleil qui miroite dans les branches.

Une succession de terrasses, plantées d'orangers et d'espaliers de citronniers, descend vers une étroite vallée verte.

Au delà s'élève le Viminal, la moins connue des sept collines de Rome, et dont on se rend seulement bien compte ici, ou en suivant la rue droite qui part du collége des Irlandais, à Santa-Agatha, et va à Sainte-Marie-Majeure, en passant par la caserne Cimara et l'église San-Lorenzo-in-Pane-Perna.

C'est ici que la tradition fait disparaître Romulus au milieu d'un orage, et que l'on construisit plus tard le temple de Quirinus. Une des rues les plus populeuses de la Rome des empereurs, remplissait cette vallée et montait vers les Thermes splendides de Dioclétien.

La maison d'Atticus, le correspondant de Cicéron, était dans ces environs. Un petit bois d'arbres magnifiques qui s'élevaient dans le jardin lui donnait une valeur énorme, preuve que ces bois étaient fort rares à Rome.

Maintenant ce n'est plus qu'un pâturage marécageux

au-dessus duquel on aperçoit le haut de Sainte-Marie Majeure. Mais je doute que ce lieu ait jamais eu plus de charme qu'aujourd'hui. J'aime du reste ces jardins paisibles si près d'une grande ville.

A l'un des plus tristes moments de ma vie, malade, presque mourant, j'ai passé un automne dans une maison située dans les faubourgs de Paris; eh bien je me rappellerai toujours avec reconnaissance, les moments de paix et de joie que j'ai eus dans le jardin plein de fruits et de fleurs, contemplant le dôme du Val-de-Grâce et entendant au loin les rumeurs de la grande cité. —

Nous allons ensuite à la villa Borghèse la moins belle des villas romaines, sans vue, mais commode comme promenade et célèbre par ses allées de chênes verts, impénétrables au soleil.

Elle est encombrée par une quantité de fabriques, dont une seule est jolie, le Casino, qui contient les sculptures. Cette villa est le lieu le plus fréquenté par le beau monde de Rome.

La famille Borghèse descend des neveux du pape Paul V, dont le nom se voit trop en évidence sur la façade de Saint-Pierre, car il éclipse un peu celui du prince des apôtres.

Cette famille fut enrichie par la confiscation des biens des Cenci.

Le drame des Cenci vit toujours dans l'imagination du peuple de Rome. On nous en a parlé encore il y a peu de temps. Clément VIII crut bien agir en montrant une cruauté implacable. Mais il révolta profondément le sens moral de toute une population. Elle crut et croit encore à une injustice. Elle fut mécontente de voir Paul V donner à sa famille des biens qui auraient dû retourner aux héritiers des Cenci. On est persuadé à Rome que si un changement de gouvernement avait lieu, les Borghèse seraient obligés de rendre ces possessions aux Bolognetti collatéraux des Cenci. Le fait est que le vieux Cenci, affreux scélérat, avait une conduite si révoltante vis-à-vis de ses enfants, que l'arrêt demandait impérieusement ce que l'on nomme en termes modernes des circonstances atténuantes.

L'endroit où s'élève le casino de la villa Borghèse appartenait aux Cenci; on y voit une belle collection de sculptures, entre autres la statue peu vêtue de la fameuse Pauline, princesse Borghèse, sœur de Napoléon. Comme une de ses amies s'étonnait de ce costume : « mais ma chère, dit la princesse, la chambre était bien chauffée. » Le prince Borghèse actuel ne descend pas de Pauline Bonaparte qui n'eut pas d'enfants. Sa première femme, lady Guendoline Talbot, fille du comte de Shrewsbury, mourut en odeur de sainteté. La jeunesse romaine tout en pleurs voulut porter son corps à Sainte-Marie-Majeure.

Le vaste palais Borghèse n'est pas une des possessions confisquées aux Cenci. Il fut construit par Paul V pour ses neveux. La forme est singulière, c'est celle d'un piano à queue. L'extérieur n'a rien de la magnificence des palais florentins ou de ceux de Venise et de Vicence, mais la cour intérieure avec deux rangées de colonnes de granit doriques et ioniques produit un effet assez imposant.

La galerie de tableaux contient plusieurs chefs-d'œuvre. Disons une fois pour toutes que nous n'avons pas la moindre prétention de parler avec autorité des choses de l'art, mais on ne passe pas une partie de sa vie en Italie et en Grèce, sans acquérir un certain sentiment du beau qui manque souvent à nos raisonneurs du Nord avec toute leur science et toutes leurs théories.

Remarquez dans la première salle, une tête de Christ de Léonard de Vinci (né en 1452, mort à Amboise auprès de François Ier en 1519). C'est admirable de fini, de dessin, mais même le Sauveur a les traits de la belle Joconde; ce type toujours le même, finit par devenir d'une extrême monotonie.

Dans l'ensevelissement du Christ de Raphaël, au contraire, quelle variété dans l'expression des visages, quel grand air qu'on ne sait plus rendre aujourd'hui! Le tableau est de Raphaël lui-même et signé par lui. Tâchez de voir la différence qu'il y a entre les originaux de Raphaël et les répliques exécutées cependant dans son atelier et par de très-habiles artistes. Son principal élève Jules Romain lui-même a un coloris désagréable, des teintes noires (Vénus sortant du bain, copie de la Fornarina et du portrait de Jules II); celui-ci ne paraît pas le prince terrible que l'on connaît. Il n'en est pas de même du portrait de César Borgia, par Raphaël : ce fils d'Alexandre VI est debout, une toque noire sur la tête, méchant, impérieux, sinistre surtout. Il n'est pas même beau avec sa barbe rousse, et sa figure pâle, usée par la débauche. Mais qu'on comprend bien ce prince terrible, rival de son frère pour les bonnes grâces de leur sœur, le faisant assassiner en pleine rue de Rome, parcourant les Romagnes et se débarrassant par la trahison, le meurtre et le poison, des petits princes dont l'autorité s'opposait à la sienne.

Ce fut un temps dur pour l'Italie que cette fin du

xv° siècle et ce commencement du seizième. Mais quelle période pour les caractères! Les âmes étaient sorties de la barbarie et de la torpeur intellectuelle du moyen âge, sans être affaiblies par le bien-être et la sécurité modernes. La platitude, la convention ne régnaient pas encore. Aussi quel moment pour l'intelligence, pour l'art! Le règne de Léon X rappela l'hégémonie d'Athènes sous Périclès. L'humanité semblait s'acheminer vers des destinées rayonnantes, quand Luther arriva. Le sombre génie du Nord attrista toute chose. Même en admirant ses vertus, quelle différence entre l'inquisiteur Ghislieri et l'aimable et charmant Léon X!

Avec la « Chasse de Diane » du Dominiquin, nous sommes dans un tout autre milieu, c'est un de ses tableaux les plus agréables; Diane est entourée de ses nymphes, dont plusieurs belles et toutes jeunes filles se baignent dans un clair ruisseau. On est au xvii° siècle; les figures changent. Les blondes auront pendant toute cette période le type de madame de Longueville; les brunes celui d'Athénaïs de Mortemart, marquise de Montespan.

Un air de cour envahit la peinture.

Au siècle suivant, les figures de belles femmes poudrées seront toutes prises en France et sur le modèle de madame de Pompadour.

Les dernières salles de la galerie Borghèse sont de petits salons aboutissant à la partie du palais qui regarde le Tibre. Une curieuse perspective disposée avec art laisse voir une fontaine, les arbres d'un jardin situé de l'autre côté du fleuve et le Monte-Mario dans le fond. On croirait les toucher du doigt.

Une de ces salles est ornée de peintures sur glaces

charmantes. Ce sont des amours et des guirlandes de fleurs du célèbre peintre Mario dit *dei fiori*. Je ne sais si c'est d'après lui qu'on nomma la rue près de la place d'Espagne. Dans une autre salle, est le portrait du pape Borghèse (1605-1621), gros homme blond, à la figure d'un Allemand *colère*. Il était en effet fort violent; témoin sa querelle avec Venise. Il porte encore la moustache et l'impériale.

Parmi les autres tableaux remarquables de la galerie Borghèse, je citerai : saint Étienne du Francia, le peintre bolonais; deux saintes familles d'Andrea del Sarto qui seraient charmantes si les nudités exagérées ne choquaient pas extrêmement dans un tel sujet; enfin la Danaé du Corrége qu'on regarde avec d'autant plus de curiosité que les tableaux de ce grand peintre sont fort rares. La couleur en est blafarde et la pose maniérée. Il a été gâté par des lavages. Il faut aller à Parme pour apprécier le Corrége.

10 Janvier. — En dehors de la Porta-Pia, sur la route de Sainte-Agnès et du pont Nomentano.

Devant la Porta-Pia on a établi un retranchement en fascines recouvertes de terre avec des embrasures pour trois pièces d'artillerie. Ces précautions sont utiles sans doute, mais elles nous serrent le cœur. Voici donc cette vieille ville de Rome menacée de nouveau comme au temps des barbares. Cette belle Porta-Pia, avec ses statues, peut, d'un jour à l'autre, être criblée de balles et de boulets. Les nations européennes qui, avec tous leurs défauts, sont des nations civilisées, sauf la Russie, respecteraient Rome et ses sublimes monuments; mais les sectaires n'y regardent pas de si près.

S'ils pouvaient, ils feraient bien vite sauter Saint-Pierre et Sainte-Marie Majeure; ils appelleraient cela « les moyens moraux » : nommer « moyens moraux » les insultes aux femmes qui vont au théâtre ; les explosions de casernes, les assassinats de pauvres soldats; c'est une des plus sublimes inventions de l'hypocrite dix-neuvième siècle.

Mais détournons nos regards de ces misères pour contempler la magnificence sublime de l'horizon romain.

La limpidité de l'air est extrême; on aperçoit distinctement les pics les plus lointains de la Sabine. Les montagnes couvertes de neige au sommet, moirées de bleu et de rose plus bas, se détachent sur un ciel métallique d'un incomparable éclat. Malgré la rigueur de cet hiver, il n'y a pas de neige sur le Soracte, qui se dresse vers le nord, du côté des frontières de l'Ombrie.

Ainsi, quand Horace parle de neige sur le Soracte,

> « Vides ut alta stet nive candidum
> « Soracte, nec jam sustineant onus
> « Silvæ laborantes, geluque
> « Flumina constiterint acuto. » (1)

Et que Martial déplore la mort d'un jeune homme tué sous un portique par la chute d'un glaçon,

> Qua vicina pluit Vipsanis porta columnis,
> Et madet assiduo lubricus imbre lapis,
> In jugulum pueri, qui roscida templa subibat,
> Decidit hyberno prægravis unda gelu :

(1)   Vois sur le Soracté cette neige brillante
      Qu'ont sur ses vastes flancs soufflé les aquilons,
      Vois les arbres pliant sous le poids des glaçons
      Et du Tibre captif la surface glissante.
                     (Traduction de Daru.)

> Qumque peregisset miseri crudelia fata,
> Tabuit in calido vulnere mucro tener.
> Quid non sæva sibi voluit fortuna licere?
> Aut ubi mors non est, si jugulatis, aquæ? (1)
>
> Livre IV, Epig. XVIII.

on serait tenté de croire que le climat était plus rude alors que dans les temps modernes. Il y aurait une étude curieuse à faire sur ce sujet.

A gauche est la belle villa Albani, récemment acquise par don Alessandro Torlonia, de la famille Castelbarco de Milan, héritière des Albani. A droite, la villa Torlonia, assemblage bizarre de ruines artificielles, de théâtres, de grottes, et pour laquelle des sommes énormes ont été dépensées sans obtenir d'autre résultat qu'une curiosité de mauvais goût.

Les Torlonia sont une famille de banquiers. Don Giovanni Torlonia montra une grande fidélité dans des temps difficiles, aux papes Pie VI et Pie VII. Il secourut plusieurs fois les cardinaux dépouillés sous le lourd et perfide despotisme de Napoléon Ier. Il en fut récompensé par des titres de noblesse et par différents priviléges. Ses qualités faisaient pardonner quelques ridicules de parvenu. Il avait acheté aux Odescalchi le fief de Bracciano près du beau lac de ce nom. Ce fief donnait le titre de duc, la vente était faite à réméré, mais la casa Odescalchi était si appauvrie qu'on pensait qu'elle ne pourrait jamais racheter cette vaste terre. Ce

---

(1) Sous la porte voisine du portique d'Agrippa, à l'endroit où le pavé glissant est arrosé d'une pluie incessante, un fragment de cette eau glacée par l'hiver tomba sur la gorge d'un jeune homme qui entrait dans ce temple humide; après avoir précipité les tristes destins du malheureux, le poignard amolli s'est fondu dans la pluie brûlante qu'il avait faite. Quels jeux cruels n'a-t-on pas à redouter de la fortune? Où la mort n'est-elle point, si l'eau peut aussi nous égorger?

fut ce qui arriva cependant au grand déplaisir et désappointement des Torlonia, lorsque don Ladislas Odescalchi eut acquis une grande fortune en épousant une riche polonaise, la comtesse Branicka.

Le chef actuel de la famille Torlonia, don Alessandro, a une fortune énorme. On dit que c'est le prince le plus riche de Rome ; pieux et charitable, il dépense noblement sa fortune à soulager les pauvres. Il est fort aimé du peuple. Cet homme si estimable a été cruellement éprouvé dans sa famille. Sa femme, une princesse Colonna, est devenue folle de douleur après être accouchée d'une fille née aveugle ; elle avait été quinze ans sans avoir d'enfants. On voit souvent cette pauvre princesse se promenant en voiture sur la route de Porta-Pia ; elle inspire la plus vive compassion.

Après avoir passé la villa Torlonia, on arrive à l'église de Sainte-Agnès. Cette petite basilique a été restaurée récemment avec beaucoup de goût.

On y descend par un long escalier, car l'église est construite sur l'emplacement de la catacombe où fut ensevelie sainte Agnès. Au bas de l'escalier est une inscription du temps du pape Damase (366-384). Les inscriptions de ce pape, qui s'occupa beaucoup des catacombes, sont connues par la grande beauté des lettres. Deux étages de colonnes soutiennent un plafond doré ; elles sont de marbres magnifiques, et plusieurs sont cannelées. Des colonnettes de porphyre portent le baldaquin au-dessus du maître-autel.

A côté du couvent est l'église de sainte Constance, où fut trouvé un des magnifiques sarcophages en porphyre qu'on voit aujourd'hui au Vatican. Comme ce sarcophage, l'église est ornée des attributs du culte de Bacchus.

Sous l'empire, les mystères de Bacchus étaient devenus très-populaires. Les âmes voulaient sortir à tout prix de la sécheresse du vieux culte romain. Le christianisme s'appropria plusieurs des symboles bachiques, et les grappes de raisin, les épis de froment, allusions eucharistiques, se rencontrent sur les sépultures chrétiennes comme sur les tombeaux des païens.

Derrière ces deux églises est une de ces vallées profondes de la campagne romaine, dont on ne soupçonne même pas l'existence. C'est dans ces recoins peu fréquentés, remplis de jardins et de bastides, à l'époque romaine, que les chrétiens creusaient l'entrée de leurs catacombes dans la vigne d'un coreligionnaire. Je ne veux point dire que ces catacombes étaient entièrement ignorées de l'autorité, mais elles étaient peu en évidence, hors des atteintes de la populace. Il faut aussi se rappeler que le respect des tombeaux était une des idées les plus profondément ancrées dans l'esprit romain et puis encore, que le despotisme, tout cruel qu'il fut, n'avait rien de commun avec les tracasseries et l'inquisition de cette police moderne qui a si extrêmement rapetissé la vie. Le sujet des catacombes romaines est si imposant et si vaste que nous n'osons pas l'effleurer.

En revenant, nous allons à la villa Albani.

Le fondateur de cette famille fut le pape Clément XI (1700-1721). Il était d'Urbin. Les Marches et les Romagnes ont été très-fécondes en papes. Il y eut plusieurs cardinaux Albani.

L'un d'eux fut le patron du célèbre Winckelmann

(né en 1717, mort en 1768). C'était un vrai grand seigneur, plein de libéralité et de goût pour les arts, pour la sculpture surtout. Il fit construire cette belle villa pour recevoir sa collection.

Elle fut disposée par Winckelmann, homme bizarre, mais vraiment possédé du sentiment du beau.

C'était une âme inquiète, tourmentée, avec certains côtés déplaisants et bas. L'histoire de ses abjurations lui fait peu d'honneur. Il changeait de religion pour de l'argent et trouvait toujours qu'on ne lui en donnait pas assez. Il avait la passion des aventures, des voyages; il partait à pied, sans argent, se confiant au hasard des rencontres. Il mourut cependant sans avoir réalisé son rêve qui était un voyage en Grèce. Sa fin fut très-triste.

Dans une de ses courses, il avait rencontré un jeune cuisinier toscan et l'avait mené loger avec lui à Trieste, il avait eu l'imprudence de lui faire des promesses et de lui montrer des médailles en or. Ce misérable voulut s'en emparer et dans l'altercation donna des coups de couteau au pauvre Winckelmann qui mourut peu de temps après. L'assassin fut arrêté immédiatement, condamné à mort et exécuté.

Le souvenir de Winckelmann est partout à la villa Albani. Le roi Louis de Bavière y a fait placer son buste colossal. Malgré beaucoup de pertes à l'époque du premier empire, la collection de sculpture est encore très-riche.

La gloire de ce musée est le buste d'Antinoüs couronné de fleurs, trouvé dans les fouilles de la villa d'Adrien à Tivoli. Winckelmann et les autres grands critiques qui ont écrit sur l'art, considèrent ce bas-relief comme un des monuments les plus précieux de l'art antique. Le temps l'a endommagé à peine, et il est tel qu'il fut présenté aux regards d'Adrien.

Ce beau jeune homme, le lotus sacré à la main, semble offrir un sacrifice aux sombres divinités égyptiennes; c'est le soleil radieux avant l'orage, Osiris avant d'être vaincu par Typhon.

Sa large poitrine paraît pleine de vigueur et de jeunesse, ses cheveux bouclés tombent bas sur le front sans rides de ces peuples du Midi qui ignorent les soucis. Sa narine, ses lèvres sont à la fois voluptueuses et fières. Aucune afféterie. C'est le type de la grande beauté. Quelque chose de rayonnant comme l'Apollon ou la Vénus de Milo mêlé à l'expression tragique de ceux que doit frapper une mort prématurée.

L'histoire d'Antinoüs est entourée de mystère. Se précipita-t-il dans le Nil pour sauver les jours d'Adrien, ou fut-il enlevé par une des fièvres foudroyantes de ces climats? Quelle fut son origine? Son pays? Quel hasard l'amena auprès de l'empereur. On peut croire que ce ne fut pas à un favori vulgaire qu'Adrien éleva ces statues, ces temples.

On découvre une vue merveilleuse des fenêtres de la chambre de l'Antinoüs. La villa est tournée vers le midi. Droit devant les yeux s'élève le massif du Mont Albain. Un peu à gauche, la ligne d'une pureté admirable qui descend de Palestrina pour monter vers Tusculum. Cette ligne en escarpolette ressemble à celle qui part de l'hermitage du Vésuve pour aboutir aux Camaldules et sur laquelle Naples semble assise quand on la regarde de Sorrente. Puis viennent Palombara et la forêt d'oliviers de Tivoli où erre encore la mémoire d'Horace et de Mécène.

La villa est dessinée à l'italienne. Un beau parterre soleilleux, des allées droites bordées de hautes haies de buis qui protègent les promeneurs contre les vents froids de l'Est et du Nord. Pour l'été une terrasse ombragée par de vieux chênes verts au feuillage touffu, impénétrable au soleil. Que je préfère ces beaux jardins à nos petits parcs pseudo-anglais; mais ils ne sont plus de notre temps. C'est comme les vêtements de soie et de velours, les beaux costumes Louis XIII et Louis XIV, ils répugnent à nos idées égalitaires, à notre amour de tout ce qui est simplement commode. Tout le monde peut porter le costume moderne, tout chef de bureau retraité peut avoir son jardin anglais. Ces terrasses, ces allées droites, ces parterres sont faits pour un monde d'élégance et de beauté qu'a mis en fuite la triste démocratie.

Le dernier prince-cardinal Albani fut secrétaire d'État de Pie VIII (1829-1830), pape bon, distingué, qui mourut trop tôt.

A la mort du cardinal, la Villa Albani passa à des collatéraux, les Castelbarco de Milan. Par son testament, suivant l'exemple du cardinal Consalvi pour Pie VII, il laissa une somme destinée à élever un monument à Pie VIII dans Saint-Pierre.

Ce monument a été découvert l'an passé. Il occupe le dernier endroit disponible au-dessus de la porte de la sacristie. A moins de supprimer des autels, il n'y a plus de place pour un tombeau de pape, à Saint-Pierre.

Le sculpteur Tenerani a voulu éviter les fatigantes allégories et produire quelque chose de nouveau. Le

Christ, les bras étendus, est assis entre saint Pierre et saint Paul. Au devant, le pape est agenouillé. Chaque figure prise isolément ne manque pas de mérite, mais l'ensemble est sec et dur; enfin le pape agenouillé, tourne le dos à Notre-Seigneur. Il était difficile de faire autrement, mais cela produit un effet fâcheux, un vrai contre-sens.

11 Janvier. — Nous visitons l'atelier de Benzoni, un des plus célèbres sculpteurs modernes. Il est de la vieille ville lombarde de Bergame. Sa famille était pauvre. Un riche propriétaire de son pays natal le prit sous sa protection et l'envoya étudier à Rome.

Il y est resté depuis. Il aime avec passion son art, mais avec une bonhomie et une modestie que n'auraient pas le moindre rapin, le plus mince sculpteur en pierre parisien. Il travaille en ce moment au tombeau d'une dame irlandaise, dont tous ceux qui l'ont connue conservent le plus affectueux souvenir. Ce tombeau doit être placé dans l'église des Franciscains irlandais, Saint-Isidore au Pincio. Ce sera un de ses ouvrages les mieux réussis. La morte, la figure empreinte d'une douce paix, est étendue sur le sarcophage, vêtue de l'habit des Carmélites ; au-dessus est la madone, un scapulaire à la main, et ayant sur ses genoux l'enfant Jésus, qui montre à la mère une de ses filles, morte à Rome, il y a vingt ans. C'est d'une simplicité touchante, et combien j'aime mieux les tombeaux de ce genre que ces pompeux étalages de vertus allégoriques, si en vogue au dernier siècle.

Benzoni est heureux dans les sujets religieux. Ce que nous voyons de plus achevé dans son atelier, est ce tombeau ; le projet d'un autre tombeau qu'on doit élever aux enfants du duc Grazioli, et une Mater Dolorosa. Cette statue, qu'il vient de terminer en terre, est d'une grande beauté. La sainte Vierge vieillie, amaigrie par la douleur, est assise, les yeux fixés sur la couronne d'épines qu'elle tient entre ses mains. Les draperies sont très-belles, la pose naturelle et abandonnée.

Parmi les statues profanes, nous remarquons une jeune fille voilée, dont les traits sont extrêmement bien dessinés à travers son voile; une enfant fille du sculpteur disant sa prière; mais beaucoup sont médiocres et presque toutes sont gâtées par l'afféterie.

La statuaire plus que tout autre art répugne aux *concetti*. Les petits détails font perdre l'effet d'ensemble. En outre ce genre a besoin du *nu* que le *cant* moderne tend de plus en plus à proscrire.

Dans la dernière salle, nos yeux fatigués du *nu* de Benzoni qui est mauvais, éprouvent une sensation vive, à voir deux statues pleines de brio, de jeunesse et de vie. Nous ne les reconnaissons pas tout d'abord, mais nous sentons que nous sommes en présence d'une de ces œuvres de l'heureux temps de la renaissance qui eut encore un reflet de la beauté antique. Le protestantisme l'éteignit bientôt.

Ce sont des copies de deux des quatre jeunes hommes qui le pied sur des dauphins et des tortues à la main, soutiennent la gracieuse fontaine dite des *Tartarughe*, œuvre de Giacomo della Porta et de Taddeo Landi. Cela nous met en goût de visiter cette fontaine dans l'après-midi. Elle se trouve au nord du Capitole sur une petite place peu connue des étrangers, non loin des palais Caëtani et Mattei.

C'est un tel bijou, que Consalvi voulait la faire transporter dans la cour du Belvédère au Vatican.

Elle est tellement salie par l'eau et le manque de soins qu'il faut l'examiner avec attention pour s'apercevoir que les figures sont en bronze et le reste en marbre les plus précieux. Il y a même de la brèche africaine.

Nous avons vu dans l'atelier de Benzoni un curieux exemple du prix qu'on attachait à ce marbre, même sous les Romains. Il nous en montre un morceau provenant des fouilles faites par le prince Torlonia dans une vigne près la porte St-Paul. Ce bloc de trois pieds de long sur deux de large, porte le nom grossièrement sculpté de Domitien, auquel il était directement expédié. D'autres blocs portent le nom de différents empereurs. Beaucoup de ces carrières précieuses sont perdues.

Une histoire des marbres précieux sous les Romains serait un sujet très-intéressant, mais il faudrait être à la fois au moins antiquaire, géologue et grand voyageur.

12 janvier. — Promenade sur la Via-Salara et dans les champs entre la Via-Salara et la Via-Nomentana où se trouvait la villa de Phaon célèbre par la mort de Néron.

> Fidène était ici, la rivale de Rome,
> En ce temps si lointain
> Où Romulus avait sa cabane de chaume
> Sur le mont Palatin.
> Antemne vit ici, quand finit l'espérance,
> Se livrer à Sylla,

Les Samnites défaits, qu'un vainqueur sans clémence
　　Dans le cirque immola.
Souvenir éternel d'horreur et d'épouvante,
　　Leçon pour les tyrans !
Ici Néron cacha sa figure sanglante
　　Loin de ses courtisans.
Tout pâle, il refusait l'asile des abîmes
　　Qui devaient le couvrir ;
Tremblant au moindre bruit, poursuivi par ses crimes,
　　Ne sachant point mourir.
Dans des combats cruels, sans espoir pour les braves
　　Condamnés à périr ;
Ici l'on vit couler et le sang des esclaves
　　Et le sang du martyr.
Et cependant le vent souffle joyeux et libre
　　Le long de ce pré vert,
Le soleil luit au loin sur les coteaux du Tibre
　　Par un beau jour d'hiver.
Les monts sont revêtus de teintes violette
　　Ou gorge de pigeon,
Et de Valmontoné la belle escarpolette
　　Se fond à l'horizon.
Rien n'arrête l'élan de la grande nature,
　　Car Dieu le veut ainsi ;
Elle ne prend de l'homme, infime créature,
　　Qu'un médiocre souci.
Ainsi du beau, du grand, de l'amour plein de grâce,
　　Du poëme inspiré,
Quand une voix faiblit une autre prend sa place,
　　Dans le concert sacré.
Sache donc supporter la fin de ta jeunesse,
　　Le monde marche encor,
Et mêlera toujours la joie et la tristesse,
　　Et la vie et la mort.

Ce sont, en effet, des souvenirs de carnage, qui fr:
)ent l'esprit le long de la Via-Salara. Sylla, après av
/aincu une première fois le parti de Marius par
narche hardie sur Rome, au moment où on le croy
)ccupé au siége de Nola, Sylla était parti pour l'Orie

Il y passa plus de trois ans occupé à soumettre Mithridate. Pendant ce temps-là, Marius reprenait Rome, et mourait au milieu de sa victoire. Sa puissance passait à son fils; mais Sylla victorieux reprenait le chemin de l'Europe; l'ami de Marius, Cinna, était massacré à Brindes par ses soldats révoltés; Sylla débarquait sans coup férir.

Ce fut alors une lutte de vitesse à qui gagnerait Rome le premier. Le jeune Marius appela à son aide Pontius et ses Samnites, débris de la guerre sociale. Pleins de haines, de vengeances, ils s'avancèrent sur Rome désarmée.

Jamais la ville aux sept collines n'avait été aussi près de sa perte. Mais Sylla devança Pontius de quelques heures, et se posta devant la porte Salara et la porte Colline. Le combat dura deux jours. Le premier jour il fut vaincu et presque fait prisonnier. Le second jour, les Samnites, entourés de toute part, furent obligés de se rendre. Quand ils furent désarmés, Sylla les fit massacrer jusqu'au dernier, dans le grand cirque où il les avait fait conduire.

L'amphithéâtre de Fidène était célèbre. Sous Tibère, il s'écroula pendant un combat de gladiateurs, et un grand nombre de personnes périrent dans cet accident.

Mais la mort de Néron épouvante plus la pensée que tous les autres souvenirs. C'est un récit qui, étant raconté de la même manière par Tacite et Suétone, a le plus grand caractère de vérité historique.

Néron avait assassiné son frère adoptif, ses deux femmes, sa mère. Il s'était baigné dans le sang des plus illustres de l'empire. Il s'était avili, dans l'opinion de tous les Romains, en chantant sur les théâtres, et en se faisant cocher dans le cirque ; le trésor était à sec, on l'accusait d'avoir fait brûler Rome pour agrandir ses palais. A ce moment, il revenait de son voyage de Grèce, où on lui avait décerné des prix de poésie et de chant. Ses courtisans lui assuraient, sans doute, qu'il était aimé autant qu'estimé de ses sujets.

Cependant, de mauvaises nouvelles commençaient à parvenir à ses oreilles ! Vindex s'était insurgé dans les Gaules, puis Galba, un des meilleurs généraux de l'empire, levait l'étendard de la révolte en Espagne.

Immédiatement, le lâche tyran se trouble, et des accès de peur succèdent à des accès de cruauté. Il agite mille projets dans son esprit et ne sait se déterminer à rien. Tantôt, il veut faire massacrer tout le Sénat et mettre le feu à Rome, après avoir lâché, à travers les rues, les bêtes féroces destinées aux chasses publiques dans l'arène ; tantôt il veut aller en suppliant, implorer la clémence du peuple, puis il lui prend l'idée de gagner la mer, et de se réfugier chez les Parthes.

Son immense demeure sur le Palatin se vide peu à peu de courtisans. Il la quitte, et va s'établir sur l'Aventin, au milieu de la plus vile populace de Rome, qui avait quelques sympathies pour ce monstre. Il y est assez bien reçu, mais personne ne s'arme pour le soutenir. Enfin, un matin en se levant, il se trouve abandonné de ses gardes, de ses esclaves ; il appelle et parcourt en tremblant toute la maison. Il ne reste plus que quatre personnes avec lui.

Il faut rappeler leurs noms. La fidélité au malheur est une chose si rare, qu'elle ennoblit même les scélérats. Les affranchis Phaon et Épaphrodite; un esclave, et le jeune Sporus qui, déguisé en femme, figurait comme impératrice dans les saturnales. Néron se décide alors à fuir. Il veut aller trouver sa flotte, dont les matelots, les plus grands bandits de l'empire, lui sont assez dévoués. Mais la route d'Ostie est surveillée. Phaon lui offre alors un refuge temporaire dans sa villa, entre la Via Nomentana et la Via Salara.

Il se déguise, et part, à cheval, aux premières lueurs du jour. Il faut passer près du camp des prétoriens. Là, il entend les soldats qui le maudissent et proclament empereur Galba. Plus loin, son cheval effrayé d'un coup de tonnerre, se cabre et le renverse. Enfin, il arrive à la villa. Tout auprès sont de vastes souterrains, creusés pour extraire le sable, et qu'il ne faut pas confondre avec les catacombes. Phaon lui conseille de s'y cacher, mais il tremble devant l'obscurité et lui dit en pleurant qu'il ne veut pas s'ensevelir vivant. Il entre dans la chambre d'un esclave. Là, étendu par terre sur un lit de paille, il examine deux poignards qu'il a portés avec lui, sans oser s'en frapper. Il demande à Sporus de lui donner un peu de courage. Enfin il entend arriver les soldats envoyés par le Sénat à sa poursuite, et Epaphrodite lui donne la mort pour le dérober à l'ignominie et aux tortures.

Tout criminel que soit Néron, il faut le plaindre. Ailleurs qu'empereur à Rome il aurait pu être bon : s'il fut bourreau, il fut aussi victime : victime de ce monstrueux gouvernement des peuples par un seul, que la pauvre humanité si débile, si lentement progressive a tant de peine à définitivement abolir, même dans ces jours de superbe, où elle se déclare émancipée.

17 Janvier. — A San Pietro in Montorio, sur le Janicule, de l'autre côté du Tibre. C'est peut-être la plus belle vue de Rome. Même pendant les beaux jours de l'hiver dernier, nous n'avons pas eu un temps plus admirable. Les montagnes se dessinent nettement, bien assises dans l'air bleu.

Quittant l'éblouissement du paysage, nous entrons dans l'église tranquille et sombre. La première chose qui frappe nos yeux est un évêque couché sur son tombeau, sa figure respire la paix, et nous lisons au-dessous cette belle et touchante inscription : « *Bonis et mors et vita dulcis est.* » Voilà un de ces contrastes où respire l'âme de Rome. Plus loin, un vieux moine Franciscain nous montre, au-dessous du petit temple de Bramante, le lieu où fut crucifié saint Pierre. Tiré de la prison Mamertine, il avait été promené dans les rues de la ville avant de souffrir le martyre au milieu du quartier juif.

Plus on songe à l'invasion du christianisme dans la Rome impériale, plus on la trouve mystérieuse et divine.

De San-Pietro-in-Montorio, nous allons près de Sainte-Marie-Majeure, à l'église de Saint-Antoine, abbé, dont c'est aujourd'hui la fête. Autrefois, presque tous les chevaux de Rome venaient ici pour être bénis. C'était une des cérémonies curieuses fréquentées par les étrangers. Cet usage se perd. L'église cependant est très-pleine de gens du peuple, car, comme me dit un paysan de la campagne, saint Antoine a douze grâces à accorder chaque jour.

18 Janvier. — C'est aujourd'hui la fête de la chaire

de Saint-Pierre, le pape assiste à la messe. Il fait beau. Le soleil rayonne dans la vaste basilique. La douce figure de Pie IX me paraît aussi calme, aussi confiante que jamais. Contemplons-nous les dernières cérémonies de la papauté, et un avenir prochain doit-il nous montrer dans Saint-Pierre, Victor Emmanuel, la comtesse Mirafiori et un cortége de mauvais prêtres? Je ne puis le croire.

Le soir, nous assistons à une scène tout autre, mais le contraste est le piment de la vie.

A un petit théâtre construit en planches sur la place Navone, la famille Grégoire donne la première représentation de la Grande-duchesse de Gérolstein. Je suis curieux de voir comment le public romain accueillera cette petite pièce qui a fait courir pendant six mois notre Paris abruti par la Bourse et autre chose.

Il n'y a là, ni gaieté, ni vérité, ce n'est même pas une bonne grosse farce. C'est une chose qui échappe à toute analyse et dont le mérite est dans l'absence entière de sens commun, sans oublier les contorsions des acteurs qui me rappellent ce qui fait les délices des *roughs* américains dans les théâtres infimes de New-York. La seule chose qu'on puisse trouver drôle dans la Grande-duchesse, c'est le souvenir de Catherine II et de ses procédés amoureux.

C'est pour cela, sans doute, que le spirituel tsar de toutes les Russies a voulu consacrer sa première soirée dans Paris à cette pièce, où les fredaines de sa bisaïeule sont si délicatement raillées.

Le commencement est écouté avec patience; mais quand arrive cette scène insensée où la Grande-duchesse, couronne en tête, se met à danser un *cancan*, on ne sait pourquoi; le public romain, le *mezzo ceto*, le peuple n'y tient plus et éclate en sifflets.

Ces sifflets m'ont fait plaisir.

Le fait est qu'on n'habite pas dans un milieu aussi magnifique que celui de Rome, sans acquérir un certain sentiment des choses de l'art qui est choqué par l'absurde et le laid. Ce sentiment n'est pas raisonné, mais il n'en est que meilleur.

Au contraire, malgré tout l'esprit du monde et tous les plus beaux raisonnements, on ne vit pas impunément dans la platitude et l'ahurissement du Paris de l'an de grâce 1868.

CHAPITRE XIV.

LE FORUM ET LE VATICAN.

Le forum romain. — Les triomphateurs. — La grande Némésis. — Un fratricide. — L'arc de Titus. — Le Colisée. — Saint-Paul hors les murs. — Stendhal. — L'esprit romain. — La *tramontana* et le *sirocco*. — Les tableaux du Vatican. — Saint-Clément. — Les dominicains irlandais. — Le goût des modernes pour la laideur. — La beauté antique. — Les statues du Vatican. — Le Belvédère. — Le Méléagre. — L'Apollon. — L'Hercule *Mastaï*. — L'autel d'Auguste. — Les sépultures impériales et la crémation. — Le tombeau de L. Cornélius Scipion.

22, 23 Janvier. — Nous profitons de deux belles journées d'hiver pour errer dans le forum et ses alentours.

Une vallée à deux étages s'étendait entre le Capitole, le Palatin et le Quirinal, le Cœlius et l'Esquilin.

Le forum romain occupait la partie la plus élevée au pied du Capitole, ayant le Palatin au sud et le Quirinal au nord. La partie la plus basse entre le Cœlius et l'Esquilin est remplie aujourd'hui par le Colisée, œuvre des empereurs Vespasien et Titus. Ces deux étages étaient séparés par un monticule où un bois s'élevait du temps de la république, et où Adrien construisit un temple de Vénus et de Rome, dont quelques murs restent encore debout derrière l'église de Santa-Francesca Romana.

Cet espace vit les événements les plus importants de l'histoire politique du monde, il l'emporte même sur l'Acropole d'Athènes et n'est surpassé en intérêt que par les souvenirs divins de la Galilée et de Jérusalem. L'emplacement général est parfaitement déterminé. Personne ne peut en douter raisonnablement. Plusieurs des ruines le sont aussi comme les arcs de Titus et de Septime Sévère et le temple d'Antonin et de Faustine.

Celui qui n'est pas archéologue doit se contenter de cette certitude qui donne une satisfaction entière à l'imagination. Pour l'archéologue, le forum romain sera un éternel sujet d'études intéressantes et de controverses.

Il faut observer, en effet, que ce forum et ses environs étaient encombrés de monuments divers. Les Romains isolaient peu leurs édifices et n'auraient pas apprécié la belle symétrie du génie militaire. Les incendies étaient fréquents. Dans les longs siècles qui s'étendirent depuis la fondation de Rome jusqu'au moyen âge et pendant lesquels le forum fut toujours le centre de la ville, deux, trois, quatre monuments peut-être, s'élevèrent à la même place.

Dans leurs descriptions, les auteurs anciens, bien différents en cela de l'exactitude topographique de la Bible, restent presque constamment dans le vague. Il faut ajouter que le forum est recouvert d'une couche épaisse de terre et de décombres inégalement distribuée, et que les fouilles n'ont pas été générales. Il est probable, du reste, qu'on ne trouverait que des fondations.

Nous ne chercherons pas à expliquer cet exhaussement du sol, et j'avoue que la grande quantité de bonne terre végétale qu'on y trouve est un fait bizarre. Elle peut, à la rigueur, avoir été amenée par les grandes pluies des jardins qui se trouvent sur les collines. Le Tibre dans ses inondations charrie aussi une quantité de limon.

Et cependant on est loin encore à Rome des prodigieuses couches de décombres que l'on trouve à Jérusalem. Il est vrai que Jérusalem fut bien des fois systématiquement détruite et que Rome ne le fut jamais.

Avec les difficultés que nous venons d'énumérer, il est fort naturel que les antiquaires ne soient pas d'accord et que plusieurs ruines aient bien des fois changé de nom.

Pour nous, qu'il nous suffise de savoir que voici le forum qui vit passer tous les grands hommes de la fière cité républicaine, où Scipion accusé convia le peuple à remercier les dieux, où parlèrent les Gracques, où Cicéron prononça ces mots fameux : *Ils ont vécu.* C'est ici que les triomphateurs montaient au Capitole; Sylla après Marius, Octave après Pompée. Ici que Marc Antoine exposa au peuple le cadavre sanglant de César.

Que ce lieu devait être beau, splendide, saisissant, quand l'appareil glorieux du triomphe montait la voie sacrée; quand la foule immense encombrait le seuil des édifices et les portiques des temples; quand les piques, les étendards, les riches dépouilles des vaincus brillaient au soleil éclatant de l'Italie. Les innombrables statues des illustres ancêtres paraissaient contempler avec joie les conquêtes de Rome et la majesté, la richesse, la force, semblaient promettre une domination éternelle à la ville aux sept collines.

Mais au milieu de la splendeur des réjouissances, la cruauté romaine implacable et calme n'oubliait pas ses victimes. Point de grâce pour les faibles. Toujours le *Væ victis*.

Au moment où fier, rayonnant, le triomphateur entrait dans le temple, les illustres vaincus, ceux qui avaient osé balancer la fortune des aigles, Jugurtha sous Marius, Pontius sous Sylla, Vercingétorix sous César, entraînés au fond de la prison Mamertine, étaient immolés sans remords à la puissance de Rome.

C'était bien toujours la grande cité féroce, ivre de sang, dont parle l'Apocalypse avec tant de haine.

Mais les conquérants sont tous les mêmes ; le char de la Victoire est toujours aussi implacable. Et ces triomphateurs que la foule admire, que de larmes et de crimes après eux! Et même de nos temps! Le jour où Pie VII, dans l'espoir de servir la religion, couronnait Bonaparte, les fossés de Vincennes n'étaient pas secs encore du sang du duc d'Enghien!

Ce que le XIXme siècle ne permettrait pas avec sa police savante et ses troupes de sergents de ville, ce sont les vers satiriques qu'il était d'usage de faire entendre au triomphateur. La superstition antique les regardait comme une sorte d'expiation du succès, faite pour désarmer « la Reine des hommes et des dieux, la grande Némésis. »

Ainsi César même pendant son triomphe, à son grand déplaisir, s'entendit appeler « Reine », allusion soit à Cléopâtre soit à ses faiblesses, quand, jeune homme, il visita la Bithynie.

La gente, che vien con noj, offese

> Di ciò, perchè già Cesar trionfando,
> Regina contra sè chiamar s'intese.
>
> (Purgatoire, chant. XXVI.)

Quand on descend du Capitole vers le forum, on trouve d'abord trois colonnes corinthiennes qui appartenaient selon l'opinion généralement admise aujourd'hui au temple de Vespasien; huit colonnes ioniques en granit d'Égypte du temple de Saturne où était renfermé le trésor public; l'arc de Septime Sévère.

Ces ruines, surtout quand on les voit la nuit par un beau clair de lune, produisent le plus grand effet. Elles montrent cependant déjà une certaine décadence de l'art, celles du temple de Saturne surtout.

L'arc de Septime Sévère est remarquable en ce qu'il porte encore la preuve d'un fratricide.

Le monstre Caracalla après avoir tué Géta, son frère, fit remplacer le nom de celui-ci (sanglante dérision) par ces mots : *Optimis fortissimisque principibus*. On distingue très-bien l'endroit où le marbre fut creusé pour faire cette substitution. Septime Sévère (193 - 211) méritait cet arc de triomphe. Il vint à un moment où l'empire Romain semblait en dissolution, après l'assassinat de Commode et l'extinction de la famille des Antonins qui avait donné quatre-vingts ans de bonheur à l'univers.

Il rétablit le bon ordre d'une manière rigoureuse. Son plus grand tort aux yeux de la postérité, fut d'avoir engendré Caracalla. Mais que dire de la colonne élevée

---

(1) Cette gent que le feu derrière nous entraîne
A commis le péché qui fit du nom de Reine
Injurier jadis César victorieux.

L'historien impérial de César ignore entièrement cet épisode de la vie de son demi-dieu.

à Phocas (602-610), un des plus exécrables entre les monstrueux empereurs d'Orient? Cette colonne resta à moitié ensevelie jusqu'en 1819. Byron la nomme

« The nameless column with the buried base » (1).

L'amie fidèle de Consalvi, la duchesse de Devonshire, fit faire des excavations d'où résulta la découverte d'une longue inscription qui ne laisse plus de doutes sur sa dédicace à Phocas. Les rostres ou tribunes publiques s'élevaient auprès de l'arc de Sévère et de la colonne de Phocas.

A droite du Forum, entre le Capitole, le Palatin et le Tibre, se trouvait le Vélabre lieu marécageux, exposé aux inondations du Tibre. A gauche la Suburra. C'était le quartier le plus peuplé de Rome à la fin de la République. Contrairement à l'idée qu'on est tenté d'avoir après des visites à Pompéi, les maisons de Rome étaient fort élevées comme le prouvent de nombreux passages d'auteurs latins, entre autres de Martial.

Sous l'Empire il se passa le même phénomène que nous voyons de nos jours (sous un autre Empire) à Paris. Le centre de la ville fut dépeuplé pour faire place à des monuments. Les demeures d'ouvriers furent reléguées dans les immenses faubourgs qui entourèrent Rome, principalement le long du fleuve, sur la route d'Ostie. La populace de Rome semblait si heureuse de sa servitude, qu'on ne peut cependant pas attribuer ce changement à des motifs stratégiques.

Déjà sous Auguste une partie considérable de la Suburra disparut pour être remplacée par les forums de César et d'Auguste. Ensuite vinrent le forum de la Paix

(1)   La colonne sans nom à la base enterrée.

ou de Vespasien, le forum de Nerva avec un temple de Pallas.

Il ne reste presque pas de traces de ces monuments; ce quartier est un des plus sales de Rome. A moitié ensevelies et entourées d'immondices sont les deux colonnes du temple de Pallas que le peuple nomme le Colonnacce. Au XVIme siècle ce temple était encore presque intact, mais les premiers papes du XVIIme siècle, Paul V Borghèse (1605-1621), Urbain VIII Barberini (1623-1644), s'ils construisirent beaucoup d'édifices modernes, furent de grands destructeurs d'antiquités, et le dragon des Borghèse ou les abeilles des Barberini se voient sur bien des monuments élevés avec de regrettables débris. Une partie du mur du Forum d'Auguste est encore debout ainsi que trois colonnes du temple de Mars Ultor que ce prince éleva pour célébrer sa vengeance sur les meurtriers de César. Ce mur construit en pépérin, comme les monuments de la République, ressemble à l'enceinte d'une citadelle. Il est irrégulier car l'habile tyran modéré dans les petites choses évita de déranger les propriétaires qui refusaient de lui vendre leurs maisons. L'expropriation était très-impopulaire à Rome. La rue moderne passe sous l'une des portes de ce forum. On nomme ce lieu *Arco de' Pantani*.

Les trois colonnes en marbre blanc du temple de Mars, sont de magnifiques modèles de l'ordre corinthien dans la meilleure période de l'art.

Revenant au forum, j'en dirai autant de trois autres colonnes d'un édifice élevé par Auguste au pied du Palatin et au sujet duquel les antiquaires ont eu et auront une controverse sans fin (Græcostasis, temple de Minerve, de Castor et Pollux, etc., etc.).

Les colonnes corinthiennes de Baalbek sont assurément plus grandioses, mais les ornements sont moins purs, la surcharge des temps de décadence se fait déjà sentir. En face de ces colonnes si contestées, est le temple d'Antonin et de sa femme Faustine dont les mœurs furent imitées plus tard par Catherine de Russie et qui méritait peu les honneurs de l'apothéose. Mais le bon Antonin était un mari philosophe.

La frise de ce temple avec des griffons et des candélabres est admirablement conservée; c'est un des plus jolis morceaux d'architecture de Rome. Les grosses colonnes de *cipollino* qui forment le portique sont fort endommagées, car ce marbre a le grand inconvénient de s'écailler.

Viennent ensuite les voûtes immenses de la Basilique de Constantin, et l'arc de triomphe de Titus par lequel on descend au Colisée.

Un bas-relief de la plus haute importance historique orne encore cet arc. On y voit les soldats victorieux de Titus, portant les dépouilles du temple de Jérusalem; la table d'or, les trompettes d'argent et le fameux chandelier aux sept branches, qu'on pourrait encore retrouver quelque jour, car il tomba, dit-on, dans le Tibre, du haut du pont Milvius le jour où Maxence fut mis en déroute par les soldats chrétiens de Constantin. Il est vrai qu'on ne s'explique pas trop comment il avait été amené là.

L'immense monument qui occupe le fond de la deuxième vallée est l'antithèse terrible du forum romain. Plus haut, au pied du Capitole, les instincts généreux, le courage sublime tempéraient la férocité native de Rome. Ici, près du palais de l'exécrable famille des Césars, il n'y a plus de place que pour les débauches et la cruauté. C'est l'empire après la république, les massacres après la gloire, les saturnales après la liberté.

Comme pour présider à ces infamies, devant son entrée se dressait la statue gigantesque de Néron.

Mais même dans ses plus mauvais jours, le génie de Rome était colossal. Le mesquin lui était inconnu. Le Colisée malgré les dévastations du temps et des hommes malgré les palais entiers qui ont été construits avec ses pierres, reste une des merveilles de l'univers.

L'intérieur est dévasté partout, mais la partie extérieure à l'Est est presque intacte encore.

Les matériaux sont la brique et le travertin (pierre calcaire des environs de Tivoli, Saint-Pierre est en travertin), généralement employé sous l'empire, comme le pépérin, (pierre volcanique d'Albano) l'était du temps de la République.

Le Colisée a quatre étages, le premier est dorique, le second ionique, le troisième corinthien, tandis que le dernier est orné de pilastres composites.

Je ne puis dire l'effet que produit cette masse immense se détachant sur le ciel bleu, ou vaguement éclairée par les rayons de la lune dans un beau soir d'hiver.

Une veille de Noël (1864), en attendant la messe de minuit, j'ai erré dans ces ruines. Le ciel était d'un bleu noir, la pleine lune versait sur cette scène sa froide et chaste clarté. Les ruines, les débris antiques paraissaient encore plus grands, l'esprit évoquait sans peine les mille souvenirs du passé. Mais dans cette nuit sacrée où l'étoile guidait les mages, où le cantique des anges annonça le grand mystère aux bergers, comment ne pas songer aux pêcheurs galiléens qui venaient conquérir le monde par la croix, comme les Césars s'en emparèrent par le glaive; aux disciples de Saint-Pierre qui virent la dédicace du cirque; aux martyrs qui y confessaient le Christ au temps heureux où la foi et le courage pouvaient racheter tout.

D'autres fois j'ai vu le Colisée illuminé par des feux de Bengale, splendide, rayonnant comme aux jours des grandes fêtes de Vespasien et de Titus, où quatre-vingt dix mille spectateurs, sénateurs, consuls, vestales s'enivraient de lubricité et de sang, où les gladiateurs adressaient à l'Empereur les mots fameux *Cæsar morituri te salutant.*

Mais toujours ces murs m'ont paru étranges et saisissants. L'habitude de les contempler n'a pas affaibli cette magie des souvenirs. Que d'heures paisibles passées sous les arches du Colisée pendant que l'existence s'écoulait comme un songe.

25 Janvier. — Fête de la conversion de saint Paul.

Beaucoup de monde se rend à la Basilique de Saint-Paul hors des murs où l'on célèbre des vêpres solennelles. Les Anglais et les Américains rassurés depuis que Garibaldi est rentré à Caprera arrivent en foule à la grande joie des voituriers et des aubergistes. Près de Damas, nous avons vu le lieu où l'ardent persécuteur Saul fut terrassé par la grâce de Dieu. Les beaux jardins de figuiers et d'abricotiers couvraient les eaux courantes de leur épaisse verdure; quand ils s'éclaircissaient on voyait au loin le dôme majestueux de l'Hermon. Nous venons voir aujourd'hui l'endroit où les fidèles ensevelirent le fougueux apôtre après son martyre.

On sort de Rome par la porte Saint-Paul, en passant

au pied de la tombe en forme de pyramide de Cestius. Ce riche Romain mourut sous Auguste, et Agrippa était un de ses exécuteurs testamentaires. Cette forme qui apparaît pour la première fois dans les tombeaux romains, montre le commencement de cette invasion de Rome par les religions et par les modes de l'Orient qui devait favoriser l'établissement du christianisme.

En dehors de cette porte tout le long de la route d'Ostie, s'étendait un immense faubourg, la population en était pauvre, c'étaient des esclaves, des portefaix, des matelots : on y trouvait beaucoup de Syriens. Saint Paul avait une grande influence parmi ces derniers. La prédication de saint Pierre s'adressait de préférence aux Juifs. L'arrestation des deux apôtres avait été plutôt politique que religieuse. Sous Néron on ne se rendait pas clairement compte du christianisme.

Mais il y avait une fermentation extraordinaire parmi les peuples de l'Orient. On craignait même un soulèvement dans Rome. L'autorité voulut frapper un grand coup. Les deux étrangers les plus populaires, les plus vénérés des basses classes de leur nation pris à tort pour des meneurs, furent conduits à la prison Mamertine. Mais cela ne suffisait pas à la cruauté de l'Empereur. Nous avons vu que saint Pierre fut crucifié sur le Janicule au milieu du quartier juif. Celui que la postérité devait nommer l'Apôtre des gentils fut conduit enchaîné à travers les faubourgs pour jeter l'épouvante parmi ses disciples. Lorsqu'il fut arrivé aux eaux Salviennes (San Paolo alle tre fontane) on lui trancha la tête. Son titre de citoyen romain le préserva du supplice de la croix. Au-dessus des lieux où les premiers chrétiens ensevelirent le corps de saint Paul, Constantin éleva une basilique superbe; tous les âges contribuèrent à embellir cet édifice qui était sous la protection du roi d'Angleterre, comme Saint-Jean de Latran sous celle du roi de France et Sainte-Marie Majeure sous celle du roi d'Espagne.

Dans la nuit du 15 au 16 juillet 1823, les flammes allumées par imprudence consumèrent cette vénérable relique des premiers âges chrétiens. Ce fut un désespoir dans Rome. On cacha cette triste nouvelle à Pie VII qui était fort malade et qui mourut quelques jours après sans l'avoir jamais sue. A peine monté sur le trône, Léon XII (della Genga de Spolète 1823-1827) déclara que l'église serait réédifiée. Cette entreprise paraissait insensée voici ce qu'en dit Stendhal en 1828 :

« Léon XII a entrepris de reconstruire Saint-Paul. Quelques
« phrases pleines d'emphase, placées dans le journal officiel de
« Cracas, nous apprennent de temps à autre, que l'on a fait
« venir, pour Saint-Paul, une colonne de marbre de la car-
« rière, qui est sur le lac Majeur, près des îles Borromée, en
« Lombardie. Ces colonnes sont embarquées sur le fameux ca-
« nal du Milanais, perfectionné par Léonard de Vinci. Elles
« arrivent à Venise, font le tour de l'Italie, et le Tibre les
« transporte à quelques centaines de pas de Saint-Paul. Après
« un siècle ou deux d'efforts inutiles, on renoncera au projet
« de refaire cette église, qui est d'ailleurs tout à fait inutile. »

Stendhal avait raison en jugeant ainsi la mesquinerie moderne. Mais c'est une des gloires de la papauté d'y avoir échappé jusqu'ici.

Saint-Paul est aujourd'hui relevé de ses ruines ; sauf la façade et quelques détails d'ornementation, tout est terminé.

En dehors c'est une vaste grange avec un assez médiocre *campanile*, mais lorsqu'on pénètre dans l'intérieur, quelle fête pour les yeux! Tous les caractères du beau s'y trouvent réunis ; simplicité, grandeur, unité. Quatre rangées de colonnes de granit du Simplon forment cinq nefs ; le maître-autel orné de porphyre, de malachite, de lapis lazuli, est surmonté d'un baldaquin soutenu par des colonnes d'albâtre oriental, don de Méhémet-Ali à Grégoire XVI.

L'ancienne basilique était célèbre pour ses magnifiques colonnes de marbre précieux. Elles furent endommagées par l'incendie, mais avec leurs restes on a exécuté d'habiles placages. Les murs de l'église sont couverts de lambris de brèche coralline, de marbre lilas (paonazzo), de marbre fleur de pêcher et de cipollino.

Il n'y a que sept autels. Le maître autel, les deux qui se trouvent dans le transept et ceux des quatre chapelles de saint Étienne, du Crucifix, du chœur et de saint Benoît. Cette dernière, originale et élégante, a de petites colonnes en marbre gris qui proviennent des ruines de Veies. Les bénédictins ont la garde de cette basilique. Leur couvent est à côté. Le cloître avec des colonnettes variées à l'infini est fort curieux, ainsi que la série d'inscriptions antiques recueillies par ces savants moines.

Ce monument sera singulièrement à l'honneur de Grégoire XVI et de Pie IX. Le pauvre gouvernement papal avec ses ressources si restreintes et toujours harcelé par les sectaires, a réussi là où auraient échoué ces pouvoirs qui gaspillent des milliards pour des canons rayés ou des boulevards insipides sans pouvoir élever un seul édifice grandiose en l'honneur de Dieu.

La papauté a été au-dessus des petites considérations vulgaires du genre de celles-ci : A quoi bon rebâtir une église dans un lieu marécageux et malsain où il n'y a pas réunion de fidèles; il faudrait plutôt élever cinq ou six chapelles dans les quartiers populeux. Ne vaudrait-il pas mieux consacrer cet argent à élargir le Corso et à le rendre digne du boulevard Montmartre, etc., etc.

La gent moutonnière débiterait de ces raisonnements à l'infini. Aussi Saint-Paul fait-il une vive impression de plaisir à ceux qui sont fatigués de l'insupportable pédantisme des utilitaires.

A deux milles plus loin est l'endroit nommé Saint-Paul aux trois fontaines, où l'apôtre eut la tête tranchée. Trois petites églises se trouvent au milieu de ce vallon. Dans l'une, ornée de beaux marbres, on nous montre les trois fontaines qui jaillirent, selon la tradition, à la place où tomba la tête de saint Paul.

Ce lieu, tout sauvage qu'il soit, est bien connu des touristes anglais, car c'est un des rendez-vous de la chasse aux renards. Cet amusement britannique s'est tout à fait acclimaté à Rome. Il est vrai que la Campagna s'y prêtait admirablement.

Du plateau qui domine la vallée de Saint-Paul aux trois fontaines et par lequel on peut regagner la voie Ardeatine et Saint-Sébastien, la vue est merveilleuse sur les collines d'Albano et les prairies ondulées qui s'étendent jusqu'à la mer. C'est par là que Cicéron s'enfuit devant les proscriptions des triumvirs.

Le temps est beau. Une *tramontana* froide souffle dans le ciel pur.

30 JANVIER 1868. — Au Vatican.

Les journées de *tramontana* (vent du nord) sont excellentes pour visiter les musées. Il n'y fait pas trop froid et la lumière est bonne. Lorsque souffle le sirocco, l'humidité pénétrante de ces longues galeries empêche toute autre sensation. Bien des personnes n'ont pas assez apprécié Rome pour n'avoir pas tenu compte des impressions climatériques. Ainsi, on sent le sirocco dans Taine.

Le Vatican, vu de la place Saint-Pierre, n'a rien de fort beau. On ne se rend pas bien compte de sa grandeur.

Quelques constructions au-dessus de la colonnade méritent même le nom de bicoques.

Mais quand on pénètre dans le palais, on est frappé de la beauté des salles, de la commodité des escaliers et d'une solidité qu'on ne trouve pas dans les bâtisses modernes. L'exposition est excellente et le Pape et les hauts dignitaires de sa Cour s'arrangent facilement des installations d'hiver et d'été. Ils habitent les étages les plus élevés. La malaria y est moins à craindre et la vue est admirable.

En fait d'objets d'art, le Vatican en contient plus que tout autre palais du monde, n'en déplaise au Louvre ou aux Uffizi de Florence. C'est une mine inépuisable du beau.

La galerie de tableaux est extrêmement bien distribuée dans des salles du temps de Grégoire XIII (Buoncompagni), (fresques astronomiques, calendrier grégorien) : elle contient peu de tableaux, ce qui est un mérite à mes yeux.

Dès la première visite, on y peut jouir à son aise de quelques chefs-d'œuvre sans l'ahurissement ordinaire qu'on éprouve en voyant des collections immenses. Les tableaux sont comme les pâtés de foies gras, c'est exquis, mais on peut fort bien s'en donner une indigestion.

Dans la première salle sont quelques tableaux estimés de Murillo qui frappent pourtant fort peu peu ceux qui ont admiré ce grand peintre à Madrid et à Séville, à Séville surtout.

Il n'y a que trois tableaux dans la seconde salle, la Transfiguration, la Vierge de Foligno, de Raphaël, et la Communion de saint Jérôme, chef-d'œuvre du Dominiquin qui n'est nullement agréable aux yeux.

Aucune copie ne rend le mystérieux je ne sais quoi de la Transfiguration; l'air qui circule, Notre-Seigneur si bien enlevé de terre; la grandeur, la noblesse sont incomparables. Faut-il ajouter que la tête du Christ ne m'a jamais plu et qu'on y remarque ces tons noirs qui, quand ils sont outrés, déparent les œuvres de Jules Romain.

Comme Byron, qui mourut au même âge, Raphaël était arrivé au point culminant. Doit-on regretter sa mort? Il n'aurait peut-être fait que décroître.

Byron à Missolonghi, après le quatrième chant de Childe-Harold et Don Juan, Raphaël après la Transfiguration et le Portement de croix (*spasimo di Sicilia* de Madrid), expirèrent au milieu de la splendeur et de la gloire, et leurs noms seront éternellement couverts d'une auréole charmante de beauté et de jeunesse.

Si quelqu'un veut se pénétrer de la différence qu'il y a entre le beau et le très-joli, qu'il compare attentivement la Madone de Foligno, ou même le Couronnement de la Vierge, ouvrage de la première manière de Raphaël, avec la Madone de Sassoferrato, qui est toujours entourée d'une foule d'Anglaises. J'en dirai autant d'une insipide Madeleine du Guerchin et de l'Annonciation du Baroccio, ouvrages d'un maniéré et d'une fadeur si intolérables que l'on sent bien en les voyant que la fière période de l'art est passée.

On la voit, au contraire, pleine de séve et de vigueur dans un tableau du Titien (signé de lui : *Titien faciebat*) représentant la sainte Vierge dans la gloire et des saints au-dessous. Le saint Sébastien est merveilleux, ce jeune soldat de la Croix semble vivre. On voit des types pareils parmi les beaux *contadini* de Trévise et d'Udine.

Dans la dernière salle : le saint Pierre du Guide, un des meilleurs tableaux de ce peintre inégal qu'on voit dans toute sa gloire au musée de Bologne ; un Christ du Corrége, qui appartenait à la famille Marescalchi, de Bologne ; bien conservé, mais peu divin (il faut absolument aller à Parme pour connaître le Corrége) ; le Martyr de saint Érasme, du Poussin. On sait combien sont rares les compositions de ce genre du grand peintre des Andelys. Le sujet est ingrat, le coloris a des teintes rouges désagréables, mais la composition est belle. Une statue d'empereur romain, un Commode, en Hercule, plein de luxure et d'orgueil, semble présider à cette scène de sang. Les bourreaux sont magnifiques dans leur férocité romaine. Un vif sentiment de la beauté et des types qu'on rencontre encore dans le Trastevère, se trouve dans le soldat qui montre du doigt le supplice à un passant curieux.

Ce tableau ainsi que beaucoup d'autres de cette galerie sont copiés en mosaïque à Saint-Pierre.

En sortant du Vatican nous allons, par les murs de Rome, de la porte Cavaleggieri à la porte Portèse. C'est l'endroit le plus soleilleux de Rome. Je le recommande aux frileux ou aux malades, on y est entièrement protégé contre les vents du nord. Allez-y en voiture fermée et faites une promenade d'une heure. Je ne connais pas un endroit aussi favorable dans les stations d'hiver les plus vantées : Cannes, Nice, Pise, Palerme, le Caire, etc., etc.

En descendant vers la porte Portèse on a une belle vue sur le cours inférieur du Tibre et sur ces collines où se trouvaient les jardins que César légua au peuple romain. Au faîte de ces collines, s'étend maintenant la prairie aérienne des grands pins de la villa Pamfilj.

En rentrant en ville nous passons au Colisée, et ensuite à l'antique église de Saint-Clément.

Presque tout le monde a entendu parler des fouilles de Saint-Clément. Cette église était déjà considérée comme une des plus intéressantes de Rome, à cause de son antiquité et de son plan qui reproduisait exactement la forme des basiliques primitives. On savait qu'elle avait été élevée sur l'emplacement de la maison de saint Clément, disciple de saint Pierre et son premier ou second successeur. Ce pontife était proche parent des empereurs Vespasien, Titus et Domitien. Sainte Flavie Domitilla, qui fut martyrisée avec ses serviteurs Nérée et Achille, appartenait aussi à cette famille, dont les chefs, non loin de cette église, construisirent et dédièrent l'énorme Colisée. On voit donc que sous l'apostolat de saint Pierre, trente ans après la tragédie du Golgotha, le christianisme était déjà arrivé jusqu'aux marches du trône. On voyait à Saint-Clément des mosaïques curieuses, des ambons, un autel tourné vers les fidèles et vers l'Orient, etc., etc.; la tradition y plaçait les restes de saint Clément et de saint Ignace, évêque d'Antioche, qui fut livré aux bêtes dans le Colisée, sous le règne de Trajan.

Mais des découvertes récentes ont augmenté encore l'intérêt attaché à cette église. Le prieur de Saint-Clément, le P. Mullooly (le couvent appartient aux dominicains irlandais depuis le pape Urbain VIII), en faisant exécuter quelques restaurations, rencontra des murailles très-anciennes, ornées de fresques curieuses. Il se décida à continuer les fouilles. Ces excavations, faites avec une habileté et une initiative très-rares, malgré des difficultés dont la moindre était le manque de fonds suffisants, ont mis à jour toute une église ancienne souterraine plus vaste que la nouvelle, et dont le toit était supporté par deux rangées de colonnes des marbres les plus précieux. Les substructions sont d'énormes blocs de pépérin surmontés d'une corniche de travertin ayant une grande ressemblance avec la muraille encore debout du forum d'Auguste. Elles doivent dater du commencement de l'empire, peut-être même des dernières années de la république. Nous n'avons pas la prétention de décrire cette basilique souterraine; ce serait un long travail qui demanderait de vastes connaissances sur l'église primitive. Le guide Murray donne d'amples détails sur Saint-Clément. Nous parlerons seulement de ce qui a trait à la cérémonie d'aujourd'hui.

Dans le cours des travaux on rencontra un coffret avec une inscription constatant qu'il contenait les restes des saints Clément et Ignace, martyrs. Quand on l'ouvrit, avec la permission du Saint-Père, on y trouva des ossements brisés, des cendres et deux petites croix tachées de sang, etc., etc. Aujourd'hui ces précieuses reliques, ayant un si grand caractère d'authenticité, ont été transférées de l'endroit où elles furent trouvées dans une châsse magnifique préparée sous le maître-autel de la nouvelle basilique, mais auparavant la procession a fait le tour du Colisée, où saint Ignace et peut-être saint Clément furent martyrisés.

Cette procession est belle et touche le cœur par les contrastes et les associations d'idées qui remplissent si souvent l'esprit dans cette ville étrange. Elle est suivie par six cardinaux, beaucoup d'évêques et une grande foule.

Les dominicains irlandais sont très-aimés et très-respectés à Rome. Le P. Mullooly est un homme distingué qui a bien mérité de la science ecclésiastique par ses découvertes à Saint-Clément. Le P. Burke est un prédicateur remarquable, plein d'entrain et d'autorité. Pendant la saison où les étrangers fréquentent Rome, il prêche tous les dimanches à Santa Maria de Monte Santo, sur la place du Peuple. Ses sermons sont très-fréquentés par les Anglais. On sait le goût britannique pour la controverse et les sermons; c'est une grâce d'état que n'ont pas beaucoup de catholiques pleinement satisfaits de leur religion.

31 Janvier. — Au musée du Vatican.

Aucun autre musée ne peut lui être comparé pour la richesse, la variété. Il faut y passer de longues heures pour en avoir une idée un peu claire; le connaître à fond demanderait un travail de plusieurs années.

Quand on entre dans ces belles salles, où parmi le granit et le marbre se dresse ce peuple de statues gracieuses ou fières, empreintes toutes d'un vif caractère de beauté, on se sent transporté dans un monde qui n'est plus, et non loin de la majesté chrétienne de

Saint-Pierre, on se trouve, par un des contrastes de Rome, ramené au milieu de l'enivrement païen.

Au premier moment, c'est l'enivrement qui domine ; le nu, proscrit par les modernes, apparaît dans toute sa splendeur : la beauté des formes, la connaissance intime du corps humain, ce chef-d'œuvre de la création, frappent les regards émerveillés ; ces beaux corps se présentent sans indécence ; le mot était inventé à peine, mais dans la conscience d'un charme que les peuples adoraient ; les traits généraux sont le calme et la grandeur, rarement seulement de la grâce ; de l'afféterie presque jamais.

Ces Faunes, ces Bacchus, ces Dianes, ces Vénus triomphantes, ces Antinoüs déifiés, ces jeunes athlètes, n'ont pas la prétention d'être au-dessus de l'humanité. Ce ne sont que des types bien choisis de la beauté. L'antiquité avec ses Thermes, ses jeux du Cirque, ses courses de la jeunesse dans les Champs de Mars, ses exercices de natation dans le fleuve, avait le sentiment de la beauté des formes. La Renaissance l'eut encore tant soit peu ; il manque entièrement aujourd'hui. Le goût du maladif et du grêle tue la sculpture. On cherche maintenant la laideur curieuse.

Si on trouve que je calomnie mon temps, qu'on regarde de bonne foi les modèles de l'Académie de France. Quelle collection de difformités choisies dans cette ville de Rome où la beauté est encore si commune ; mais l'une a un regard de poitrinaire, l'un une barbe à caractère et un nez d'ivrogne réjouissant, et ainsi de suite.

Tel n'était pas le goût des anciens, et en errant dans le musée du Vatican, on peut se croire transporté dans le Champ de Mars, le jour où Caïus et Lucius petit-fils d'Auguste, princes de la jeunesse, présidaient aux jeux séculaires, pendant que des chœurs de jeunes filles célébraient Diane, et que les adolescents chantaient les louanges d'Apollon.

Les statues du Musée peuvent se classer en deux catégories, les œuvres d'art proprement dites et les ouvrages qui ont trait à l'histoire. Mais ces deux catégories ne sont pas séparées et c'est avec raison, car elles se confondent bien souvent.

Ainsi pour commencer par le Braccio Nuovo, magnifique galerie construite par Pie VII et que l'on visite en général d'abord, la statue d'Auguste trouvée en 1864 dans la villa de Livie sur la voie Flaminienne, et celle de Lucius Verus la victoire ailée à la main, sont à la fois des curiosités historiques et des œuvres d'art d'un grand prix.

Les jeunes athlètes (99, 103, 105) semblent être des statues purement artistiques, mais ils furent trouvés dans les ruines de la villa de Varus le vaincu des Germains et indiquent le goût éclairé de ce général malheureux.

Dès le Braccio Nuovo on peut commencer cet examen des portraits qui complète l'étude de l'histoire Romaine. Voici les figures intelligentes mais laides de Nerva et de Trajan; Adrien avec ses lèvres pincées et ironiques; Marc-Aurèle beau dans sa jeunesse, mais prenant dans l'âge mûr un air benêt et débonnaire qui convient au mari trop indulgent de la seconde Faustine; Commode, brutal, grossier et donnant tout lieu de croire aux amours de l'Impératrice sa mère avec un Gladiateur.

Deux statues, portraits exacts, nous montrent Titus et Domitien. Les deux frères se ressemblent beaucoup;

Titus est le plus laid des deux, son expression est sinistre. Ses cruautés pendant la guerre des Juifs, ses carnages lors de la dédicace du Colisée, ne nous disposent pas en sa faveur. Son règne fut bien court (79-81). Peut-être ne lui manqua-t-il que le temps pour devenir un Domitien.

(80) Plotine, la femme bien négligée d'Adrien, ressemble à une belle anglaise, quand la mode était d'avoir des tresses de cheveux au-dessus du front.

Deux bustes du plus grand intérêt nous donnent les traits des triumvirs Lépide et Marc-Antoine. Le premier vaniteux, incapable et cruel, a une figure laide et basse. Marc-Antoine au contraire a des restes de beauté. Cicéron lui reproche bien souvent cette beauté et les mœurs de sa jeunesse. Même dans l'antiquité, les partis avaient donc cette ridicule manie de se jeter leurs alcôves à la tête.

La perle du Braccio Nuovo est le bel Athlète (6) trouvé en 1849 dans le Trastevère. On croit que c'est une copie de la statue de Lisippe que Tibère, fin amateur, fit enlever aux Thermes d'Agrippa pour la mettre dans ses appartements; chose qui déplut si fort à la populace, soutien ordinaire des Césars, qu'il crut devoir faire replacer la statue. Remarquez encore la statue gigantesque du Nil, empreinte d'une si profonde bonté, et les deux Faunes si gracieux (32, 33) qui servaient à orner une fontaine. L'eau sortait par les outres qu'ils portent à la main.

Une longue galerie nommée musée Chiaramonti du nom de Pie VII conduit à la cour du Belvédère et au musée appelé Pio Clementino des noms des papes Clément XIII (Rezzonico) 1758-1769, Clément XIV (Ganganelli) 1769-1774, et Pie VI (Braschi) 1775-1800.

On y remarque un grand nombre de portraits intéressants. César vieux, en grand pontife, Auguste jeune (400), Tibère, Livie femme d'Auguste (530), Julie sa fille avec Caius et Lucius ses fils (417-418-418) et ce qui vaut mieux que cette monstrueuse famille née pour le malheur de l'univers, deux portraits de Cicéron (422-698), la plus illustre des victimes d'Octave et dont la mort seule suffirait pour lui mériter la haine de la postérité. Beaucoup d'inscriptions et de bas-reliefs d'urnes sépulcrales donnent des notions fort curieuses sur les habitudes des Romains et leurs idées sur la mort. Mais nous n'avons pas la prétention de parler sur ce sujet et nous renvoyons le lecteur à deux chapitres de l'histoire romaine à Rome d'Ampère, les meilleurs peut-être de son ouvrage.

En entrant dans le musée Pio Clementino, on aperçoit d'abord le Torse fameux, qu'étudièrent tour à tour Michel-Ange et Raphaël, si prodigieux de vie et de mouvement malgré sa mutilation. Mais ce n'est qu'avec le temps et l'étude des chefs-d'œuvre que l'œil perfectionné parvient à apprécier ces fragments.

Le Torse, les marbres Elgin à Londres, etc., même certains groupes fameux ne donnent un plaisir sincère qu'à la longue. Ainsi ce n'est que cette année que j'ai compris tout à coup la beauté sublime du Laocoon, la douleur tragique qui plane sur toute cette scène, le père qui songe à ses enfants, les enfants qui ont l'air de dire : « Père, délivrez-nous! » Quoique le sujet soit violent, il n'y a ni grimaces ni contorsions.

Les Lutteurs de Canova au contraire, qu'on a mis parmi ces chefs-d'œuvre antiques, ont la grossièreté des forts de la halle, et cependant Canova fut un des sculpteurs les plus pénétrés de l'esprit de l'antiquité. Le Belvédère où se trouvent ces statues était jadis séparé du Vatican par de grands jardins. C'était un pavillon de plaisance. Alexandre VI et César Borgia y furent empoisonnés, dit-on, dans un festin où ils voulaient faire subir ce même sort à plusieurs cardinaux. On ne doit pas attacher trop de foi aux histoires d'empoisonnements, mais celle-ci semble assez probable.

Parmi les autres chefs-d'œuvre du Belvédère sont le Méléagre et l'Apollon. Le Méléagre est le plus sympathique, car il est plus entièrement humain.

Il fut trouvé près de la Porta Portese sur l'emplacement des jardins de César. C'est peut-être le portrait d'un ami du vainqueur. J'ai vu des personnes qui avaient ce type. La tête a beaucoup de ressemblance avec celle de lord Byron dans sa jeunesse.

L'Apollon est le dieu du jour, de la lumière, le glorieux vainqueur des ténèbres de la nuit. Sa tête est fière, sa narine est enflée par la lutte et le dédain.

Je ne sais où l'on a trouvé qu'il est efféminé.

Ce sont des phrases de cette déplorable école de pédants modernes qui veulent que le mot virilité soit synonyme de laideur et de brutalité.

Depuis quelque temps, à la feuille de vigne classique on a cru devoir ajouter des emplâtres qui font un assez triste effet. Dans Saint-Pierre, des tuniques en stuc ont singulièrement enlaidi les tombeaux de Canova : on accuse de cette innovation Mgr T*** aussi remarquable pour sa piété que pour ses manières désagréables et son esprit étroit. Le sujet est délicat assurément, mais on le considérait autrefois selon le véritable esprit romain avec une plus grande largeur de vues.

A la suite du Belvédère sont plusieurs salles magnifiques que je ne puis tenter de décrire. Je recommande à ceux qui veulent les bien connaître le catalogue qui se vend à la porte du musée; le français en est assez risible, mais le livre est bien fait.

Dans une des salles se trouvent des statues d'animaux en marbres précieux; dans une autre est une collection très-nombreuse de statues impériales et de bustes; un beau vase (422) autour duquel est sculptée une danse bachique d'une conservation et d'un mouvement étonnant; une urne en albâtre oriental qui contenait les cendres de Livilla fille de Germanicus.

Dans la plus belle de ces salles qui est ronde, se trouve au centre une vasque de porphyre rouge de 41 pieds de circonférence provenant des Thermes de Dioclétien. Le pavé est une immense mosaïque trouvée, ainsi que plusieurs autres, à Otricoli.

Une des principales villas des Empereurs s'élevait près de ce village, maintenant si misérable et si sauvage, où l'on passait une si mauvaise nuit en allant en voiture de Rome à Florence par l'Ombrie. C'est un des lieux comme Ostie, comme la villa d'Adrien à Tivoli où les fouilles ont été très-fructueuses.

En effet, après l'abandon causé par des désastres si extraordinaires qu'on a beaucoup de peine à se les figurer, ces lieux étaient restés déserts, tandis qu'à Rome qui fut toujours peuplée, la présence des hommes, presque retournés à la barbarie, fit tant pour détruire et les monuments et les œuvres d'art. Cependant dans Rome même que de choses découvertes déjà, que de choses à découvrir encore?

La statue qui attire, tout d'abord, les regards dans

cette salle est le Commode colossal en Hercule. Cette statue en bronze doré d'une valeur intrinsèque très-considérable, fut découverte en 1864, en creusant les fondations d'une maison située près des restes informes du théâtre de Pompée. On ne peut s'empêcher de croire qu'elle fut cachée dans ce lieu, lors de l'une des invasions barbares. Mais comment la tradition n'en est-elle pas restée? Rome est la ville des mystères. Un pied seul manquait. Encore peut-on croire qu'il fut dérobé et fondu par les ouvriers. On nomme cette statue, achetée par Pie IX, l'Hercule *Mastaï*.

Dans cette salle se trouve aussi la Junon colossale si majestueuse et si fière; un grand buste de Julia Domna cette femme de Septime Sévère, pleine de tous les rêves de l'Orient idolâtre, et qui fit écrire la vie d'Apollonius de Thyane : la statue de Nerva, l'Antinoüs colossal en Bacchus. On le reconnaît à sa large poitrine; il est représenté debout, majestueusement drapé, un thyrse à la main, et couronné de verveine et de lierre.

Dans la salle suivante qui conduit à la galerie dite des Candélabres, on a placé quelques morceaux en granit rose dans le style pseudo-égyptien à la mode du temps d'Adrien, et de charmantes mosaïques en marbre de couleur provenant des villas de cet empereur. On y trouve encore deux immenses sarcophages en porphyre qui continrent les cendres de sainte Hélène mère de Constantin et de sainte Constance fille de cet Empereur. Le second qui fut découvert près de Sainte-Agnès montre un curieux mélange d'idées chrétiennes et païennes; il offre une preuve de la décadence rapide de l'art au IVe siècle.

Parmi les curiosités du musée Pio-Clementino, nous

citerons le tombeau du père de l'empereur Héliogabale avec une inscription double, en grec et en latin; l'autel trouvé sur le Palatin (45) qui est probablement celui où Auguste lui-même sacrifiait aux dieux Lares; les cippes (248, 417, 420 etc.) trouvés près du mausolée d'Auguste et qui indiquaient les lieux où furent brûlés les cadavres de plusieurs personnes de la famille des Césars. Le mausolée d'Auguste servit en effet de tombeau à sa famille ainsi qu'aux Empereurs flaviens. Les Antonins eurent pour sépulture le môle magnifique d'Adrien; château Saint-Ange aujourd'hui. On croit que la tombe des Sévère s'élevait sur la route de Frascati. Les restes de tous les princes de ces familles furent brûlés. La crémation, cependant, n'était pas générale à Rome; quelques maisons illustres ensevelissaient toujours leurs morts. Ainsi le prouve le monument le plus curieux peut-être de tout le musée, le tombeau de L. Cornelius Scipio Barbatus, consul l'an 456 de Rome et qui eut pour arrière-petit-fils le fameux Scipion l'Africain.

Le sarcophage en pépérin, si simple, mais d'un grand style dorique, fut trouvé en 1780 avec plusieurs autres et un grand nombre d'inscriptions précieuses près de la porte Saint-Sébastien, en dedans de l'enceinte d'Aurélien, mais en dehors de l'ancienne porte Capéne.

Il plaît doublement aux yeux, comme un monument des périodes les plus reculées et comme un souvenir de la République, tandis que la plupart des œuvres du Vatican sont de ces temps où l'Empire tâchait de cacher le despotisme et l'avilissement sous les splendeurs de l'art.

CHAPITRE XV.

LES PALAIS ET LES VILLAS.

Le Monte Mario. — Les villas de Jules Martial et de Livie. — La Chandeleur. — Le palais Rospigliosi. — Le collége irlandais et le monument d'O'Connell. — Le palais Doria. — Les tableaux et les portraits. — Ressemblances de famille. — La villa Pamfilj. — Monument et inscriptions des soldats français. — Jules César. — Cléopâtre et Calpurnie. — Saint-Laurent hors les murs. — Revue des troupes. — Le carnaval. — La tristesse démocratique. — Frascati, Tusculum, Tivoli. — Sainte Sabine. — Les stations. — L'Aventin. — Le quai du Tibre. — La villa Ludovisi.

1ᵉʳ Février 1868. — Le mois de février commence par une journée de printemps. — Au mont Mario — la villa Mellini qui couronne cette colline, la plus élevée de celles des environs immédiats de Rome, est difficile à visiter, nous y pénétrons à grand'peine. Le propriétaire a peut-être honte de l'état d'abandon dans lequel il laisse ce beau jardin. Si ce n'était que cela; mais les grands cyprès deux ou trois fois centenaires, qu'on aperçoit de tous les points de Rome, seront bientôt sacrifiés. Ils sont déjà indignement taillardés pour faire quelques fagots de bois. Il est vrai qu'on n'a nulle idée de respecter la végétation à Rome. La manière dont on a mutilé les arbres de toutes les promenades publiques depuis deux ans est si affreuse, si honteusement ridicule, que nous aurions demandé au pape (nous parlons de beaucoup d'étrangers) de faire cesser ce stupide vandalisme, si nous ne vivions dans des temps si troublés où le souverain pontife a assez d'autres tracas.

La vue est merveilleuse, immense. On découvre non-seulement tous les environs de Rome, mais le pays vers Civita Vecchia, la mer et la montagne de Viterbe. Le grand silence de l'hiver est encore dans la campagne, mais l'air est déjà plein des effluves du printemps ; on sent la douce odeur des bois et des arbres résineux, et le long des haies, quelques petites fleurs paraissent déjà dans l'herbe.

On croit que le Monte Mario a pris le nom de Mario Mellini, qui construisit le grand Casin, édifice disgracieux du reste. Au quatorzième siècle, il se nommait le Monte Malo.

> Non era vinto ancora Montemalo
> Dal vostro Uccellatoio, che com' e vinto
> Nel montar su, cosi sarà nel calo (1)

Nous regagnons la voie Cassienne et le Ponte Molle (l'ancien pont Milvius, où passaient la voie Flaminienne et la voie Cassienne), par une route de traverse charmante.

Elle suit le haut de cette rangée de collines qui longe le Tibre, et dont le point culminant est le mont Saint-Oreste, l'ancien Soracte, dont il est si souvent question dans les poëtes latins. Leur constitution géologique est très-intéressante, et les ravins boisés qui en-

---

(1) Le Mont Malus offrait moins de magnificence
Que l'Uccellatoio de l'altière Florence
Dont la chute sera semblable à la hauteur.
(Paradis, chant XV).

cadrent les vues de la Campagna, ont un charme extraordinaire au printemps.

C'est sur une de ces collines que Jules Martial, le cousin du poëte, avait une maison de campagne que Martial décrit avec un peu plus de précision que ne le font, en général, les auteurs anciens.

>Juli jugera pauca Martialis,
>Hortis Hesperidum beatiora,
>Longo Janiculi jugo recumbunt.
>Lati collibus imminent recessus;
>Et planus modico tumore vertex
>Cœlo perfruitur sereniore;
>Et curvas nebula tegente valles
>Solus luce nitet peculiari.
>Puris leniter admoventur astris
>Celsæ culmina delicata Villa.
>Hinc septem dominos videre montes,
>Et totum licet estimare Romam,
>Albanos quoque, Tusculosque colles,
>Et quodcumque jacet sub urbe frigus,
>Fidenas veteres, brevesque Rubras,
>Et quod Virgineo cruore gaudet,
>Annæ pomiferum nemus Perennæ.
>Illic Flaminiæ Salariæque
>Gestator patet, essedo tacente,
>Ne blando rota sit modesta somno;
>Quem nec rumpere nauticum celeusma,
>Nec clamor valet helciariorum;
>Quum sit tam prope Mulvius, sacrumque
>Lapsæ per Tiberim volent carinæ. (1)

(Liv. IV, Epig. 64).

---

(1) Jules Martial possède le long du mont Janicule quelques arpents plus délicieux que les jardins des Hespérides. De vastes grottes s'étendent sur le penchant des collines, dont le sommet légèrement aplani jouit du ciel le plus serein et d'une lumière qui brille pour lui seul, tandis que des nuages obscurcissent les profondeurs des vallées. Le front gracieux de cette habitation s'élève doucement vers les astres toujours purs. De là on peut distinguer les sept collines, reines du monde, et embrasser Rome dans toute son étendue, les coteaux d'Albe, ceux de Tusculum, tous les

Plus loin, le long de la voie Flaminienne se trouvait la villa de Livie, dite *ad Gallinas*, et qui, comme la villa de César à Baies, celle de Cornélie, au cap Misène, devint une propriété du domaine impérial.

L'astucieuse Livie, effrayée de quelques augures défavorables, voulut avoir un présage heureux pour son mari. Elle prétendit que, pendant qu'elle était assise dans son jardin, un aigle avait laissé tomber sur ses genoux une poule blanche, tenant dans son bec une branche de lauriers. La branche eut des rejetons, et une race de poules donna son nom à la villa. Située sur la route principale des grandes invasions, cette villa devait être ruinée une des premières. Elle était presque oubliée, quand des fouilles faites en 1864, mirent au jour la magnifique statue d'Auguste et des salles souterraines, ornées de peintures charmantes, et merveilleusement bien conservées.

Peu de temps après cette découverte, nous visitâmes l'emplacement de la villa, *ad Gallinas*. Tout était désert, et de grands nuages, poussés par un vent d'ouest au-dessus de la campagne romaine, la faisaient ressembler à ces prairies de l'Amérique du Nord, que j'ai parcourues autrefois.

C'est au Ponte Molle que Cicéron fit arrêter les ambassadeurs allobroges, compromis dans la conspiration

---

frais bocages situés au-dessous de la ville, l'antique Fidenes, la petite Rubia et les fertiles vergers d'Anna Perenna, où coula, à sa grande joie, le sang d'une vierge. Là, sur les voies Flaminia et Salaria, vous voyez circuler le voyageur, mais sans entendre le bruit du char qui le porte, pour que le fracas des roues ne trouble point un paisible sommeil qui n'est interrompu ni par les sifflements des matelots, ni par les clameurs des porte faix, malgré le voisinage du pont Milvius, et la proximité des navires qui glissent rapidement sur la surface du Tibre sacré.

de Catilina. Ce pont fut plusieurs fois détruit. La dernière restauration (fort laide) date de Pie VII.

De là, à Rome, s'étend une route droite, sans vue, sans soleil, ayant par contre beaucoup de vent du nord et de poussière. C'est cependant une des promenades favorites du beau monde romain.

Du reste, les Italiens choisissent mal leurs promenades ; ils se soucient peu de la variété et tournent presque toujours en rond. Ils ne s'éloignent pas de la ville, et veulent être vus. Cela ne tiendrait-il pas aussi à l'insécurité extraordinaire de ce beau pays pendant tant de siècles ; insécurité qui est loin d'avoir cessé dans les provinces méridionales, où l'on voit des personnes, arrêtées en pleine promenade publique, et emmenées dans la montagne pour être rançonnées (Palerme, mars 1865).

2 Février. — Fête de la Chandeleur.

Le Pape assiste à la messe dite par un cardinal au maître-autel de Saint-Pierre. Lisez les oraisons de ce jour, pleines d'un souffle de poésie sublime, digne des grands prophètes d'Israël.

Le Pape, porté sur la chaise gestatoriale, vêtu d'une chasuble rouge et or, fait le tour de l'autel un cierge allumé à la main. Il est précédé des évêques, des cardinaux, et suivi du corps diplomatique.

Tous portent des cierges. Cette procession est admirable. La matinée est brumeuse, mais au moment de l'entrée du Pape, un rayon de soleil glisse de la coupole et resplendit sur l'autel.

Au mois d'octobre dernier, quand des hordes de sectaires, forts de l'appui que leur donnait la duplicité honteuse du ministère Ratazzi, s'avançaient contre Rome, qui aurait cru que ces belles fêtes du catholicisme se célébreraient cet hiver avec le même calme et la même pompe?

Ce moment de crise a eu des résultats heureux. Le Pape est raffermi sur son trône. Ce trône est plus solide que celui du roi d'Italie. En Italie même, nous voyons le général Lamarmora, dans sa lettre aux électeurs de Bielle, oser déclarer, quoique timidement encore, que la capitale du catholicisme ne doit pas être touchée. C'est un symptôme du temps. Je crois que les esprits se sont éclairés depuis 1860.

A moins d'appartenir à l'extrême gauche, qui oserait aujourd'hui applaudir à l'expédition de Garibaldi en Sicile, et aux lauriers de Castelfidardo?

L'Angleterre elle-même, en proie à la panique, causée par les fénians, se refroidit pour les flibustiers.

De bonne foi, quelle différence y avait-il entre Garibaldi et les chefs fénians ? Je me trompe, il y en avait une, et elle était la cause de l'aveugle admiration anglaise. Garibaldi était l'ennemi du catholicisme.

Le parti conservateur commence à voir partout, en Italie comme ailleurs, le péril que les sectes font courir à la société. Mais il n'a pas compris encore que les plus dangereux des sectaires ne sont pas les conspirateurs. Ce sont les puissants du jour, les victorieux, ceux qui prônent l'alliance monstrueuse du despotisme et de la démagogie.

C'est une vérité qu'il faut s'efforcer de répandre. Si nous voulons être débarrassés des sectes, il faut aussi, il faut impérieusement faire cesser devant la volonté des nations, ces gouvernements personnels, qui nous menacent sans cesse de guerres terribles ou de désastres causés par la mort d'un seul, qui ôtent la confiance au commerce et paralysent tout.

Les déplorables événements de 1866 ne prouvent que trop ce que j'avance.

Depuis un mois, il est vrai qu'un zéphir officieux souffle à la paix. Mais les potentats ont besoin d'argent, et il faut un peu flatter les contribuables, sauf à montrer les dents au printemps. La guerre, du reste, si on croyait en avoir fini ensuite, ne serait-elle pas préférable à cette incertitude constante ?

5 Février. — Sur le Quirinal.

Nous voyons l'aurore du Guide au palais Rospigliosi.

L'Apollon a du mouvement ; il est bien entraîné sur son char, mais les heures sont trop grosses, et l'énorme femme qui jette des fleurs est lourde et semble tomber dans l'air. Notre-Seigneur, Moïse et Élie sont enlevés d'une bien autre manière dans la Transfiguration. La couleur générale est désagréable.

Un jardin plein d'eau et de soleil précède le Casin, où se trouve la fresque. On y voit un espalier d'orangers et des arbres exotiques de la plus belle venue.

Le palais Rospigliosi est construit sur l'emplacement des thermes de Constantin. Il a appartenu au cardinal Mazarin, et fut pendant longtemps la résidence des ambassadeurs de France.

Le prince Rospigliosi actuel (famille fondée par le Pape Clément IX originaire de Pistoïa, en Toscane), a épousé une Française, mademoiselle de Cadore, célèbre à Rome par son esprit. Deux de ses fils se sont engagés dans l'armée pontificale, lors des événements d'octobre.

A côté du palais Rospigliosi est la villa du prince Aldobrandini, frère du prince Borghèse. De l'autre côté de la rue se trouve la somptueuse résidence de la famille Antonelli, qui a prospéré sous le ministère actuel.

Un peu plus loin est l'église Sainte-Agathe, attenante au collége des Irlandais, séminaire fondé pour l'éducation de jeunes prêtres. Ces colléges avaient une importance beaucoup plus considérable (ils se trouvaient à Rome, en Espagne et à Paris), avant l'établissement du séminaire de Maynooth et l'émancipation des catholiques.

L'esprit qu'on y puisait était plus humble que celui qu'on respire à Maynooth. On y apprenait la politesse et la douceur romaines; choses qui ne manquent pas d'importance, car il faut avoir une âme exceptionnelle pour que l'extrême grossièreté des manières n'ait pas d'influence sur l'esprit. Devant certaines tendances d'aujourd'hui, on ne peut s'empêcher de regretter le bon vieux clergé irlandais de la vieille école qu'on a connu et aimé dans son enfance.

Sainte-Agathe a des colonnes de granit qui proviennent d'anciens édifices; d'assez jolis autels et un monument élevé à O'Connell. Ce patriote fameux mourut à Gênes, en 1847. Son corps fut porté en Irlande, mais il avait légué son cœur à Rome. Le monument est fort médiocre. L'inscription n'est pas réussie, et elle est composée (pour m'en tenir seulement au point de vue matériel) avec des lettres ridiculement petites.

7 Février. — Le palais Doria Pamfilj au Corso est une résidence royale. Beaucoup de souverains sont moins bien logés. Le palais est non-seulement magnifique, plein d'objets d'art, mais il est bien tenu, chose rare en Italie. Je dois ajouter cependant que les princes romains ont fait des progrès sur ce point depuis quelques années. Ils ont supprimé en partie les cloaques qui se trouvaient dans leurs cours et au pied de leurs escaliers. (Il est vrai qu'ils ont plus d'argent qu'autrefois.) L'augmentation du prix de la viande ayant fait doubler de valeur les pâturages de la campagne romaine.

Le palais Doria est immense. Il a plusieurs cours intérieures, plusieurs façades. Un grand nombre d'architectes y ont travaillé. Il ne faut donc pas s'étonner s'il manque d'unité. On bâtissait la façade sur le Corso lors du voyage du président de Brosses qui blâme avec raison l'ornementation excessive et les fleurs de lis qui forment les chapiteaux des colonnes, innovation peu heureuse. Trois fleurs de lis et une colombe, composent les armes des Pamfilj. Elles paraissent sur un grand nombre de monuments à Rome, car le pape Innocent X, (1644-1655), a beaucoup construit. Les aigles sont les armoiries des Doria.

L'héritière des Pamfilj épousa l'héritier du grand André Doria de Gênes. La branche aînée des Doria a habité Rome depuis ce temps.

Cette famille possède le beau palais de Gênes construit par André Doria ainsi qu'il le dit lui-même dans une inscription hautaine et caractéristique ; une villa à Pegli ; deux palais à Rome, une immense résidence à Viterbe, la merveilleuse villa Pamfilj dont je parlerai plus loin, une villa à Albano sur les ruines de la villa de

Pompée, et dans le royaume de Naples, Melfi et Lago Pesole, châteaux du moyen âge qui se trouvent encore dans le même état qu'aux jours où ils étaient des résidences de chasse de l'empereur Frédéric II et de son fils Manfred.

Ils font partie de la principauté de Melfi don de Charles-Quint à André Doria. C'est un coin de l'Italie magnifique, bien curieux à visiter si le brigandage le permettait. Mais on aimerait mieux traverser le désert de Damas à Bagdad que de s'aventurer dans la Basilicate.

Dans la famille Doria le fils aîné porte alternativement le titre de prince de Melfi et de prince de Valmontone, l'un venant des Doria, l'autre des Pamfilj. Mais en général ces seconds titres ne sont pris par les fils des princes romains qu'à l'époque de leur mariage.

Jusqu'à ce moment ils sont simplement nommés don Philippe Orsini, don Gianetto Doria, etc., c'est le contraire de l'usage anglais où les enfants sont nommés dès le berceau, marquis de Kildare, Earl of Dalkeith, Earl of March, etc.

La galerie Doria est moins riche en chefs-d'œuvre que la galerie Borghèse, mais les tableaux sont disposés avec tant de goût, dans des salles si bien meublées qu'on en jouit doublement. Elle contient un grand nombre de paysages de Poussin. L'un, la fuite en Égypte, est tout ce qu'on peut imaginer de plus charmant. L'ombre épaisse et mystérieuse des beaux arbres, le soir qui arrive, me rappelle le doux vallon d'Ain Fijeh.

Dans plusieurs de ses tableaux, le Poussin n'échappe pas aux défauts de ce genre faux, les paysages composés, mais les fonds sont toujours réussis, on voit qu'il s'est inspiré de l'horizon romain. Cet horizon de Rome reparaît dans les merveilleux Claude Lorrain qui sont à mes yeux pour le paysage ce que les tableaux de Raphaël sont pour la peinture historique et religieuse. Une noblesse, une grâce inimitables, le vent qui souffle, les eaux qui coulent, un je ne sais quoi qu'on ne trouve pas dans le fameux paysagiste anglais Turner qui osa faire placer une de ses toiles à la galerie nationale de Londres, à côté d'un beau Claude Lorrain. Deux surtout me semblent hors ligne, le moulin et le temple d'Apollon. Dans le premier on voit le mont Soracte, dans le second un beau coucher de soleil aux teintes dorées. Plusieurs Titien se font remarquer par leur riche coloris et la vie extraordinaire des corps nus ; le sacrifice d'Abraham, les trois âges de la vie. Je n'aime pas beaucoup ces sujets allégoriques, ces enfants qui jouent, ce vieillard qui considère un crâne, mais le jeune homme et sa maîtresse sont magnifiques de séve et de couleur.

Des séries de lunettes d'Annibal Carrache, qui ne manquent pas de mérite, représentent les principales scènes du Nouveau Testament.

Dans une des salles secondaires est un Centaure moitié en rouge moitié en noir antique. Ce très-curieux morceau de sculpture fut trouvé dans les fouilles que le prince Doria fit exécuter dans sa villa d'Albano. Il doit dater du temps des Empereurs flaviens, car une immense villa de Domitien remplaça la demeure plus modeste de Pompée.

Plus loin est un buste de la fameuse Olimpia Pamfilj née Maildalchini de Viterbe, œuvre très-réussie de l'Algarde. Cette femme est laide, mais combien elle paraît impérieuse et violente ; c'était la belle-sœur du pape Innocent X dont la figure peinte par Velasquez semble passablement orgueilleuse et colère aussi ; il était cependant dominé par Olympia ; c'étaient des scènes terribles entre eux. On l'accusa d'être sa maîtresse ; c'est une calomnie ridicule, elle fut peut-être plus coupable en accaparant des sommes énormes dans un moment où le trésor était à sec et les pauvres gens sans pain. Le Pape se reprochait ses complaisances pour elle. On assure que les remords hâtèrent sa fin ; il serait peut-être plus exact de dire qu'il avait près de quatre-vingt-dix ans.

Remarquez de beaux portraits : une veuve de Vandike, Lucrèce Borgia qui ressemble à une Hollandaise sensuelle, Baldo et Bartholo de Raphaël, Jeanne II de Naples, attribuée à Léonard de Vinci, c'est toujours le type de sa belle Joconde.

Dans une petite salle ronde au bout de la grande galerie qui donne sur le Corso se trouve un précieux tableau (ils sont fort rares) de Hans Hemling, acheté par le prince actuel qui augmente sa galerie chaque jour, différant en cela de la plupart des Italiens qui se soucient peu de leurs chefs-d'œuvre. Ce tableau représente une déposition de croix avec les portraits des donataires d'une vérité, d'une naïveté charmantes.

Un portrait du grand André Doria, par Sébastien del Piombo. L'air de famille qu'on trouve entre lui et le prince Doria actuel m'a toujours beaucoup frappé. Du reste on pourrait citer bien des exemples de ces ressemblances qui franchissent quelquefois une ou deux générations pour reparaître ensuite. Ainsi le duc de Nemours en vieillissant est devenu le portrait de Henri IV. Le roi Louis-Philippe, n'en déplaise aux légitimistes, ressemblait extrêmement à Louis XIV. Le type des Hapsbourg-Lorraine est resté le même depuis bien des générations. Ce n'est pas le moment de parler des ressemblances morales, des goûts héréditaires, sujet bien autrement saisissant et mystérieux.

Un portrait d'un Gianetto Doria par Bronzino. Dès mon premier voyage d'Italie, j'ai beaucoup aimé les portraits de ce peintre florentin, ils sont si pleins de vie! On y semble lire l'âme de ces jeunes hommes, de ces fières princesses.

Mais ce qui attire les yeux avant tout dans cette salle, c'est un buste voilé par un long crêpe noir. Cet ouvrage de Tenerani représente dans tout l'éclat de sa beauté la princesse Marie Alethea Doria Pamfilj. Elle était anglaise, fille du comte de Shrewsbury, chef de l'illustre famille catholique des Talbot. Sa sœur était cette charmante princesse Borghèse dont nous avons parlé.

La princesse Doria donna à Rome tous les bons exemples de chrétienne et de grande dame. Elle savait concilier tous ses devoirs et vécut dans le monde sans jamais se laisser aller aux coteries et à la frivolité. Ce fut elle qui introduisit à Rome l'ordre des sœurs de charité.

Belle, heureuse, tendrement aimée, entourée de beaux enfants, elle semblait avoir tout ce que peut donner le monde quand elle mourut jeune encore à la fin de l'année 1858.

A la villa Pamfilj le nom de *Mary* se lit sur un parterre, et son tombeau couvert de fleurs dans une petite chapelle derrière le maître-autel de Sainte-Agnès touche profondément le cœur.

La villa Pamfilj s'étend derrière le Janicule en dehors de la porte San Pancrazio, au-dessus de San Pietro in Montorio et de la fontaine Pauline. C'est de beaucoup la plus belle villa des environs de Rome. Elle réunit la magnificence et l'air artistique d'une villa italienne, au charme et à l'étendue d'un parc anglais.

Innocent X fit construire le Casin dans le style rococo de son temps. Des bas-reliefs antiques sont encadrés dans les murs. Tout autour s'étend un beau parterre en terrasses, plein d'azalées et de roses. Des jets d'eaux et des bassins partout, un beau gazon fin et vert. Le soin et la grâce des jardins de fleurs de l'Angleterre avec l'horizon de Rome et le ciel de l'Italie.

Mais le parc est encore plus beau avec ses longues allées de chênes verts et son bois de grands pins d'Italie qui forment une prairie aérienne peuplée d'écureuils et d'oiseaux. Au pied de ces beaux arbres fleurissent au printemps les anémones et les violettes.

Errant sous leurs rameaux par de beaux soirs de printemps, quand le soleil, comme dans les tableaux de Claude se penchait sur la campagne dorée, j'ai cru vivre dans le jardin des fées, et la vie me semblait se rapprocher de l'idéal.

Malheureusement la malaria rappelle à la réalité. Les maîtres de cette villa, malgré de grandes précautions ne peuvent pas y rester impunément après le 1er juin.

Le prince Doria a beaucoup agrandi la villa Pamfilj dans ces dernières années. Il a fait élever un très-gracieux monument à la mémoire des soldats français, qui furent enterrés ici pendant le siége de 1849. Il a eu la très-heureuse idée, qui donnera plus tard une valeur historique à ce monument, de conserver inscrites sur des plaques de marbre, les épitaphes naïves faites aux soldats par leurs camarades. En voici quelques-unes :

Dumeisgnes, sergent-major mort au Champ d'honneur tué par

un boulet. 12 juin 1849. Le général Charon son oncle est gouverneur général de l'Algérie.

Fournelle, tambour mort aux tranchées, regretté de ses camarades.

Audard, officier au 25ᵐᵉ de ligne, frappé au cœur le 3 juin 1849 à la prise de la villa Pamfilj. Ci-gisent les ossements d'un noble enfant qu'a vu naître la France. Soldats, amis, parents, plaignons l'être chéri qui soigna son enfance. Un glorieux trépas que tout soldat envie a terminé sa carrière. Que peut sur nous la mort alors que le pays à vaincre nous convie. Tu fus animé de la céleste flamme, tu succombas en héros. Ton corps a pu rester, mais ton âme est au Ciel.

25ᵐᵉ léger. Dalzain, sapeur. Mort le 21 juin 1849. Les Français et les Françaises ont mis des fleurs sur sa tombe.

Heureux qui meurent dans le Seigneur. Avis aux braves.

Ces inscriptions auront plus de valeur dans quelques siècles, que bien de longues épitaphes pompeuses de nos cimetières.

Ce qu'on ne peut trop regretter, c'est que le plus bel ornement de cette villa, le bois de pins d'Italie perde chaque année de sa splendeur. Les pins d'Italie ne vivent pas de longs siècles comme les oliviers et les chênes. Plantés il y a deux cents ans, ils commencent à mourir en grand nombre. Le bois n'est plus ce qu'il était en 1856. Dans une vingtaine d'années, il ne sera plus qu'un souvenir. Mais des plantations faites avec goût le remplaceront plus tard, à moins que la division des propriétés, détestable pédantisme du Code Napoléon, ne vienne tout détruire ici comme en France, ne fasse de la villa Pamfilj le Moulin rouge et du palais Doria le Grand Hôtel de Rome.

8 Février. — En dehors de la porte Portese, sur cette rangée de collines où se trouvaient les jardins de César. Il ne reste que des substructions informes

en briques des magnifiques édifices qui s'y élevaient autrefois, mais plusieurs belles statues furent découvertes dans ces ruines, entre autres le Méléagre du Vatican.

La journée est douce, un peu brumeuse, une belle journée de printemps. Ce fut peut-être par un temps pareil, le 15 mars 44 avant J.-C., que Cléopâtre épouvantée, quitta précipitamment ces jardins à la nouvelle de l'assassinat de son amant.

César l'avait amenée d'Égypte, et lui avait donné ces jardins pour résidence. Il avait quelque idée de l'épouser. Mais ce mariage avec une reine étrangère déplaisait singulièrement aux idées romaines. Ce fut une des causes accessoires de sa mort. Il était indécis. Pour ne pas offenser l'opinion publique, il ne négligeait pas entièrement sa femme légitime Calpurnie qu'il avait envie de répudier. Il habitait avec elle comme Louis XIV avec Marie-Thérèse, même aux plus grands jours de la faveur de madame de Montespan. Ce fut Calpurnie qu'il quitta le matin de sa mort.

Du reste par le pont Suplicius, il n'y avait pas loin de la villa à la demeure officielle de César, comme grand Pontife, située sur la pente du Palatin, vers l'église actuelle de Saint-Théodore. La route que nous suivons conduit à travers un pays désert à Fumicino, petit port à l'embouchure nord du Tibre.

En revenant dans Rome vers les 23 heures (une demi-heure avant la nuit), nous traversons le quartier de Sant Andrea della Valle, et nous sommes frappés de l'extrême beauté des femmes romaines. On les voit fort peu pendant la journée, mais cette heure est le moment où tout le monde sort en Italie.

12 Février. — A la basilique de Saint-Laurent hors les murs.

Nous sortons de Rome par l'ancienne porte Tiburtine nommée maintenant porte de Saint-Laurent.

C'est une des portes des anciens murs d'Aurélien ; elle est à moitié enterrée par l'exhaussement du sol.

On y remarque encore deux longues inscriptions antiques et au-dessus de l'arche, un bas-relief assez curieux représentant une tête de taureau. On suit la route de Tivoli. A un mille environ des murailles, un peu à droite du chemin, s'élève la basilique de Saint-Laurent.

Ce saint diacre fut martyrisé sur le point le plus élevé du Viminal, là où se trouve maintenant l'église de San-Lorenzo in Pane Perna. Son corps fut porté à la catacombe qu'une femme chrétienne, sainte Cyriaque, avait fait ouvrir dans sa villa, située près de la voie Tiburtine.

La sépulture d'un grand nombre de martyrs sanctifia cette catacombe, et une basilique fut construite dans ce lieu dès le règne de Constantin. Les anciens auteurs chrétiens parlent de deux églises juxtaposées ; c'est leur réunion qui forme la basilique actuelle.

Elle se trouvait dans un grand délabrement, il y a une dizaine d'années. Pie IX la fait magnifiquement restaurer. Cette restauration honore le Pape et l'architecte qu'il a employé, le comte Vespiniani. Avec ses faibles ressources, au milieu des attaques des sectaires, Pie IX a fait plus pour l'art que nos budgets énormes et nos listes civiles prodigieuses. Saint-Laurent est une fête pour les yeux. Mais cette sensation exquise est réservée pour le second ou troisième voyage en Italie. Il faut se débarrasser des idées sèches qui ont cours sur les boulevards.

Celui qui ne sera pas choqué du toit en vieilles briques du portique et des lignes courbes de la façade pourra dire qu'il comprend l'Italie.

Devant l'église est une colonne dorique de granit élevée en l'honneur de saint Laurent. L'harmonie de ses proportions cause un plaisir extrême. Les mots sont impuissants à rendre les choses de ce genre, et les grands maîtres de l'art des mots, comme Taine, sont trop pressés, trop absorbés, pour bien les sentir. Mais quand on a une fois connu l'Italie, des édifices comme ceux du Paris Haussmann, font aussi mal aux yeux qu'une fausse note aux oreilles d'un amateur de musique.

Six colonnes forment le portique. Deux sont de granit, les autres en beau marbre blanc sont travaillées en spirales et dorées par le soleil. Les chapiteaux ioniques sont sculptés avec une grande perfection. Au-dessus d'une frise étroite est une bande de ces mosaïques en marbres de couleur qu'on nomme *Opus alexandrinum*. Remarquez-en la beauté, la simplicité, l'harmonie. Au-dessus du portique (tâchez de sentir pourquoi les tuiles qui n'écrasent rien, qui reposent les yeux, valent mieux que toute autre toiture) est une grande mosaïque moderne qui représente entre autres personnages les papes Honorius III (1216-1227) et Pie IX tenant chacun à la main un modèle de cette basilique qu'ils présentent à Notre-Seigneur.

La nef est soutenue par des colonnes ioniques de granit ou de cipollino. La restauration intérieure sera merveilleuse; une faible partie est achevée; mais d'après elle on peut se faire une idée de l'ensemble. C'est une décoration riche sans être voyante.

Des médaillons en mosaïque représentant des symboles chrétiens, la colombe, l'agneau, des grappes de raisin — puis des fresques — enfin des portraits de saints et de papes au-dessus.

Le plafond est de bois peint. Pas de dorures.

Le chœur plus élevé que l'église est entouré de magnifiques colonnes antiques de marbre *paonazzo*. Elles sont cannelées.

Observez les chapiteaux corinthiens ou composites profondément fouillés. Les composites surtout avec des casques, des armures et autres emblèmes guerriers. On croit que plusieurs des colonnes de Saint-Laurent proviennent du portique d'Octavie. Plusieurs des ornements des frises représentent des trophées maritimes qui semblent se rapporter à la victoire d'Actium, seule grande bataille navale livrée sous les empereurs. De plus, sur le chapiteau d'une des colonnes, on remarque une grenouille et un lézard. Or, Pline raconte que deux artistes grecs *Batracos* et *Sauros* se servirent de ce moyen détourné pour transmettre leurs noms à la postérité. Ils avaient d'abord aspiré à l'honneur d'une inscription sur le portique d'Octavie, mais Auguste s'y était opposé.

Depuis qu'on permet difficilement l'inhumation dans les églises, chose fâcheuse peut-être, mais qui a produit tant d'admirables monuments, et qui avait moins d'inconvénients à Rome qu'ailleurs, un vaste cimetière s'est formé autour de l'église de Saint-Laurent. Je trouve ces campi santi fort tristes et je ne conçois pas qu'on en fasse un but de promenade, même lorsqu'ils sont envahis par une végétation splendide comme certains cimetières de l'Amérique du Nord, Auburn, près de

New-York, et ce beau cimetière de Charleston, détruit sans doute maintenant par la guerre civile, où je me suis promené en plein décembre sous des arbres exotiques tout en fleurs.

Entre Saint-Laurent et la porte de Saint-Jean de Latran, par laquelle nous rentrons en ville, sont des chemins creux pleins des odeurs du printemps.

On passe plusieurs villas entourées de vignes, d'où la vue est admirable sur la campagne et les collines d'Albano. Malheureusement l'insécurité y est très-grande. L'an dernier, dans cette saison, une de ces habitations fut attaquée par une bande de malfaiteurs. La police avait eu vent de l'affaire et avait dressé une embuscade. Malgré cela, il y eut un engagement très-vif, et plusieurs hommes furent tués de part et d'autre.

13 Février. — Les troupes pontificales en garnison à Rome sont passées en revue à la villa Borghèse par le général Kansler, ministre des armes. Cette villa est un lieu fait exprès pour une revue. Le coup d'œil est gai, charmant. Un beau soleil, les gazons verts déjà pleins de violettes ajoutent à l'air de fête. Il y a grande foule, car les comités révolutionnaires n'ont pas encore défendu l'entrée de la villa Borghèse à la masse peureuse. Des groupes de belles jeunes filles sont assises sous les arbres avec leurs frères ou leurs amoureux presque beaux comme elles. On respire le printemps.

Après un froid décembre, un janvier pluvieux et désagréable, voici un mois de février digne du climat d'Italie. L'armée pontificale devient de plus en plus nombreuse. Elle l'est trop. Elle obère inutilement les finances du Pape. Le Pape ne pourra jamais résister à l'Italie. Avec quelques troupes d'élite, comme avant Mentana, il peut parfaitement tenir tête aux bandes garibaldiennes. S'il est attaqué par l'Italie, l'opinion publique forcera le gouvernement, même le plus mal disposé, à faire intervenir la France.

L'Italie ne trouvera pas la Prusse pour complice. La maison de Hohenzollern, dans sa marche audacieuse vers l'empire germanique, a assez de difficultés sans vouloir s'aliéner ses sujets catholiques qu'elle compte par millions. Le stupide fanatisme protestant qui fait faire tant de sottises à l'Angleterre (le pitoyable délire de la réception de Garibaldi entre autres), existe peu en Allemagne. Si Garibaldi se livrant à de nouvelles frénésies est suivi par un peuple insensé, l'Italie se divisera de nouveau.

Nous ne voyons donc pas l'utilité d'augmenter hors de toutes proportions les troupes papales.

Du reste, ces troupes sont belles.

L'artillerie, composée de jeunes Romains et dans laquelle s'est engagé un fils du prince Borghèse, le marquis Teodoli, etc., etc., est magnifique.

Les dragons, superbes comme hommes, ont de bien vilains chevaux aux poils trop longs.

Les braves zouaves se distinguent par leur entrain.

Et la légion d'Antibes, nombreuse, bien aguerrie, commandée par des officiers d'élite, ne le cède en aucune façon à nos meilleurs régiments français.

15-17 FÉVRIER et suivants. — Pour le carnaval nous avons à Rome, cette année, de véritables journées de printemps. Rien ne peut égaler le charme de cette température préférable à toutes les autres, car on a la joie et la splendeur d'un beau soleil sans avoir à supporter les inconvénients de la chaleur. Malheureusement le carnaval est bien peu animé. Ce n'est pas la faute du gouvernement. Il a pris toutes les mesures d'usage. Prix donné pour les courses de chevaux (*barberi*), musique militaire à la place du Peuple, à San Lorenzo in Lucina, à la place Colonne et au palais de Venise. Procession du sénateur de Rome dans des carosses dorés. Dragons en grand uniforme à tous les coins de rue, etc., etc.

Mais le carnaval est un amusement qui se perd. Jeter et recevoir des *confetti* et de la farine est trop contraire à la *dignité humaine*, ce triste mot dont on a tant abusé.

A Rome, on s'amuserait encore grâce à cette bonhomie italienne qui résiste aux pédantes idées démagogiques du Nord; mais le parti garibaldien ne pouvant renverser le pape, et ayant fait la triste figure qu'on connaît, a jugé bon de défendre aux Romains de s'amuser. Par cette conduite, il paralyse le commerce, détourne les étrangers de venir à Rome, et ruine une foule de petites industries. Mais ces farouches amis du peuple n'y regardent pas de si près.

Les Romains ont obéi par un mélange de mollesse, d'ignorance et de poltronnerie. Il est devenu de bon ton de ne pas fréquenter le Corso, et les petits sots croiraient déroger en y allant. Ceux qui auraient envie de s'y rendre n'ont pas le courage moral de soutenir leur opinion. On a persuadé aux mères qu'on jetterait dans la foule des bombes Orsini. Enfin, on trouve bien des gens qui ont si peu voyagé, si peu lu, qu'ils sont convaincus que Rome est accablée sous un despotisme épouvantable, tandis que le reste de l'univers jouit d'une liberté et d'une prospérité sans bornes. Si quelques étrangers de bonne foi veulent les détromper, ils le prennent, ô ciel ! pour un jésuite déguisé. Afin de les entretenir dans ces idées, les commis voyageurs et autres grands parleurs ne se font pas faute de les régaler de contes à dormir debout.

Du reste, dans le royaume d'Italie, le carnaval a été encore moins brillant qu'à Rome. En 1866 et 1867 il n'y a absolument rien eu à Naples; il en est de même cette année. On a tâché de ressusciter le carnaval de Venise et celui de Florence, mais tout a été assez languissant. Je me trompe. Une ville a eu un carnaval digne des anciens temps, c'est Turin, où l'union et le bon esprit de la population ont porté leurs fruits, et qui a voulu prouver qu'elle ne se laissait pas abattre par l'ingratitude et les revers.

On ne peut s'empêcher d'une certaine mélancolie en voyant se perdre le goût de ces amusements du carnaval. Le monde est-il destiné à devenir aussi triste que les États-Unis d'Amérique? et la *dignité humaine* doit-elle nous changer tous en Yankees? On serait tenté de le croire. La joyeuse Angleterre (*merry England*) est une expression qui paraît ridicule aujourd'hui. La gaieté française commence à n'être plus qu'un souvenir. Voici maintenant que les déclamateurs pédants attaquent la joie insouciante dans son dernier asile, l'Italie.

Et cependant, les Italiens, par leur bonhomie et leur politesse, étaient essentiellement faits pour les divertissements de ce genre.

Au dernier carnaval qui a eu lieu à Naples, celui de 1865, je suis resté trois jours à un balcon, au centre de la rue de Tolède, sans voir une dispute ou un seul homme ivre. En Angleterre, hommes, femmes et enfants, ivres-morts, se seraient roulés dans la fange en se battant entre eux comme des bouledogues. Quant à l'aimable population française, elle aurait jeté des pierres, au nom de sa dignité agacée, aux aristocrates qui étaient aux balcons et qui avaient l'insolence de lui lancer des bonbons.

A Rome, on montrait encore plus de douceur qu'à Naples, et, jusqu'en 1848, le carnaval de Rome était aussi célèbre par son charme que celui de Venise au xviii° siècle.

Cette année il n'y a un peu d'animation que les deux derniers jours. Et encore.

Frascati, mardi gras 25 février. — Une triste nouvelle nous fait désirer de sortir du tumulte de cette dernière journée du carnaval, qu'il est impossible d'éviter à Rome quand on habite près du Corso. Nous allons chercher à Frascati et à Tusculum un peu de solitude et de paix.

Au troisième mille après la porte de Saint-Jean de Latran, on rencontre un tertre artificiel qui couvre les ruines d'un immense tombeau, qu'on croit être celui de la famille des Sévère, célèbre par ses femmes (Julia Domna, Julia Sœmis), qui introduisirent à Rome les superstitions de la Syrie.

Sauf la courte usurpation de Macrin, cette famille régna pendant quarante-deux ans (193-235).

Dans les histoires pédantes, faites par les proviseurs de collége, elle est déshonorée par les folies d'Héliogabale. Mais ce jeune prince, qui ne fut pas cruel, et dont l'histoire est pleine de mensonges ridicules, comme le fait observer Gibbon, répugne moins que le féroce et vertueux Claude et que le vil triumvir Octave.

Au XVII{siècle on ouvrit ce sépulcre. On y trouva de riches sarcophages et ce beau vase que le duc de Portland acheta à la famille Barberini, et qu'un fou brisa il y a quelques années dans le musée Britannique.

Plus loin sont les très-vastes débris d'une villa de l'empereur Claude, avec ceux d'un petit aqueduc qui y amenait de l'eau pour les piscines et les viviers.

Frascati est située sur les collines, mais beaucoup plus bas que l'ancienne ville de Tusculum.

C'est une des villégiatures favorites des princes romains. La ville est entourée de tous côtés par de belles maisons de plaisance.

La plus magnifique de toutes est la villa Aldobrandini qui appartient au frère du prince Borghèse, avec ses cascades, ses terrasses et sa vue immense. Viennent ensuite la villa Montalto sur la route de Grotta Ferrata, la villa Taverna résidence d'été du prince Borghèse, la villa Mondragone où les Jésuites ont établi un collége pour les jeunes gens des classes élevées de Rome.

On monte à Tusculum par de charmants sentiers au milieu des chênes verts et des pins d'Italie. A chaque pas sont quelques restes de constructions antiques. On peut être sûr qu'on passe près de l'emplacement de la villa de Cicéron dont il est si souvent question dans ses lettres et dans ses ouvrages.

Arrivés près du sommet de la montagne, nous trouvons les ruines assez bien conservées d'un théâtre, dont la scène avait pour fond le vaste paysage de la campagne romaine.

Au dessus, sur le dernier mamelon, était la forteresse de Tusculum. Jusqu'en plein moyen âge cette cité resta puissante et populeuse; elle était Gibeline, et ses troupes se mesurèrent plusieurs fois non sans succès avec celles de Rome; ce ne fut que dans les dernières années du xiie siècle que les Romains s'en emparèrent; ils furent cruels dans leur victoire, car la ville fut détruite de fond en comble, et les habitants furent passés au fil de l'épée. Quelques pâtres de montagnes avec leurs troupeaux de chèvres errent seuls maintenant sur les ruines de Tusculum.

Nous descendons vers Monte Porzio à travers les bois, en passant auprès d'un grand couvent de Camaldules. La vue est belle sur la large vallée où les Romains gagnèrent autrefois la bataille du lac Régille (1), sur un petit mamelon est Colonna, l'ancienne Labicum. Plus loin les sommets de la Sabine, et, sur leurs premiers escarpements, Tivoli entourée de ses forêts d'oliviers.

C'est un lieu charmant avec ses ruines, ses grottes, ses cascatelles qui murmurent encore comme aux jours où Horace les chantait assis auprès de Mécène dans la villa de Tibur :

> Nec tam Larissæ percussit campus opimæ,
>   Quam domus Albuneæ resonantis,

---

(1) Le lac Régille est presque desséché; ce n'est plus qu'un marais d'un ou deux kilomètres de tour.

> Et præceps Anio, ac Tiburni lucus, et uda
> Mobilibus pomaria rivis. (2)

Mais je ne sais si la villa de Mécène, toute belle qu'elle fût, égalait en splendeur la villa d'Este avec ses eaux merveilleuses, ses platanes et ses gigantesques cyprès.

Qu'il est doux d'être assis sur ses terrasses pendant que le soleil couchant éclaire au loin le dôme de Saint-Pierre et que l'ombre gagne les sommets de l'Apennin. Elle appartient au duc de Modène, mais il l'a cédée à vie au cardinal Hohenlohe qui y a fait faire de grandes réparations.

Monte Porzio s'élève, dit-on, sur les restes d'une villa de Caton. Le village moderne appartient à la famille Borghèse. Une route nouvelle bordée de chênes verts nous ramène à Frascati.

26 Février. — Le mercredi des Cendres la station est à Sainte-Sabine sur l'Aventin. Cette église un peu nue est belle de proportions. Elle est construite en forme de basilique et ses colonnes, dit-on, proviennent d'un temple de Diane. A côté est un vaste couvent de Dominicains établi par saint Dominique en personne. On montre dans le jardin, dont les terrasses dominent le Tibre, un oranger planté par lui. Chose assez curieuse, ce vieil arbre était presque mort quand au moment où le père Lacordaire fit revivre l'ordre des Dominicains

---

(1)   Pour moi, j'aime bien mieux cette charmante rive
        Où l'Anio murmure à travers les bosquets,
        Et ces vergers qu'arrose une onde fugitive
        Que des Thessaliens les fertiles guérets.
                           (Trad. de Daru.)

en France, de nouveaux rejetons sortirent vigoureusement du sol. Le pape venait autrefois à cheval entourée de toute sa cour à la station (1) de Sainte-Sabine, mais cet usage est tombé en désuétude depuis plus de 200 ans.

L'Aventin n'était pas compris à l'origine dans l'enceinte de Servius Tullius. Son double sommet était couronné de bois consacrés à Diane. Mais dès les premiers temps de la république, nous y voyons une population nombreuse. Cette montagne devint le faubourg Saint-Antoine de Rome. C'est là que commencent les séditions et c'est aussi leur dernière forteresse quand elles sont vaincues.

Caïus Gracchus se retire sur l'Aventin. C'est sur l'Aventin que vont vivre les patriciens qui aspirent à dominer la plèbe.

La fameuse Clodia, la sœur du démagogue Clodius, l'ennemi de Cicéron, l'amante trop souvent infidèle de Catulle, avait une petite maison dans un jardin sur la partie qui regardait le port du Tibre. La compagnie qui s'y réunissait était on ne peut plus mêlée, et Cicéron reproche à son ami Atticus d'avoir été souper chez Clodia qu'il accuse de trouver des distractions parmi

---

(1) On ne me demandera pas de donner une explication un peu claire du mot *station* puisque le docte abbé Piazza qui a écrit tout un livre sur ce sujet n'arrive pas même à une conclusion. — Qu'il suffise de savoir qu'on nomme ainsi, depuis le ve siècle au moins, une solennité qui se célèbre à tour de rôle dans certaines églises de Rome célèbres par leur antiquité et les reliques des martyrs qu'elles contiennent. — Ce jour-là, les autels sont ornés de fleurs, toutes ces reliques sont exposées et une visite à ces églises procure certaines indulgences. — Pour plus de détails je renvoie le lecteur aux *Stazioni romane* de l'abbé Bartolomeo Piazza. Une édition très-commode en a été publiée en 1858. Elle se trouve chez les principaux libraires de Rome.

ses voisins les mariniers du Tibre. Elle devançait Messaline ou Catherine de Russie. On voit donc que le pauvre Catulle avait quelque raison de se plaindre.

Sous les empereurs, la lie de la populace de Rome logeait sur l'Aventin, et nous avons vu Néron s'y réfugier à la fin de son règne dans l'espoir d'être soutenu par elle.

Le mont Aventin resta peuplé jusqu'au moyen âge, longtemps après la ruine du Cœlius et de l'Esquilin ; mais au XIIIe siècle on commença à l'abandonner, et ce n'est plus à présent qu'une campagne. Les vignes des Dominicains et d'autres ordres religieux l'occupent maintenant presque en entier.

Nous descendons de l'Aventin vers la Marmorata : on appelle ainsi le lieu où débarquent les marbres qui arrivent en général à Rome par le Tibre. Au delà de la Marmorata, des fouilles toutes nouvelles ont mis à découvert une portion du quai romain du Tibre, conservée comme si la maçonnerie datait d'hier, avec les plans inclinés pour faire rouler les tonneaux et autres marchandises, les anneaux en pierre pour attacher les barques, etc. Un peu plus loin, on a trouvé un entrepôt complet de marbres précieux. En vérité, Rome est une mine inépuisable, et Dieu sait quelles surprises nous y ménage l'avenir.

27 Février. — A Saint-Louis des Français. C'est une église riche tenue avec tout le décorum du clergé de France. Elle fut agrandie et embellie par Catherine de Médicis. C'est ici qu'on ensevelissait les Français, et plus d'un de nous y trouve les tombeaux de chers parents. Les chapelles latérales sont un peu sombres.

Dieu merci, on n'a pas remplacé encore les fleurs de lis par les aigles; que nous détestons tous ces oiseaux de proie !

A la villa Ludovisi : — le prince de Piombino qui la possède descend à la fois des neveux des Papes Grégoire XIII (Buoncompagni 1572-1585), et Grégoire XV (Ludovisi 1621-1623).

Cette villa occupe toute la partie méridionale du mont Hortulorum ou Pincio. (Dans l'enceinte de Rome il y a onze collines, mais le Pincio, le mont Testaccio, le Janicule et le Vatican ne furent jamais compris parmi les sept monts fameux.)

Dans le vestibule du Casin est l'aurore du Guerchin. La figure de la femme est gracieuse et légère ; le reste comme l'aurore du Guide est un peu lourd. On ne s'explique pas l'extrême réputation de ces deux fresques. Peut-être est-ce parce qu'elles ornent la principale pièce de deux Casins qui sont visités par tous les étrangers. Du belvédère on découvre une des plus belles vues d'ensemble de Rome. La journée est admirable, baignées de vapeurs bleues, les collines de Rome, la plaine, les montagnes lointaines ont un air de splendeur et de fête. Ces paysages romains sont radieux ; ceux du golfe de Naples peuvent seuls rivaliser avec eux. Le Liban, l'Alhambra de Grenade, la baie de Matanzas dans l'île de Cuba, le Bosphore même ne viennent décidément qu'après. Les jardins de la villa Ludovisi sont très-vastes. Des bois de chênes verts, des pins d'Italie, une magnifique allée de cyprès centenaires longent les vieux murs de Rome de la porte Pinciana à la porte Salara.

Sur des prairies semées d'anémones sauvages voltigent les premiers papillons du printemps.

Salluste avait ici sa villa. Ce vieux conspirateur vénal qui parlait si bien de la vertu, et qui rappelle singuliè-rement les conventionnels transformés en sénateurs de l'Empire, vint y finir sa vie au milieu de richesses mal acquises.

Plus tard, cette propriété tomba comme tant d'autres dans le domaine impérial. Aurélien y avait un manége pour entraîner les chevaux.

Ce soir le Colisée est illuminé aux feux de Bengale. Il y a une grande foule, car des milliers d'Américains ont envahi la ville. Les Américains un peu cultivés, et ceci honore leur bon goût, apprécient Rome qui offre un contraste si frappant avec leurs villes nouvelles. Les lueurs vertes, rouges et jaunes des feux de Bengale produisent un effet assez discordant dans le Colisée. Que je préfère le voir par un beau clair de lune, livré à la magie des souvenirs. Cependant à la fin, quand une lueur sanglante toute unie envahit l'enceinte, il y a un moment magnifique qui rappelle à l'esprit les cruautés implacables du sombre peuple romain.

CHAPITRE XVI.

LES RIVAGES DE LA CAMPANIE.

Entre Rome et Naples. — La rue de Tolède. — Le Campo Santo et le jour des Morts. — La porta Capuana. — Thackeray et Disraeli. — Le Vomero. — *Le Récit d'une sœur.* — L'éruption du Vésuve. — Les cochers napolitains. — Le Musée. — Les Camaldules. — Pompéi. — Lettre de Pline. — Amalfi. — Sorrente. — Capri. — Les douze palais de Tibère. — Pouzzol. — Saint Paul. — Le temple de Sérapis. — Cumes. — Baïa. — Le cap Misène. — La fête du Roi. — Les sympathies du pays. — Le brigandage. — Ce que l'*Europe nous envie.* — Ce qu'elle ne nous envie pas.

29 Février. — Entre Rome et Naples

La sublime beauté, la grâce enchanteresse,
Ont passé tour à tour sous mes regards joyeux ;
Jamais jour plus charmant n'était tombé des cieux,
Les rayons du soleil étaient pleins de jeunesse !

Le matin c'était Rome et ses vieux monuments,
Ses colonnes, ses murs inondés de lumière,
Et le vent balançait les guirlandes de lierre
Qui tombaient du sommet de ses temples croulants !

Les prés se déroulaient, l'aqueduc en ruines
Traversait ce désert autrefois si bruyant,
Qui comme un grand linceul tissé pour un géant,
Environne aujourd'hui la ville aux sept collines.

Et couronnant les flancs dorés du Mont Albain
D'où les prêtres jadis devinaient les présages,
Parmi les oliviers de gracieux villages,
Elevaient leurs murs blancs dans le ciel du matin.

Le jour, c'était Anxur et les flots de Tyrrhène,
Où les barques des Dieux et des Rois ont glissé ;
Le promontoire sombre où se cacha Circé,
Et les ravins boisés descendant vers la plaine.

Les rocs et les forêts de ce rude pays,
Où le Volsque longtemps combattit contre Rome,
Où la fière beauté de la femme et de l'homme
Charme du voyageur les regards éblouis.

Et le soir j'arrivais vers ces rives si belles,
Où le Liris profond coule à flots paresseux ;
Et le soleil couchant environnait de feux,
Le Vésuve et Somma ces montagnes jumelles.

Vers ces bords enchantés où la Grèce laissa
Le reflet lumineux des premières aurores,
Comme un chœur sculptural de jeunes Canéphores,
Les coteaux descendaient du Saint-Ange à Massa.

Ischia sur la mer resplendissait de flammes
Et l'est et l'occident s'emplissaient de lueurs ;
L'orange et le lilas mélangeant leurs couleurs,
Couvraient de tons subtils les côtes et les lames !

O beaux jours de la vie où l'âme monte au bleu !
Car, si telle est ici la splendeur de la terre,
Que ne doit être alors, plus haut, dans la lumière,
Le séjour éternel des fidèles de Dieu !

1ᵉʳ Mars 1868. — A Capo-di-Monte par la rue ⟨
lède.

Ce fut la première des grandes artères modernes, car elle date de 1540 quand le vice-roi Don Pédro de Tolède la fit élever sur l'emplacement des vieux murs angevins. De là sa célébrité d'autrefois ; lorsque Evelyn, par exemple, visitait l'Italie en 1646, les rues de Londres et de Paris n'étaient que des cloaques étroits. Depuis, les boulevards modernes ont singulièrement éclipsé la rue de Tolède, mais sont-ils mieux conçus ?

Ils ne le seraient pas assurément dans ce pays chaud où l'ombre est nécessaire pour l'agrément et même pour la santé. Ainsi, en Algérie, rien n'est malsain comme les villes ridicules construites par le génie militaire sur le plan des avenues de Versailles.

Tolède est dans la juste mesure. Cette grande rue est charmante par l'animation et la gaieté qui y règnent et que les misères de ce temps de folie et de papier monnaie n'ont pas pu entièrement éclipser.

On monte beaucoup pour arriver au grand palais de Capo-di-Monte, bien mort et bien abandonné depuis l'unité. Le roi Ferdinand du reste, n'avait pas meilleur goût dans ce genre que Victor-Emmanuel. Les salles sont vastes, mal meublées dans le style empire, pleines de tableaux modernes, que sans trop d'irrévérence on peut qualifier de croûtes. La position seule est admirable.

Une route descend la colline de Capo-di-Monte et gagne le Champ-de-Mars en passant par la vallée où se trouvent les *Ponte Rossi*, nom donné à un aqueduc romain à cause de la belle couleur des briques rougies par le soleil.

La municipalité de Naples, au lieu de se disputer et de *camorrer* devrait bien imiter les Romains dans leurs efforts pour amener de l'eau potable à cette ville qui en manque absolument.

Le Champ-de-Mars est très-vaste. On y voit la chapelle inachevée, commencée au lieu où le roi Ferdinand échappa à la baïonnette d'Agésilas Milano (8 déc. 1856) dont Garibaldi eut grand tort de glorifier la mémoire. Mais ce sont des aberrations communes à tous les partis et que le Césarisme, qui a commis tant de crimes fameux, n'a pas le droit de reprocher aux Républicains.

Il faut voir, le jour des courses, le Champ-de-Mars envahi par une population énorme et plein des voitures élégantes et bien tenues de l'aristocratie. Les livrées sont belles, et les cochers et les grooms qui ont dans le sang l'amour des chevaux ressemblent assez à des cochers anglais.

Le Vésuve et le mont Somma dominent le Champ-de-Mars. En descendant de Capo-di-Monte, on voit cette belle ligne qui, ample comme un manteau royal, souvent pourpre, souvent or, tombe de la cime du Somma vers les plaines de la Campanie.

L'armée de Lautrec était postée dans ces parages pendant le célèbre siége de Naples en 1528. L'eau manquait, la chaleur était affreuse. La peste se déclara dans le camp. Lautrec succomba au fléau, et l'armée française, démoralisée, presque détruite, fut obligée d'évacuer le royaume de Naples.

Du Champ-de-Mars, nous allons au principal cimetière de la ville nommé comme partout en Italie Campo Santo. Ce sont en général des chapelles mortuaires appartenant, soit à des familles riches, soit à des confréries. Au-dessous de ces chapelles, des sortes de catacombes sont creusées dans le tuf. Ces confréries rappellent les associations des anciens Romains en vue de leurs funérailles. C'est absolument la même idée. Il y a des Confréries dans toutes les classes de la société. Celle des Cuisiniers, des Cochers, des Maçons, etc. Les monuments sont d'un goût médiocre et la visite d'un Campo Santo n'est jamais agréable, mais le 1ᵉʳ novembre 1864 j'y ai vu une scène bien extraordinaire : la célébration de la fête des Morts par les Napolitains. — La ressemblance avec l'antiquité païenne est encore plus frappante que dans les confréries.

C'est une sorte de Saturnale, les parents et les amis viennent manger et boire près des tombeaux de ceux qu'ils ont perdus. Les caveaux sont pleins de cierges allumés, des masses de fleurs jonchent le sol. Il fait encore chaud dans cette saison à Naples. Un mélange de parfums et d'odeur de cadavre allourdit la tête et ce spectacle étrange enivre et épouvante à la fois.

Nous rentrons en ville par une route droite bordée d'arbres qui conduit à la porte de Capoue.

C'était la promenade à la mode, le Corso au temps des premiers vice-rois espagnols; plus tard Evelyn trouve le Corso établi sur le môle; maintenant la riviera di Chiaja est le lieu adopté.

De vieilles fontaines monumentales, de vieux bancs de pierre sont tout à fait dans le goût espagnol et font songer à ces *alamedas* que j'ai vues en Espagne et plus encore peut-être dans les colonies espagnoles du Nouveau-Monde.

La porta Capuana est une assez jolie porte renaissance entre deux vieux bastions angevins; elle est je crois connue surtout, à cause du harem gigantesque que les rois de Naples avaient établi pour les besoins physiques de leur armée.

L'idée était bonne, quoi qu'en puisse dire l'exagération religieuse, ou ce qui est bien moins respectable, l'exagération de pruderie de la peu vertueuse Angleterre.

On voulait protéger la santé des pauvres jeunes soldats. Le fait est que l'homme qui découvrirait un remède (comme le vaccin pour la petite vérole) contre cette mystérieuse maladie que semblaient ignorer les anciens, serait le plus grand bienfaiteur de l'humanité et mériterait autant de statues que les Jules César et les Napoléon en méritent peu.

Si je scandalise des personnes pieuses en parlant ainsi de la Porta Capuana, je leur demande (et je ne fais pas ici un paradoxe), de commencer par se faire un cas de conscience de ne pas lutter sans cesse et à tout propos contre la conscription qui empêche au moins un tiers des jeunes gens les plus ardents, les plus valides, de se marier avant l'âge de vingt-huit ans.

Il faut traverser tout Naples par les rues étroites de la Porta Capuana à Chiaja, pour se faire une idée de cette sorte de fourmilière où court la population. Cela rappelle ce que l'on a lu de certaines villes de la Chine.

2 Mars. — Le beau temps continue. Sur la route du Pausilippe, nommée communément Strada Nuova. C'est la promenade de Naples, et quelle promenade! Comme elle laisse derrière elle les Hyde-Park et les bois de Boulogne si bien peignés. On domine la mer, et les belles lignes si gracieuses des côtes de Naples et de

Sorrente s'harmonisent et s'unissent avec les flots bleus.

Un grand nombre de villas bordent cette route, entre autres celle qui appartint à lady S*** qui vint à Naples avec lord H*** et dont les aventures aidèrent Thackeray à composer son admirable roman *Vanity Fair*.

Lord H*** est un type qui restera. Il a servi de modèle au marquis de Steyne dans *Vanity Fair* et au marquis de Monmouth de *Coningsby*, roman de cet homme bizarre, qui, parti de rien, ayant contre lui son origine juive et son nom de Benjamin Disraëli, est arrivé à force de talent et de persévérance au poste de premier ministre tory de l'Angleterre.

Au bout du Pausilippe, la strada Nuova descendait à Bagnoli, en face de la petite île de Nisita, bagne et lazaret maintenant : célèbre autrefois par le séjour de Brutus et de Porcie.

Il y a quatre ans, la route fut endommagée par des pluies de printemps ; ce n'était rien alors, mais les autorités ineptes n'eurent pas le cœur d'y envoyer une dizaine d'ouvriers et un ingénieur non camorriste ; le prince Humbert qui était ici, au lieu de s'occuper de si pauvres détails, chassait chaque jour aux Astroni. Il en est résulté que cette belle route menace d'un éboulement, qu'elle est fort dangereuse et presque impraticable.

En vérité, pour les choses matérielles, je crois que tout marchait mieux sous le roi Ferdinand.

Nous longeons la crête de Pausilippe, par un chemin d'où l'on découvre, tantôt le golfe de Naples et le Vésuve, tantôt la plaine de Bagnoli, déjà verte, le cap Misène, Ischia, Procida. Cette crête, en approchant du château Saint-Elme qui la termine, prend le nom de Vomero.

C'est là, il y aura bientôt trente-six ans, qu'habitaient deux familles, dont la vie intime a été dévoilée dans un livre charmant. J'ai déjà parlé une fois du *Récit d'une sœur*. Peut-être n'a-t-il pas paru dans ce siècle un volume plus suave et plus doux. — Que d'affligés n'a-t-il pas consolés ! J'aimerais mieux le donner à beaucoup d'âmes souffrantes que bien des livres de piété. Pourquoi donc blâmer Mme Craven d'avoir fait au monde cette confidence. N'y aurait-il pas de l'égoïsme à cacher un tel trésor ? Méfions-nous de cette fausse honte qui provient souvent de la sécheresse et de l'orgueil.

Ce livre sera consulté dans les siècles futurs pour l'histoire de cette noblesse française, rajeunie et épurée par le malheur, et qui n'était pas encore gâtée par l'impertinence, la présomption et le vide du faubourg Saint-Germain de 1868. Libre au voyageur sentimental de rêver sur le lac de Genève, en pensant à Julie et à Saint-Preux, ou d'évoquer aux Pamplemousses les images fabuleuses de Paul et de Virginie. J'aime mieux venir sur le Vomero, chercher les doux souvenirs d'Alexandrine d'Alopeus et d'Albert de la Ferronnays.

Mais laissons parler celle-ci :

Notre vie devenait de plus en plus délicieuse, Albert plus sûr d'être aimé, se laissait aller à cette charmante gaieté que Pauline m'avait dit être un des traits de son caractère. Cette maison, dépourvue d'élégance, dont la vue même n'était belle que de la terrasse, s'illumina pour nous d'un charme magique et nous aimions mieux y être que dans la charmante villa de ses parents où nous pouvions bien moins nous parler. Mais j'en aimais le retour, parce qu'il m'accompagnait, et quelquefois nous rentrions par l'avenue au lieu de prendre par la ruelle qui était le chemin le plus court (mais je n'ai pas osé faire souvent cela, parceque j'avais peur qu'on ne s'en aperçût et qu'on ne devinât pourquoi j'aimais mieux le plus long chemin). Nous passions la plus grande partie de nos soirées sur la terrasse d'en haut. Cela était enchanteur! Ces deux golfes, ces rivages, ce Vésuve d'où ruisselaient des rivières de feu, un ciel toujours étoilé, un air toujours embaumé! Et avec tout cela, *s'aimer*! s'aimer en osant parler de Dieu!....

Nous ne pouvons entrer à la villa Floridinia, construite par le vieux roi Ferdinand Ier, pour sa femme morganatique, une belle sicilienne; mais nous voyons la villa Lucia qui y touche. Elle appartient à un Russe, qui la fait entretenir avec soin, par des jardiniers allemands. La végétation est belle, et l'on voit ce que pourrait être les arbres à Naples, s'ils n'étaient pas ridiculement mutilés. La maison de la villa Lucia est ce pavillon pompéien, peint en couleur sang de bœuf, qu'on aperçoit de partout à Chiaja et à Chiatamone.

La vue du château Saint-Elme est peut-être la plus belle de l'univers. On y trouve une combinaison de tout. Grande ville qu'on domine, port animé, golfe, caps, îles gracieuses, collines, plaine, montagnes lointaines, volcan.

C'est de là surtout qu'on peut remarquer ces belles lignes de Naples; celle qui descend du Somma vers les plaines de la Campanie, les courbes gracieuses qui vont du Mole aux Granile, et du château de l'Œuf à la Mergellina, etc.

Au-dessous de la citadelle est la riche Chartreuse de San Martino, avec ses peintures, ses marbres précieux, ses boiseries, ses balcons, d'où l'on aperçoit tout Naples, et d'où l'on entend toutes les rumeurs de la bruyante cité. Elle est déserte maintenant, livrée à l'incurie et à l'abandon, et deux guides de Pompéi, dans leur uniforme semi-militaire, sont chargés de la montrer aux étrangers. Libre aux esprits forts de penser qu'ils remplacent avantageusement les pauvres vieux chartreux qu'on a chassés sans pitié, et qui mourraient de faim après avoir passé leur vie à secourir les malheureux n'était la charité de quelques bons cœurs.

3 Mars. — L'éruption du Vésuve continue. Elle s'était ralentie pendant le mois de février, mais elle redouble d'intensité depuis quelques jours. De Naples, pendant la journée, on ne voit que beaucoup de fumée, mais la nuit, c'est un spectacle superbe que de contempler ce cratère, qui vomit des flammes et d'immenses blocs de lave et ces rubans de feu qui descendent de la montagne en plusieurs endroits.

Ce matin, après déjeuner, nous partons pour Résina, village situé au delà du palais royal de Portici, au-dessus de l'emplacement de l'ancienne ville d'Herculanum. A dire vrai, Résina n'est qu'un faubourg de Naples. On ne trouve pas un seul instant la campagne; la rue droite bordée, de chaque côté, de maisons, n'a pas la vue de la mer.

A Résina, nous trouvons les guides du Vésuve, les loueurs de chevaux, etc., si insupportables et si gâtés par les étrangers, que nous nous décidons à pousser en avant jusqu'à Torre del Greco.

Là nous louons sans peine des ânes avec leurs âniers, et notre caravane nombreuse, car plusieurs de nos amis napolitains se sont joints à nous, commence l'ascension de la montagne au milieu de beaux jardins. Rien ne peut égaler la fertilité des premières pentes du Vésuve. Aussi les habitants ne veulent point abandonner ce riche terrain et souvent chassés par la lave, ils reviennent s'établir à quelques pas de la coulée. Les figuiers sont couverts de bourgeons, et les champs de fèves en fleurs répandent une bonne odeur dans l'air.

Peu après Torre del Greco nous trouvons la coulée de lave de 1861. Cette année-là plusieurs cratères s'ouvrirent assez bas sur le flanc de la montagne. La lave ne parvint pas à la ville de Torre del Greco qui n'en fut pas moins presque renversée par des secousses fréquentes de tremblement de terre. Elle est déjà entièrement sortie de ses ruines et, sauf la destruction de quelques forêts, l'éruption actuelle n'a pas causé de grands dommages. Après cette coulée, nous entrons dans des bois de châtaigniers que nous ne quittons que sur les bords de la lave du mois de janvier.

Elle est à peine refroidie, cependant il faut la traverser pour quelques centaines de mètres avant d'arriver à la lave qui coule. C'est un trajet difficile pour les gens agiles, et tout à fait pénible pour les autres. Il n'y a aucun danger, le moment n'en est pas moins saisissant. La chaleur est intense. Des scories noires encore fumantes sont sous nos pieds.

Devant nous au milieu des tourbillons de fumée une cascade incandescente, non brillante maintenant comme elle l'est la nuit, mais sinistre, bruissante comme un feu de charbon de terre mouillé. On voit à peine le ciel et la mer, on respire un air chargé de soufre, la terre disparaît sous les matières volcaniques, un seul élément semble vous entourer : on est bien dans l'empire du feu.

L'expression *la lave coule* est peu juste, elle s'avance plutôt comme des morceaux de charbon qui glisseraient le long d'un plan légèrement incliné. Elle marche si lentement qu'il faudrait bien du malheur pour être atteint, mais en présence de ces grands phénomènes de la nature, on se défend difficilement d'une certaine inquiétude. Au-dessus de nous le cratère fait entendre des grondements formidables et lance des pierres dans l'air.

En redescendant à Torre del Greco, l'admirable paysage de la baie de Naples se déroule à nos regards charmés, éclairé par la palette merveilleuse du couchant. Capri, Ischia, Procida resplendissent de feux. Quelle température, quel ciel! N'est-ce pas le plus beau de tous les luxes que de pouvoir venir en jouir à cette saison au lieu de subir les brouillards de Londres et la pluie et la boue de Paris.

Nous revenons ventre à terre de Torre del Greco à Naples, en moins d'une heure nous gagnons le café de l'Europe.

Il n'y a pas de ville où les voitures de place aillent plus vite qu'à Naples. Une course entre deux ou trois carozzelle est un événement de tous les jours. Il faut surtout les voir revenir de la Favorite, au mois d'octobre quand les jardins de ce palais (il appartenait au prince de Salerne, père de la duchesse d'Aumale) sont ouverts les dimanches et les jeudis au public.

Les petits chevaux napolitains sont excellents, les cochers habiles, et ils détestent aller doucement. Il arrive cependant fort peu d'accidents à Naples, un homme écrasé est tout ce qu'il y a de plus rare. C'est que les chevaux qui vivent avec la famille et ont toujours au moins une demi-douzaine de *Guaglione* (1) entre les jambes ne veulent point écraser leur monde, ils s'arrêtent plutôt tout court ou repoussent l'imprudent d'un vigoureux coup de nez. Ce serait une erreur de croire que les Napolitains soignent mal ou brutalisent leurs chevaux. Ils les font marcher vite, c'est vrai, mais après la course ils les caressent, partagent leur salade avec eux et leur essuient le nez avec leur mouchoir de poche, tandis qu'un *Guaglione* leur lave les pieds et leur brosse le sabot.

---

7 Mars. — Visite au Museo Borbonico qu'on appelle bien entendu maintenant Museo Nazionale. Cette manie de changer tous les noms à l'avénement d'un nouveau régime a été empruntée à l'esprit étroit de l'administration Française, mais certaines parties de l'Italie ont dépassé leur modèle. A Naples, on a au moins conservé tous les noms qui ne rappelaient pas très-directement les souverains légitimes ; en Toscane, on a tout débaptisé pour faire place à des rues du plébiscite, à des avenues Garibaldi. On ne s'y reconnaît plus. Les vieux noms historiques comme le Campo de Sienne célèbre dès les jours de Dante n'ont pas même été respectés.

Le musée Borbonico a pour directeur un savant antiquaire M. Fiorelli qui est aussi à la tête des fouilles de Pompéi. Il s'occupe en ce moment d'une nouvelle dis-

---

(1) Mot qui signifie gamin dans le dialecte napolitain et dans lequel il faut peut-être trouver l'étymologie de notre mot *voyou*, quoique cela paraisse au premier abord un peu tiré par les cheveux.

tribution des objets d'art. Ce travail sera certainement très-utile quand il sera terminé ; mais comme l'argent manque il avance avec lenteur, et pour le moment le Musée est un véritable dédale.

Il faut tâcher de trouver la salle des bronzes antiques qui surpassent tout ce qui existe en ce genre dans le reste de l'Europe. Le Mercure assis sur un rocher, les coureurs, le Silène, la statuette dite de Narcisse écoutant l'écho, etc. Parmi les marbres, remarquez la Vénus Callipyge, la Flore Farnèse, le groupe si animé d'un faune et d'un enfant, la leçon de flûte, la Psyché si charmante quoiqu'il n'en reste qu'un fragment.

Je ne parlerai pas des tableaux ni des fresques curieuses détachées des murs des maisons de Pompéi. Le désarroi général et l'absence de catalogue empêchent d'en jouir.

En sortant du museo Borbonico nous montons au couvent des Camaldules par une route qui part de Capo-di-Monte. La voiture s'arrête dans un chemin creux et il faut marcher une demi-heure à pied à travers les taillis de chêne. Au milieu des feuilles mortes qui jonchent encore le sol, nous trouvons des violettes, et ces premières pervenches du printemps qui font songer à Jean-Jacques se promenant dans les bois des Charmettes avec Mme de Warens.

C'est un vrai jour de printemps, doux avec un peu de brume. Du fond d'un ravin boisé qui forme un encadrement, nous apercevons Capri semblant flotter sur la mer comme une île de fées dans un rêve des Mille et une nuits. Ce paysage formerait un motif gracieux aux illustrations fantastiques de Gustave Doré.

La vue du couvent des Camaldules est encore plus

vaste que celle du château Saint-Elme, mais les détails, même dans les journées les plus claires, sont un peu noyés dans la distance. C'est un belvédère naturel d'où l'on peut se faire une première idée de la configuration du pays vers Pouzzol, Baya et Cumes. En partant simplement de Naples à âne par l'Infrascata et Antignano on est en moins de deux heures aux Camaldules. Je ne sais pourquoi les livres de guide n'indiquent pas cette intéressante excursion.

Nous revenons à Naples par Soccava et la grotte du Pausilippe qui était une grande merveille avant les tunnels de chemin de fer. Cette route est bordée de platanes qui sont magnifiques et pleins de vigueur et de santé. C'est que par hasard on ne les a pas taillés selon la mode absurde du pays. Mais cela viendra sans doute bientôt.

9-10 Mars. — Nous partons de bonne heure pour Pompéi. La meilleure manière de s'y rendre est de prendre le chemin de fer qui longe tout le temps la mer, tandis que la route par Portici, Torre del Greco et Torre dell' Annunziata est presque toujours dans une rue. Ce matin cependant, à cause des heures qui ne sont pas très-commodes, nous prenons une grande voiture à trois chevaux qui nous conduit rapidement.

Nous entrons dans la ville, si longtemps ensevelie au milieu des cendres, par la villa de Diomède et l'avenue des Tombeaux. Ces tombeaux, placés ainsi selon l'usage romain, longeaient la grande route qui venait de Naples.

En dehors des murs il y avait aussi des hôtelleries; dans leurs écuries on a trouvé des ossements de chevaux et d'ânes, venus probablement pour apporter des denrées au marché. Dans une sorte de guérite en pierre, placée à la porte de la ville, était étendu le squelette du soldat ou du douanier qui était de garde. Il n'avait pas abandonné son poste, ou peut-être il ne s'était pas douté du danger ; car le Vésuve, dont les belles lignes gracieuses dominent Pompéi de si près, n'avait pas eu d'éruption depuis un si grand nombre de siècles, que la tradition de ses phénomènes volcaniques s'était entièrement effacée de l'esprit des habitants.

On est aussi tenté de croire que bien des victimes furent suffoquées tout d'un coup par des émanations méphitiques (c'est ce qui arriva à Pline l'Ancien un peu plus loin, à Stabies), car comment expliquer autrement que ce soldat et d'autres se fussent laissés enterrer vifs dans des cendres brûlantes sans essayer de s'enfuir.

Pline le Jeune, qui resta au cap Misène où son oncle commandait la flotte, donne des détails de cette éruption dans deux lettres adressées à l'historien Tacite.

Voici la partie la plus intéressante de la première de ces lettres :

Mon oncle était à Misène où il commandait la flotte. Le neuvième jour avant les calendes de septembre, vers la septième heure, ma mère l'avertit qu'il paraissait un nuage d'une grandeur et d'une forme extraordinaires. Après sa station au soleil et son bain d'eau froide, il s'était jeté sur son lit, où il avait pris son repas ordinaire, et il se livrait à l'étude. Il demande ses sandales, et monte en un lieu d'où il pourrait aisément observer ce phénomène. La nuée s'élançait dans l'air sans qu'on pût voir à une aussi grande distance de quelle montagne elle sortait. L'événement fit connaître ensuite que c'était du mont Vésuve. La forme approchait de celle d'un arbre et particulièrement d'un pin : car s'élevant vers le ciel comme un tronc immense, sa tête s'étendait en rameaux. Peut-être le souffle puissant qui poussait cette vapeur ne se faisait-il plus sentir; peut-être aussi le nuage en s'affaiblissant ou en s'affaissant sous son propre poids se répandait-il en surface. Il paraissait tantôt blanc, tantôt sale et tacheté, selon qu'il était chargé de cendre ou de terre.

Ce phénomène surprit mon oncle, et, dans son zèle pour la science, il voulut l'examiner de plus près, et me laissa la liberté de le suivre. Je lui répondis que j'aimais mieux étudier; il m'avait par hasard donné lui-même quelque chose à écrire. . . Il fait préparer des quadrirèmes et y monte lui-même pour aller secourir Rectine et beaucoup d'autres personnes qui avaient fixé leur habitation sur cette côte riante. . . . . Déjà sur ses vaisseaux volait une cendre plus épaisse et plus chaude à mesure qu'ils approchaient; déjà tombaient autour d'eux des éclats de rochers, des pierres noires brûlées et calcinées par le feu; déjà la mer abaissée tout à coup, n'avait plus de profondeur, et les éruptions du volcan obstruaient le rivage. Mon oncle songea un instant à retourner; mais il dit bientôt au pilote qui l'y engageait : La fortune favorise le courage; menez-nous chez Pomponianus. Pomponianus était à Stabies de l'autre côté d'un petit golfe que formait la courbure insensible du rivage.

C'est à Stabies, ainsi que je l'ai déjà dit, qu'il fut suffoqué par des vapeurs, pendant qu'il dormait, après avoir dîné (nuit du 24 au 25 août 79).

C'est peut-être la trentième fois que je visite Pompéi, mais on ne se lasse jamais de cette ville, qui donne une idée si exacte de la vie des anciens. L'existence qu'on y menait devait être élégante, joyeuse. Les caprices sanglants des empereurs y étaient moins à craindre qu'à Rome.

Il y avait beaucoup de petites villes de ce genre dans l'Italie méridionale, et je crois pouvoir affirmer que peu de populations furent jamais plus heureuses, au point de vue simplement matériel, que celles-ci pendant les deux premiers siècles de l'ère chrétienne. Plus tard, les exigences croissantes d'un fisc plus savant ruinèrent les provinces longtemps avant l'invasion des Barbares.

Pompéi était une petite Rome : un Forum, des temples, des basiliques, un amphithéâtre, des bains publics. Spécialement consacrée à Vénus, Pompéi voulait honorer sa déesse de toute façon. C'était avant tout une ville de bien-être et de volupté. Plusieurs des *graffiti* tracés au stylet sur les murailles sont bien curieux, et font connaître les mœurs bien mieux que les inscriptions pompeuses de la Rome impériale, dont un si grand nombre sont détruites aujourd'hui.

Bon nombre des maisons particulières, celle du Faune entre autres, sont des modèles d'élégance, et elles ne sont pas aussi petites et aussi peu confortables qu'on veut bien le dire. Leurs salles à manger d'été et d'hiver, leurs petits jardins devaient être délicieux. Bien entendu il faut tenir compte du climat : elles seraient odieuses pour les pays du Nord avec les pluies et le froid. On continue à travailler aux excavations de Pompéi, mais assez lentement. Ne le regrettons pas. Ce qui est découvert depuis un siècle commence à tomber en ruines, et il est bon de laisser quelque chose pour la postérité.

Nous partons de Pompéi à une heure et gagnons en une heure et demie de chemin de fer les bords du golfe de Salerne, par la belle vallée de Nocera et de la Cava ; ce dernier endroit est célèbre par son couvent de Bénédictins, situé à peu de distance dans une gorge de montagnes. Il date de 1025 quand des princes Lombards régnaient encore à Salerne. Nous l'avons visité plus d'une fois, avant les spoliations inintelligentes des pédants de Florence. La collection des diplômes est une des plus riches qui existent. Il est curieux de remarquer les modifications de l'écriture et les signatures grossières des princes et princesses, et encore ce sont les doctes, car un grand nombre sont obligés de mettre simplement leur croix.

Nous quittons le train à Vietri, la station avant Salerne.

De là à Amalfi nous suivons en voiture découverte une route en corniche, dont la merveilleuse beauté est presque impossible à décrire ; tantôt elle longe les bords de la mer, entre une grève de sable fin et des bois d'orangers, tantôt elle s'élève sur de hauts promontoires ; elle traverse ensuite des gorges boisées ou tombent de petites cascades et au bout desquelles, dans un enfoncement du rivage, sont cachées de jolies bourgades de marins. Les pêcheurs, jambes nues, tirent les filets vers la plage tandis que les femmes accourent leurs petits enfants dans les bras.

Amalfi était une ville de commerce importante au commencement du moyen âge. Elle a encore une certaine industrie, on y fabrique des pâtes excellentes. Nous y trouvons des figures de connaissance au bon hôtel dei Capucini situé sur le port. Le temps est charmant et nous contemplons de nos fenêtres les ondes brillantes du beau golfe de Salerne avec les montagnes neigeuses de la Calabre au delà. Avec une lunette d'approche, de certains points d'Amalfi, on peut voir les temples de Pœstum. Dans cette saison, la température ne laisse rien à désirer : on est abrité de tous les vents, sauf de ceux du sud ; mais cette situation en espalier doit être un peu trop chaude en été.

Au-dessus d'Amalfi sont les villages de Scala, avec son château fort, ses murailles moyen âge, et Ravello, avec l'ambon de marbre, incrusté de mosaïques, de sa vieille cathédrale. On y voit aussi les restes d'un palais de construction sarrasine. Il a été restauré par un Anglais, M. Nevile Reid. De sa terrasse pleine de fleurs on découvre le merveilleux panorama des montagnes et de la mer. Plus d'un de mes lecteurs se souviendra avec émotion de la terrasse de Ravello.

Jusqu'ici cette excursion peut se faire en toute sécurité; mais il n'est plus possible de traverser comme autrefois le mont San-Angelo, d'Amalfi à Castellamare; quelques brigands, qu'on n'a pas su déloger, occupent depuis l'annexion les bois au-dessus d'Agerola. Tout commentaire est inutile.

Cette fois-ci, nous ne montons pas à Ravello. Le 10 au matin la mer est si belle que nous nous décidons à gagner en barque Scaricatojo, pour revenir à Naples par Sorrente et Castellamare.

Nous suivons la côte par une douce matinée. La mer blanchit à peine autour des écueils. Nos rameurs chantent. Conca, Furore (ainsi nommé à cause d'un entonnoir où les vagues s'engouffrent avec fureur pendant la tempête) Prajano, Positano passent devant nous, perchées sur leurs escarpements, presque inaccessibles : au bout de deux heures environ, nous abordons à la petite plage sablonneuse de Scaricatojo. Un escalier creusé dans les rochers émaillés de fleurs monte au hameau des Conte delle Fontanelle, au-dessus de Sorrente, d'où l'on découvre à la fois les golfes de Naples et de Salerne, Capri et les îles des Syrènes, comme endormies sur les flots. Nous descendons à Sorrente à travers des bois d'orangers et de citronniers; mais par des chemins trop encaissés. C'est le défaut de Sorrente où, si l'on veut jouir de la vue, il faut se résigner à rester dans son jardin ou sur sa terrasse. Sorrente est gâté aussi par la mendicité insensée de la population.

Sorrente est l'endroit des environs de Naples le mieux connu des étrangers. Le Tasse y naquit, et un des principaux hôtels porte le nom du grand poëte. Nous y prenons, sur la terrasse, notre repas du milieu du jour, admirant avec un plaisir toujours nouveau les lignes du paysage. Naples, blanche de loin, semble vraiment assise sur une escarpolette dont la corde part de l'Hermitage, sur les flancs du Vésuve, pour remonter aux Camaldules.

C'est d'ici qu'on s'embarque pour visiter l'île de Capri. Dans cette saison il est difficile de conseiller cette navigation. En mars 1864, partis de Sorrente par un temps passable, nous fûmes surpris par l'orage et faillîmes chavirer dans le détroit. Arrivés à grand'peine à Capri, nous y restâmes huit jours sans pouvoir regagner la terre ferme.

Capri est plein du sombre souvenir de Tibère, et l'on y retrouve l'emplacement du plus grand nombre de ses douze palais. Suétone dit qu'il les construisit en l'honneur des douze principales divinités de l'Olympe; mais ceci est trop peu dans le caractère de Tibère pour qu'on puisse y ajouter foi. S'il éleva tous ces palais ce fut plutôt pour charmer ses ennuis en changeant de place, comme Louis XIV, allant sans cesse de Versailles à Trianon et de Trianon à Marly. Le voluptueux empereur voulait aussi avoir des résidences pour toutes les saisons de l'année, ainsi que pour tous les vents. Capri se prêtait éminemment à cela ; le climat est tellement meilleur qu'à Naples, ou sur le reste de la côte, qu'on y vient en hiver pour la poitrine et en été pour éviter les fortes chaleurs.

On y trouve de bons hôtels : l'hôtel Tibère surtout tenu par un Écossais du nom de Ross. Toute une colonie d'artistes est aussi établie dans l'île, et plusieurs ont pris des femmes capriotes ; elles sont remarquables par leur beauté et par leur vertu, quoique les hommes, souvent matelots, manquent beaucoup.

Parmi les palais de Tibère nous en remarquons trois surtout dont les ruines sont considérables encore. Celui des Affaires, situé près de l'unique petit port de l'île ; il y recevait les ambassadeurs, les députés du sénat, les gouverneurs de province qu'il daignait quelquefois admettre en sa présence. Le palais des Plaisirs, enfoncé au sud dans un vallon abrité contre les vents froids ; c'est là qu'il se livrait à ses débauches secrètes, qui lui valurent, ainsi que le poil noir dont il était couvert, le surnom de *bouc*. Une quantité de médailles obscènes ont été trouvées dans ces débris. Enfin la citadelle, placée sur un rocher escarpé ; c'est là qu'il se retirait dans ses accès de peur. Il y resta neuf mois entiers à la suite de la conjuration de Séjan. Car il ne faut pas croire que ce fut le climat seul qui détermina Tibère à venir s'établir à Capri, ce fut avant tout la crainte. Ce misérable qui faisait trembler le monde, tremblait encore plus lui-même. Juste, mais insuffisante punition des despotes !

J'ai lu Tacite dans l'île de Capri. L'absolutisme a raison de le craindre ; il ne fait pas aimer la tyrannie. Quelle progression effrayante de monstres dans cette famille des Césars! Auguste, Tibère avaient au moins de l'intelligence ; on arrive bientôt à des fous furieux, comme Caligula et Néron. Malgré le dégoût que ces récits inspirent, il ne faut pas les négliger ; cette lecture est fortifiante ; elle est consolante aussi, car l'humanité est devenue meilleure, et des scènes pareilles, continuées pendant quelque temps, seraient impossibles aujourd'hui, sauf peut-être chez les Russes.

Nous revenons de Sorrente à Castellamare par une route en corniche, belle, mais inférieure cependant à celle de Vietri à Amalfi. En ce moment elle est assez endommagée par des éboulements. De Castellamare, port de construction assez animé, le chemin de fer nous ramène coucher à Naples.

Ceux qui feront pour la première fois cette excursion, la plus belle, la plus complète des environs de Naples, devront y consacrer trois jours au lieu de deux et monter à Ravello. Ne croyez pas un mot des difficultés qu'opposent les guides et les domestiques de place.

12 Mars. — Nous allons à Pouzzol, Cumes et Baïa. Cette excursion peut facilement se faire entre dix heures du matin et six ou sept heures du soir. Une bonne voiture, avec le pourboire, ne doit pas coûter plus d'une vingtaine de francs. Il est ridicule de voir les embarras que les courriers font pour une tournée aussi simple. Insistez pour aller à Cumes par l'Arco Felice ; c'est un des spectacles les plus curieux de la route, et cela vous empêche, à partir de Pouzzol, d'aller et de revenir par le même chemin. Le voyageur qui fait ce trajet pour la première fois doit s'attendre à être fort ennuyé par les guides, les mendiants, etc. Il fera bien de s'arrêter le

moins possible à Baïa où ces fléaux sévissent plus qu'ailleurs.

Nous sortons de Naples par la grotte du Pausilippe. Au-dessus de l'entrée est le tombeau fort peu authentique de Virgile; cependant, c'est non loin de là qu'il fut enterré. Le tuf volcanique dans lequel est creusé la grotte se taille si facilement et est tellement friable qu'il pourrait bien arriver quelque jour un éboulement dans le genre de celui de l'extrémité de Sainte-Lucie, qui, cet hiver, a enseveli une vingtaine de personnes sous les ruines de leurs maisons.

En sortant de la grotte on trouve le village de Fuori Grotta, puis la route traverse une plaine fertile avant d'arriver au bord de la mer.

Pouzzol est sur la baie de Baïa, embranchement du golfe de Naples; Baïa est en face. C'était la grande ville de plaisance, le Baden-Baden ou le Hombourg de Rome; elle regardait le grand port de commerce. Pouzzol avait surtout des relations avec l'Orient. Saint Paul y débarqua lorsqu'il se rendit à Rome.

« Nous nous embarquâmes sur un vaisseau d'Alexandrie qui avait passé l'hiver dans l'île (de Malte) et qui avait pour signe Castor et Pollux. Et arrivés à Syracuse, nous y demeurâmes trois jours. De là, côtoyant les terres, nous vînmes à Rhégium, et le lendemain, le vent soufflant du midi, nous arrivâmes en deux jours à Pouzzoles, où nous trouvâmes quelques-uns de nos frères, qui nous prièrent de demeurer sept jours chez eux, et après nous prîmes le chemin de Rome.

« Et lorsque nos frères de Rome l'eurent appris, ils vinrent au-devant de nous jusqu'au Forum d'Appius. Paul les ayant vus, rendit grâce à Dieu et fut rempli de confiance. »

(Actes des Apôtres, XXVIII, 11-15).

La Pouzzol actuelle est une petite ville assez misérable. Elle avait encore une certaine importance au moyen âge, mais les tremblements de terre terribles, à la suite desquels le Monte Nuovo sortit de terre, en septembre 1538, la ruinèrent entièrement.

Le temple de Sérapis, divinité orientale que nous trouvons naturellement dans ce port où était établie une population considérable d'Égyptiens, offre une preuve des révolutions géologiques de cette côte. Les colonnes de marbre cipollino du portique présentent, à douze pieds au-dessus de leurs bases, une large bande, remarquable par une quantité de trous qui y ont été percés par une espèce de mollusque, qui se creuse ainsi une habitation dans les pierres calcaires submergées. L'abaissement du sol qui porte ces colonnes, et leur séjour prolongé au-dessous du niveau de la mer, est prouvé ainsi jusqu'à l'évidence. Un nouveau soulèvement a dû les porter à leur position actuelle. Ces mouvements d'oscillation durent encore, car, dans ce moment, la côte s'abaisse de nouveau, et on ne pourra bientôt plus entrer à pied sec dans l'enceinte du temple.

Après Pouzzol est une plantation de pins et la ferme d'un Français, qui, avec son toit plat et son palmier, a un aspect extrêmement algérien. Laissant à droite le Monte Nuovo, qui montre l'emplacement de l'ancien lac Lucrin, on arrive sur des collines d'où l'on domine le lac Averne. Qu'il devait être beau de voir d'ici le simulacre d'une bataille navale comme celle qu'Auguste ordonna pour divertir les baigneurs de Baïa.

L'Arco Felice est une arche de briques immense sous laquelle passe la route. On aperçoit le golfe de Gaëte au delà, les bois de la chasse royale qui bordent la mer, les lagunes de Licola et de Torre di Patria, l'ancienne Literne, où mourut Scipion l'Africain.

De tous côtés sont les débris de l'ancienne ville de Cumes, colonie grecque qui fut si puissante, dont les victoires furent immortalisées par Pindare, mais qui, déjà, à l'époque romaine, était entièrement déchue de sa splendeur.

L'Acropole est devant nous, sur un rocher dont la forme rappelle celle de l'Acropole d'Athènes. De vieux murs montrent la belle construction grecque dans toute sa pureté.

De Cumes nous gagnons Baïa par le lac Fusaro. Un rendez-vous de chasse du vieux roi Ferdinand est bâti sur pilotis à quelque distance du rivage. On y vend maintenant d'excellentes petites huîtres blanches et grasses qu'on peut recommander aux amateurs. Du lac Fusaro, en descendant vers Baïa, on a un des coups de théâtre de cette journée charmante, mais je ne veux point abuser des descriptions qui finissent par fatiguer le lecteur.

La splendeur de Baïa sous les romains, ne peut pas être exagérée. Les maisons, les temples, les palais somptueux, les thermes escaladaient les collines en amphithéâtre. La valeur de la terre était telle, les emplacements manquaient si totalement que les édifices empiétaient sur la mer dès le temps d'Horace.

> Tu secanda marmora
>   Locas sub ipsum funus, et sepulcri
> Immemor struis domos;
>   Marisque Baiis obstrepentis urges
> Summovere littora
>   Parum locuples continente ripa (1).

(1) Et vous faites tailler des marbres précieux
Vous qui touchez à votre heure suprême!

Jules César y avait eu une villa. Elle était entrée dans le domaine des empereurs, et avait été considérablement agrandie, un camp pour les prétoriens de la suite avait été établi tout auprès. Elle occupait l'emplacement du chateau actuel de Baja. C'est là que Caligula reçut la députation de Juifs d'Alexandrie dont Philon, qui en faisait partie, a laissé un si curieux récit. Adrien découragé par le peu de succès des eaux pour le rétablissement de sa santé, s'y laissa mourir de faim. Il avait réglé avec son goût ordinaire le cérémonial de ses funérailles. Son corps fut transporté de nuit à Pouzzol, sur des barques resplendissantes de flambeaux, de là un cortége spécial le conduisit à Rome dans le mausolée qui s'appelle aujourd'hui le château de Saint-Ange.

De toutes les magnificences de Baja, il ne reste que peu de ruines d'une certaine importance, mais le sol lui-même n'est qu'un amas de substructions et de débris, quand on suit la côte dans une barque on les voit au loin sous les flots.

Au dernier siècle on donnait les noms de temples de Vénus, de Mercure et de Diane, aux principales ruines de Baja, maintenant on les appelle des thermes. En archéologie comme pour tout le reste, les modes changent.

La population du hameau actuel de Baja est laide, déguenillée, insupportable. Un vieillard difforme, à moitié idiot, danse une tarentelle ridicule dans le tem-

>Vous faites élever un palais fastueux,
>Oubliant le tombeau qui s'ouvre sous vos yeux!
>Non content d'habiter le fortuné rivage
>Où l'on voit sur les rocs blanchir les flots amers
>Vous pressez, vous comblez, vous resserrez les mers.
>
>(Horace, livre II, Ode 15, traduction de Daru.)

ple de Vénus. Mais c'est le mauvais goût cisalpin qui est cause de cela, l'amour insensé du grotesque et du laid. Je ne répéterai pas ici ce que j'ai dit à propos des modèles de l'Académie de France.

Nous nous échappons de Baja sans trop souffrir des mendiants, qui nous quittent comme les puces pour se jeter sur des Américains nouvellement débarqués. Au delà de Baja est Baoli, qui conserve encore son nom romain ; près du village, sont les réservoirs d'eau pour la flotte romaine, grande ruine souterraine que l'on nomme *la Piscina Mirabile*. Le cap Misène paraît très-près de là, mais les sables qu'il faut traverser en rendent l'ascension assez pénible.

La lagune que l'on nomme *Marc Morto* est un reste du grand port creusé pour recevoir la flotte romaine qui avait ici une de ses principales stations. La villa de Cornélie mère des Gracques, se trouvait sans doute sur le terrain nivelé qu'on voit de ce côté du cap. Tibère y mourut au mois de Mars 37. Elle devint ensuite la résidence officielle de l'amiral qui commandait la flotte, et Pline l'ancien qui occupait ce poste en partit le 24 août 79, pour aller observer de plus près l'éruption du Vésuve.

Comme à Baja nous trouvons de tous côtés des ruines. Néron avait à Baoli une villa favorite, où il reçut Agrippine au moment où il méditait son assassinat. Mais il faut lire dans Tacite le récit de ce parricide.

Après avoir erré dans les vergers de Baoli en pensant à ces scènes d'autrefois, nous reprenons le chemin de Naples en allant directement de Baja à Pouzzol le long du Monte-Nuovo.

A Pouzzol nous visitons au-dessus de la ville le bel amphithéâtre dont les souterrains où l'on gardait les bêtes féroces sont si bien conservés. Près de là est un paysage bien souvent reproduit par les peintres. Le soleil se penche sur l'Époméo, Ischia, Procida, le cap Misène, la côte de Baja couvertes d'une poussière d'or resplendissent de nouveau de beauté et de jeunesse, tandis que les longues lames crêtées de feu viennent se briser sur les arches du Môle qui porte encore le nom de l'insensé Caligula.

14 Mars. — C'est à la fois le jour de naissance du roi Victor-Emmanuel et du prince Humbert. Un vent froid avec un soleil ardent et des tourbillons de poussière ne portent pas beaucoup à l'enthousiasme. La fête de Sa Majesté ne provoque qu'une indifférence absolue. La revue même n'assemble pas une grande foule. Sauf les édifices publics on ne voit pas une maison pavoisée. Dans d'autres pays que nous connaissons, l'habileté de la police supplée au manque d'élan des populations. Mais on est trop pauvre en Italie, peut-être même trop honnête, pour organiser des manifestations à grands frais. Ici on a sévèrement blâmé le Municipe d'avoir distribué 2 fr. 50 par tête à deux douzaines de lazzaroni qui ont accompagné l'autre soir le duc et la duchesse d'Aoste de la gare au palais avec des chandelles romaines ou des torches.

Ce jeune couple très-désireux de faire du bien, suffisamment intelligent, aimable, n'excite aucun sentiment à Naples. C'est déjà quelque chose, car le prince héréditaire y était décidément antipathique.

Le prince Amédée, qui aurait été adoré dans d'autres temps et dans un autre milieu, et qu'on peut vraiment nommer, comme dans les contes de fées, un prince Charmant, échoue au milieu de l'apathie générale. Il a été assez loué pour sa conduite vraiment excellente, lors du désastre de Sainte-Lucie, mais voilà tout.

Le fait est que personne dans le peuple ne se soucie de l'unité Italienne et de la maison de Savoie. Elle a des partisans dans la noblesse — pas beaucoup — les ducs de San Arpino, de Bovino et quelques autres. Le commerce a été dégoûté par le papier-monnaie et les lourds impôts. Les avocats sans cause, les médecins sans malades, fanatiques d'abord, tournent au républicanisme depuis qu'ils voient que la dynastie nouvelle ne leur a procuré ni plus de malades, ni plus de clients.

En somme, la majorité, il faut bien le dire, commence à regretter sérieusement les Bourbons. A mesure que l'on oublie la tyrannie mesquine et triste de Ferdinand II, on s'entretient de plus en plus avec affection de « Franceschiello » le « vrai roi » qui est à Rome.

Dans l'armée italienne et ailleurs, on entend bien des personnes parler avec légèreté d'une guerre avec la France.

Il faut bien cependant qu'elles se persuadent que le Napolitain a toujours été aussi facile à perdre qu'à gagner. Une frégate française dans le golfe de Naples, un régiment français à Terracine, renverseraient en un clin d'œil tout l'édifice nouveau, et François II n'aurait qu'à paraître pour être reçu comme un Messie.

Comment s'en étonner ?

Un système de gouvernement un peu moins corrompu, quelques chemins de fer, le plaisir d'avoir des députés, ne peuvent pas compenser pour la majorité de la population, une perturbation immense dans les conditions de la vie et des impôts plus que doublés. Certes la liberté, l'absence, ou du moins la diminution des ennuis donnés par la police sont des choses très-agréables, mais la sécurité a diminué. Le brigandage est devenu un tel fléau pour les habitants des provinces napolitaines, qu'on a de la peine à se le représenter dans toute son intensité. Mieux vaudrait assurément être dans un pays envahi par l'ennemi, où du moins femmes, enfants et vieillards sont tant soit peu respectés. Encore, si on se contentait de voler et d'assassiner selon les anciennes méthodes. Mais le brigandage est devenu scientifique. Le système du *riscatto* (de la rançon) est une exploitation du pays en grand. On vous saisit, on vous emmène dans la montagne et on demande une rançon très-élevée, le quart de votre fortune au moins. Mr Moens, un Anglais, a dû payer 120,000 fr. ; le marquis Avitabile encore plus. Si la famille ne veut ou ne peut payer, on lui envoie d'abord une oreille ou quelque autre partie du corps ; puis, si l'argent n'arrive pas, on tue le prisonnier, après l'avoir torturé. La crainte très-raisonnable du *riscatto* est telle, que les gens aisés des petites villes des provinces mènent une existence de prisonniers. Ils ne s'aventurent pas hors des murs. Pour aller de la ville de Campagna jusqu'à la station d'Eboli (une heure et demie), on se rassemble une quinzaine de personnes armées jusqu'aux dents.

Il y a cependant de la gendarmerie. Les carabiniers, comme on les appelle, corps excellent, qui subit avec une résignation admirable une existence de dangers et de privations, aggravée de l'ancienne discipline piémontaise d'une sévérité vraiment si outrée, qu'il est bien possible qu'elle éteigne toute initiative. Le fait est que les carabiniers, malgré leurs qualités, ont peu conjuré le fléau. Il est vrai qu'ils se plaignent de ne pas avoir les coudées assez franches.

Les Italiens accusent du brigandage, à tort et à travers, tantôt les anciens partis, expression très-élastique, empruntée à nos journaux officieux, tantôt les prêtres ou Rome.

C'est parmi eux qu'ils devraient en chercher la cause. Les déclamateurs du Parlement, les hommes à système ont voulu tout unifier avec si peu de précautions et de mesure, que dans les provinces méridionales, la révolution, de politique, est devenue sociale. La pauvreté qui en résulte, et encore plus le déclassement général alimentent les bandes de brigands. Il faut ajouter une extrême démoralisation qui existait de tout temps dans ce pays, bien avant les Bourbons, qu'on veut en rendre responsables. Des négociants, des propriétaires soudoient des bandes de brigands, les nourrissent, les aident de toute manière, et partagent les bénéfices, qui sont considérables depuis que le *riscatto* a été mis en usage. On appelle ces gens les *manutengoli*. Ils sont encore plus coupables que les brigands. On ne parvient pas à mettre la main sur eux.

Ce n'est pas que la magistrature soit inactive. Elle fait arrêter on ne peut plus légèrement, et l'abus de la prison préventive, imité de la France, est devenu un véritable scandale. Un des publicistes les mieux informés des affaires d'Italie, M. Erdan, écrivait, au sujet de cet abus au journal le *Temps* « que la position de ministre de la justice du royaume d'Italie, devenait bien délicate pour un homme d'honneur. »

Qu'il me soit permis à ce sujet de faire une courte digression. Pour peu qu'en pays étranger on nous imite en quelque chose, aussitôt nos administrateurs de s'écrier : « cette institution que l'Europe nous envie. » Il est tel ministre, on le reconnaîtra sans peine, qui ne peut prononcer un discours sans y introduire cette phrase qui a fini par devenir risible. Cependant ces imitations sont peu fréquentes, et quand elles ont lieu, il est rare qu'elles ne soulèvent pas les objections des esprits les plus éclairés.

L'Europe nous envie notre armée, nos courageux soldats, notre littérature cosmopolite et les gloires du passé ; en dehors de cela, la plupart des pays sont trop heureux de ne pas vivre sous notre régime.

Ainsi l'expression « que l'Europe nous envie » a été surtout appliquée à notre magistrature. Elle tombe entièrement à faux. Ce qui serait plus juste de dire, au contraire, c'est que toutes les intelligences sagaces s'effrayent du servilisme qui gagne ce corps, dont la morgue et l'esprit de coterie égalent celles des anciens parlements, sans en avoir la ferme indépendance devant le gouvernement.

L'inféodation de la magistrature au pouvoir ne peut être trop sérieusement déplorée, et sur ce point il est permis de blâmer directement les magistrats.

Ils sont bien moins responsables des autres abus qui attristent les observateurs; de l'omnipotence dangereuse du juge d'instruction, de la véritable torture morale du secret, du rôle si souvent peu digne du Président des assises pendant l'interrogatoire de l'accusé, car le système de procédure criminelle est tellement vieux qu'il faut un talent bien rare chez les magistrats, qui ne se recrutent pas généralement parmi les intelligences les plus ouvertes du pays, pour ne pas tomber fréquemment dans les écarts que nous signalons.

Il en résulte un affaissement marqué dans le respect qui est porté à la magistrature, et c'est là une chose très-grave pour ceux dont les opinions sont conservatrices, dans le sens large de ce mot.

Une réforme est absolument nécessaire. Cette vérité s'impose à ceux qui voudraient le plus voir la société assise sur une base solide.

Je sais bien que je m'attaque à l'esprit de routine et aux idées préconçues de la majorité. — C'est seulement à ce prix qu'on déracine les vices des institutions. — L'admiration aveugle de tout ce qui est de son pays est un des sentiments les plus hostiles au progrès. — Il a été la cause de la ruine de l'Espagne, et s'il continuait longtemps encore il finirait par rapetisser la France.

Quand au dernier siècle on attaquait la torture, de pompeux magistrats fort honnêtes gens du reste, je n'en doute pas, haussaient les épaules de pitié et écrivaient pour la défendre, de doctes volumes dédiés au Roi (1).

Quand il fut question au commencement de ce siècle de supprimer la pendaison en Angleterre pour le vol domestique et une quinzaine d'autres délits, le lord chancelier lord Eldon, un fort brave homme qui ne manquait pas d'esprit, déclarait solennellement que la société allait être profondément atteinte.

En m'attaquant à la procédure criminelle avant tout, et

---

(1) Voyez le livre *Les lois criminelles de la France*, par le conseiller Muyart de Vouglans. Il réfute avec superbe les idées sentimentales de l'illustre Milanais Beccaria.

subsidiairement au système judiciaire en France, en déclarant que l'Europe est loin de nous envier notre magistrature et qu'il faut un changement radical, je parais en 1868 aussi utopiste aux esprits routiniers que ceux qui voulaient abolir la torture et la peine de mort pour les petits délits, en 1780 et en 1810. Dans l'humble mesure de mon pouvoir j'ai voulu parler cependant ; au bout d'une centaine d'années si quelqu'un ouvre par hasard ce livre il appréciera le progrès, et s'étonnera qu'un peuple soi-disant éclairé, ait pu tolérer de pareils abus.

Mais revenons à l'Italie. — Malgré le triste état des provinces Napolitaines que nous venons d'exposer, nous dirons au risque de déplaire à beaucoup de nos amis que nous ne pouvons souhaiter une Restauration. Certes nous désapprouvons hautement l'annexion du royaume de Naples, et nous sommes convaincus que ce fut un malheur à tous les points de vue. — Mais une fois la chose accomplie, il vaut mieux ne point la défaire, d'autant plus que ce serait à recommencer plus tard. Cette vérité s'impose à presque tous les esprits modérés — moins rares qu'on ne croirait dans ces provinces à ne voir que les énergumènes qu'on envoie au Parlement. — L'Italie unie a encore de grandes chances de durée, mais il faut pour cela qu'elle oublie la parole creuse de *Rome capitale*. — Si elle tente un nouveau Mentana elle subira la peine méritée de cette aberration.

CHAPITRE XVII.

LES ÉGLISES ET LES COLLINES.

Sant Onofrio. — Le Tasse. — Benvenuto Cellini. — Saint-Marc. — Saint Pierre et Pudens. — Sainte Praxède. — Le miracle de san Andrea delle Frate. — Veies. — La Via Appia. — Albano et Domitien. — Palazzuola. — Le lac de Némi. — San Lorenzo in Damaso. — Le Pape à la Minerve. — Fra Angelico. — Le Panthéon. — Les demeures impériales. — Les revenus de Caligula. — Le Palatin. — L'Esquilin. — Thermes de Trajan et de Titus. — Les palmiers de Rome. — Le Quirinal. — Pie VII et Napoléon I*er*. — Le Code Napoléon. — Le gouvernement personnel.

Le 15 mars nous revenons de Naples à Rome. — La neige couvre l'Apennin, et les hautes cimes du Samnium s'enfoncent tristement dans un ciel pâle.

Lundi 16 Mars 1868. — A Sant-Onofrio. Ce monastère de moines hiéronymites, situé sur la partie nord du Janicule, non loin de Saint-Pierre, domine le panorama de Rome avec ses traits distinctifs de noblesse et de grandeur.

C'est ici que mourut le Tasse (1544-1595). On y montre encore sa cellule, petite, mais fraîche, exposée aux brises du nord et ayant pour horizon le monte Mario et le Soracte. Au milieu de la chambre est le masque en cire moulé sur son cadavre : figure fine, maigre, ardente, avec une expression égarée.

On a beaucoup écrit sur la folie du Tasse et son emprisonnement à Ferrare; encore dernièrement, on a lu la jolie dissertation humoristique de Cherbuliez dans la **Revue des Deux-Mondes**. Peut-être l'explication la plus simple est-elle la meilleure? Une folie véritable, avec des moments moitié lucides où il dévoilait des vérités ou des secrets désagréables à la maison d'Este.

Le fait est que ce dernier des grands poëtes de la Renaissance naquit trop tard. Il se fût trouvé si heureux et si à l'aise dans les cours magnifiques et joyeuses des Jules II et des Léon X.

L'austérité attristante des Caraffa et des Ghislieri ne lui convenait pas. Son âme ne fut pas assez fortement trempée pour résister à la lutte entre ses sensations païennes et sa foi catholique.

Mais ne le plaignons pas. Sa mort n'est-elle pas de celles que l'on doit envier? Il expira plein de gloire et d'espérance, dans ce beau couvent où l'avait conduit l'amour de la Madone, entouré de tout ce qui peut affermir contre la mort.

Sa fin ne fut pas celle des pauvres Gérard de Nerval, des Baudelaire, des Edgar Poë, etc., etc., et cette comparaison n'est pas à la louange de ce siècle orgueilleux.

Tout autour de la chambre sont exposés les objets qui lui appartenaient; l'encrier est grossier, le miroir aussi; les chaises, les tables, sont pauvres, mais ils ont de la forme et de la solidité. L'écriture aussi n'a rien des pattes de mouches modernes.

L'église de Sant-Onofrio est petite et recueillie. Dans la chapelle de Saint-Jérôme on a récemment élevé un tombeau au Tasse. La chapelle est criante et de mauvais goût. Le tombeau est détestable. La statue contournée du poëte est tout ce que l'on peut imaginer de plus ridicule.

Dans le jardin du couvent est le chêne sous lequel le Tasse allait s'asseoir. Le tronc est entièrement creux, mais les branches sont vigoureuses encore. A côté, un autre chêne et un laurier. Onze beaux cyprès au-dessus. Un petit ruisseau coule au pied, venant d'une source ou d'un aqueduc, je ne sais. Au-dessous, sont des jardins de couvents de religieuses; ils sont pleins de pêchers en fleurs. Un des rares palmiers de Rome dans un clos de la Longara. Il y a de petites fleurs dans l'herbe et l'on entend le chant des oiseaux.

En descendant de Sant-Onofrio nous traversons le pont suspendu et visitons Saint-Jean-des-Florentins. Michel-Ange donna des plans pour cette église, mais ils ne furent exécutés qu'en partie. La façade est beaucoup plus moderne : ce sont deux ordres corinthiens superposés très-lourds. L'intérieur est mieux ; un peu triste et sévère, mais grandiose. Le maître-autel a de beaux marbres. C'est ici qu'est enseveli Francesco, frère de Benvenuto Cellini, dont la mort est si bien racontée dans ces curieux Mémoires, qui mieux que tout autre livre font si bien comprendre l'Italie de la première moitié du xvie siècle. Malgré les hâbleries, les gasconnades, l'ensemble a un caractère frappant de vérité, et on doit pardonner beaucoup à Benvenuto Cellini, un des modernes qui posséda le plus le sentiment de la beauté.

Des zouaves hollandais sont en prière devant l'autel de la madone. Ces braves paysans de la Gueldre se font remarquer par la plus grande piété ; mais, pour la tenue extérieure, qu'ils font donc de vilains soldats !

Aujourd'hui, vingtième jour du carême, la station est à Saint-Marc. Cette très-ancienne église, fondée par le pape saint Marc (336-337), restaurée par Grégoire IV, contemporain de Louis le Débonnaire, a été entièrement refaite par Paul II (1464-1471, Barbo-Vénitien), qui l'engloba dans l'immense palais qui devint plus tard propriété de la seigneurie de Venise. Il passa ensuite à l'Autriche, et l'ambassadeur impérial et apostolique y habite encore aujourd'hui. Je soupçonne que cet immeuble fut oublié par le général Menabrea lors du traité de paix de 1866.

Saint-Marc contient des tombeaux emphatiques, élevés à des Vénitiens morts à Rome. Les familles de la Vénétie se firent toujours remarquer par le luxe de leurs tombeaux. Voyez Venise, Padoue.

Saint-Marc est aussi très-riche en reliques. Elles sont toutes exposées aujourd'hui. Des crânes de saints et de saintes, couronnés de fleurs, grimacent de tous côtés. L'extrême respect que nous portons à ces nobles restes nous fait trouver bien pénibles ces mutilations. Quelle ne serait pas notre répugnance si nous voyions exposer le fémur ou l'index d'un des êtres chers que nous avons perdus. Mais des têtes plus sages que la nôtre en ont jugé autrement. Soyons bien convaincus qu'elles ont de bonnes raisons.

Mardi 17 mars. — Sainte-Pudentiane. — Cette église

est située sous Sainte-Marie-Majeure, dans l'étroite et profonde vallée qui sépare l'Esquilin du Viminal.

C'était l'extrémité du quartier si populeux de la Suburra, le centre de l'ancienne Rome. Il est habité aujourd'hui par la population belle et un peu farouche dei Monti. C'est ici que saint Pierre vint habiter peu après son arrivée à Rome. Il y passa plusieurs années chez un sénateur nommé Pudens, un des premiers convertis, qui avait été préparé sans doute par cette propagande juive, si active sous les derniers Asmonéens, et qui aida puissamment l'essor du christianisme naissant. Lorsqu'elle voulut l'entraver, il était trop tard.

Les Juifs étaient très-nombreux à Rome; ils habitaient surtout les pentes du Janicule, mais on les rencontrait aussi, exerçant toutes sortes d'humbles métiers, comme le prouvent les vers de Juvénal à propos de la fontaine d'Égérie, près de la porte Capène.

> Nunc sacri fontis nemus et delubra locantur
> Judeis, quorum cophinus fanumque supellex.
> Omnis enim populo mercedem pendere jussa est
> Arbor, et ejectis mendicat sylva camenis(1).

L'église est très-ancienne. Une belle mosaïque orne la tribune. La chapelle Caetani est très-riche : en de certains endroits se trouve encore le pavé de l'antique maison. Comment voir sans émotion le lieu où l'humble pêcheur galiléen, Céphas de Bethsaïde, célébra pour la

---

(1) Le temple et les bosquets de la fontaine sacrée sont loués à des juifs, dont quelques corbeilles remplies de foin forment tout l'attirail; c'est qu'ils sont contraints de payer au peuple romain, jusqu'à l'ombre des arbres de cette forêt dont nous avons chassé les muses, et qui n'est plus aujourd'hui qu'un repaire de mendiants.

première fois le sacrifice eucharistique dans cette métropole du monde qu'il devait conquérir à la foi nouvelle. L'emplacement de la demeure qui devait soutenir et consoler l'apôtre dans ses vicissitudes.

Les premiers missionnaires de l'occident romain partirent d'ici. Saint Paul y vint aussi probablement, car dans son épître à Timothée, écrite de Rome, il dit : « Eubulus, Pudens, Linus, Claudia et tous les frères te saluent encore. »

Les deux fils de Pudens et sa fille Pudentiane moururent jeunes ou subirent le martyre sous les derniers Césars. Sa plus jeune fille, sainte Praxède, vécut jusque sous les Antonins, uniquement occupée de bonnes œuvres et du soin d'ensevelir les martyrs. Elle quitta la maison paternelle, qui, dès ce temps-là, dit-on, fut changée en oratoire. Elle alla habiter un peu loin, sur l'Esquilin.

L'église de Sainte-Praxède s'élève maintenant en ce lieu. Dans sa forme actuelle, elle date de la seconde moitié du XVI° siècle, quand le cardinal titulaire, saint Charles Borromée, la restaura complétement. Mais les colonnes de porphyre de l'autel, celles de granit des nefs, les marches en rouge antique, les très-curieuses mosaïques, sont bien antérieures à l'œuvre de l'illustre archevêque de Milan.

Le souvenir de cette famille hospitalière qui reçut les apôtres suffit pour charmer l'esprit, ici, comme à Sainte-Pudentiane.

Je ne m'étendrai pas sur toutes les autres reliques. J'envie les personnes pieuses qui sont transportées à leur vue ; l'idée seule qu'elles peuvent, à la très-grande rigueur, être authentiques, émeut l'âme et la prédispose au recueillement. Mais, pour le commun des hommes, ne leur demandons à croire que ce qui est nécessaire. Avec l'incrédulité, hélas! naturelle à l'esprit moderne, c'est déjà bien assez!

Mercredi 18 Mars 1868. — Triste anniversaire.

Quel doux nom les premiers chrétiens donnèrent à la Madone : *Consolatrix afflictorum.*

A San-Andrea delle Fratte. — Je ne veux pas faire le récit de la conversion de Louis Ratisbonne. Il est bien connu. Mais si quelque conversion moderne a un caractère miraculeux, c'est bien celle-là. Le fait d'un juif riche, intelligent, fiancé à une juive qu'il aimait, ayant tout à perdre à devenir chrétien, est bien remarquable s'il n'est pas concluant.

L'intervention de M. de la Ferronnays touche l'âme profondément et doit être bien consolante pour les siens. Cet homme admirable, dont le *Récit d'une sœur* fait un portrait si attachant, venait de mourir. Les soins de ses funérailles avaient conduit Louis Ratisbonne dans cette église; il portait la médaille qu'il avait reçue de M. de la Ferronnays quelques jours auparavant. En passant devant l'autel de la Vierge, il se sentit appelé : la Madone lui tendit les bras. Entré juif dans l'église, il en sortit chrétien.

L'intérieur de l'église est assez beau. La façade, architecture froide et médiocre de Valadier, l'architecte à la mode sous Pie VII, a été édifiée, d'après le testament de Consalvi, du produit de la vente d'une de ses nombreuses tabatières enrichies de diamants, dons de tous les souverains d'Europe. Le couvent adjacent est le chef-lieu des minimes de Saint-François-de-Paule.

21 Mars. — Après deux journées de pluie froide, qui ont couvert de neige les Apennins, le soleil brille dans un ciel pur.

Nous allons visiter les ruines, ou plutôt l'emplacement de l'ancienne Veies. Cette ville, la plus méridionale des cités étrusques, était située à douze milles de Rome seulement. Sa position était plus forte, et, au commencement des temps historiques de l'Italie, elle était beaucoup plus puissante. Mais, pour le commerce, la situation de Rome était bien préférable, et les Étrusques n'avaient pas la force d'expansion de ces brigands énergiques qui devinrent les aïeux du peuple romain. Camille s'empara de Veies en 395 avant Jésus-Christ, après un long siége où l'organisation des légions fut ébauchée par cet habile général, qui mérita bien de la patrie, quelques années plus tard, en s'opposant au transfert de la capitale à Veies. Il avait été proposé par les tribuns épouvantés par l'invasion des Gaulois.

On suit la via Cassia jusqu'à la Storta, hameau misérable, mais qui a d'agréables souvenirs pour bien des voyageurs; car c'était le dernier relais avant Rome quand on arrivait directement de Florence.

La route s'élève peu à peu. On domine les steppes ondulées de la Campagna et ces ravins profonds de la Crémère, où périrent dans une embuscade les trois cents six Fabius qui étaient sortis de Rome, en dépit des augures, par la porte funeste, la porte Carmentale.

Au cinquième mille est un tombeau que le peuple nomme le sépulcre de Néron, en dépit de l'histoire qui prouve que les restes de ce monstre furent déposés dans un sarcophage de porphyre sur les pentes du Pincio, probablement un peu au-dessus de l'église actuelle de Santa-Maria-del-Popolo.

Il y a peu de distance de la Storta à l'Isola Farnèse, village situé près de l'emplacement de Veies. L'endroit est bien déterminé. C'est un plateau entre deux gorges très-profondes et très-escarpées. Quelques fondations montrent une très-belle maçonnerie, mais il n'y a pas un seul édifice même à moitié debout. Pour le commun des mortels, la seule chose curieuse est un tombeau étrusque avec de jolies peintures.

Je dois ajouter que les habitants sont les plus affreux brigandeaux des environs de Rome. Ils prétendent exiger 5 francs pour voir le tombeau, 5 francs pour le guide, 5 francs pour un âne, etc., etc., et vous prendraient volontiers ce tarif de force si on se laissait intimider.

23 Mars. — Nous partons de bonne heure pour Albano. Il vaut beaucoup mieux y aller en voiture qu'en chemin de fer. La station est à trois milles de montée de la ville. On peut gagner Albano en suivant l'ancienne voie Appienne qui a été déblayée, de 1850 à 1853, sous la direction du célèbre archéologue Canina. Cette route, la première et la plus importante des grandes voies romaines, était bordée de tombeaux. Elle avait cela de commun avec toutes les routes qui partaient de Rome, mais la via Appia était à la mode, et ses tombeaux l'emportaient en magnificence sur tous les autres. Plusieurs étaient des constructions immenses, comme les sépulcres de Cœcilia Metella, femme de Crassus, et de Messala Corvinus, l'ami d'Auguste. Le premier est assez bien conservé :

tout le revêtement en marbre du second n'existe plus, mais sur sa masse en briques, sorte de tertre artificiel, il y a place pour un jardin d'oliviers et une ferme qu'on nomme Casal Rotondo.

Par ces hasards si fréquents dans les ruines, certains petits tombeaux en péperin de la république sont mieux préservés que ces grandes masses. Entre autres monuments, on croit avoir découvert le tombeau de Sénèque, le précepteur de Néron, personnage très-peu intéressant du reste, et qui ne se releva que par sa mort courageuse.

Je n'essayerai pas de décrire les vues de la via Appia. Elle est un peu au-dessus de la Campagna, car, à partir de Cœcilia Metella, elle suit le sommet d'une coulée de lave qui, aux époques pré-historiques, sortit des volcans aujourd'hui éteints du mont Albain. Les éléphants et les rhinocéros erraient alors par troupes dans la campagne romaine. Ils y ont laissé leurs ossements, et un Père français de la Doctrine chrétienne, le P. Inde, qui unit, comme les savants d'autrefois, la bonhomie modeste à l'amour le plus ardent de la science, en a fait une collection qui ramène la pensée vers ces temps si lointains.

Un peu avant d'arriver à Albano on voit, près de la route, une ruine en briques qui porte le nom de tombeau de Pompée. Il avait certainement une villa dans ces environs, où son corps fut ramené d'Égypte, mais elle fut englobée dans les vastes constructions de Domitien, qui aimait passionnément le séjour d'Albano où il avait élevé un temple à Minerve.

Hoc tibi Palladiæ seu collibus uteris Albæ
  Cæsar, et hanc Triviam prospicis, inde Thetim (1).

Cette description s'applique bien au lieu au-dessus du tombeau de Pompée, vers Castel-Gandolfo, résidence d'été des papes.

Cette petite ville est entourée d'allées plantées de chênes verts plusieurs fois séculaires et non mutilés, dont l'une descend à Albano, tandis que l'autre longe la crête du cratère, aujourd'hui le lac d'Albe.

Le temple de la triple Hécate, c'est-à-dire de Diane, se trouvait dans les bois qui s'étendent entre le lac d'Albe et celui de Nemi.

On les longe pour aller au couvent de Palazzuola, situé au pied du mont Albain, sur un rocher à pic. Du haut de ses terrasses, ombragées de vieux cyprès et de lauriers, on aperçoit la coupe bleue du lac, et, au-dessus de ses bords, la mer à l'occident et au nord la ville de Rome.

Dans le jardin de Palazzuola, un sépulcre creusé dans la roc indique par ses emblèmes qu'il a dû recevoir le corps de Cneius Cornelius Scipio Hispallus, qui mourut sur le mont Albain pendant qu'il était revêtu de la double dignité de grand pontife et de consul.

Nous n'allons pas à Palazzuola aujourd'hui, mais, en suivant la via Appia, nous passons le beau viaduc de l'Ariccia, ouvrage de Pie IX, et arrivons au bourg de Genzano.

Il s'élève au-dessus du lac de Nemi. Le village de

---

(1) César, soit que tu résides sur les collines d'Albe que chérit Pallas, et que de là tu étendes tes regards, d'un côté sur le temple de la triple Hécate, de l'autre sur les plaines de Thétis.

Nemi est de l'autre côté. Il est bien décrit dans ces vers presque intraduisibles de Byron :

> Lo, Nemi! navell'd in the woody hills
> So far, that the uprooting wind which tears
> The oak from his foundation, and which spills
> The Ocean o'er its boundary, and bears
> Its foam against the skies, reluctant spares
> The oval mirror of thy glassy lake;
> And, calm as cherish'd hate, its surface wears
> A deep cold settled aspect nought can shake,
> All coil'd into itself and round, as sleeps the snake (1).

Jules César avait une villa construite sur un pilotis qui s'avançait dans le lac de Nemi. Il s'en dégoûta et la fit renverser (Suétone, Vie de César). Il y a quelques années, les eaux étant très-basses, on en retrouva des traces.

En revenant à Albano nous examinons aux portes de la ville le curieux tombeau étrusque d'Aruns, fils de Porsenna, et après avoir traversé la campagne par une belle soirée froide, nous rentrons dans Rome à la nuit.

24 Mars. — Église de San-Lorenzo in Damaso. Elle fait partie du beau palais de la Chancellerie et

---

(1) Salut, Némi, caché dans tes vertes collines!
L'irrésistible vent dont les coups redoublés
Du chêne séculaire arrachent les racines,
Refoulent l'Océan sur ces bords ébranlés,
Et lancent jusqu'aux cieux ses flots amoncelés,
Épargne, malgré lui, l'eau de ton lac tranquille.
Calme comme la haine en des cœurs bourrelés,
Il dort; froid et visqueux, au soleil il rutile,
Enroulé sur lui-même, ainsi qu'un long reptile.

date de 1495, quand le cardinal Riario, neveu de Sixte IV (1471-1484), fit construire ce palais d'après les dessins de Bramante.

Mais à cette place s'élevait depuis onze siècles une basilique que le pape Damase (366-384) avait consacrée en l'honneur de saint Laurent.

Quand on entre dans l'église, sombre, disgracieuse, confuse dans son plan, on n'est pas tenté de complimenter le cardinal Riario de son changement, d'autant plus que de grands souvenirs étaient attachés à l'antique basilique, entre autres celui de l'illustre ami du pape Damase, saint Jérôme.

Il est vrai que le cardinal Riario n'est pas le seul coupable, car le San-Lorenzo in Damaso actuel fut restauré par Valadier.

Un souvenir de l'Église moderne égale, s'il ne surpasse pas pour nous, celui de saint Jérôme. Un de ces hommes de génie qui fondèrent l'ordre des Jésuites, celui qui devait évangéliser tant de contrées lointaines, François-Xavier, prêcha ici pendant son séjour à Rome.

Les autels sont riches et quelques-unes des chapelles bien ornées. Remarquez le tombeau du dernier prince Massimo avec sa femme, une princesse de Saxe. Celui de Pellegrino Rossi, un des plus illustres des doctrinaires, ami de M. Guizot, né à Carrare, professeur à Genève et à Paris, ambassadeur de France à Rome, et qui finit sa carrière ministre de Pie IX. Ami sincère de la liberté, ennemi par conséquent des sectaires, il était haï par eux. Ils le poignardèrent à l'entrée du palais de la Chancellerie, le 15 novembre 1848.

Le pape, menacé du même sort, se retira à Gaëte, et l'ère de liberté moderne, qui allait commencer pour Rome, fut interrompue par ce parti de fourbes sanguinaires ou de vaniteux insensés qui ne semblent habiles qu'à commettre des crimes, et sont, en fin de compte, les plus fermes soutiens des despotes.

Le palais de la Chancellerie est magnifique, sauf un dernier étage ajouté on ne sait pourquoi aux deux angles, et qui déshonore la façade. Elle se compose d'un ordre dorique surmonté de deux ordres composites; la cour intérieure a deux étages d'arcades doriques; le composite n'apparaît qu'au troisième étage. La sobriété, l'harmonie du dessin charment immédiatement les yeux. Un ornement en forme de tournesol est très-employé dans ce palais. Nous l'avons souvent remarqué en Orient sur les monuments judo-romains du temps des Hérodes, et nous en avons déjà parlé à propos du pont, aux portes de Banias.

25 Mars. — Aujourd'hui, jour de l'Annonciation, il y a une grande fête populaire à Grotta-Ferrata, village situé sur les pentes du mont Albain, entre Frascati et Albano.

Il y a là un vaste couvent, sorte de forteresse féodale, et une église célèbre par les belles fresques du Dominiquin (*la Vie de saint Nil*) exécutées en 1610, quand l'artiste n'avait que vingt-neuf ans. Les paysans affluent de toutes les parties de la campagne de Rome et les minenti du Trastevère et des Monti s'y rendent au grand trot dans leurs petites voitures, dont les chevaux sont couverts de grelots, de panaches et de fleurs. Mais le temps, qui semble tourner à la neige, n'est pas propice pour ce que les Romains nomment et aiment tant : *una campagnata*. Nous nous contentons d'aller voir le pape qui se rend en grand gala à la Minerve. Santa-Maria sopra Minerva, tel est le nom officiel.

Le pape a différentes manières de sortir, toutes réglées par un cérémonial précis.

Le grand gala est quand il va au pas, précédé d'un ecclésiastique monté sur une mule et portant une croix, assis dans un immense carrosse doré dont le siège du fond ressemble à un trône, avec des laquais en riche livrée marchant aux portières. Il se rend en général en grand gala à la Minerve le jour de l'Annonciation, à la Chiesa Nuova le 26 mai, fête de saint Philippe de Néri, et à Saint-Charles, au Corso, le 4 novembre.

Dans le mezzo gala, le pape est dans un carrosse doré accompagné d'une suite nombreuse ; mais il va au trot et n'est point précédé de la croix.

Il se contente du mezzo gala pour les visites qu'il fait aux Saints-Apôtres le 7 décembre au soir, au Gesu, le 31 décembre, et pour les enterrements des cardinaux, etc., etc.

Pour le grand gala, comme pour le mezzo gala, les rues où doit passer le cortége sont sablées d'avance avec un sable jaune très-fin. C'est ce que l'on nomme la voie Papale (via Papale).

Les balcons et les fenêtres des maisons sont ornés de bandes d'étoffes. Dans les grandes familles, de riches tapisseries armoriées sont conservées pour cet usage ; celles du prince Torlonia, entre autres, ont une valeur considérable.

Les vieilles coutumes jouent un grand rôle à Rome ; mais qu'on ne croie pas à l'ingérence constante de l'administration, de la police, comme en France, ingérence plus nuisible qu'utile le plus souvent.

J'en vois un exemple frappant aujourd'hui. Les officiers de la légion d'Antibes, animés d'un beau zèle cisalpin, donnent toutes sortes de consignes compliquées. Il en résulte des disputes, des embarras, un encombrement extrêmes. Au moment de l'arrivée du pape, un officier supérieur romain donne l'ordre de laisser passer comme à l'ordinaire, au grand désespoir des Français dont un des plus doux plaisirs est de faire les despotes en petit. A l'instant même et comme par enchantement la circulation se rétablit, l'embarras cesse, et le pape arrive sans encombre, acclamé comme le sont peu de souverains européens.

En vérité, il faudrait s'accoutumer à ne pas traiter la nation française comme des enfants bêtes et malfaisants. A-t-on jamais touché une fleur ou marché sur les gazons des Champs-Élysées qu'on s'est décidé à laisser sans clôture? On dit que les Français sont ingouvernables, on regrette l'hostilité de la population contre la police. Quand on connaît d'autres pays, on s'étonne qu'elle puisse la supporter un seul jour.

La Minerve est située, dit-on, sur les ruines d'un temple élevé à la déesse d'Athènes par le grand Pompée. Le couvent avoisinant, qui contient une bonne bibliothèque aisément accessible, est le quartier général de l'ordre des dominicains. L'église a été restaurée dans ces dernières années; elle a plus du gothique que n'ont en général les églises de Rome. Elle contient les tombeaux de plusieurs papes, Léon X et Clément VII entre autres : vastes machines allégoriques sans grande beauté. En revanche, quelques tombeaux de la Renaissance sont charmants. Dans la chapelle Aldobrandini, les statues du père et de la mère de Clément VIII (1592-1605), le juge sévère de Béatrice Cenci, sont superbes, le vieux père surtout avec son grand air et sa dignité calme. Dans un passage qui conduit au couvent est le tombeau naïf et touchant du moine dominicain, fra Angelico de Fiesole (1455), le doux peintre des Anges que l'on voit à Santa-Maria-Novella de Florence, et dans la pureté desquels se lit la beauté de l'âme de l'humble grand artiste, qui ne continua à travailler que parce que ses supérieurs l'exigèrent. Quel contraste avec l'outrecuidance et la morgue bruyante des badigeonneurs d'aujourd'hui !

Sous le maître-autel, dans une châsse richement ornée, repose le corps de Sainte-Catherine de Sienne, et, à droite, est la statue du Christ, de Michel-Ange. Comme statue, elle est admirable, mais la forme, l'expression sont trop humaines : nul sentiment religieux; on en est même choqué. Le pied a dû être recouvert d'un brodequin en bronze, tant il était usé par les baisers des jeunes filles romaines qui venaient demander un mari au Sauveur.

Sur la place, devant l'église, est un petit obélisque posé sur un éléphant; à côté, un hôtel, vaste caravansérail fréquenté surtout par les Français, tandis que les Anglais et les Américains se massent de préférence vers la place d'Espagne.

Non loin, le Panthéon élevé par Agrippa, gendre d'Auguste, un des monuments les mieux conservés de l'antiquité romaine. Il est enlaidi par deux ridicules clochetons ajoutés par le pape Barberini, Urbain VIII (1623-1644), de Florence, célèbre, lui et sa famille, pour la dévastation des monuments antiques. Il enleva le bronze qui couvrait le Panthéon; il est vrai qu'il l'employa à un magnifique ouvrage, le baldaquin au-dessus du maître-autel de Saint-Pierre. On ne peut juger exactement du péristyle du Panthéon. Les architectes sont d'avis qu'il fut ajouté après coup. Dans l'état actuel le fronton paraît trop élevé pour la colonnade; mais il faut se rendre compte de l'exhaussement du sol. La place de la Rotonde (expression du peuple de Rome) est plus élevée que le péristyle, tandis qu'autrefois il dominait le Champ-de-Mars; on y montait par des escaliers. En outre, le fronton, aujourd'hui si nu, était orné de statues. Les marques des crampons qui les retenaient sont encore visibles. C'est dans le Panthéon changé en église, sous le nom de Santa-Maria-ad-Martyres, qu'est enseveli Raphaël.

JEUDI 26 MARS. — Nous passons une grande partie du jour à errer parmi les ruines du Palatin. Je ne les décrirai pas. Un plan détaillé serait nécessaire tout d'abord. Et du reste y a-t-il quelque chose de précis à décrire au Palatin? M. Rosa, qui dirige les fouilles faites par l'Empereur des Français dans les anciens jardins Farnèse, achetées au roi de Naples en 1861, prétend avoir découvert des merveilles. Une autre école, M. Visconti en tête, déclare qu'on n'a rien trouvé d'important. En adoptant un terme moyen, on est probablement dans la vérité.

Indiquer les points précis me paraît impossible. Il faut se contenter des à peu près. On est en présence de l'accumulation la plus extraordinaire de ruines, de substructions de toutes les périodes. On découvre des voies romaines faciles à distinguer par leur large dallage, passant à plusieurs pieds au-dessus de voies plus anciennes qu'elles croisent ou dont elles ne suivent pas exactement le tracé. Pêle-mêle sont les constructions en péperin et en travertin, en ouvrage réticulaire ou en grandes briques plates du temps de l'Empire. En outre, les nivellements des empereurs qui, comme tous les despotes, avaient le goût de l'énorme, du bizarre, des difficultés vaincues, ont peu respecté sans doute la forme primitive de la colline. L'éternelle engeance des flatteurs officieux leur persuade qu'ils frappent ainsi d'étonnement l'univers. Une colline à la place d'une plaine, une plaine à la place d'une colline : quelle preuve de la gloire d'un maître ! La platitude humaine se répétera toujours.

L'espace est plus considérable que ne le fait supposer un examen superficiel. On conçoit que sous la République, avec le goût des anciens pour les petites maisons, une population nombreuse pouvait habiter sur le Palatin.

Les maisons, escaladant la colline, se dominaient l'une l'autre. Cicéron parle, dans ses lettres à Atticus, de torches enflammées que les factieux, placés sur des terrasses au-dessus de sa demeure, jetaient dans sa cour pour allumer un incendie.

Il y avait peu de jardins. Il est mention cependant de quelques maisons avec de beaux arbres qui donnaient une plus-value considérable.

Que reste-t-il sur le Palatin du temps de la Royauté et de la République? Des substructions informes. C'est assez cependant pour faire rêver l'esprit. Ce fut sur les pentes du Palatin qui regardent le Tibre que Romulus et Remus furent allaités par la louve au pied du figuier Ruminal; un peu plus haut, dans la partie du Palatin nommé le Germale, le toit de chaume de Faustule, le berger père nourricier du fondateur de Rome. Plus loin, le temple que Fabius Maximus dédia à Jupiter vainqueur après la guerre des Samnites.

Les constructions impériales couvrent tous ces débris. Elles envahirent tout le Palatin, mais il n'en reste guère que des substructions.

Un vaste système de voûtes, de chambres obscures, de passages, de caveaux qui servaient de logements d'esclave, de prisons, de casernes, de caves, même de lieux de prostitution et de salles de jeux (1), formaient une plate-forme immense sur laquelle s'élevaient au milieu des marbres, des bronzes dorés, des splendeurs du monde tributaire, les résidences impériales. Ces grands voluptueux étaient dignement logés; la vue était splendide, l'air et le soleil y circulaient librement, et, à cette élévation, on était plus exempt de la mystérieuse

---

(1) « Afin de n'oublier aucune espèce de brigandage, Caligula établit dans son palais un lieu de prostitution : il y fit bâtir de petits cabinets isolés; il les meubla avec une magnificence qui répondit à ses appartements et les destina au rendez-vous des citoyens et des courtisanes. Il avait soin d'envoyer dans les places publiques et dans les salles d'audience des esclaves affidés qui invitaient aux parties de débauche les jeunes gens et les vieillards; on leur avançait de l'argent, à de gros intérêts pour payer leur opprobre, et on mettait leurs noms en écrit pour prouver à César qu'ils s'occupaient à accroitre son revenu. Les gains du jeu de hasard flattaient encore cette âme vile; pour s'y enrichir plus tôt, il employait la tromperie et le parjure. Un jour qu'il jouait aux dés, il se leva brusquement, confia ses intérêts à son voisin, et ayant trouvé dans le vestibule de son palais deux chevaliers romains fort riches, que le hasard y amenait, il les fit saisir, et confisqua leurs biens. Il revint ensuite à son jeu et se vanta de n'avoir jamais eu le dé plus favorable. » (Suétone, *Vie de Caligula*.)

Ce passage me parait embarrassant pour ceux qui aiment à comparer la dignité des monarques absolus avec le rôle mesquin et misérable des rois soumis aux volontés d'un parlement.

Malaria, qui, sans avoir atteint les proportions modernes, existait déjà du temps de l'empire romain.

Les textes de Tacite, de Suétone, etc., etc., déterminent la direction des constructions principales des divers empereurs.

Semblables aux despotes orientaux qui ont couvert de palais le Bosphore et les bords du Nil, les Césars romains voulaient construire pour eux et ne pas habiter les appartements de leurs prédécesseurs. La seule chose qui ne changea pas, fut le Palais public, que M. Rosa croit avoir retrouvé et qui occupait le centre du Palatin.

La maison d'Auguste, de beaucoup la plus simple, remplissait, avec le temple d'Apollon son dieu favori, la partie du Palatin où se trouve un couvent de la Visitation, hermétiquement fermé au public. Un Anglais plein de goût, comme on en voit plus souvent qu'on ne pense, M. Mills, en avait fait une délicieuse villa, où les roses croissaient au pied des cyprès. Antithèse bien digne de ces lieux. A sa mort, un ex-épicier français eut l'idée remarquable du moins, si elle n'était pas heureuse, de bâtir des kiosques chinois sur les ruines de la demeure d'Auguste. Il ne jouit pas longtemps de son admirable invention et fut remplacé par ces bonnes Sœurs qu'on peut souhaiter partout ailleurs, sans trop manquer à la charité chrétienne. Il est à espérer que soit le Pape, soit l'Empereur des Français, pourra faire l'acquisition de ce couvent.

Les constructions de Tibère occupèrent le haut du Germale, celles de Caligula s'étendirent vers le Capitole et le Forum.

« Il prolongea une aile de son palais jusqu'au Forum, de sorte que le temple de Castor et de Pollux ne lui servait plus que de vestibule. Il joignit son palais au Capitole par une terrasse qu'il fit élever au-dessus du temple d'Auguste, et afin d'être plus proche du temple de Jupiter, il se fit bâtir une maison dans l'enceinte du Capitole. » (Suétone, Vie de Caligula)

Néron bâtit dans la direction de l'Esquilin. Les empereurs Flaviens se contentèrent d'entretenir ces vastes palais. Le Colisée fut leur principal édifice. La famille des Sévère éleva les immenses pavillons qui regardaient le Cœlius. Ils restèrent longtemps intacts quand le reste du Palatin tombait déjà en ruines. Plusieurs empereurs d'Allemagne y logèrent au moyen âge.

De ce côté, jusqu'à des fouilles récentes qui n'ont rien mis à jour, était un jardin abandonné et des taillis d'arbustes qui escaladaient les ruines. C'était un des coins de Rome où l'on pouvait le mieux rêver.

C'est midi ; les clochers sonnent sur l'Aventin ;
Le chaud soleil de mai tressaille dans les plantes.
Et les arbustes verts et les fleurs éclatantes
Couvrent de leur manteau les murs du Palatin.

Du palais des Césars, où seul, loin du profane,
Auguste se courbait devant le Dieu nouveau,
Où Virgile chantait dans son hymne si beau,
L'enfant né d'une Vierge au fond d'une cabane.

Voici ces grands arceaux peuplés de souvenirs
Dont la splendeur croûlante étonne la pensée ;

Le cirque de Titus, le vaste Colisée
Rougi par votre sang, ô captifs, ô martyrs !

La débauche et l'orgueil chez les maîtres du monde,
Le contraste troublant nos regards fascinés,
Marc Aurèle, Trajan, de lauriers couronnés,
Vitellius traîné vers le cloaque immonde.

Et plus loin la tribune où parla Cicéron,
La curie où César tomba devant Pompée,
Où le glaive frappa celui qui prit l'épée,
Pour les tyrans futurs, éternelle leçon.

Les sites fabuleux, Évandre avec Énée,
Le vainqueur de Cacus retrouvant ses taureaux,
Le figuier Ruminal cachant sous ses rameaux
Ces enfants dont la gloire adopta la lignée.

Le lac où Curtius pour Rome s'immola,
L'endroit d'où le Barca jeta sa javeline,
La porte où descendant des monts de la Sabine,
Parurent en vainqueurs les soldats de Sylla.

Ces palais dépeuplés, ces temples, ces ruines,
Ces vignes, ces cyprès croissant dans leurs débris,
D'un vague étonnement remplissent les esprits,
Et l'univers pensif contemple ces collines.

Quelque chose de grand, de doux, de solennel,
Dit à qui veut savoir : Tout est néant sur terre.
Sauf la croix qui brille au faîte de Saint-Pierre,
Et guide le trajet de l'homme vers le ciel !

4 mai 1864.

7 Mars. — De même que le Viminal est la colline lus difficile à trouver pour le nouveau débarqué à e, de même l'Esquilin est celle dont les contours les moins aisés à bien connaître. L'Esquilin est sé- nettement du Viminal et du Quirinal par la pro-

fonde vallée où s'élèvent Sainte-Pudentiane et la madone dei Monti (l'antique Suburra), mais il se rattache au Palatin par la plate-forme du temple de Vénus et de Rome, endroit où, comme nous l'avons déjà dit, un bois sacré croissait au temps de la République. C'est un peu au-dessus vers le jardin des Maronites et San Pietro in Vincoli qu'était le quartier des Carines habité par les chevaliers et célèbre par la maison du grand Pompée.

La séparation entre l'Esquilin et le Cœlius est marquée par la rue qui porte encore le nom de Via Labicana.

Aujourd'hui la station est à Saint-Eusèbe et à Sainte-Bibiane; hier, c'était à San Martino dei Monti. Toutes sont des églises de l'Esquilin.

Saint-Eusèbe, qui appartient aux Jésuites et n'a de remarquable qu'un beau jardin, est en face d'un grand amas de ruines antiques qu'on a nommé trophée de Marius, mais qui était plus probablement le château d'eau d'un ou de plusieurs aqueducs.

Sainte-Bibiane a de beaux marbres et une statue bien moins maniérée que ne le sont la plupart des œuvres du Bernin.

Tout à côté, près du chemin de fer (c'est la première ruine qu'on aperçoit en arrivant à Rome), s'élèvent les grandes voûtes de l'édifice nommé temple de Minerve Medica, à l'époque où les savants ne voyaient que des temples et qui, bien entendu, a pris maintenant le nom de Thermes.

Pour aller de Sainte-Bibiane à San Martino, on passe sous le petit arc corinthien de Gordien qui, par un caprice de la destruction, est resté debout, tandis que tant de monuments immenses ont entièrement disparu.

San Martino est une des belles églises de Rome: ses

colonnes sont en marbres précieux, plusieurs en marbre noir. L'autel est d'une grande richesse; les murs latéraux sont ornés de curieux paysages de Gaspard Poussin : le beau plafond a été réparé par saint Charles Borromée et porte sa devise *humilitas*. Le terrain s'est singulièrement exhaussé ici. Un escalier conduit à une vaste église souterraine dans laquelle le Pape saint Sylvestre (314-336, Romain) le premier successeur de saint Pierre qui put se montrer au grand jour sans craindre la persécution, tint deux conciles en 324 et 330 pour condamner l'hérésie des Ariens.

Au premier de ces conciles, assistaient l'empereur Constantin et sainte Hélène sa mère.

Plus bas encore, on trouve de vastes salles antiques, restes des Thermes de Trajan.

On sait que les Thermes de Trajan faisaient suite à ceux de Titus. L'insensé Néron, non content du Palatin, avait couvert de ses fabriques, de ses viviers la vallée où s'élève aujourd'hui le Colisée et était venu rejoindre sur l'Esquilin les beaux jardins de Mécène (près desquels habitait Horace) et que celui-ci, mort sans enfants, avait probablement laissé à la famille impériale. Cet envahissement qui chassait les ouvriers au loin dans les faubourgs avait causé un mécontentement profond. Qu'on se figure l'espace situé entre le Palais-Royal et la rue de la Paix, changé en parc privé par le caprice d'un gouvernement personnel.

Galba, Othon, Vitellius régnèrent trop peu pour y remédier, mais lorsque les Flaviens arrivèrent au trône ils comprirent combien les procédés de Néron étaient dangereux. L'espace usurpé sur la ville Plébéienne fut consacré au Colisée et à des Thermes destinés à donner à la populace des amusements, des délassements de Rois.

Il reste beaucoup de pans de murs, débris informes des Thermes de Titus. Les salles souterraines où l'on voit encore les arabesques qui donnèrent à Raphaël l'idée des ornements qu'on nomma *grotesques* (non dans le sens français, mais parce qu'ils furent trouvés dans des grottes), datent de Néron, peut-être même de Mécène.

La plus considérable de ces ruines est connue sous le nom de *Sette Sale*. Ce sont de curieux réservoirs où l'eau a laissé des incrustations. Ils servent maintenant de remise à une énorme quantité de chars à foin.

Du haut des *Sette Sale*, on découvre une vue ravissante : le Colisée, saint Jean-de-Latran, la campagne et les collines d'Albano au loin. Les premières feuilles frisées commencent à couvrir les arbres de leur verdure tendre, et les pêchers et les pruniers en fleurs, rayent de lignes roses et blanches le frais verger.

Ce fut dans ces vignes qu'on découvrit en 1506 un des plus beaux groupes antiques, le tragique et sublime Laocoon.

Michel-Ange était alors à Rome, et il parle dans une de ses lettres de l'émotion profonde que causa cette découverte à cette époque radieuse où renaissait le beau. Presque au même endroit, dans l'église de saint Pierre-aux-Liens, est le Moïse du grand sculpteur florentin au milieu du tombeau inachevé où dort Jules II.

On peut beaucoup critiquer le Moïse, mais l'impression du colossal reste toujours dans l'esprit.

L'église un peu nue est simple et imposante avec ses

vingt colounnes doriques de marbre blanc cannelées.

En face est le couvent des Maronites avec son beau palmier si connu des artistes. Cet arbre est charmant quand il est isolé ou mêlé à d'autres arbres. Le premier palmier qu'il rencontre est toujours une fête pour l'habitant du Nord qui aime les pays du soleil. Je me rappellerai longtemps un certain palmier au bout de la promenade maigre et desséchée de Malte, mais je quittais la pluie et les boues de Paris, et j'allais vers l'Orient dans tout l'enthousiasme de la jeunesse et de la santé. Quand on ne voit plus que des palmiers, comme dans les Oasis du Sahara, ils deviennent insipides ; puis ils donnent si peu d'ombre !

Cet arbre frileux est peu commun à Rome. Je n'en connais que quinze. Le palmier des Maronites sur l'Esquilin. Les deux palmiers du couvent de saint Bonaventure sur la partie du Palatin qui regarde le Colisée. Un au Capitole dans le jardin du Palais Caffarelli. Deux dans la villa de la duchesse de Rignano, sur les pentes sud du Pincio. Trois au Pincio sur la promenade publique. Un superbe au Palais Aldobrandini sur le Quirinal. Et de l'autre côté du Tibre, un au jardin Botanique au Borgo, au delà du Pont de fer. Un dans un jardin de la Longara. Il est grand et se voit très-bien du couvent de San Onofrio. Deux à San Francesco au bout du Transtevere et un dernier dans un jardin qui avoisine ce couvent.

30 Mars. — Nous visitons aujourd'hui le palais du Pape sur le Quirinal. En face de la porte d'entrée, sur la place nommée Monte Cavallo, sont les statues de Castor et Pollux retenant leurs chevaux. Une inscription

qu'on lit sur leur piédestal déclare qu'elles furent sculptées par Phidias ; rien ne prouve cette assertion. Elles ont toutefois un caractère grandiose qui échappe à l'observateur superficiel ; il ne voit que la disproportion choquante entre les hommes et les chevaux.

C'est au Quirinal que se tiennent généralement les conclaves, et l'élection d'un pape est annoncée du haut d'un balcon qui se trouve sur cette place.

Le palais du Quirinal est moderne et sans grandes prétentions architecturales, il n'a de beau que ses jardins. — Pie VII l'habitait de préférence au Vatican. — L'air y est meilleur.

Le Quirinal rappelle un souvenir bien peu à l'honneur de la France, ou plutôt de l'impérieux despote qui la tenait asservie. — C'est là que Pie VII, après avoir été dépouillé, privé de ses serviteurs les plus fidèles et longtemps gardé à vue avec des canons braqués sur sa porte, fut enlevé dans la nuit — sans qu'on eût égard ni à son rang, ni à ses vertus, ni à sa vieillesse ; il fut traîné d'étapes en étapes comme un malfaiteur jusqu'au moment où on l'interna à Savone. Il avait cependant montré pour Napoléon une condescendance extrême, il l'avait même couronné bien peu de temps après l'assassinat juridique du duc d'Enghien. — Mais la reconnaissance n'est pas le don des âmes peu nobles, et celle de Napoléon n'avait pas une gratitude à la hauteur de son génie. — A Savone, il prit plaisir à tourmenter le pape prisonnier. — Son secrétaire fut crocheté, son anneau papal lui fut enlevé. — Quand par un juste retour des choses de ce monde, Napoléon captif à Sainte-Hélène se plaignait si amèrement des tracasseries du gouvernement anglais, il aurait dû se rappeler sa conduite bien plus dure, envers ce noble pontife qui ne lui avait fait que du bien et qui à ce moment-là, seul des souverains d'Europe, donnait un abri à la famille Bonaparte.

En vérité, il serait bon d'en finir avec la sensiblerie qui a été prodiguée au prisonnier de Sainte-Hélène. — Impitoyable fléau du genre humain Napoléon ne méritait que trop son sort. — Les hommes éclairés commencent à le comprendre. — Mais les idées préconçues sont fortes encore. — Le temps seul peut en faire justice. —

Rien n'est plus fort que les idées préconçues, car les esprits étroits ou paresseux, et c'est toujours la majorité, éprouvent une irritation si on veut les déranger.

Ainsi on comparera longtemps encore l'humiliation de la France sous le roi Louis-Philippe, avec sa splendeur sous le régime actuel. — Et cependant quoique le roi Louis-Philippe eût une crainte peut-être exagérée de la guerre, on ne vit jamais sous son règne des événements aussi lamentables pour la France que le drame qui commença par le démembrement du Danemark pour aboutir à Sadowa. — Je ne parle pas de l'expédition du Mexique qui ne fut au moins qu'un désastre lointain.

Mais le gouvernement tant vilipendé de Louis-Philippe, imbu au moins des idées d'équilibre et de justice, n'aurait jamais permis à la Prusse de devenir plus puissante que nous, et ce fatal dilemme n'aurait pas été posé, — ou la guerre avec ses incertitudes redoutables et son carnage certain, ou la paix avec la France réduite peu à peu à une puissance de second ordre, surtout si sa population, grâce au système de partage du Code

Napoléon (1), continue à rester stationnaire tandis que celle des pays voisins augmente rapidement.

Encore si ces erreurs de jugement qui nous ont conduits à la situation présente provenaient de la nation, mais il est navrant de penser qu'elle connaissait ses intérêts, qu'elle s'inquiétait de l'ambiguïté de nos rapports avec la Prusse et qu'un peu de courage civil et d'indifférence de déplaire chez ses représentants auraient préservé le pays de l'alternative que nous venons d'énoncer. Quant à la volonté dirigeante, elle avait fait preuve des plus hautes capacités lors de la guerre de Crimée, approuvée par tous les partis, mais un seul esprit quel qu'il soit ne peut diriger les destinées de 38,000,000 d'âmes, et un seul homme est toujours plus sujet à l'engouement et au caprice que la réunion de plusieurs individus. — On a quelque peine à écrire des vérités aussi clairement prouvées mais en présence de certaines tendances actuelles, c'est un devoir de les répéter.

---

(1) L'admiration aveugle du Code Napoléon est aussi une de nos tristes idées préconçues. Il arrivera un moment où la France se dépeuplera de telle sorte qu'il faudra y renoncer. Parlez de ce sujet à nos curés de campagne. Il n'y a de production suffisante d'enfants que parmi les populations très-pieuses ou dans les districts où le père, aidé par la force des usages, fait un aîné en dépit de la loi.

CHAPITRE XVIII.

LE PRINTEMPS A ROME.

Le Trastevère. — Le Capitole. — Les bustes et les statues. — Le jardin de la roche tarpéienne. — Le printemps. — La route de Mentana. — L'invasion garibaldienne de 1867. — Le Cœlius. — Couvent des Passionistes. — Saint-Jean-Porte-Latine. — La semaine sainte. — La Cène. — Le Miserere. — La chapelle Sixtine et les fresques de Michel-Ange. — La bénédiction *urbi et orbi*. — Les illuminations. — La Girandola. — La Farnésine. — Le Calvaire et l'Olympe.

31 MARS. — Temps superbe, un peu trop sec pour les récoltes. Le matin dans le quartier du Trastevère situé comme son nom l'indique de l'autre côté du Tibre au pied du Janicule. — Ses habitants sont renommés par leur beauté et leur énergie et aussi malheureusement par la désinvolture avec laquelle ils jouent du couteau. Le Trastevère est riche en églises et en couvents. — On répare en ce moment Santa-Maria in Trastevère, la première église consacrée à Rome sous le vocable de la sainte Vierge. San Crisogono à 22 belles colonnes ioniques de granit. — Elles proviennent peut-être de la Naumachie d'Auguste qui s'élevait dans cette partie de la ville qui a été féconde en découvertes; ainsi un curieux corps de garde des Pompiers vient d'être retrouvé près d'ici. Cette Naumachie était un vaste édi-

lice creusé au milieu de manière à pouvoir recevoir les eaux du Tibre. — On y donnait des simulacres de chasses fluviales, et des crocodiles ou des hippopotames y étaient tués aux grands applaudissements du peuple romain.

Plus tard dans la journée nous montons au Capitole. On s'attend à une telle merveille quand on y vient pour la première fois, qu'on est tout désappointé d'abord. — L'architecture de la place du Capitole n'est cependant pas si indigne de Michel-Ange. — Au centre est la statue en bronze de Marc-Aurèle dont la pose est à la fois si majestueuse et si aisée Les modernes ne peuvent arriver à cette noblesse calme, car elle est en dehors de leurs mœurs. — C'est la seule statue équestre en bronze qui soit parvenue entièrement intacte de l'antiquité jusqu'à nous. — Elle fut préservée au moyen âge par l'heureux préjugé populaire qui croyait y voir l'image du premier empereur chrétien.

Dans l'édifice à gauche est un musée de sculpture qui n'est surpassé, à Rome, que par le Vatican. — Voyez le Gladiateur Mourant, si célèbre par les vers de Byron; le Faune en rouge antique, trouvé dans la villa d'Adrien, à Tibur; les Centaures en marbre noir, l'Antinoüs, avec deux taches produites par le fer, l'une à la jambe, l'autre au sein; la Vénus du Capitole si triomphante et si fière; le Sarcophage qui représente le combat d'Hercule et des Amazones, et celui sur lequel est sculptée l'histoire d'Achille. Il fut trouvé dans ce tertre dont j'ai parlé à propos de la route de Tivoli. Dans l'intérieur était le vase Portland.

Remarquez les bustes des empereurs. — Ils donnent raison aux physionomistes. La bestialité est le caractère qui frappe le plus chez ces maîtres du monde. —

Il y a des exceptions pourtant. Auguste et Tibère ont une mauvaise expression, mais ils sont beaux. — La ressemblance qu'on trouve entre leurs traits est compromettante pour la vertu de Livie. — Marc-Aurèle le meilleur de ces princes a une belle excellente figure.— Héliogabale ressssemble à un jeune Anglais sensuel. Les derniers de ces bustes montrent la décadence surprenante et vraiment inexplicable de l'art.

A droite, dans le palais dit des conservateurs, est un des monuments les plus curieux de l'antiquité : la Louve d'airain qui se trouvait dans le Forum et qui fut frappée par la foudre au temps de Cicéron. La marque laissée par la foudre se voit encore sur la jambe gauche de derrière.

La place du Capitole est située sur une plate-forme entre deux mamelons plus élevés. — Sur celui de gauche est l'église de l'Ara Cœli sombre et mal tenue, mais pleine de colonnes antiques, de marbres et de beaux tableaux. C'est assis un après-midi devant cette église qui a remplacé le temple de Jupiter Capitolin, que Gibbon conçut le premier plan de l'histoire de la Décadence et de la Chute de l'empire Romain.

A droite, un escalier en pierre, envahi par l'herbe, conduit sur une petite place : on pousse une porte et on se trouve dans un jardin plein de pervenches, de giroflées et de roses. Des parterres d'anémones, des bordures de jacinthes et de pensées fleurissent auprès d'un frais gazon. C'est l'antique roche Tarpéienne occupée maintenant par une maison d'archéologues allemands. Malgré l'escarpement réel, il est assez difficile d'expliquer le supplice des traîtres qu'on précipitait, lit-on, de ce rocher. Ce coin de verdure et de fleurs est charmant. On y découvre le Tibre, l'Aventin et le Palatin, une partie du Colisée avec l'horizon des montagnes d'Albe.

2 Avril. — Nous allons à Mentana et à Monte-Rotondo. Nous suivons d'abord la route de Sainte-Agnès avant de descendre dans la vallée du Teverone, autrefois l'Anio.

Pas un nuage. Le panorama splendide des montagnes de la Sabine se détache sur un horizon bleu mat comme la pâte de quelques porcelaines. La fraîche et toute jeune verdure des branches fait une sorte de broderie sur le ciel.

C'est le printemps béni ! Le mariage charmant de la terre et du soleil, qu'on n'aperçoit que si rarement et presque furtivement, pour ainsi dire, dans nos brumeux pays du Nord, et encore ce n'est pas à cette saison, mais à la mi-juin, au Mid-Summer, expression que les traducteurs de Shakespeare qui ne connaissent pas les bois de l'Angleterre, le soir à la Saint-Jean, ont si mal rendu par les mots : songe d'une nuit d'août.

Nous traversons le Teverone par le pont Lomentano, construit par l'eunuque Narsès au temps où les armées de Justinien reprirent l'Italie des successeurs dégénérés du grand Théodoric.

A droite de la route est le mont Sacré sur lequel la plèbe romaine se retira, faisant ce que les Américains appelleraient de nos jours une sécession, et où l'habile député du patriciat Menenius Agrippa raconta le fameux apologue des membres et de l'estomac.

Dans les carrières de sable du Mont Sacré on trouve

des restes nombreux des éléphants et des rhinocéros qui erraient jadis dans la campagne de Rome.

On passe plusieurs ruisseaux qui coulent dans des vallées vertes ; leurs cressonnières sont bercées par le courant de l'eau, puis on arrive sur un plateau d'où l'on découvre l'un des plus admirables paysages de la Campagna. Le Lucrétile n'est pas loin. Au delà de l'escarpolette de Valmontone on aperçoit les montagnes du Regno ; les Romains nomment ainsi les terres de Naples.

De beaux jeunes paysans de la Sabine, grands, élégants, aux regards à la fois doux et farouches, nous croisent avec leurs bêtes de somme chargées de charbon de bois.

La route se bifurque. — D'un côté elle va à Palombara et Monticelli qu'on voit construites en ruches d'abeille sur leurs hautes collines ; de l'autre elle monte à Mentana. — Le dallage antique est encore parfaitement conservé.

C'est le long de ce chemin, où marcha peut-être la légion thébaine, que s'avancèrent, le 3 novembre 1867, de braves jeunes soldats qui méritent un mot d'honneur, car ils avaient pour mobile non l'esprit de conquête et l'amour du sang, mais le sentiment de la religion et du devoir.

Nous ne connaissons pas de récit intéressant et détaillé de l'invasion garibaldienne de l'automne dernier et de la bataille de Mentana. Je n'ai pas la prétention de le faire. Outre les connaissances spéciales nécessaires, les documents me manquent. Qu'il me suffise donc de rappeler en quelques lignes les faits principaux.

Dès la nuit du 28 au 29 septembre 1867, le territoire

pontifical avait été envahi du côté de Viterbe. Dans les premiers jours d'octobre il y avait de tous côtés des bandes plus ou moins nombreuses. — Elles harcelaient les troupes du Pape, mais sans pouvoir remporter quelques succès. — Elles furent mises en déroute plusieurs fois comme à Monte-Libretti et à Nerola.

Insulter ses adversaires n'est pas une bonne tactique et nous ne sommes pas disposés à l'employer. Mais les Italiens de bonne foi ne nieront pas que ces bandes avaient des allures de brigands et étaient en général tristement composées.

La première quinzaine d'octobre se passa ainsi. Dans la seconde les Garibaldiens devinrent plus nombreux, et l'armée italienne s'avança pour les soutenir.

L'armée du Pape ne pouvait lutter contre ces deux forces. Elle fut donc obligée de se concentrer sur Rome, d'autant plus qu'on commençait à y employer tout l'arsenal des procédés mazziniens imités avec tant de succès par les fénians, bombes Orsini, assassinats, explosion des casernes, etc.

Cependant Rome ne bougea pas grâce au bon sens de la masse du peuple et à l'attachement de la majorité pour Pie IX. Une tentative sur la porte del Popolo par les *Aquæ Acetosæ* et les collines au-dessus de la villa Borghèse manqua totalement.

Cependant l'état des choses était fort grave à la fin d'octobre grâce à la complicité flagrante du gouvernement Italien. Il foulait aux pieds le droit des gens et tous ses engagements envers la France ; mais ne l'avait-on pas vu agir de même à Castelfidardo ? La France avait frémi d'indignation, mais une volonté supérieure favorable à l'unité Italienne avait laissé s'accomplir la violence et la spoliation.

Cette fois l'opinion du pays l'emporta, il fallut tenir compte du sentiment catholique si puissant encore, Dieu merci, parmi nous. Une armée française fut envoyée à Rome. Elle y entra le 1er et le 2 novembre.

Dès la matinée du 3 elle marcha contre le plus fort rassemblement Garibaldien concentré entre Mentana et Monte Rotondo sous les ordres de Garibaldi lui-même.

Les troupes du Pape avaient demandé et obtenu l'honneur de former l'avant-garde et c'est à eux qu'il est juste de donner le mérite de la victoire. Nos soldats sont assez riches en lauriers.

Les alliés s'avancèrent par ce même chemin. La position la plus forte des Garibaldiens n'était pas Mentana, vieux village situé sur un mamelon, mais dominé par de hautes collines. C'était la vigna Santucci, le point le plus élevé de ces collines sur la route de Rome.

Le combat fut acharné sur ce point : on se battit bien de part et d'autre. L'élite des volontaires se trouvait là ; le reste s'était enfui, suivant du reste l'exemple de Garibaldi qui, quand il avait vu que les Français étaient de la partie, avait pris un train express pour Florence.

Lorsque la vigne Santucci fut prise les Garibaldiens évacuèrent Mentana et se retirèrent sur Monte-Rotondo où ils furent entourés et obligés de se rendre. La campagne se termina ainsi, non sans diminuer singulièrement le prestige de l'Italie aux yeux de tous les partis.

Ratazzi dont la honteuse duplicité avait attiré ce malheur sur son pays quitta le ministère, mais, chose triste à dire pour le sens politique du parlement italien, il peut y revenir d'un jour à l'autre aux applaudissements de la gauche.

C'est par la villa Santucci que nous descendons à Mentana. Ce village a un aspect misérable : l'église est fort laide pour l'Italie; on y répare les dégâts qui sont moins considérables que je ne croyais; pour être juste et véridique je dois dire qu'il en est de même à Monte-Rotondo où nous nous rendons ensuite. C'est une véritable petite ville qui n'a pas l'air pauvre de Mentana.

On découvre une vue admirable du haut de son vieux château, propriété du prince de Piombino.

Ici les habitants se plaignent amèrement des violences et du pillage des Garibaldiens. Il est bien difficile d'arriver à la vérité; mais, comme on me prend en général pour un Anglais je ne crois pas qu'on me fasse ces plaintes pour affecter de l'attachement au gouvernement pontifical.

Nous revenons à Rome par la via Salara, qui longe les bords du Tibre et que traverse plusieurs fois le chemin de fer qui va à Florence.

3 Avril. — Sur le Mont Cœlius. — Cette colline fut habitée dès les premiers temps de Rome par une population étrusque. Elle est moins souvent mentionnée que les autres. Elle devint pourtant fort à la mode à la fin de l'empire. Sainte Paule, l'amie de saint Jérôme, y avait un somptueux palais qu'elle abandonna pour aller vivre auprès de la grotte de la Nativité à Bethléem.

Au centre du Cœlius, au delà des grandes arches en briques rouges de l'aqueduc de Claude, est l'église de Saint-Étienne-le-Rond, édifice antique soutenu par des colonnes de granit, et dont on ne connaît pas exactement la destination. Quelques antiquaires soutiennent que c'était la halle des bouchers.

L'étal le plus sanglant ne pouvait pas surpasser en horreur, la série de fresques qui représentent les martyres les plus atroces. Cette église est un véritable épouvantail pour les enfants. Il faut espérer que l'imagination du peintre a dépassé l'ingénuité des bourreaux.

L'endroit le plus agréable du Mont Cœlius est le grand jardin du couvent des Passionnistes, auprès de l'église de Saint-Jean et Saint-Paul.

C'est la maison mère de cet ordre si excellent qui fait tant de nos jours pour la conversion de l'Angleterre.

Une allée de vieux cyprès domine le Colisée, et dans le beau jardin plein d'arbres fruitiers en fleurs où prient maintenant ces âmes d'élite, on voit les restes des ménageries immenses où étaient renfermées les bêtes fauves qui servaient aux plaisirs sanguinaires du féroce peuple romain.

4 Avril. — Le printemps sourit dans un ciel charmant. Le chemin qui conduit à Saint-Jean-de-la-Porte-Latine est bordé de petites corolles roses et violettes ; des plantes grimpantes couvrent les murailles de leur jeune verdure, et la bourrache élève ses pétales bleues sur les débris des aqueducs romains. Les poiriers et les pruniers sont en fleurs dans les jardins qui entourent cette église élevée à l'endroit où la tradition veut que Domitien ait fait torturer saint Jean.

Elle est sans intérêt sauf des colonnes aux chapiteaux ioniques bien sculptés qui proviennent d'un temple de cette Diane dont l'apôtre avait attaqué à Éphèse le culte licencieux et cruel.

Mais ce n'est pas ici que sont les souvenirs de l'auteur sublime du quatrième Évangile, saint Pierre et saint Paul furent les apôtres de Rome, saint Jean eut l'Asie pour théâtre de ses prédications.

Nous avons parlé de lui à Pathmos où le contraste de la nature aride et du ciel radieux, des jours dévorants et des soirs enchantés se fait sentir dans les descriptions de l'Apocalypse.

A Saint-Jean-Porte-Latine nous sommes encore sur le Cœlius, mais sur la partie de cette colline qui s'abaisse vers l'Aventin.

Jusqu'aux empereurs ce coin de terre était en dehors des murailles. La voie Appienne et la voie Latine se bifurquaient à la porte Capène dont il ne reste plus de traces. C'est dans l'angle formé par ces routes que l'on découvrit au dernier siècle les tombes des Scipions (Voyez la description du Musée du Vatican).

Les Scipions et d'autres familles ne faisaient point brûler les corps de leurs parents : mais l'usage de la crémation était beaucoup plus général, ainsi que le prouve un vaste « columbarium (1) » trouvé à quelques pas plus loin.

Il appartenait à la domesticité d'Auguste et de Livie, et il montre déjà, sous cet empereur, la servilité, la masse énorme d'offices ridicules ou sans importance qui ont toujours caractérisé les cours des despotes de tout temps.

---

(1) On entend par columbarium un édifice circulaire avec des niches où l'on plaçait les vases funéraires contenant les cendres des défunts.

La Semaine sainte. — La Semaine sainte à Rome a été décrite des milliers de fois. Ces belles cérémonies, les plus belles assurément de l'univers même au point de vue matériel, attirent chaque année de toutes les parties du monde une multitude de voyageurs. C'est ce qui est le mieux connu à Rome, car les curieux y trouvent un attrait aussi bien que les âmes pieuses. Je n'essayerai donc point une description.

Pour expliquer dignement le sens mystique attaché aux moindres détails il faudrait des connaissances liturgiques et théologiques que je n'ai pas. Sur ces sujets du reste on craint trop la moindre erreur pour peu qu'on ait le droit sentiment catholique. Je n'en parlerai que comme quelqu'un qui a souvent vu Rome, qui l'aime et qui sent que l'âme trouve ici la réunion de tout ce qui est beau et de tout ce qui est saint.

Le Dimanche des Rameaux 5 avril le Pape distribue lui-même les palmes au sacré collège, à la prélature, au corps diplomatique, etc., et descend et remonte ensuite en procession la nef de Saint-Pierre avant d'assister à la messe célébrée au grand autel par un cardinal.

La ville est joyeuse. L'église fête le souvenir de l'entrée triomphale de Notre-Seigneur dans Jérusalem qui fut bientôt suivie de la scène du Jardin des Oliviers et de l'épouvantable tragédie du Golgotha.

Aucune cérémonie n'a lieu le lundi et le mardi. Le second de ces jours on lit à la messe le récit de la Passion par saint Marc.

Les stations sont à Sainte-Praxède dont nous avons déjà parlé et à Sainte-Prisque où saint Pierre habita un instant à son arrivée à Rome au milieu des quartiers pauvres et populeux de l'Aventin. Il alla loger ensuite chez le sénateur Pudens.

Les étrangers arrivent en foule malgré les épouvantails mis en avant par la Révolution complice des aubergistes de Nice et de Florence, émeutes, bombes, brigands. Les Romains enchantés de louer et de vendre pensent fort peu à l'héroïque Garibaldi. Même le parti de l'action se tient coi pour le moment, et les « moyens moraux » sont négligés, c'est-à-dire qu'on n'assassine plus les soldats et qu'on ne jette plus des ordures aux dames. Il n'y a rien de tel que de comprendre la valeur des mots.

Le Mercredi saint dans l'après-midi les ténèbres sont chantées à la chapelle Sixtine en présence du Pape. Une grande animation règne dans les rues qui conduisent au Vatican. Ce sont des carrosses de cardinaux, des dragons à cheval, des voitures d'ambassadeurs, des « botte » au galop portant des « forestieri » en retard. Un peu rafraîchi par quelques gouttes de pluie tombées dans la nuit (le printemps est trop sec cette année après avoir été trop pluvieux en 1867), le ciel est d'un bleu clair charmant. Une gaieté sereine semble répandue sur la noble place de Saint-Pierre où les fontaines lancent leurs gerbes éblouissantes qui resplendissent aux rayons du soleil.

La chapelle Sixtine a été envahie plusieurs heures d'avance par les dames qui dans ces occasions se montrent plus infatigables et plus patientes que le sexe fort. La Sala-Regia elle-même est presque pleine. Nous redescendons donc à Saint-Pierre où les chanoines officient dans leur chapelle. La musique n'a rien de bien remarquable, mais que la basilique est belle à cette heure !

L'ombre qui descend agrandit encore les espaces, et une foule respectueuse si elle n'est pas recueillie anime le sublime édifice.

Les Jansénistes, ces Puritains du catholicisme critiqueront cet air de fête et de splendeur au milieu de la grande semaine. Admirons au contraire l'esprit si large et si juste de Rome qui célèbre dans ce moment solennel la vie résultant de la mort.

Le Jeudi saint le Pape assisté à la messe à la chapelle Sixtine. Il porte ensuite le Saint-Sacrement à la chapelle Pauline illuminée d'une façon magnifique d'après les dessins du Bernin.

Cette cérémonie se fait deux fois dans l'année, le Jeudi saint et le premier Dimanche de l'Avent. Rien ne va plus au cœur que de voir le respect et l'amour qui se peignent sur la belle et vénérable figure de Pie IX quand il porte Notre-Seigneur.

Le Pape monte ensuite à la loggia au-dessus de la porte centrale de Saint-Pierre pour donner la fameuse bénédiction « *urbi et orbi.* »

Nous arrivons sur la place Saint-Pierre au moment où paraissent déjà les éventails de plume qui précèdent le pape. Le ciel est bleu, le vent fait flotter les étendards de la troupe et le drapeau pontifical placé sur le fort Saint-Ange.

Le Pape paraît, un cardinal lit la bulle de Paul III *In cæna domini* contre les usurpateurs de l'autorité des souverains pontifes, puis Pie IX se lève, les fontaines sont arrêtées, il se fait un grand silence, on n'entend plus que la voix du noble vieillard ; levant les bras au ciel, il bénit lentement la ville et la terre, car tout est universel ici.

Aussitôt le canon du fort Saint-Ange retentit, la cavalerie part au grand trot et la foule se précipite pour voir le lavement des pieds fait par le pape dans la chapelle des Saints Procès et Martinien partie droite du transept de Saint-Pierre.

Nous avons déjà vu cette cérémonie, et comme il faut faire un choix (même les dames américaines ne parviennent pas à tout voir), nous montons par la Sala-Regia à une des galeries supérieures où la table de la Cène est dressée.

Elle est ornée d'un riche surtout de bronze doré représentant l'agneau pascal entouré des statues des apôtres.

Après une longue attente on voit paraître quelques membres du sacré collége. Le cardinal dom Pitra, le savant bénédictin français, le cardinal Billio, barnabite, piémontais de naissance. Les cardinaux Panebianco, franciscain, et Barnabo, préfet de la propagande, etc. Les treize apôtres viennent ensuite, vêtus d'un singulier costume en laine blanche qui doit dater du moyen âge. Ce sont en général des prêtres étrangers qui ont été présentés pour cet honneur par le collége de la propagande ou par les ambassadeurs.

Ils sont au nombre de treize pour représenter l'adjonction de saint Paul aux douze.

Le Pape arrive enfin évidemment fatigué, mais surexcité, plein d'énergie. Il leur sert un potage et une rasade de vin rouge, suivi d'un merlan frit et d'un verre de vin blanc. Les assiettes lui sont apportées par les prélats de sa maison, monseigneur Pacca, monseigneur de Mérode et autres. Il verse à boire d'une main ferme et étonne beaucoup certains Français dont la sotte et bruyante conversation nous fait peine à entendre. « Toute cette pompe, s'écrient-ils, est due à notre empereur. » Après avoir servi le vin blanc, le Pape se retire. Les apôtres continuent à manger de bon appétit. Ce n'est pas un dîner de comédie mais un excellent repas. Ils ont le droit d'emporter leur couvert en argent.

Dans l'après-midi du Jeudi saint, selon un vieil usage toutes les galeries du Vatican sont ouvertes au public. Des artilleurs pontificaux en grand uniforme y sont placés de dix pas en dix pas. La population ouvrière de Rome, les minenti, les fières jeunes filles du Trastevère, après avoir visité le tombeau de saint Pierre, viennent voir ici les statues de leurs aïeux. — La beauté du corps après la beauté de l'âme. — Ne vous étonnez point, c'est ici la terre des contrastes, et dans cette cité choisie, une volonté mystérieuse a semblé vouloir placer tout ce qui agit avec puissance sur l'intelligence de l'homme. — La chapelle Sixtine est encore inabordable, mais debout dans la Sala-Regia, par la porte grande ouverte, nous pouvons entendre les ténèbres.

Je n'ai jamais vu les fresques de Michel-Ange plus vigoureusement éclairées par le soleil qui s'incline. Le Christ terrible foudroie les pécheurs. Quelque chose de saisissant remplit cette peinture immense, quelque chose de suprême comme la fin du drame humain dans la vallée de Josaphat. Mais c'est l'esprit implacable de la Bible plutôt que la tendresse et la mansuétude de l'Évangile.

J'aime encore mieux la Création de l'homme, l'Eternel suscitant Ève à la vie pendant le sommeil d'Adam, et ces Prophètes, et ces grandes Sybilles qui regardent impassibles la foule au-dessous d'eux.

Un à un les cierges sont éteints, le jour tombe et le

chœur chante le fameux Miserere. Cette mise en scène symbolique, ce cantique funèbre dans l'ombre ont une suprême majesté.

Le Vendredi-Saint, en pays catholique, à Rome plus que partout ailleurs, a quelque chose d'étrange et de saisissant; ce silence des cloches, ces bénitiers sans eau, ces autels nus, ces églises sans lumières, sauf les cierges qui entourent le tombeau, font songer les âmes les plus indifférentes à ce qui se passa dans Jérusalem.

Le ciel est sombre aujourd'hui. A trois heures quand nous allons vers Sainte-Croix de Jérusalem où sont exposées les reliques de la croix, il se couvre d'une obscurité profonde et la nature semble s'associer au deuil comme le jour du grand sacrifice du Calvaire.

A la tombée de la nuit le Pape descend à pied dans int-Pierre pour vénérer les reliques que l'on montre x fidèles du haut de la tribune au-dessus de la statue de sainte Véronique à gauche du grand autel.

Nous allons ensuite à la Trinita dei Pellegrini où des cardinaux, des grands seigneurs romains, des étrangers pieux lavent les pieds aux pèlerins et leur servent ensuite un souper. — Certes ils ont un mérite d'humilité et de répugnance vaincue, car ces pèlerins venus pour la plupart des vallées de l'Apennin sont extrêmement malpropres. — Cependant les plus grandes dames de Rome font le même office pour les femmes. — On ne peut trop le répéter, au milieu de quelques misères morales il y a ici un admirable sentiment catholique.

Le samedi saint le cardinal-vicaire bénit le feu et l'eau à Saint-Jean-de-Latran, mais peu de personnes se rendent à cette cérémonie; on sent trop les fatigues des jours précédents.

Le jour de Pâques 12 avril le Pape célèbre lui-même la messe à Saint-Pierre.—La ville est debout de bonne heure. Le pont Saint-Ange est réservé aux carosses officiels, le commun des mortels passe par le pont de fer derrière Saint-Jean des Florentins.

L'entrée du Pape dans la basilique au son des trompettes, porté sur la sedia gestatoria, vêtu de blanc, la tiare sur la tête est le spectacle le plus magnifique qu'on puisse imaginer.

Mais le moment qui touche plus le cœur est celui où Pie IX de sa belle voix retentissante prononce le *sursum corda*. — N'oublions pas ces mots au milieu des déceptions et des douleurs.

A la consécration, les trompettes d'argent sonnent du haut de la coupole, au-dessus de l'autel ; les troupes, la foule immense se mettent à genoux et le Pape élevant l'hostie la montre marchant lentement à l'ouest, au sud et à l'occident.

Pendant la messe papale il est remarquable de voir avec quel empressement le peuple entoure les autels où des messes basses se succèdent continuellement.

Après la messe le Pape reçoit des chanoines de Saint-Pierre un certain nombre de pièces d'or dans une bourse de soie rouge pour la messe bene cantata. C'est un antique usage introduit pour justifier une chose nécessaire, les honoraires reçus par de simples prêtres pour les messes à intention. Il monte ensuite à la Loggia et donne comme le jeudi saint la bénédiction *urbi et orbi*. — La scène est encore plus grandiose. — Les troupes sont plus nombreuses. — Une grande partie de la gendarmerie, les zouaves, les trois escadrons de dragons. —Beaucoup de paysans et de paysannes de la cam-

pagne Romaine magnifiques, en costumes pittoresques.
—Après la bénédiction au moment où le Pape se retire des acclamations éclatent de toutes parts.

La matinée a été nuageuse mais au moment où Pie IX a paru, un rayon de soleil a resplendi sur la place et sur la foule.

La nuit la façade et le dôme de Saint-Pierre sont éclairés. Cette illumination qui suit les grandes lignes architecturales est faite avec une rapidité, une habileté merveilleuses par les San Pietrini préposés de père en fils à l'entretien de ce noble édifice et qui habitent les combles de la basilique.

Qu'il est beau de voir au loin cette coupole majestueuse surmontée de la croix, rivalisant d'éclat avec les astres de la nuit pour célébrer la résurrection, le triomphe du Verbe sur les ombres de la mort.

Le lundi de Pâques on tire un feu d'artifice.—Il avait lieu d'abord au fort Saint-Ange, ensuite au Pincio où il gâtait trop à ce qu'il paraît les fleurs et les arbres (moins cependant que la déplorable et ridicule manie de mutiler les branches), cette année enfin on l'a transporté à San Pietro in Montorio.—L'endroit est mal choisi, l'esplanade entre Saint-Jean-de-Latran et Sainte Croix de Jérusalem aurait mieux valu. — Ici les abords sont difficiles et on voit le feu de trop loin, or il demande au contraire à être vu de fort près. Il est de très-bon goût, les Romains ont toujours excellé dans ce genre, mais il est restreint, le manque de fonds ne permettant pas de rivaliser avec les immenses machines de Paris ou de Londres.

Ce feu d'artifice que l'on nomme la Girandola termine la série de ces fêtes qui, plus belles en elles-mêmes, ont quelque chose de bien autrement noble que les anniversaires, et les joies de famille des souverains.

Que serait Rome sans le Pape? C'est sa présence qui la vivifie. — La papauté absente c'est un grand musée beau, mais froid et privé de vie. Rome capitale du royaume d'Italie avec un préfet à la Haussmann est une caricature ridicule, rêve de quelques esprits chimériques sans aucun sentiment de la vérité et de la beauté.

Mais les Papes resteront à Rome. — Nous avons vu les déplorables effets de leur résidence à Avignon. — Une autre fois un Pape fut enlevé de Rome, et ce n'était pas un État à peine uni, presque en faillite, qui l'en chassait ; mais le tout-puissant empereur, celui qui dominait par la force ou par la fraude de la Baltique à la Méditerranée et à l'Océan. — Cependant Napoléon alla mourir à Sainte-Hélène et Pie VII rentra à Rome au milieu des acclamations de joie d'un peuple tout entier.

Et pourtant lorsque le Pape victime d'un attentat brutal était captif à Savone et à Fontainebleau les temps paraissaient bien désespérés : aucun rayon d'espoir ne semblait luire à la libre pensée humaine sauf les aberrations du despote lui-même. — On a pu voir dans le livre si remarquable de M. d'Haussonville— L'Église Romaine et le premier Empire — un tableau fidèle de ce triste moment.—La comparaison est consolante pour 1868, car jamais les excès du pouvoir n'oseraient aller aussi loin.— Même pour excuser l'assentiment apparent d'hommes honnêtes et la faiblesse excessive de la plus grande partie du clergé, il faut se rappeler que l'on sortait depuis peu de la terreur et que le souvenir de cet exécrable système rendait les hommes heureux simplement de pouvoir vivre. — Si les adorateurs de la déesse Raison n'avaient produit que cet effet d'anéantissement sur les âmes, ils mériteraient pour cela seul la réprobation de tous les partisans sincères de la liberté.

Heureusement la Providence avait mis dans le cerveau de Napoléon ce grain de démence qui devait le conduire à sa perte. — Car que serait devenu le monde si cette volonté de fer avait continué à régner? — Il tomba, et sa chute laissa respirer les nations.

Que l'on ne nous accuse pas de manquer de patriotisme, c'est un devoir de bon citoyen au contraire de saper, chacun selon son pouvoir, le culte de cette idole d'autant plus dangereuse qu'elle éblouit encore la masse ignorante et même certains esprits cultivés, par la fascination de ses succès prodigieux.

On ose nous parler du bien qu'il fit à la religion en présence du Pape en prison; des cardinaux persécutés, de la gloire qu'il donna à la patrie devant Paris deux fois envahi par les Cosaques et les Prussiens. Qu'on nous montre plutôt le monstrueux égoïsme qui considérait la France comme son domaine, les hommes comme des animaux de boucherie, les violences et les perfidies de ce génie funeste, la personnification la plus formidable du despotisme et de l'orgueil.

18 Avril.—Les illuminations pour la rentrée du Pape dans Rome après sa fuite et son séjour à Gaëte ont eu lieu ce soir. Elles avaient été remises à ce jour à cause des solennités de Pâques qui coïncidaient avec la date du 12 avril.

Ces illuminations sont générales ; quelques endroits sont très-beaux, la fontaine de Trevi surtout et la place

Navone avec les eaux éclairées aux feux de Bengale. — Une perspective arrangée avec beaucoup de goût en face du port de Ripetta est aussi très-remarquée.

Les Romains encombrent les rues, gais et obligeants comme de coutume — (une foule romaine est la moins désagréable que je connaisse). — Je ne vois point de traces de cette désolation universelle dont nous entretiennent les journaux de MM. Guéroult et Havin.—Dieu veuille qu'il n'y ait pas plus de misère à Paris ou à Londres.

Un temps admirable a favorisé cette fête. Le Pape est en général très-heureux pour le temps. Sans y attacher la moindre importance, il est curieux au contraire d'observer le guignon du roi d'Italie.

A sa première entrée à Bologne, neige et verglas; à Florence, vent et pluie; à Naples, orage violent; enfin à Venise, brouillard épais et brume au milieu d'un automne magnifique. Encore passe s'il était roi d'Angleterre ou empereur des Français, mais pour le souverain du plus beau climat de l'Europe, c'est jouer de malheur.

19 Avril. — Nous allons visiter la Farnésine, dépendance du palais Farnèse, située sur l'autre rive du Tibre au milieu d'un grand jardin. Ce fut dans l'origine un pavillon bâti par Baldassare Peruzzi pour un riche banquier de Sienne, Augustin Chigi, le Mécène des artistes de ce temps. Le roi François II l'a cédé par un bail de quatre-vingt-dix-neuf ans à un riche Espagnol, le marquis de Lema, plus connu sous le nom de M. Bermudez de Castro, qui le fait restaurer avec autant de

splendeur que de goût. L'architecture en est très-simple, quoique les bonnes proportions et la belle guirlande du haut la rendent très-agréable aux yeux.

La réputation de la Farnésine vient des peintures de deux salles du rez-de-chaussée exécutées par Raphaël et ses élèves (1).

Nous sommes en plein paganisme. Dans la première salle voici l'histoire de Psyché, Vénus et l'Amour, si gracieux, si charmants. Le beau jeune homme Mercure, le caducée à la main, léger, fendant l'air. Jupiter embrassant Eros. Vénus dans son char traîné par des colombes avec un mouvement si vrai.

La seconde salle nous montre la Galathée de Raphaël, composition joyeuse, merveilleusement enlevée, le vent souffle, les amours volent au-dessus de la jeune fille belle et bien vivante. Les Tritons lascifs nagent autour d'elle.

C'est bien là cette grande mer amoureuse; la Méditerranée charmante qui presse les rochers de l'archipel; le panthéisme fascinateur des vastes rivages d'azur! Ce

---

(1) Au premier étage, où le public ne monte que rarement, sont des fresques du Sodoma (1474-1549), génie admirable et charmant qui mériterait d'être plus célèbre, et qui le serait assurément si ses peintures n'étaient pas très-peu nombreuses. La chapelle de Sainte-Catherine, dans l'église de Saint-Dominique, à Sienne, est son œuvre la plus connue. On y voit des épisodes de la vie de cette grande sainte, qui eut tant d'influence à la fin du moyen âge. Les fresques de la Farnésine surpassent celles de cette chapelle. Elles représentent les princesses captives de la famille de Darius amenées devant Alexandre après la bataille d'Issus, et le mariage de Roxane avec le jeune héros macédonien. Quelle fête pour les yeux! Le sentiment intime de la beauté, dédaigné par les pédants modernes, se montre dans toute sa splendeur. Pas une tête n'est laide ou même vulgaire. Remarquez surtout le groupe de toutes jeunes filles à genoux devant le vainqueur; Roxane assise sur le lit nuptial entourée d'amours; le génie de l'hyménée qui guide Alexandre.

ne sont pas les mystérieuses forêts du Nord, Sherwood avec ses clochettes bleues dans l'herbe verte et les rêves d'un Shakespeare sous les arbres, la nuit, à la mi-juin, mais la noble poésie grecque, le pin isolé sur le haut promontoire, les îles au pur contour, l'inspiration des Homère et des Phidias qui charma le plus noble des rejetons de la race Aryenne.

Au nom du mysticisme chrétien on aurait le droit peut-être d'attaquer cet élan païen de la renaissance. Mais que dire de ceux qui de nos jours renient également le Calvaire et l'Olympe, la beauté de l'âme et la beauté plastique, qui, après avoir soulevé tous les problèmes et proclamé présomptueusement la fin des temps anciens, sont retombés en politique aux chaînes d'un despotisme énervant, et n'ont en fait de divinités que l'industrialisme et le veau d'or?

CHAPITRE XIX.

ASSISE ET L'ALVERNE.

Départ de Rome. — L'Ombrie. — Vie de saint François d'Assise. — Voyageur et soldat. — La famille de Brienne. — Sa vocation. — Sa tendresse. — Son voyage en Orient. — Sa retraite sur l'Alverne. — Les Stigmates. — Sa mort. — Pérouse. — Le mariage du prince Humbert. — Le Pérugin. — Un pape tourangeau. — Le lac de Trasimène. — Arezzo. — Bibbiena. — L'Alverne. — Le Casentino. — La bataille de Campaldino. — Le col de la Consuma.

21 Avril. — Le moment du départ approche. Nous donnons un dernier coup d'œil à la ville éternelle du haut des terrasses de ce jardin Colonna plein de tant de souvenirs d'un cher passé.

Toutes les étoiles brillent dans un beau ciel limpide quand nous sortons des murs de Rome après avoir dit adieu aux dômes de Sainte-Marie Majeure.

Quitter Rome est toujours si triste que nous nous plaignons moins de la confusion, de la foule, des embarras qui distraient la pensée. Pendant huit mois de l'année il n'y a personne ou presque personne sur les chemins de fer romains ; mais en ce moment la fin des cérémonies de la Semaine Sainte qui coïncide avec le commencement des fêtes de Turin et de Florence, en l'honneur du mariage du prince Humbert, précipitent vers le nord des milliers de voyageurs. Le personnel est insuffisant. Les employés sont exténués. Les trains subissent des retards de plusieurs heures, et la longueur des arrêts fréquents nous ennuie, enfants gâtés que nous sommes depuis les trajets à la vapeur.

Quatorze heures entre Rome et Florence nous paraissent beaucoup trop longues.

En mai 1864, j'ai encore mis cinq jours à franchir cette distance.

Il est vrai que j'ai admiré alors les beaux paysages de la campagne romaine vers Rignano et le Soracte, la forêt de chênes au delà de Civita Castellana, la descente sur Narni à travers les vieux oliviers, les ruines colossales du pont d'Auguste, auprès duquel le viaduc du chemin de fer paraît si mesquin, Terni et sa cascade dans un ravin fleuri, le mont Somma, où des bœufs blancs aux longues cornes sont attachés aux chars comme aux jours des triomphateurs romains, Spolète et ses palais déserts, la fontaine au clair cristal avec le petit temple chanté par Byron :

> And on thy happy shore a temple still,
> Of small and delicate proportion, keeps,
> Upon a mild declivity of hill,
> Its memory of thee; beneath it sweeps
> Thy current's calmness; oft from out it leaps
> The finny darter with the glittering scales,
> Who dwells and revels in thy glassy deeps;
> While, chance, some scatter'd water-lily sails
> Down where the shallower wave still tells its bubbling tale (1).
>
> (Childe Harold, 4. 67.)

(1) Au flanc d'un coteau vert qui doucement s'incline,
Sur ton heureuse rive un petit monument,
Temple corinthien d'une grâce divine,
A conservé ton culte. A ses pieds lentement
Se répandent tes eaux, d'où saute, à tout moment,

Maintenant, emporté dans la nuit, je ne vois rien jusqu'au moment où les premières clartés du jour nous montrent la patrie de saint François fièrement *assise* sur sa haute montagne.

Pas de voiture à la station située dans la plaine près de Sainte-Marie des Anges, nommée aussi Portioncule. Pas d'hôtel non plus, mais une maison de paysans proprette, où nous trouvons l'accueil empressé de la vieille Italie et les plaintes ordinaires contre le nouveau régime comparé avec le gouvernement papal.

A Sainte-Marie des Anges d'abord. — Église vaste, un peu nue. — Sous le dôme est la petite chapelle primitive des fondateurs de l'ordre. Au-dessus de son entrée, fresque de Overbeck, représentant la Madonne changeant des épines en roses. — Chambre où saint François mourut ornée de belles peintures du Spagna.

Nous montons ensuite à Assise, mais avant de parler de cette ville, disons quelques mots de l'histoire de saint François.

Cette vie si extraordinaire, qui eut une influence capitale sur le moyen âge, est si négligée aujourd'hui, que nous ne croyons pas exagérer en disant que même parmi les personnes qui se piquent de lecture, il y en a beaucoup qui l'ignorent totalement.

Il en est de même des vies très-intéressantes cependant de bien des saints. La faute en est en partie à l'ennui désolant, à la médiocrité absolue des compilations pieuses, qui rebutent même des gens bien dis-

> Le poisson voyageur dont l'écaille étincelle
> Et qui dans les cailloux se tapit franchement;
> Tandis qu'un nénuphar livre au vent sa nacelle,
> Sur l'onde fredonnant sa chanson éternelle.

posés et qui s'adressent seulement à un genre de lecteurs qui ne sera jamais qu'une imperceptible minorité.

Celui qui écrirait des vies de saints au point de vue de la majorité des lecteurs et qui ferait connaître et aimer tous ces êtres si extraordinaires et si sublimes, rendrait un grand service à la religion.

Jean Bernardon naquit à Assise en 1182. Dante, qui vécut cent ans après lui, quand son doux souvenir était encore dans toute sa force, donne, au onzième chant du Paradis, la description de ce lieu.

C'est saint Thomas d'Aquin le plus illustre des disciples de saint Dominique, qui raconte la vie de saint François, tandis que la vie de saint Dominique sera racontée par saint Bonaventure, l'illustre franciscain.

Échange de bons procédés entre ces deux grands ordres créés au commencement du xiii® siècle et dont les fondateurs se connurent et s'aimèrent d'une amitié fraternelle.

> Intra Tupino e l' acqua, che discende
> Del colle eletto, del beato Ubaldo,
> Fertile costa d' alto monte pende
>
> Onde Perugia sente freddo e caldo
> Da porta Sole, e dirietro le piange
> Per greve giogo Nocera con Gualdo.
>
> Di quella costa là, dov' ella frange
> Piu sua rattezza, nacque al mondo un sole,
> Come fa questo tal volta di Gange.
>
> Però chi d' esso loco fa parole

> Non dica Ascesi, che direbbe corto,
> Ma Oriente, se proprio dir vuole! (1)

Pierre Bernardon, père de Jean, était un assez riche commerçant avare, intéressé, il faisait un commerce de lainages avec la France. Sa femme, Pica, était douce, distinguée d'esprit. Bien des saints illustres, à commencer par le grand évêque d'Hippone, ont dû leur premier sentiment d'amour pour Dieu, au tendre exemple de leurs mères. Jean Bernardon alla de bonne heure en France, sa facilité à parler la langue de notre pays lui valut le surnom de François qui lui resta. Dans un corps débile il avait une âme ardente. Les voyages, dès son adolescence, les aventures qui en résultaient, développèrent son imagination, comme il arrive toujours aux natures passionnées. Dans d'autres temps cette disposition aurait pu l'entraîner vers le mal, mais au milieu de toutes ses tristesses, le moyen âge était au moins un siècle de foi.

François priait, et l'amour de Dieu et de son prochain remplissait son cœur.

Il avait des visions ; un jour le Christ lui apparut

---

(1)   Entre l'eau du Tupin et le ruisseau qui tombe
Des collines où saint Ubald choisit sa tombe,
Un fertile coteau pend d'un mont sourcilleux

Qui souffle aux Pérugins, par la porte del Sole
Et le froid et le chaud ; derrière se désole
Gualde avec Nocera sous un joug odieux.

Au point où du coteau la pente est moins rapide,
Un soleil se leva, soleil aussi splendide
Que celui qui surgit du Gange en souriant.

Cet endroit d'où jaillit le soleil de l'Église,
C'est donc mal le nommer que l'appeler assise,
Il faut plus proprement l'appeler Orient.

dans la vieille chapelle de Saint-Damien au penchant de la colline d'Assise et lui dit : « Répare mon Église qui tombe en ruines. » Il crut que ces paroles s'appliquaient à l'église de Saint-Damien, et, pour se procurer l'argent nécessaire aux réparations, il se dépouilla de tout et mendia même dans les rues de sa ville natale.

Une autre fois, pendant qu'il rêvait en se promenant dans la plaine, il vit comme le mirage d'un palais magnifique plein d'armes et de soldats marqués de la croix.

Gauthier de Brienne (1) passait alors à Foligno marchant à la conquête du royaume des Deux-Siciles. François s'engagea dans ses troupes, mais dégoûté de leur brutalité et de leur licence il les quitta bientôt pour aller errer dans les hautes vallées de l'Apennin, près de la montagne en bosse qu'on aperçoit quelquefois à l'horizon du haut des vieilles tours de Sienne. Il visita le monastère Bénédictin de Fonte Avellana où Dante séjourna en 1318 avant son dernier voyage à Udine et sa mort à Ravenne (14 septembre 1321) et où il termina le Paradis.

> Tra duo liti d' Italia surgon sassi,
> E non molto distanti alla tua patria,

(1) Gauthier de Brienne était un seigneur champenois. Il avait épousé la fille du roi de Sicile, Tancrède (1198), enfant naturel du premier roi des Deux-Siciles, Roger. L'empereur Henri VI s'était emparé du royaume au nom de sa femme Constance, sœur légitime du roi Roger. Au moment de l'invasion de Gauthier de Brienne le roi titulaire était leur fils Frédéric II, encore en bas âge. Après quelques succès Gauthier fut fait prisonnier et se laissa mourir de faim. Un esprit distingué, M. le vicomte de Sassenay, qui connait à fond le royaume de Naples, qu'il a longtemps habité, prépare un intéressant récit de l'histoire peu connue de cette famille de Brienne qui joua un si grand rôle au XIIIe siècle en Italie et en Orient.

Tanto che i tuoni assai suonan piu bassi :

E fanno un gibbo, che si chiama Catria,
Disotto al quale e consecrato un ermo,
Che suol esser disposto a sola latria (1).

(Paradiso, XXI.)

La négligence des chroniqueurs est telle, que les dates précises de la première partie de la Vie de saint François sont difficiles à donner, mais il devait avoir environ 23 à 24 ans. Son père et il faut avouer que c'était chose assez naturelle, était fort mécontent de lui et le croyait un peu fou. Après l'avoir traité avec sévérité pendant quelque temps il cessa tout rapport avec lui.

En 1207 nous voyons François s'établir dans la plaine, à la Portiuncule, petit bien dépendant d'un couvent de Bénédictins établis près d'Assise.

Son cœur débordait de tendresse. Au milieu d'un temps dur où le faible était broyé par le fer il songeait à une association de charité et d'amour sous l'égide de la religion, la seule chose qu'on respectait alors.

Le 16 août 1209 il reçoit parmi les frères mineurs ses deux premiers disciples Pierre de Catane et Bernard de Quintavale. Quelques mois après cent vingt-sept âmes pieuses étaient groupées autour de lui.

Il se rendit alors à Rome qu'il connaissait depuis son enfance et obtint l'approbation du grand pape Innocent III (Conti 1198-1214).

Les années suivantes sont remplies de prédications

(1) « Frère, entre les deux mers qui bordent l'Italie,
Il est d'âpres rochers, non loin de ta patrie,
Élevés au-dessus des colères du vent.
Ils forment une bosse énorme qu'on appelle
Catria, vaste croupe au-dessous de laquelle
Est un cloître fondé pour la prière et Dieu. »

et de voyages. Il écrit sa règle, et des communautés se forment de tous côtés, refuge des âmes opprimées, protestation de liberté et d'amour au pied de la croix. François veut partir pour le Saint-Sépulcre, mais l'orage jette son navire sur les côtes de la Dalmatie, il est obligé de revenir à Ancône. Il traverse alors la France et l'Espagne et veut aller convertir au Maroc le souverain de la dynastie des Almohades qu'on nommait le Miramolin, corruption d'un des titres arabes des califes ; « emir al moslemin » mais il tombe gravement malade et la volonté de Dieu le ramène en Italie. Partout sur son passage il console, il encourage, il soutient bien mieux que ces paladins dont on a dit :

> Ils étaient, dans les temps d'oppression, de deuil,
> De honte, où l'infamie étalait son orgueil,
> Les spectres de l'honneur, du droit, de la justice.
> . . . .
> On voyait le vol fuir, l'imposture hésiter,
> Blêmir la trahison et se déconcerter
> Toute puissance injuste, inhumaine, usurpée
> Devant ces magistrats sinistres de l'épée (1).

Les âmes les plus endurcies se convertissent à son approche. Dans son élan sublime, il convie la nature entière au grand festin de l'amour. Un oiseau, une brebis, une fleur excitent son admiration et sa reconnaissance pour le Créateur. Dans les campagnes de Sienne il prêche Dieu aux troupeaux. Entre Osimo et Lorette une brebis suit ses pas, les oiseaux volent vers lui, les poissons du lac de Trasimène entendent sa voix. Dans les intervalles de ses voyages il habitait tantôt la Portiuncule devenue

---

(1) Victor Hugo, Légende des siècles.

un vaste couvent sous la protection de Notre-Dame-des-Anges, tantôt l'ermitage de Rivo Torto situé un peu plus loin près d'un clair ruisseau, sous les grands chênes. On y accourait de tout le centre de l'Italie, et vers ce temps où la guerre civile désolait l'Allemagne et l'Angleterre, où le roi Jean signait la Grande Charte de Runameade, où Philippe-Auguste triomphait à Bouvines, on voyait dans les vieilles plaines étrusques, sous les hêtres de l'Apennin, un mouvement d'abnégation et de tendresse qui ressemblait de loin aux beaux jours de la Galilée où la terre émue entendit la parole du Verbe.

Des religieuses avaient adopté sa règle sous la direction de Claire, jeune fille d'une des premières maisons d'Assise. Pour ceux qui voulaient vivre en chrétiens dans le monde, François avait institué son tiers ordre, sublime franc-maçonnerie catholique, association de charité et de prière qui pourrait sauver bien des âmes et rendre encore de grands services de nos jours. Les plus puissants de la terre, des rois et des reines, aux plus grands moments de la splendeur monarchique, se sont honorés d'être membres du tiers ordre de saint François.

L'extension que prenaient les frères mineurs tenait du prodige ; des âmes d'élite qui devaient devenir de grands saints s'étaient jointes à eux, comme saint Antoine (1) en Portugal.

En mai 1219, moins de dix ans après la prise d'habit des deux premiers disciples, un chapitre général fut réuni à sainte Marie des Anges. On le nomma chapitre

---

(1) Appelé saint Antoine de Padoue, du nom de la ville qui fut le principal théâtre de ses prédications et où l'on admire encore son magnifique tombeau.

des Nattes, à cause des espèces de cabanes couvertes de nattes qu'on fut obligé d'élever pour loger la multitude ; cinq mille religieux y assistaient.

Le cardinal Ugolino Conti, protecteur de l'ordre, qui fut pape de 1227 à 1241 et canonisa lui-même le fondateur, s'écria en présence de cette grande assemblée qu'il vint visiter de Pérouse : En vérité, voici le camp de Dieu.

François adressa alors des lettres modestes et sublimes à la fois à tous les souverains de l'Europe, les exhortant à la charité et à la paix. Ses disciples propagèrent partout ses doctrines, et l'on peut attribuer à son influence le répit que l'humanité eut dans la plupart des pays de l'Europe au milieu du XIIIe siècle. Saint Louis, par exemple appartenait au tiers ordre.

Le chapitre terminé en août 1219, François et quelques compagnons partirent d'Ancône pour l'Orient. Cette fois sa navigation fut heureuse et il alla aborder en Égypte ou les restes de la cinquième croisade (1) assiégeaient Damiette. Mécontent des débauches de l'armée chrétienne amollie par le climat corrupteur de l'Égypte et ayant échoué dans sa tentative de conversion du sultan Melek-el-Kamel (2), neveu de Saladin, il quitta le camp et parcourut les côtes de Syrie ; mais les récits de son voyage sont très-confus, et il paraît avoir été assez court puisque nous le retrouvons en Italie en 1220.

---

(1) André, roi de Hongrie, et Jean de Brienne, roi titulaire de Jérusalem, en étaient les chefs. Le premier avait été obligé de retourner dans ses États.

(2) Le sultan paraît ne pas avoir voulu lui faire aucun mal. Il le laissa aller et venir librement. Peut-être le prenait-il pour un fou. Cette infirmité est toujours privilégiée en Orient. Melek-el-Kamel était du reste un prince doux et éclairé ; ce fut lui qui céda Jérusalem à Frédéric II, **1228**.

Là il eut à lutter contre un esprit mondain qui avait envahi beaucoup de ses couvents. Du vivant même du saint fondateur, on voit chez les frères mineurs des traces de ces décadences périodiques qui se sont toujours produites chez les Franciscains et jamais chez les Jésuites.

La raison en est bien naturelle. L'ordre de saint François immensément nombreux, se recrutant dans les classes pauvres, où il est beaucoup plus facile d'avoir de fausses vocations, demandant peu d'études, acceptant facilement et vite toutes les âmes troublées, ne pouvait pas avoir la cohésion puissante de l'œuvre admirable de saint Ignace de Loyola, mais il répondait à un besoin universel du XIIIe siècle et il sortait d'un élan d'amour qui n'a jamais pu être surpassé.

La santé de François d'Assise avait toujours été mauvaise, ses forces diminuaient ; il se démit du généralat de l'ordre et au printemps de 1224, il monta avec quelques compagnons sur la montagne de l'Alvernia, haut sommet entre les sources du Tibre et celles de l'Arno, où le comte de Monte-Feltro lui avait fait bâtir un ermitage.

Là, au sein d'une nature alpestre, sous les sapins et les hêtres ou retiré dans le creux des rochers, il songeait incessamment au mystère d'amour de Jésus-Christ crucifié. Des visions sublimes le mettaient en rapport continuel avec Dieu. Enfin le jour de l'Exaltation de la Sainte-Croix, Notre-Seigneur lui apparut crucifié et s'approchant de lui, le marqua des signes de la Passion. Ses mains et ses pieds portaient de profondes blessures et sa poitrine était percée d'un coup de lance.

A l'approche de l'hiver, François descendit de la montagne pour retourner à Assise ; le bruit du miracle s'était répandu de tous côtés. Dans toutes les villes qu'il devait traverser, Arezzo, Cortone, Pérouse, des populations entières se pressaient sur son passage; en baisant ses plaies les malades étaient soulagés.

C'est ainsi qu'il guérit saint Bonaventure, tout petit enfant alors, et qui devait devenir une des lumières les plus illustres de l'ordre des Frères Mineurs et de la doctrine catholique.

François d'Assise vécut encore deux ans et mourut à la Portiuncule, le 4 octobre 1226. Moins de deux ans après, contre l'habitude ordinaire de l'Église, il fut canonisé par le pape Grégoire IX, qui vint vénérer son corps qui avait été transporté à Assise.

Plus tard, le pape Benoît XI (1303-1305) institua une fête en l'honneur de ce miracle des stigmates qui eut des milliers de personnes pour témoins, dont parlent tous les contemporains et dont l'évidence historique embarrasse ceux qui ne veulent croire à aucun prix à des faits miraculeux.

Voici ce que Dante écrivait des stigmates et de la mort de saint François d'Assise.

> Nel crudo sasso intra Tevere ed Arno
> Da Cristo prese l' ultimo sigillo,
> Che le sue membra du' anni portarno
>
> Quando a colui, ch' a tanto ben sortillo,
> Piacque di trarlo suso alla mercede,
> Ch' ei meritò nel suo farsi pusillo;
>
> A i frati suoi, si com' a giuste crede,
> Raccomandò la sua donna più cara,
> E comando che l'amassero a fede (1).

(1) Et c'est là sur un roc entre le Tibre même
 Et l'Arno, que le Christ lui donne un sceau suprême
 Stigmate écrit deux ans sur ses membres meurtris.

En gravissant la colline d'Assise parmi les haies d'aubépine couvertes d'une verdure tendre, nous apercevons tout d'abord les substructions immenses, en arcades, du couvent de saint François.

Trois églises l'une sur l'autre. Dans la première, vie de saint François de Cimabue et de Giotto. Dans la seconde, sombre, irrégulière, admirables fresques de Giotto, mais j'en parle par ouï-dire, n'ayant jamais pu les voir distinctement. La troisième est une crypte dont le style dorique contraste avec la belle architecture gothique d'en haut.

Au centre est un riche tombeau qui contient le corps de saint François. Il est scellé aux armes de Pie VII (1), et l'on ne donne jamais des parcelles de ses os. J'avoue que j'aime extrèmement cette règle des Franciscains, qui a été aussi adoptée par les Dominicains, à Bologne, pour le corps de saint Dominique.

Sur la place d'Assise, inondée de soleil, déserte ainsi que les rues de cette petite ville à l'aspect monastique, est un portique romain bien conservé. Les proportions des six colonnes corinthiennes cannelées sont excellentes. La frise est très-simple.

L'extérieur de l'église de Sainte-Claire est d'un bon gothique, l'intérieur, où l'on nous montre le corps de

> Quand il plut à celui qui pour cette œuvre immense
> L'avait choisi, de lui donner la récompense
> Conquise justement par son humilité,
>
> A ses frères, ainsi qu'à des hoirs légitimes,
> Il confia l'épouse, objet de feux sublimes
> En la recommandant à leur fidélité.

(1) L'endroit exact où le cercueil en pierre de saint François d'Assise avait été déposé était oublié. On le retrouva au commencement de ce siècle en faisant des réparations.

la sainte, a été entièrement gâté par des restaurations.

On n'a guère touché, au contraire, à l'église et au couvent de Saint-Damien, ce qui en rend la visite intéressante. C'est là que sainte Claire s'établit d'abord et qu'elle repoussa, un ostensoir à la main, les troupes de Frédéric II, composées des Arabes qu'il avait établis à Lucera.

De saint Damien nous descendons un sentier très-escarpé et visitons l'ermitage de Rivo Torto avant de revenir à Notre-Dame-des-Anges.

En 1860 et 1861, les troupes envoyées à Assise pour surveiller le suffrage et garantir la sincérité du vote (ridicule comédie dont la Prusse a eu au moins le mérite de se passer dans le Sleswig et dans le Hanovre) ont commis quelques dégâts dans le couvent. C'était peut-être sans mauvaise intention.

Mais ce qui cause une impression bien pénible, bien défavorable pour le gouvernement nouveau, c'est de voir les quelques vieux moines laissés à la garde du monastère obligés de s'habiller en prêtres séculiers. S'ils veulent garder les vêtements de leur ordre, non-seulement on les chasse impitoyablement, mais on refuse de payer la pension dérisoire de 300 francs par an qui leur a été accordée à grand'peine. C'est à ces misérables chicanes, bien dignes de l'esprit étroit et pédant de la bureaucratie révolutionnaire française qu'elle imite, que l'administration italienne consume son temps au lieu de s'occuper des finances délabrées, du brigandage des provinces méridionales qui tombent dans l'État de la Grèce ou de la Turquie.

Ajoutons cependant que la bonhomie et la douceur naturelles de ce peuple charmant ne pouvaient disparaître en un jour. La révolution en Italie n'a imité ses maîtres français que jusqu'à un certain point. Elle a reculé devant l'échafaud. Quelques assassinats comme « moyens moraux » peut-être, mais la guillotine érigée en système politique, jamais.

Nous quittons Assise par un bel après-midi, et nous sommes à Pérouse au bout d'une heure.

De la station à l'hôtel, bonne demi-heure de montée.

Pérouse est située sur le point central d'une rangée de collines qui rayonnent à l'entour.

La ville haute, construite au milieu avec les faubourgs sur les coteaux secondaires, a tout à fait la forme d'un crabe. Elle offre une grande ressemblance avec Sienne, qui l'emporte cependant à cause de la beauté de sa cathédrale et d'un horizon encore plus étendu.

Toutes deux ont le caractère sévère de ce pays moins mou que la Toscane, moins imposant que Rome, zone intermédiaire qui fut fameuse au moyen âge. Toutes deux ont un air de noblesse et d'abandon, non de misère, car les environs sont suffisamment fertiles, très-sains, et la population n'est pas trop nombreuse.

La dernière fois que nous vîmes Pérouse, cet aspect nous frappa vivement. C'était en décembre 1866. Je venais d'assister aux fêtes de Venise et à l'ouverture du premier parlement de l'Italie unie à Florence.

Le contraste entre la foule qui se pressait dans ces villes et les rues désertes de Pérouse, au pavement uni, aux grandes maisons noires datant du moyen âge, était bien fait pour intéresser les yeux. De l'esplanade de la citadelle détruite, on découvrait cette haute vallée du Tibre, où s'exhala peut-être le soupir le plus ardent de l'âme humaine vers son Créateur; à l'occident, tout le violet et tout le cerise de la palette du ciel tombaient en cascades vers Radicofani. Je goûtais ce sentiment mystérieux si charmant qu'on éprouvait avant les chemins de fer en approchant de Rome, et que je mentionne pour les vieux voyageurs en Italie qui le connaissent bien.

Aujourd'hui, Pérouse fête le mariage du prince Humbert avec sa cousine germaine, la princesse Marguerite de Savoie, qui se célèbre ce soir à Turin.

Rues pavoisées, musique militaire au Corso, illuminations, feux de Bengale la nuit. Le tout assez convenablement fait. Mais on voit que c'est un effort spasmodique de ceux qui, l'Italie une fois constituée tant bien que mal, trouveraient bien triste de la défaire et acceptent comme nécessité politique un mariage de raison entre le pays et la maison de Savoie. A part cela, qui se soucie sérieusement en Italie de la famille royale, sauf en Piémont, et même là, depuis les tristes événements de Turin en septembre 1864, amenés en grande partie par le manque de jugement et la paresse intellectuelle du roi, le sentiment dynastique a bien diminué.

En Angleterre, en Autriche, où l'on trouve des familles régnantes profondément enracinées dans leurs États, les effusions de dévouement peuvent quelquefois faire sourire, mais elles sont respectables comme tout ce qui est vrai. Ailleurs elles ne sont souvent qu'attristantes tant elles manquent de sincérité.

23 Avril. — Remarquez à Pérouse — Les fresques du Pérugin dans la Sala del Cambio. C'est son chef-d'œuvre.

La fontaine à trois étages de Nicolas et Jean de Pise et en face, au-dessus de la porte du palais communal, le griffon en bronze, l'emblème de Pérouse et le lion symbole du parti guelfe, comme l'aigle était celui des Gibelins. —

Dans la cathédrale restaurée récemment, mais sans goût, un grand sarcophage de marbre rouge contenant les restes de trois papes, l'illustre Innocent III, Urbain IV et Martin IV (1281-1285), Tourangeau gastronome comme le sont fort souvent les compatriotes de Rabelais, et qui mourut d'une indigestion après avoir mangé des anguilles du lac de Bolsène.

> . . . . . E quella facia
> . . . .
> Ebbe la santa chiesa in le sue braccia :
> Dal Torso fu, e purga per digiuno
> L'anguille de Bolsena, e la vernaccia (1).
>
> (Dante, Purgatoire, XXIV.)

La porte d'Auguste, magnifique par la solidité, et par cela seul, car l'ornementation de pilastres doriques et de petits boucliers est mesquine.

Pérouse fut rebâtie par Auguste. Elle avait été brûlée par lui pendant les guerres civiles qui précédèrent sa victoire définitive d'Actium. Le détestable tyran y fit périr plusieurs centaines de chevaliers romains devant l'autel de César, digne malgré toutes ses fautes d'un moins vil pontife. Il était calme et bien élevé du reste,

---

(1) . . . Et cette face blême
. . . .
Eut l'église en ses bras; il était de Touraine.
Il jeûne pour ces bons pinperneaux de Bolsène
Qu'il faisait avec soin cuire dans du vin doux.

et quand on lui demandait grâce, il répondait avec un flegme poli : « Mais non, il faut mourir. »

Près de cette porte aux souvenirs sinistres une petite rue dont je n'ai pas besoin d'indiquer la destination porte le nom de Via Piacevole (rue agréable). C'est bien une naïveté italienne.

Dans la partie moins haute de la ville, remarquez encore le tombeau de Benoît XI dans la vaste église inachevée de Saint-Dominique. Base en marbre rouge, sarcophage orné de riches sculptures, avec le pape couché au-dessus, au pied de la Madone et de plusieurs saints. Colonnettes en spirales ornées de mosaïques. Ce pape était un moine dominicain, il succéda à Boniface VIII en 1303. Pieux et doux, il s'appliqua à réconcilier les partis en Italie. Il avait presque obtenu entre autres choses le rappel de Dante à Florence, quand il mourut subitement empoisonné, dit-on, par les ordres de Philippe le Bel, qui voulait interner la papauté en France comme le désira plus tard Napoléon. Clément VI n'était pas un Pie VII ; aussi le roi réussit pour un temps, au grand dommage de la religion catholique.

Plus loin la promenade publique avec quelques beaux marronniers. Ces arbres à la mode sous l'empire et que l'administration française fit planter en beaucoup d'endroits, Milan, Parme, Ferrare, etc., ont toujours été moins mutilés. Est-ce une tradition de l'horreur des jardiniers français pour ces tailles ridicules ?

A onze heures nous prenons le chemin de fer pour Arezzo.

La végétation est assez peu avancée ; elle le serait presque autant en Angleterre ou en Irlande. Ce n'est pas la première fois que nous faisons cette remarque en Italie. Cela doit provenir de la sécheresse.

Au bout d'une heure nous apercevons le lac charmant de Trasimène avec ses eaux d'un bleu laiteux, les couvents de ses îles vertes et un pic couvert de neige à l'horizon. C'est un de ces jolis coins de pays qu'on aurait tant de plaisir à explorer tranquillement.

La fameuse bataille de Trasimène eut lieu à l'extrémité septentrionale du lac. Sans leur impéritie les Romains devaient triompher. L'armée carthaginoise avait immensément souffert entre la Trebbia et ici sur l'Apennin et dans les marécages de l'Arno et de la Chiana. Annibal, au lieu de profiter de sa victoire, fut obligé d'aller se refaire dans le riche pays qui borde l'Adriatique. Son génie politique et militaire aussi admirable que celui des Alexandre et des Jules César lutta longtemps contre la force des choses, mais Rome était destinée à vaincre. C'était un édifice solidement et patiemment construit en pierres de taille, tandis que Carthage n'était qu'une décoration de théâtre richement dorée.

A Arezzo il y a de belles tombes dans la cathédrale et tout autour un jardin avec de grands arbres qui ressemble au clos silencieux de Saint-Thomas de Canterbury (entretenu d'une façon si déplorable par l'opulente église anglicane, tandis qu'en revanche les demeures où logent les chanoines avec leurs nombreux enfants sont des modèles de confortable).

Place avec une maison à portiques de Vasari très-vantée, je ne sais trop pourquoi.

Santa-Maria-della-Pieve avec une singulière façade, composée de trois rangées de colonnes toutes différentes l'une de l'autre.

Pendant que je l'examine, un cordonnier sort de sa boutique, un fachino s'arrête, et les voilà qui discutent avec moi les mérites de cette architecture. Ceci est tout à fait dans le goût toscan.

Je prends ici une voiture pour Bibbiena, trajet de trois heures en marchant bien.

En sortant d'Arezzo nous suivons une vallée bien cultivée fermée par des collines sans grand caractère. Les routes sont bonnes. Les villages aux rues dallées ressemblent à de petites villes. La campagne est suffisamment fertile, mais elle n'a pas l'aspect plantureux des Romagnes et de la Lombardie. C'est un paysage essentiellement toscan, quelque chose d'élégant, mais d'un peu sec.

Ces remarques s'adressent aux personnes qui connaissent bien l'Italie ou à ceux qui aiment à observer les nuances ; elles deviennent rares. Les lettrés modernes sont si orgueilleux, si absorbés dans leur personnalité qu'ils dédaignent de pareils détails. Ils recherchent la synthèse, comme un bas bleu qui en visitant les environs de Naples s'écriait avec satisfaction : « Je suis enchantée de ne pas avoir vu ces rivages avant d'avoir écrit les Jumeaux d'Hellas ; j'aurais été moins synthétique. » Il est vrai qu'elle avait eu l'idée heureuse de placer le palais de Caserte au bord de la mer où une reine entendait chanter son amant dans une barque.

A Arezzo j'ai besoin de timbres-poste. Je donne 50 cent. en argent. La monnaie qu'on me rend est un billet de 10 cent. de la Banque populaire.

En route le cocher prend un verre de vin, prix 14 cent., mais il n'en veut payer que 13 parce qu'il donne cette grande somme tout entière en bronze.

Je cite ces deux exemples pour montrer la pénurie monétaire greffée sur la liarderie toscane.

La première est déplorable. On n'est pas très-tenté de blâmer la seconde, quand on connait l'imprévoyance, le gaspillage par amour-propre et la misère chronique des orgueilleux ouvriers parisiens.

Bibbiena est une petite ville proprette, mais mélancolique et peu animée. C'est la capitale du Casentino, province dont il est souvent fait mention dans les auteurs toscans.

Elle s'élève sur une colline au centre d'un amphithéâtre de montagnes qui ont une teinte roussâtre due aux forêts de chêne encore dépouillées. La plus élevée de ces cimes, dent isolée où les chênes sont remplacés par de sombres bois de sapins, est l'Alvernia, le « crudo sasso intra Tevere ed Arno. »

24 Avril. — Aux premières clartés du jour nous partons pour l'Alverne dans un petit cabriolet suspendu à la diable, mais c'est encore étonnant qu'on puisse passer en voiture par de tels chemins.

Nous traversons plusieurs ruisseaux de montagnes qui portent leurs eaux claires à l'Arno. Cerisiers en fleurs d'abord, taillis de chênes et de châtaigniers ensuite, où nous entendons pour la première fois, cette année, le cri du coucou.

La végétation cesse en approchant du couvent. Ce sont des champs arides parsemés de blocs de pierres; mais le long des haies à peine vertes fleurissent les violettes des bois et ces primevères qui me font toujours songer au dernier printemps heureux en Irlande, avant que la vieille maison fût touchée par l'aile de la mort.

Les moines de l'Alvernia n'ont pas encore été molestés, car le couvent (les Franciscains ne possédant rien) appartient à la municipalité de Florence qu'on désire ne pas mécontenter.

Le couvent est vaste, mais sans beauté. Au-dessus est une forêt splendide de chênes et de hêtres séculaires. Elle est pleine des souvenirs de saint François. Ici les oiseaux quittèrent les branches pour voler à lui, plus loin est la grotte où il reçut les stigmates et le rocher qui se fendit le jour de la mort du Sauveur. Après avoir rêvé quelque temps sur cette sainte montagne, et fixé dans nos yeux le vaste paysage, nous reprenons le chemin de Bibbiena, d'où nous repartons pour Pontassiève à trois heures de l'après-midi. Nous devons traverser toute la partie la plus haute du Casentino et franchir le col fort élevé de la Consuma avant de redescendre dans la vallée de l'Arno.

Nous trouvons d'abord le village de Poppi et sa haute tour. C'est au pied de ce village que l'évêque d'Arezzo rallia un moment ses hommes après la désastreuse bataille de Campaldino (juin 1289).

Les Gibelins y furent mis entièrement en déroute par les Guelfes de Florence. Dante tout jeune, et Guelfe alors, assistait à cette bataille. Il en est question dans un de ces beaux passages du Purgatoire plein de l'idée du pardon. Dante rencontre Buonconte de Montefeltro dont on n'avait jamais pu retrouver le cadavre après le combat.

> Ed io a lui : Quel forza, o quel ventura
> Ti traviò si fuor di Campaldino,

> Che non si seppe mai tua sepoltura?
> Oh, rispos' egli, appiè del Casentino
> Traversa un' acqua ch' ha nome l'Archiano
> Che sovra l'Ermo nasce in Apennino.
> Là, ve'l vocabol suo diventa vano,
> Arriva' io, forato nella gola,
> Fuggendo a piedi, e sanguinando 'l piano.
> Quivi perdei la vista e la parola :
> Nel nome di Maria fini' ; e quivi
> Caddi, e rimase la mia carne sola.
> Io dirò 'l vero e tu 'l ridi' tra i vivi :
> L' angel di Dio mi prese, e quel d'inferno
> Gridava : O tu dal ciel, perchè mi privi?
> Tu te ne porti di costui l'eterno,
> Per una lagrimetta, che 'l mi toglie :
> Ma io farò del altro altro governo (1).

Quel intérêt saisissant dans cette lutte de l'ange des ténèbres et de l'ange de vie ! Buonconte raconte ensuite comment pour se venger le démon entraîne son corps à la mer.

Nous passons ensuite le champ de bataille avant de traverser l'Arno bordé ici d'une forêt de saules étêtés.

---

(1) Je lui dis : Quelle force ou mauvaise aventure
    A donc à tous les yeux caché ta sépulture
    En arrachant ton corps aux champs de Campaldin?
    « Au pied du Casentin, répond l'ombre de l'homme,
    Un fleuve va coulant, qu'Archiano l'on nomme.
    Sa source est sur l'Ermo, dans le mont Apennin.
    A l'endroit où cette eau fuit dans l'Arno perdue
    J'arrivai, moi, blessé, la gorge pourfendue.
    Fuyant à pied, tachant la terre de mon sang.
    Là, je perdis ensemble et la vue et la vie,
    Et mon dernier soupir fut le nom de Marie.
    Je tombai, je restai chair morte, sur le flanc.
    Va, rapporte aux vivants ce récit véritable.
    L'ange de Dieu, me prit alors ; l'ange du diable
    Criait : « Suppôt du ciel, pourquoi me le ravir?
    Tu me prends sa substance éternelle, son âme ;
    Pour une simple larme, il m'échappe l'infâme !
    Mais sur le corps je vais me venger à loisir ! »

La montée commence ensuite, la vigne cesse bientôt. Le pays proplet, bien cultivé en céréales, coupé de bonnes routes, prend l'aspect de certaines vallées de la Suisse, du côté du Jura plutôt que de celui des Alpes. Ce qui ajoute à l'illusion, c'est un ciel terne où un soleil pâle lutte avec la brume. La montée est longue et pénible. Un vent froid balaye le sol. Un peu avant d'arriver au sommet, on aperçoit une belle vue sur les cimes neigeuses de la Falterona (chaîne centrale) et de l'embranchement de montagnes qu'on nomme Pratomagno.

En descendant à Pontassieve avant que la nuit nous surprenne, nous apercevons les sombres forêts de pins de Valombrosa.

CHAPITRE XX.

LES VILLES DU NORD.

Florence et les Florentins. — Bologne. — La Carisenda. — Les tableaux. — Le prince de Prusse. — Les nouveaux mariés. — Parme et le Corrège. — Marie-Louise — Ferrare. — La folie du Tasse. — Padoue. — Les monuments de Venise et le peuple vénitien. — Palladio et Vicence. — Vérone. — Can Grande et Dante. — Champs de bataille. — Les palais de Mantoue. — Les trois lacs. — Milan. — Saint Charles Borromée. — Pavie et la Chartreuse. — Turin. — Les Piémontais et le Piémont. — Retour en France.

25, 26 et 27 Avril. — Nous quittons Pontassieve de bon matin par le chemin de fer, et une heure après nous sommes à Florence. L'arrivée à Florence est charmante; ce n'est pas grandiose, tant s'en faut, mais les collines gracieuses couvertes de villas, les dômes et les tours de ville ont un aspect élégant et joyeux.

Nous ne dirons que peu de mots sur Florence; c'est un des lieux de l'Italie les plus connus et sur lequel on a le plus écrit. S'il fallait parler des monuments, par où commencer et comment choisir? Du reste, on n'a le droit de décrire un ville pareille qu'après de longs séjours, et quoique j'y sois passé une dizaine de fois, je n'y ai jamais habité. Florence n'a pas gagné à devenir la capitale du nouveau royaume d'Italie. (Que n'est-on resté dans la bonne ville de Turin!) Autrefois c'était un bijou, assez petit, il est vrai, mais élégant, gracieux, finement ciselé. La vie y était d'un bon marché extrême. On y trouvait une petite cour peu gênante et qui attirait les Anglais enchantés de dîner chez un grand-duc. On y était tranquille et doucement entouré d'une atmosphère artistique. Certes le caractère des Florentins laissait et laissera toujours à désirer, mais au moins ils n'étaient pas exaspérés par le dérangement de leurs chères habitudes.

Maintenant tout est changé: Florence prend des airs de grande ville qui ne lui vont aucunement. Les hôtels rivalisent de cherté avec Paris, Londres ou Vienne, et le café Doney a surpassé les prix et l'extravagance de Bignon. La masse de la population profite peu de ce renchérissement, et mécontente, ennuyée, elle donne un libre essor à son insolence naturelle. Elle finira par chasser les étrangers qui ne seront pas avantageusement remplacés par quelques douzaines d'avocats napolitains vivant dans des greniers et mangeant on ne sait où.

La ville manque de promenades publiques. On se lasse du Lung-Arno. Une consigne assez pédante ferme le beau jardin Boboli, sauf pour quelques heures les jours de fête. Les souverains ont trop d'agréments de tous genres pour devoir se refuser aux quelques ennuis de leur position. Le roi d'Italie n'est presque jamais au palais Pitti, il habite plutôt la ferme de San Rossore près de Pise entourée de forêts giboyeuses. Il devrait livrer le jardin Boboli au public et ne pas singer les monarques absolus.

Les Cascines sont trop loin pour les piétons, et le tarif cher et absurdement compliqué des fiacres amène sans cesse des disputes.

Du reste, avec l'exception de la laide et désagréable ville de Livourne, que tous les voyageurs qui s'y connaissent s'efforcent d'éviter, Florence est l'endroit de l'Italie où la police municipale est le plus mal faite et où l'on a le plus à se plaindre des cochers, des facchini, etc. La populace de Florence (cela tient-il aux vieilles idées républicaines?) a toute l'indépendance hargneuse des Français, mais elle n'a pas leurs qualités. Elle est sans énergie, peu honnête, peu guerrière, et ces défauts ne sont qu'imparfaitement rachetés par son amour pour ses grands hommes et son sentiment des beaux-arts. Elle est pédante, et un garçon de restaurant vous reprend avec une superbe amusante si vous n'employez pas pour nommer les plats les pures expressions toscanes.

Les Florentins méprisent les Piémontais comme des lourdauds qui parlent mal l'italien. Les Piémontais déclarent de leur côté que les Florentins sont les plus antipathiques de tous les Italiens et qu'ils ne sont bons qu'à parler indéfiniment. — Je suis fort tenté de leur donner raison.

Ce qu'on ne peut ôter à Florence, c'est le charme de ses rues, où l'on vit dans un monde de beauté artistique, où l'on rencontre à chaque pas quelque chef-d'œuvre depuis le Persée de Benvenuto Cellini, jusqu'aux statues d'Or San Michele et jusqu'aux portes du baptistère de Ghiberti.

Le 27 au soir nous quittons Florence par le chemin de fer de l'Apennin. Les travaux en sont remarquables, surtout un tunnel en forme de S majuscule. Les vues sont belles, principalement quand on voyage en sens inverse en venant vers la Toscane; nous arrivons dans la nuit à Bologne.

28, 29 Avril. — Bologne a un grand air. — La place avec les palais, la façade inachevée de Saint-Pétrone et la belle fontaine en bronze. — Les tours dont une, celle des Asinelli (du nom de la famille qui la construisit) est la plus élevée des Romagnes, et dont une autre la Garisenda, bien autrement penchée que celle de Pise, eut l'honneur d'inspirer une comparaison au Dante.

> Qual pare a riguardar la Garisenda
> Sotto il chinato, quando un nuvol vada
> Sovra essa si, ch' ella incontro penda :
>
> Tal parve Anteo a me che stava a bada
> Di vederlo chinare, e fu talora
> Che io avrei voluto ir per altra strada (1).

Les arcades qui bordent toutes les rues. — Il y en a de tous genres grandes, petites, basses, élevées, ioniques, doriques, moyen âge, renaissance. Les maisons modernes ont en général d'affreux pilastres, mais il se trouve de vrais chefs-d'œuvre dans le style cinque cento, comme en dehors de l'église de San Bartolomeo près de la tour des Asinelli. —

Les églises. — Saint-Pétrone dont les sculptures du portail sont si belles. L'intérieur a un caractère incomparable d'unité et de grandeur. L'élévation, l'élan sublime des cathédrales gothiques du Nord sans rien de sombre pourtant. Si cette église avait été terminée, elle eût surpassé le dôme de Milan. —

---

(1) Comme par un effet bizarre de mirage,
  Sur la Garisenda, lorsque passe un nuage,
  La tour semble au regard prête à se renverser :

  Tel me parut Antée alors que de la rive
  Je le vis s'incliner; mon angoisse fut vive
  Je tremblais sur le dos du monstre réprouvé.

Saint-Dominique, qui s'élève sur une place à laquelle deux colonnes votives et deux grands tombeaux du moyen âge, sous des baldaquins, donnent un aspect tout particulier. Une partie des murs en brique de l'église est surmontée d'une frise de marbre d'un fini merveilleux et où l'ornementation de l'architecture antique est mêlée avec celle du moyen âge.

Saint Dominique qui mourut à Bologne le 6 août 1221, est enterré ici ; son monument est un chef-d'œuvre de Nicolas de Pise. — Curieux tombeau de Taddeo Pepoli. — Inscription sépulcrale du fils naturel de l'empereur Frédéric II, Ensius, roi de Sardaigne, qui fut fait prisonnier par la république de Bologne et gardé captif jusqu'à sa mort.

En retournant vers le centre de la ville, remarquez le beau palais Bevilacqua avec ses proportions heureuses et ses pierres taillées en diamant. —

La galerie de tableaux de Bologne est une des belles collections de l'Italie. La sainte Cécile de Raphaël s'y trouve, mais je n'essayerai pas de redire l'explication charmante de Monseigneur B*** comme je n'ai pas osé parler à Rome de son interprétation si originale et si profonde des chambres de Raphaël au Vatican.

Remarquez le martyre de sainte Agnès et la Vierge au Rosaire du Dominicain, la communion de saint Jérôme d'Augustin Carrache. Belle ordonnance des tableaux de l'école bolonaise. Ils ont un air de famille, et les têtes de femme ont de la ressemblance avec le type des belles dames de la cour de Louis XIV.

Un grand peintre qu'on apprend à connaître ici est le Francia (1460-1533). On peut le comparer au Pérugin avec lequel il a des analogies, mais il est moins monotone et son coloris est meilleur. On sent qu'on approche de Venise. Un saint Sébastien, est presque aussi chaudement enlevé que celui du Titien dans la galerie du Vatican à Rome.

La Madona della Pieta du Guide est son chef-d'œuvre malgré le manque d'unité ; l'expression de la sainte Vierge est admirable ainsi que la tête de saint Charles Borromée et la pose de saint Procule.

Dans d'autres tableaux le Guide revient à ses airs penchés et à ses grandes figures fades qui m'empêchent de l'aimer beaucoup.

La vie de Bologne est agréable. Stendhal, fin connaisseur de l'Italie, l'appréciait extrèmement.

Les femmes y sont très-belles et rappellent les Romaines.

Nous devons partir pour Modène à trois heures, le 29. Mais les fêtes de Florence mettent tous les oraires au défi. Tant pis pour les voyageurs paisibles. Il est vrai que ce n'est pas tous les jours qu'un prince royal se marie. Hier nous avons eu le prince royal de Prusse qui a été reçu avec enthousiasme pour faire une démonstration contre la France. Il a été visiblement enchanté des cris de « Vive le vainqueur de Sadowa! »

Aujourd'hui c'est le prince Humbert qui arrive avec sa blonde et gentille fiancée.

La population, charmée de la bonne grâce, de la timidité, du désir évident de plaire de la jeune princesse, lui fait un accueil infiniment meilleur qu'on ne l'espérait après les émeutes du mois passé. Le 3me, le 4me et le 8mo grenadiers, l'artillerie à pied, etc., font la haie. Ce sont des troupes magnifiques, le sang est si beau en Italie. Avec un bel uniforme les régiments de grenadiers égaleraient presque l'infanterie de la garde en Angleterre; mais l'uniforme italien est affreux. Ce n'est pas une critique. Ce serait au contraire la plus grande folie que de faire des dépenses de luxe militaire.

Le prince et la princesse de Piémont parcourent la ville et repartent sur les quatre heures après avoir déjeuné à la préfecture. Un déjeuner est une chose obligatoire dans ces occasions-là, et il faut que les estomacs princiers aient une grâce d'état. Que nous envions peu ces existences qui nous paraissent celles de forçats enguirlandés; mais les uns sont nés dans ce milieu et accoutumés à ce métier dès l'enfance, et quant aux parvenus, le plaisir de se pavaner console de tout. Faisons donc économie de compassion.

Le pays est riche entre Bologne et Modène. Il est couvert d'une éblouissante verdure; à gauche est l'Apennin. Peu après Bologne on traverse le Reno. Ces fleuves-torrents bouleversent tout. On ne trouve plus de traces de l'île funeste où fut conclu le second triumvirat entre Lépide, sot et pusillanime, Antoine, sanguinaire et dissolu, et Octave, le plus infâme des trois. Mais il fut heureux, il pensionna les gens de lettres, et la postérité le nomme Auguste.

Modène a une cathédrale curieuse, une belle tour, des tableaux, une descente de croix en terra cotta de Begarelli et des remparts plantés de marronniers.

Nous n'allons pas à Parme cette fois-ci, mais je n'oublierai jamais mes deux visites à cette ville agréable et belle dans son abandon, le Baptistère lombard, les terrasses du grand jardin avec la vue des Alpes d'un côté et des Apennins de l'autre, le charme profond des anges blonds aux yeux noirs des fresques du Corrége.

Plus que tout autre peut-être, ce grand maître eut le sentiment intime de la beauté.

Marie-Louise était très-aimée à Parme et on lui garde un affectueux souvenir. Elle était charitable et douce. Pourquoi reprocher si durement à cette pauvre femme de ne pas être restée inconsolable de la chute de son impérieux mari, qu'elle craignait, qu'elle n'avait jamais aimé et qu'elle avait été contrainte d'épouser par des raisons politiques?

Nous revenons de Modène à Bologne par une soirée ravissante. La lune jette ses lueurs perlées sur les collines et la plaine. Les grenouilles coassent dans les marécages et l'on entend dans la campagne toutes les rumeurs des nuits d'été.

30 Avril. — C'est toujours avec regret que l'on voit disparaître les tours de la vieille Bologne. Le chemin de fer de Ferrare traverse un pays fertile, un peu marécageux. Le bleu du ciel et la verdure de la terre s'allient avec toute l'harmonie vaporeuse d'une belle journée de printemps.

A ce voyage nous n'avons pas été revoir Ravenne, mais nous ne pouvons trop conseiller aux voyageurs de visiter cette ville pleine de souvenirs, avec son horizon superbe, ses admirables églises, et sa forêt de pins chantée par Dante et par Byron.

En entrant à Ferrare, nous sommes frappés du silence et de l'absence de mouvement. Un petit coin, au centre de la ville, a une certaine animation, le reste est presque désert.

La façade de la cathédrale est compliquée, bizarre, mais assez belle. Les colonnes du porche reposent sur des nains baroques, portés eux-mêmes par les inévitables lions en marbre rouge de Vérone. Dans l'intérieur voyez un beau groupe en bronze. Notre-Seigneur crucifié se détachant sur un fond peint en bleu, deux figures de saints de chaque côté.

Le château de Ferrare, édifice en brique aux tours encorbelées, entouré de larges fossés pleins d'une eau stagnante, a un aspect hollandais ou allemand du Nord. Ce n'est pas là la demeure qu'on aurait donnée en imagination à ces princes brillants de la maison d'Este, patrons de l'Arioste et du Tasse, patrons assez tyranniques et capricieux du reste.

Très-près de ce grand palais, dans l'hôpital civil, est le trou nommé la prison du Tasse, mais qui n'est rien moins qu'authentique. N'importe, c'est l'usage d'y venir. On voit encore sur les murs les noms de Casimir Delavigne et de Lamartine; quant à celui de Byron, il a été détruit par le duc de Modène en voulant enlever le morceau de plâtre sur lequel il se trouvait. Si l'histoire est vraie, elle ne donne pas une haute idée de l'esprit de ce potentat.

Le Tasse fut-il prisonnier d'État ou vraiment fou? Nous avons déjà parlé de ceci à propos de Sant-Onofrio. Peut-être la vérité se trouverait-elle dans un mélange des deux idées. Un peu de folie, mais aussi des accès de colère et d'une juste indignation pendant lesquels des vérités dangereuses auraient été prononcées.

Ferrare a quelques belles maisons particulières, restes de sa grandeur passée. La maison de l'Arioste, construite par lui et où il mourut, est très-simple. Briques rouges, cinq fenêtres, deux pilastres, une petite corniche. Elle a néanmoins un certain cachet grâce à la solidité et aux bonnes proportions, qualités que dédaignent les architectes modernes.

Le tombeau du poëte se trouve à la bibliothèque. Il est du xviie siècle et d'un goût médiocre.

On nous montre plusieurs de ses autographes, des lettres, des pièces de vers. Son écriture rappelle celle de certaines familles royales ; mais l'écriture, le papier, l'encre étaient plus solides qu'aujourd'hui. Faites la même observation à Parme et à la bibliothèque Ambrosienne à Milan.

La soirée est magnifique. Nous allons au Montagnone, la promenade de Ferrare. Elle est jolie et assez bien tenue. On a fait des plantations nouvelles, les arbres anciens ne sont pas trop mutilés, mais personne n'y vient.

Rien ne peut donner une idée de la dépopulation de Ferrare. Du haut des remparts on croit voir la campagne des deux côtés, tant les jardins de l'intérieur de la ville sont vastes. La mélancolie d'aspect est grande et elle nous semble avoir gagné les habitants. Cependant les villes de province de France sont encore plus mortes, plus ennuyeuses, et nous aimerions mieux demeurer ici.

1er Mai. — Nous partons de Ferrare au moment où le 4me grenadiers y arrive. Nous ne pouvons trop louer l'excellente tenue et l'air martial de ces belles troupes. A trois milles de Ferrare on traverse le Pô à un endroit nommé on ne sait pourquoi Ponte Lagoscuro, car il n'y a que dix-huit mois qu'un pont y existe.

Quand nous sommes venus ici pour la première fois en 1864 et que nous remarquions les immenses fortifications faites par les Autrichiens nous nous doutions peu que deux ans après la Vénétie devait être délivrée du joug tédesque.

La brume du matin couvre toute la vallée du Pô A Monselice, jolie village couronné par un donjon féodal, on entre dans les collines Euganées. Ce massif de coteaux aux contours gracieux est un vrai bouquet de fleurs comme le Sahel d'Alger. Au coucher du soleil sur les vieux remparts de Padoue, par les beaux soirs d'automne à la place d'armes de Venise, on voit apparaître ces collines vaporeuses sur le rose horizon, charmantes, comme un rêve des îles Fortunées. C'est dans leurs vallons que mourut, en 1374, Pétrarque. Il était né en 1304 à Arezzo. Son tombeau se trouve dans la petite ville d'Arqua.

Padoue m'a toujours plu; quoique plus ou moins déchue, elle a encore assez d'animation. La vérité m'oblige à ajouter qu'à l'exception des principaux monuments elle est fort mal construite. Les arcades sont de bien faibles imitations de celles de Bologne.

L'église de Sainte-Justine est immense. L'intérieur est très-imposant, mais elle fut changée par les Autrichiens en magasin de fourrage, et elle contient peu d'objets intéressants.

Saint-Antoine, au contraire, nommé ici Il Santo, est un vrai musée ; magnifique candélabre en bronze qui porte le cierge pascal. Superbes tombeaux, car à mesure que l'on approche de Venise, ce luxe, grand partout en Italie, augmente encore.

Les bas-reliefs de la Chapelle de Saint-Antoine sont admirables. Saint-Antoine était un Portugais d'une famille distinguée. Devenu disciple de saint François d'Assise, il fut envoyé ici, où il se fit tant aimer par des prodiges de zèle et de charité, que sa mémoire vit encore dans le peuple de Padoue.

La chaleur est grande. Nous passons une heure de repos fort douce sous les beaux ombrages du jardin botanique. Il est baigné par un des nombreux canaux qui traversent la ville. La bonne terre, les soins des jardiniers, l'abondance d'eau en font un petit paradis. Les oiseaux chantent dans l'épaisse verdure. Des plantes exotiques mêlées aux fleurs de nos climats embaument l'air.

Les arbres, entièrement respectés par la scie des émondeurs, sont aussi beaux que dans un parc anglais. Avis aux ridicules préjugés de ceux qui prétendent que les arbres meurent en Italie s'ils ne sont pas odieusement mutilés.

Au bout d'un verger plein de mûriers et de roses, est la chapelle peinte en entier par Giotto. Elle se nomme Santa Maria del Arena. Restée dans la famille des comtes Gradinigo de Venise, elle est merveilleusement conservée.

Giotto composa ces fresques en 1306 pendant le séjour que Dante exilé fit à Padoue. On peut être certain que les deux illustres amis eurent ici des entretiens sur l'art.

Les scènes de la vie de Notre-Seigneur ont une grande noblesse. Le Jugement dernier est fort curieux. L'enfer est un peu trop féroce et bizarre, mais les têtes des élus sont pleines d'une expression pieuse. On voit beaucoup de moines parmi eux. Le siècle était encore sous l'impression des vertus de saint François d'Asisse et de saint Dominique. L'âge de la raillerie, des contes de Boccace, n'était pas venu.

Il n'y a que deux heures environ de Padoue à Venise.

Aussitôt arrivés nous allons à la place Saint-Marc, où la musique militaire joue des airs d'opéra.

Je ne puis exprimer le plaisir que j'éprouve à me retrouver dans cette chère et belle Venise. La place Saint-Marc me semble plus belle que jamais. Le ciel est pur, l'architecture se détache admirablement bien sur le sombre azur du soir.

2,3 Mai. — Deux journées heureuses passées à revoir. Que de palais, que d'églises, que de monuments de tous genres dans cette ville jadis si riche et si puissante et qui fut longtemps le trait d'union entre l'Orient et l'Occident! Le palais des doges demanderait à lui seul plusieurs mois d'étude. On ne se lasse pas d'admirer ses sculptures, ses bronzes, ses statues, la Venise triomphante de Paul Véronèse et l'originalité et la hardiesse de son architecture. Remarquez le gros pilier qui soutient l'angle du côté de la Piazzetta.

L'Académie de peinture possède une magnifique collection.

Rien ne peut être plus suave que les madones de Bellini, mais il est monotone, défaut dans lequel ne tombe jamais Raphaël. La Visitation, un des premiers ouvrages du Titien, et l'Assomption, un de ses derniers, montrent les progrès accomplis par soixante-cinq ans de travail. On sait que le Titien mourut presque centenaire.

L'Assomption, la Présentation au temple et plusieurs

autres tableaux de Paul Véronèse procurent une sensation de plaisir immédiate, qui n'est nullement cherchée. C'est le propre de la vérité et de la splendeur du coloris ; il faut plus d'étude et d'analyse pour apprécier la composition et le dessin.

Étudiez la série de tableaux de Carpaccio, la Vie de sainte Ursule. —

La magnifique église des Frari est d'un gothique pur, peu orné. Elle date de la seconde moitié du XIIIe siècle, quand l'ordre fondé par saint François d'Assise avait envahi toute l'Europe grâce aux principes de vie et d'amour qu'il contenait.

Cette église est le Santa Croce de Venise. Si les personnages qui y sont enterrés sont un peu moins illustres, les sépulcres de la renaissance l'emportent en beauté.

Les tombeaux du doge Tron (mort 1472) du doge Foscari (mort 1457) sont de véritables édifices. J'en dirai autant des tombeaux modernes du Titien et de Canova. Ce dernier est une imitation du monument de l'archiduchesse Marie-Christine dans l'église des Augustins à Vienne, mais elle est bien inférieure à l'original. Je préfère quelques tombes secondaires comme celle de Jacques Marcello. Elle forme un médaillon oval adossé au mur. Au-dessus d'un sarcophage richement orné soutenu par des cariatides, est un guerrier, la lance au poing, entre deux beaux enfants, ses fils probablement.

Derrière l'église est la scuola (ou confrérie charitable) de San Rocco. Elle est couverte à l'intérieur de fresques et de tableaux qui montrent la fécondité prodigieuse du Tintoret. Mais faits trop à la hâte, ils sont bien détériorés et noircis. Dans l'art comme dans la nature toute chose a besoin de temps. L'extérieur est un exemple frappant du style orné jusqu'au délire. Des morceaux de porphyre, de serpentine sont incrustés dans les murs, les colonnes cannelées composites ont des guirlandes de fleurs vers le milieu du fût. L'effet n'est cependant pas déplaisant, mais c'est que la construction n'est qu'une bonbonnière. Ce genre devient odieux dans de grands édifices. Il défigure bien des parties du nouveau Louvre à Paris.

La Scuola di San Marco, aujourd'hui l'hôpital civil, a une façade un peu plus sobre quoique les marbres de couleur y soient employés encore. Elle se trouve sur la place de San Giovanni et Paolo, en face de la belle statue équestre en bronze de Colleoni. Dans l'église, à gauche du maître-autel, est le tombeau du doge Vendramin (mort 1479) de Leopardi. C'est un des morceaux les plus exquis de la sculpture de la renaissance.

Dans la sacristie on admirait des bas-reliefs, des boiseries et un des chefs-d'œuvre du Titien, le Martyre de saint Pierre, le Dominicain de Vérone. Tout a été consumé par un incendie, l'été dernier.

Le jardin public de Venise à l'extrémité Est de la ville est fort mal entretenu ; on y voit cependant une allée d'assez beaux arbres. Le Lido est une longue bande de terre sablonneuse qui protége les lagunes de Venise contre les tempêtes de l'Adriatique. Quelques personnes détestent le Lido.

> A Venise, à l'affreux Lido,
> Où vient sur l'herbe d'un tombeau
> Mourir la pâle Adriatique,

dit Alfred de Musset en parlant des lieux où il s'est senti le plus attristé.

Je l'aime pourtant avec ses vues, tantôt sur la pleine mer, tantôt sur la ville de Venise, et les Alpes couvertes de neige au delà.

Le 3 nous allons à S. Erasmo, grande vigne située dans les lagunes entre le Lido, Murano et l'île de Torcello, curieuse par ses débris du vi^e siècle et par les premiers souvenirs des réfugiés de la Terre Ferme qui devaient fonder la république de Venise.

Les marais, les pêcheurs dans la vase, les oiseaux aquatiques, le soleil chaud, l'horizon vaporeux, avec des effets de lumière et d'optique particuliers aux lagunes, cette population vivant presque entièrement sur l'eau, tout cet ensemble qu'on ne rencontre pas ailleurs en Europe fait songer à l'existence qu'on mène dans les marécages, sur les rivières et les grands lacs de la Chine. Quand on lit le récit d'un voyage en jonques dans ce curieux pays, l'imagination se reporte immédiatement aux lagunes de Venise.

La place Saint-Marc, la Piazzetta, la rive des Esclavons sont charmantes par les belles nuits de clair de lune. Il est agréable aussi de remonter le grand canal en gondole, au milieu d'une avenue de magnifiques palais. On est si tranquille, on se repose si délicieusement dans une gondole. Certaines personnes se plaignent qu'elles sont noires; nous sommes tenté de croire qu'elles perdraient de leur grâce si elles étaient autrement. Dans les grandes occasions, comme quand nous vîmes l'entrée du roi Victor-Emmanuel à Venise au mois de novembre 1866, les grandes familles ornent magnifiquement des bateaux qu'on nomme des péotes.

Ils paraissent lourds; cependant ceux qui l'ont vue n'oublieront jamais la fête des régates sur le grand canal en présence du roi, ces péotes avec leurs traînes de velours, les costumes étranges et si variés des gondoliers et cette rue mouvante encombrée d'embarcations de toutes sortes.

Venise maintenant est une ville si pauvre, l'extrême misère y est supportée avec une telle résignation, qu'un intérêt douloureux s'attache à l'affection qu'on a pour elle. Le peuple espérait voir une prospérité immédiate arriver avec le gouvernement italien. Il n'en a rien été d'abord. Cependant les âmes ayant repris courage, la situation commence à s'améliorer. Nous ne pouvons croire à une grande prospérité pour Venise, mais nous espérons au moins qu'on y pourra vivre.

Les Vénitiens sont sympathiques; ils sont d'une extrême douceur. Il n'y a presque jamais de crimes dans cette ville où il serait si facile d'en commettre. L'extrême discrétion des gondoliers, leur absence de curiosité est un trait remarquable. Cela passera sans doute à la longue, mais cette qualité semble être dans leur sang. Venise était en effet par excellence la ville d'intrigues et de mystères.

Si les Vénitiens sont un peu mous, ils ne manquent pas de sens politique; c'est aussi une tradition de race. Ils sont attachés au catholicisme. Tous leurs députés sont conservateurs. Les colossales sottises de Garibaldi comme ses baptêmes d'enfants à la porte des cafés ont excité peu d'enthousiasme ici; le contraire plutôt. Ils ne sont pas cependant aveuglément monarchiques.

Un quatrain qu'on trouve sur tous les murs de la

ville, en ce moment, ne manque pas de gros bon sens dans son italien médiocre.

> Ad Umberto meno feste
> A Firenze miglior teste
> Date al popolo del pane
> E a Vittorio men...

Je ne termine pas par respect pour Sa Majesté.

4 MAI. — De Venise nous allons directement à Vérone sans nous arrêter cette fois-ci à Vicence, jolie ville pleine de palais élevés d'après les dessins de Palladio (né 1518, mort 1580). Il était Vicentin. Quand sa réputation fut faite, ce devint une idée fixe de tous ses compatriotes de construire des maisons ornées d'ordres classiques. Vicence est un délire de dorique, d'ionique et de corinthien. On ne peut trop admirer le goût, les proportions exquises de ces palais. Ils furent malheureusement construits à la hâte, avec de mauvais matériaux, et ceux qui ne sont pas entretenus avec grand soin ont un air déguenillé. Les environs de Vicence sont charmants. Le Monte Berico, qui touche à la ville, a une église de la Madone où l'on monte par de longs portiques.

La première impression que l'on ressent à Vérone est une impression de grandeur. Rues larges, beaux palais, vastes monuments des jours d'autrefois. C'est bien l'antique métropole de Théodoric le Grand, la capitale des la Scala, les amis de Dante.

Le poëte s'y réfugia en 1316, après la chute d'Uguccione della Faggiola. Il venait de passer plusieurs années entre Pise, Lucques et les châteaux de la famille

Malaspina sur la rivière de Gênes. Il y avait terminé le Purgatoire. Il resta environ deux ans auprès de Can Grande della Scala seigneur de Vérone. C'est ici qu'il commença le Paradis.

> Lo primo tuo rifugio, e il primo ostello
> Sara la cortesia del gran Lombardo,
> Che in su la Scala porta il santo uccello :
>
> Che avra in te si benigno riguardo,
> Che del fare e del chieder tra voi due
> Fia primo quel, che tra gli altri e piu tardo (1).

L'hospitalité offerte au grand Gibelin a donné un prestige à cette famille della Scala, dont les crimes furent si épouvantables. Avis aux despotes. — Can Grande, rendons-lui justice, fut un prince illustre, suffisamment scrupuleux pour le temps dans lequel il vivait ; mais après lui l'histoire des Scaliger comme celle de leurs successeurs en puissance, dans la haute Italie, les Visconti, n'est qu'une succession d'assassinats de frères à frères et d'oncles à neveux. Cette famille s'éteint littéralement dans le sang. Le moyen âge a sa fin, avec des mœurs encore barbares, et la foi affaiblie par les scandales du schisme, conséquence du séjour des papes à

---

(1)   Le grand seigneur lombard qui porte en armoirie,
Sur une échelle d'or l'aigle de Germanie,
T'offrira le premier un généreux abri.

Il te regardera de l'œil tendre d'un frère.
Entre vous, au rebours de ce qu'on voit sur terre,
Le don arrivera plus pressé que le vœu.

(Purg., XVII.)

Avignon, est beaucoup plus cruel et plus sombre qu'à son début.

Après leur hospitalité pour Dante, ce qui reste le mieux des Scaliger, ce sont leurs curieux tombeaux situés dans un enclos autour d'une petite église, à quelques pas de la place delle Erbe.

Ils forment de vrais édifices à plusieurs étages artistement sculptés et couverts de statuettes. Très-différents de dessin et d'exécution, ils ont tous un point de ressemblance: deux statues du la Scala qu'ils contiennent, l'une en prince couché sur le sarcophage, l'autre en guerrier, à cheval et au faîte du monument.

La place delle Erbe a des maisons peintes à fresques autrefois, et ces colonnes de granit surmontées du lion ailé que Venise élevait dans toutes les villes de la seigneurie. Pleine de fleurs et de fruits, gaie, cette place est digne de la charmante description de lady Georgiana Fullerton dans son roman de Grantley Manor.

Vérone est un endroit cher à l'imagination des Anglais. C'est la scène des « deux gentilhommes de Vérone » et des immortels amours de Roméo et de Juliette.

> Quinze ans! ô Roméo! l'âge de Juliette!
> L'âge où vous vous aimiez! où le vent du matin,
> Sur l'échelle de soie, au chant de l'alouette,
> Berçait vos longs baisers et vos adieux sans fin!
>
> (Alfred de Musset, Rolla.)

Pour satisfaire à la curiosité pratique des touristes britanniques, on montre dans un verger des faubourgs le tombeau apocryphe de Juliette.

Saint Thomas de Canterbury, l'illustre martyr saxon,

a une église ici. Elle a été restaurée récemment. Le gouvernement italien prétend ainsi montrer aux populations très-catholiques de la Vénétie que, quoiqu'en guerre avec le Pape, il a plus à cœur les choses religieuses que Sa Majesté impériale et apostolique d'Autriche, qui avait converti Saint-Thomas en un grenier à foin, comme Saint-Zéno en un dépôt de grains.

Il avait certes eu grand tort pour Saint-Zéno, qui est une église du plus haut intérêt. L'intérieur est très-curieux, le clocher est superbe. Il est peu en l'honneur des pères de famille de Vérone de voir de méchants gamins occupés à jeter des pierres aux sculptures du portail.

Près de Saint-Zéno, dans l'église de Saint-Bernardin, est une charmante chapelle renaissance, chef-d'œuvre de l'architecte San Micheli.

Ne manquez pas de l'aller voir ainsi que le palais Giusti avec ses vieux cyprès, ses terrasses, sa belle vue d'ensemble sur Vérone et son labyrinthe où se perdirent plaisamment le président de Brosses et ses amis.

L'ancien amphithéâtre romain est sur la place Bra, la principale de la ville. L'extérieur est entièrement en ruine, mais l'intérieur ayant toujours été plus ou moins entretenu est fort bien conservé.

5 Mai. — La matinée est lourde : des nuages pesants pendent au-dessus des Alpes. Une heure de chemin de fer à travers un pays riche et plat d'abord, marécageux ensuite, nous conduit à Mantoue. Ces plaines, sans intérêt naturel, virent les affreux carnages des champs de bataille illustres, mais ce n'est pas à nous

à entonner la louange des grands stratégistes. Notre sentiment est ailleurs.

> Malheur aux conquérants! Puissent-ils dans l'abîme
> Etre gorgés du sang qui par eux fut versé;
> C'est en vain que le peuple, hélas! vite abusé,
> Donne à leurs vils exploits le beau nom de sublime.
>
> J'aime mieux le druide immolant sa victime
> Sur l'antique cromlech où Balder a passé;
> Au moins dans ses forêts, son cœur fanatisé
> Croit devoir honorer le Seigneur par un crime.
>
> Mais eux, cruels et froids, pour un peu de pouvoir
> Dépeuplent sans pâlir la montagne et la plaine
> Et moissonnent la vie avant l'ombre du soir.
>
> Aussi je les poursuis de mépris et de haine
> Et je voue à l'enfer leur funeste renom
> Depuis Sennachérib jusqu'à Napoléon.

La station du chemin de fer est fort loin de tout, à 2 milles au moins. Pour pénétrer dans Mantoue il faut traverser des dédales de bastions, de passages voûtés, de ponts fortifiés. La ville a un aspect morne et désolé. Peu d'animation sur la place delle Erbe. La rue qui y conduit a des arcades, mais de fort médiocre mine.

L'église de Saint-André est sur cette place. Elle est mal tenue et sans grand intérêt, mais les voûtes, évidemment inspirées par celles de Saint-Pierre de Rome, ne manquent pas de hardiesse et de grandeur.

On arrive ensuite à l'ancien palais des ducs de Mantoue, un des plus vastes édifices de l'Italie, assemblage confus de donjons moyen âge, de salles renaissance, d'entresols Louis XIV, avec une église, un théâtre, un manége, plusieurs jardins.

L'architecture est médiocre ou plutôt presque nulle;

la partie qui est meublée montre dans tout son mauvais goût le style empire. En somme on ne rencontre de remarquable que quelques plafonds peints par Jules Romain et ses élèves, encore sont-ils plus beaux comme dessin et comme mouvement qu'agréables comme coloris.

Mais ce vaste palais plein des souvenirs d'autrefois a, ce qui vaut mieux que la beauté, le je ne sais quoi qui fait rêver, comme un parfum subtil de l'histoire des Gonzagues et de Charles de Nevers, duc de Mantoue.

Un bon vieux bonhomme nous conduit à travers ce dédale sans nous ennuyer un instant.

Je n'en dirai pas autant de l'insupportable cicerone qui nous gâte le palais du T. Avec toute la mauvaise emphase italienne, il pérore et nous fait les honneurs de la composition habile et de la profondeur des pensées de Jules Romain.

Ce palais du T, ainsi nommé par la forme des allées de platanes qui l'entouraient et qui n'existent plus, fut construit et orné par Jules Romain et ses élèves. Ils trouvèrent un asile à Mantoue après la désastreuse prise de Rome par les soldats du connétable de Bourbon (1527).

L'architecture, un étage d'un dorique très-riche, n'a rien de bien agréable aux yeux. Sans doute les proportions sont excellentes, mais, à moins de fanatisme, c'est tout ce que l'on peut en dire. La décoration des salles, au contraire, est vraiment charmante. On sent la main du maître jusque dans les moindres motifs d'ornementation. Les peintures de la salle de Psyché rappellent la Farnésine sans l'égaler. Elles sont d'une grande indécence. Jules Romain était non-seulement un païen, mais un païen outré. La salle des Géants est un chef-d'œuvre, dit-on. Je ne suis pas à même d'apprécier les difficultés de dessin vaincues. Mais cette salade de corps gigantesques, dans une salle relativement petite, ne produit autre chose qu'un effet étrange. Si c'est là ce que cherchait Jules Romain, il a pleinement réussi.

Le palais du T est dans un triste état. Napoléon, qui connaissait bien Mantoue et en appréciait la position militaire, y fit faire quelques réparations urgentes. On ne s'en est pas occupé depuis.

En rentrant en ville nous voyons le palais Collorédo, avec ses énormes pilastres cariatides, et l'élégante petite maison de Jules Romain. C'est peu de chose, mais c'est la perfection dans son genre. Frise charmante, guirlandes et têtes de béliers.

La place Virgiliana, laide le jour, est assez agréable le soir quand la fraîcheur s'élève de l'eau.

Mais la promenade préférée des Mantovans nous semble être les bois et les prairies qui entourent le palais du T.

Des jeunes gens jouent à une espèce de jeu de paume. De belles jeunes filles blondes, un peu grasses, se promènent dans l'herbe. Une certaine gaieté fait comprendre que les maîtres étrangers, les Tédesques justement détestés ici, sont partis probablement pour jamais, et cette scène non loin des vieilles tours du moyen âge me rappelle la « promenade hors des murs » de Leys.

6 Mai. — Nous quittons Mantoue de bonne heure et arrivons à quatre heures à Milan, après un agréable voyage à travers les riches plaines de la Lombardie. Brescia, célèbre par sa défense héroïque contre Haynau,

l'antique Bergame, pittoresque sur son rocher, sont les principales villes que nous rencontrons en route.

Entre Peschiera et Desenzano, à l'ancienne frontière autrichienne, on a une belle vue sur le lac de Garde et le promontoire de Sirmium où Catulle avait une villa.

Les trois grands lacs de l'Italie du nord, quoique produits par les mêmes causes géologiques, ont un caractère très-différent. La variété dans la beauté semble être la règle de cette admirable Italie.

Le lac Majeur est celui qui s'approche le plus des hautes cimes des Alpes. Dans le golfe de Baveno, les îles Borromées couvertes de palais, de villages, de terrasses lui donnent un air de décors d'Opéra. La partie basse de ce lac est peu intéressante.

Le lac de Côme, plus resserré, ressemble à une grande rivière. Ses bords son riants, gracieux, avec de belles villas où fleurissent toutes sortes d'arbustes exotiques près des beaux arbres de nos pays. Il rappelle souvent le Bosphore avec un plus doux climat. Mais les minarets de Stamboul ne sont pas là, ni les grands cyprès de Bébek et un lac, quelque beau qu'il soit, n'égalera jamais la mer.

Le lac de Garde, fort large au sud, âpre et sauvage au nord, a un caractère de grandeur plus prononcé. Il a de véritables tempêtes. La nature n'y est point ornée. C'est le moins connu des trois. Peu de touristes se donnent la peine de le remonter jusqu'à Riva.

Le Tyrol touche au lac de Garde. C'est dans la chaîne de montagnes qu'on voit à droite au delà de Dezenzano que Garibaldi fit la triste campagne de 1866 où les volontaires si mal composés en général se débandèrent honteusement partout où ils ne furent pas soutenus par les braves Bersagliers que dans leurs hâbleries ils avaient affecté de dédaigner. L'effet produit n'a pas été malheureux en consolidant le prestige de la seule institution un peu vivace du royaume d'Italie, l'armée régulière.

7, 8 MAI. — Milan a plus l'air d'une capitale que toute autre cité d'Italie. Cet air, Florence ne l'a pas du tout. Rome est un lieu à part. Turin, désertée par la maison de Savoie, est devenue bien ville de province. La cité de Naples est certainement beaucoup plus grande, plus peuplée que Milan, mais son aspect est plutôt celui d'un grand port de mer que d'une capitale.

Milan couvre une étendue de terrain considérable. Toutes les maisons un peu élégantes ont de grandes cours. Beaucoup ont des jardins.

Le Milanais est dépensier, fastueux, esclave de la mode. Il aime les choses modernes. Ce caractère se montre partout dans les grandes familles qui sont pour la plupart en train de se ruiner, dans les voitures, dans les boutiques, dans la municipalité, qui, éprise des gloires du Paris nouveau, s'est affreusement endettée et ne sait plus où donner de la tête en ce moment.

Pourtant, il faut être juste, elle a beaucoup fait. La ville est propre. La police des rues, des voitures est bien conduite, et cela sans l'insupportable étalage de consignes, de sergents de ville qui dégoûte de Paris.

Le nouveau jardin public est très-joli, et on a respecté les grands arbres et les allées droites du vieux jardin.

La nouvelle galerie (entre la place du Dôme et la Scala) est belle. C'est, je crois, la plus vaste et la plus élevée de toute l'Europe. Malheureusement les détails secondaires sont d'un si petit goût, qu'un architecte cisalpin a dû passer par là.

Le dôme de Milan, jardin aérien de marbre, domine la ville comme une couronne. Je ne puis dire sa merveilleuse beauté quand on le voit des boulevards plantés d'arbres qui entourent la ville bien éclairée par les rayons du couchant, ou le soir de la Saint-Charles illuminée aux feux du Bengale.

L'intérieur de cette belle montagne de marbre ciselé est un peu sombre. Dans la crypte richement ornée de bas-reliefs d'argent se trouve le corps de saint Charles Borromée. La châsse qui le contient est composée de crystal de roche, de pierres dures et de vermeil.

Ce grand saint est une exception à la règle « nul n'est prophète dans son pays. » Il fut plus qu'un roi à Milan et le peuple y vénère et y chérit encore sa mémoire.

Né en 1538 à Arona, il fut nommé à vingt-trois ans cardinal et archevêque de Milan, par le pape Pie IV son oncle maternel. Il mourut le 4 novembre 1584, âgé de quarante-six ans et fut canonisé dès 1610 par le pape Paul V (Borghèse).

Saint Charles Borromée fut l'idéal de l'évêque, ferme, vigilant, doux et conciliant à la fois. Il unissait la mortification personnelle la plus absolue à un goût pour la splendeur qu'il jugeait nécessaire aux choses du culte. Ses institutions, ses bâtiments ont tous un caractère de grandeur.

Voyez à Milan, en fait d'église, Saint-Ambroise, antique, vénérable, le lieu même dont le grand archevêque refusa l'entrée à l'empereur Théodose souillé par les affreux massacres de Thessalonique. Saint-Laurent avec son portique de colonnes romaines, le seul reste un peu considérable de l'antiquité à Milan. La Madone de Saint-Celse, riche, ornée de belles statues de la Renaissance. Saint-Eustorgia avec le magnifique tombeau de saint Pierre le Dominicain et d'autres sépulcres du moyen âge.

La cène de Léonard de Vinci dans le réfectoire du couvent delle Grazie, changé aujourd'hui en caserne, est bien endommagée. A la galerie Brera sont un grand nombre de tableaux remarquables, entre autres le mariage de la Sainte-Vierge, une des premières œuvres de Raphaël.

L'entrée à Milan par le bel arc de triomphe du Simplon est remarquable, quoiqu'une vaste place d'armes soit toujours une chose assez disgracieuse pour les yeux. Le vieux château a perdu tout caractère du moyen âge, ce n'est plus qu'un très-grand quartier d'artillerie. Les allées qui l'entourent formeront une promenade agréable et animée quand les arbres seront devenus un peu plus touffus.

Le 8 nous allons passer la journée à Pavie. Cette vieille ville Lombarde ne manque pas d'un certain intérêt. Elle est baignée par le Tessin qu'on traverse sur un pont couvert, genre de construction très-rare en Italie.

Le château bâti par les Visconti devait être très-beau si on en juge par certains détails d'ornementation respectés par les artilleurs qui y sont installés.

L'église de San Michele, avec sa façade massive où toutes sortes d'animaux sculptés forment une espèce de ménagerie, est un bon spécimen du style Lombard.

Datant du septième siècle, elle est une des églises les plus anciennes de l'Italie.

La cathédrale contient le tombeau de saint Augustin, dont le corps fut, dit-on, transporté d'Hippone au moment des persécutions des rois Ariens Vandales, contre les catholiques orthodoxes. C'est un monument en marbre blanc, ciselé comme un bijou et orné de 290 statuettes.

La Chartreuse de Pavie le plus beau couvent de l'Italie, ce qui est beaucoup dire, se trouve à une lieue de la ville, au milieu de la plaine verte coupée de canaux où François Ier fut vaincu et fait prisonnier. La façade de l'église a des bas-reliefs charmants, mais elle est un peu trop surchargée, comme tout ici, du reste. Malgré cela, il est impossible de ne pas être émerveillé de la beauté des marbres, des bronzes, des autels en pierres dures, des boiseries, des portes en terra cotta, du vaste cloître. Quant à les décrire ce serait un long travail.

Des moines ont été laissés à la Chartreuse, et les pédants du Parlement de Florence, quelque fanatiques qu'ils soient, auront un peu honte de laisser tomber en ruines cet édifice qu'on vient visiter de toutes les parties de l'univers.

9, 10, 11, 12, 13 MAI. — Le chemin de fer de Milan à Turin passe par Novare et Verceil. La vue de la chaîne des Alpes en général et du massif du mont Rose en particulier est très-belle pendant une partie du parcours.

C'est avec joie que nous approchons de Turin où nous

avons passé tant de moments heureux près de ceux que nous aimons.

Nous dirons peu de chose de l'aspect de Turin et de ses monuments, et nous parlerons plutôt du caractère de sa population, sujet plus intéressant et moins connu.

La ville est presque entièrement moderne. Les maisons sont bien construites. Les rues sont droites. On sait combien nous admirons peu ce genre, et il faut avouer que depuis que Turin n'est plus capitale, ces grandes rues droites lui donnent un aspect triste et un peu morne.

Ajoutons pour compenser ceci que la police de la voirie est bien faite, qu'une grande propreté règne partout et que la municipalité Turinoise a su faire de grands travaux sans ruiner les finances de la ville comme il est arrivé à Paris et à Milan.

Un jardin public nouveau s'étend le long du Pô entre la ville et le château du Valentin construit dans le style de l'époque par Christine de France, Duchesse de Savoie, fille d'Henri IV. Ce jardin est beau, quoique les pelouses soient un peu trop étendues, défaut qu'on devrait éviter dans un climat extrême comme celui de Turin, où après des hivers aussi rigoureux que ceux de l'Allemagne du Nord, on a des chaleurs plus fortes que celles de Naples ou de Palerme.

Le beau monde préfère la promenade de la place d'Armes, et nous sommes tenté de lui donner raison à cause de l'air pur qu'on y respire et du coup d'œil superbe sur la chaîne des Alpes terminée au sud par le cône de glace du mont Viso.

Cette vue constante des Alpes a donné à presque

tous les Piémontais le goût des excursions dans les montagnes. En été toute la société de Turin se transporte dans quelques villages alpestres, la Novalèse, Viu, Saint-Vincent, Gressoney, Courmayeur. Les jeunes gens et quelquefois les jeunes dames font des ascensions, et un Club Alpin a été fondé à Turin à l'instar de celui de Londres. Un de ses plus intrépides grimpeurs est M. Sella, l'habile ex-ministre des finances que le Parlement a trouvé un peu trop médecin-tant-pis.

Au point de vue moral ce qui frappe à Turin, c'est l'union, la bonne amitié entre les différentes classes de la société. La constitution physique de la ville a pu contribuer à ce bon esprit. Turin n'a pas de quartier pauvre. La noblesse, les gens riches habitent d'un côté ou d'un autre. Elle n'a rien qui réponde au faubourg Saint-Germain ou à Belgravia. Il n'y a pas même de maisons pauvres. La classe élevée habite les premiers étages, au dernier sont les ouvriers. De là mille rapports de connaissance, de bons offices réciproques, de charité bien entendue et reçue sans humiliation.

Mais cette cohésion heureuse tient encore à d'autres causes. Le peuple piémontais, outre ses bonnes qualités naturelles, son courage, son honnêteté, n'a jamais été envenimé par l'oppression. Le pouvoir royal, despotique en principe, était assez modéré dans son application. La noblesse ne fut point tyrannique comme les hobereaux français. Elle n'eut pas le fanatisme de la chasse qui cause tant de mauvais sang entre le riche et le pauvre. Toujours à l'armée, toujours répandant son sang pour le pays, besoigneuse le plus souvent, elle conserva son prestige bien mieux que si elle eût écrasé la plèbe par sa splendeur. Aussi elle resta aimée et respectée, et encore maintenant il n'est pas de ville en Europe, y compris Londres et Vienne, où la noblesse tient autant le haut du pavé qu'à Turin, et cela du consentement universel.

La révolution de 1848, les événements de 1859 et de 1860, n'avaient porté aucune atteinte à cette entente féconde entre la royauté et les différentes classes de la société : ce triste honneur était réservé à la convention de septembre 1864, une des erreurs les plus funestes de l'Italie nouvelle.

Quand on examine l'histoire de cette convention on ne peut s'empêcher d'y trouver quelque chose de mystérieux. La France a-t-elle voulu tendre un piége à l'Italie? Et cependant le souverain absolu qui y règne semble favorable à cette cause; et si la France tendait un piége, pourquoi l'Italie, qui ne manque pas d'esprit diplomatique, s'y est-elle laissée prendre? Encore peut-on penser que les Florentins qui dominaient dans le ministère étaient aveuglés par le désir, qui s'est imparfaitement réalisé, de faire gagner de l'argent à leur ville natale. Mais comment comprendre que le roi Victor-Emmanuel ait pu signer ce papier qui lui aliénait ses États héréditaires pour des avantages problématiques.

Comment, sans parler de l'affection qu'il devait avoir pour sa bonne ville de Turin, ne sentait-il pas l'avantage de garder le siége du parlement au milieu d'une population dévouée et plus disposée à combattre qu'à aider les ineptes déclamateurs de la gauche. Quand Garibaldi dans ses divagations insulta M. de Cavour, les Turinois, loin de l'applaudir, avaient bien envie de lui faire passer un mauvais quart d'heure.

La capitale devait rester à Turin, en laissant dans le vague, sous un nuage, cette parole de *Rome capitale* que Mazzini semble avoir inventée pour défaire de nouveau son pays. Cavour l'avait adoptée pour le moment, comptant bien l'ensevelir un peu plus tard grâce à quelque prodige d'habileté. Cependant il eut tort, et l'esprit le plus élevé et le plus sagace de l'Italie moderne, l'illustre Massimo d'Azeglio ne s'y trompa point.

C'est peut-être la plus grande plaie actuelle de l'Italie, et les Turinois crient maintenant plus fort que les autres « Rome capitale » par dépit contre Florence.

Ici nous devons les blâmer sévèrement, comme nous devons juger sans indulgence, l'alliance des députés piémontais avec les braillards napolitains. Il faut au moins de la franchise. Si vraiment (et c'est l'opinion secrète que j'ai cru quelquefois reconnaître), ils désirent revenir à l'ancien ordre de choses, qu'ils osent au moins le dire, plutôt que de préconiser des levées de bouclier contre le Pape, ce qui leur va d'autant moins que Turin est encore au fond une ville très-catholique.

La convention de septembre, publiée avec toutes sortes de circonstances aggravantes, provoqua des manifestations. Les Florentins, qui montrèrent la poltronnerie la plus ridicule, perdirent la tête, et une collision entre le peuple de Turin et la troupe, chose qui ne s'était jamais vue, amena un affreux désastre. Une centaine de personnes furent tuées ou blessées sur la place Saint-Charles.

Le prestige du roi disparut au milieu de ces événements. Il était coupable, en effet, car il n'est pas permis à un souverain de montrer autant de négligence ou d'incapacité. Malgré plusieurs replâtrages (le dernier, le plus heureux, a été le mariage du prince Humbert avec la fille du duc de Gênes qui fut tant aimé en Piémont), le lien est rompu entre Turin et la maison de Savoie. Le peuple s'est gâté ; il est devenu plus turbulent. Se sentant trahi, il a prêté l'oreille aux émissaires garibaldiens et à leurs déclamations républicaines.

Cependant il reste beaucoup de l'ancien esprit.

L'administration intérieure est excellente. Malgré de grands revers de fortune, personne n'est abattu. Turin abandonnée des autres ne s'abandonne pas elle-même. Le carnaval a été plus brillant que dans aucune autre ville d'Italie. Les jeunes gens de la société ont organisé des cavalcades. Les dames ont fait des ventes au profit des œuvres de charité dans des boutiques en plein vent. Au mariage du prince Humbert les fêtes ont été mieux organisées qu'à Florence.

Le 11 nous allons passer vingt-quatre heures dans un vallon de la colline de Turin. L'endroit est gracieux, bien boisé, et l'on aperçoit entre deux coteaux les dômes et les toits rouges de la ville et le mont Cenis à l'horizon. Le Piémont n'est pas le pays de plaines sans intérêt que les voyageurs superficiels traversent en courant. Sans parler des hauts sommets des Alpes et de l'Apennin, la colline de Turin, le Biellais, ont des sites charmants, mais ils sont dépassés par ceux du Canavet.

Quelle contrée délicieuse que cette petite province située entre les Alpes des vallées d'Aoste et de Cogne, les plaines du Pô, et cette longue montagne droite, massive, la Serra qui fut la moraine d'un des énormes glaciers de la période glaciaire.

Ce sont des mamelons couverts de bois de châtaigniers et quelquefois couronnés par des ruines de vieux châteaux ; de petits lacs aux ondes claires ; de grands berceaux de vigne auprès de champs de maïs. De tous les côtés on aperçoit de vastes paysages tantôt sur les montagnes, tantôt sur la plaine. Ivrée, la capitale, est une jolie ville aux murs crénelés, et quelques bourgs, Strambino entre autres, ont des églises qui ne dépareraient pas des grandes villes de France.

Le 14 mai je prends congé des miens et je traverse tristement pendant la nuit l'ennuyeux mont Cenis. Le lendemain après huit mois d'absence, je me retrouve dans cette France toujours chère, malgré toutes ses défaillances. Que je voudrais la voir, enfin débarrassée des traditions énervantes du césarisme, marcher d'un pied sûr vers un avenir de paix et de liberté !

APPENDICE

Contrat entre le Vicomte de Basterot, d'une part, et Joseph Elias, drogman de Beyrouth, d'autre part.

Joseph Elias s'engage à fournir :

1° Trois tentes avec literie complète, cantines, tapis ; le tout en bon état. Le bris de la vaisselle, etc. ne sera en aucun cas aux frais de M. de B.

2° Tous les chevaux ou mulets nécessaires pour les bagages, les tentes, etc., un cheval de selle entièrement harnaché à la franque pour le domestique de M. de B.

3° Trois porteurs (hammuals) pour la chaise à porteurs de M. de B.

Il est bien entendu qu'en cas d'hommes ou de bêtes tombant malades, ils doivent être immédiatement remplacés, le voyage ne devant pas être interrompu.

4° Trois repas par jour pour M. de B. ainsi que pour son domestique :

Déjeuner avec soupe ou chocolat, œufs ou viande froide, fruits ;

Goûter avec viande froide, fromage ;

Dîner avec potage, bouilli, rôti, légumes, plat sucré et fruits ;

5° Tous les frais de voyage, pourboires, tous les « backsheech » seront aux frais de Joseph Elias.

6° Seront aussi à ses frais les séjours que M. de B. et son

domestique pourront faire à Damas et à Jérusalem, à l'hôtel.

En considération de ces services, M. de B. s'engage à payer à Joseph Elias la somme de 115 fr. par jour à partir du jour du départ de Beyrouth jusqu'au jour de l'arrivée à Jaffa inclusivement.

Si, arrivé à Jérusalem ou à Jaffa, M. de B. se décidait à la traversée du désert ou au voyage d'Égypte, un nouveau contrat serait dressé devant MM. les consuls de France à Jérusalem ou à Jaffa.

M. de B. engage Joseph Elias pour trente jours.

Le plan général du voyage est par Ghazir, Meiruba, Afka, les Cèdres, Baalbek, Ain-Fijeh, Damas, Racheya, le mont Hermon, Banias, Hunin, Safed, Tiberias, Nazareth, Naplouse, Jérusalem, la mer Morte, Hebron, le pays des Philistins, Ramleh et Jaffa.

M. de B. se réserve formellement le droit de changer cet itinéraire si bon lui semble et de prolonger son voyage autant qu'il lui plaira, payant pour chaque jour en plus 115 fr.

M. de B. a payé 1,000 fr. à Joseph Elias, dont il a le reçu.

Il lui payera 600 fr. à Damas, 600 fr. à Jérusalem, le reste à l'arrivée à Jaffa.

M. de B. ainsi que Joseph Elias s'engagent formellement, en cas de contestation, à s'en rapporter absolument à la décision de MM. les consuls ou agents consulaires de France.

Fait en double à Beyrouth, le 4 octobre 1867.

FIN.

TABLE DES MATIÈRES

	Pages
CHAPITRE I. — De France en Asie mineure.	1

Le départ. — Saint-Étienne. — Lyon. — Paysages de Bresse. — La papauté à Avignon. — Notre-Dame de la Garde. — L'exposition universelle. — Le parti de l'Action. — Sadowa. — Garibaldi et ses Anglaises. — Palerme. — État de la Sicile. — La famille d'Orléans. — Le choléra et l'armée. — Syracuse. — Les côtes de la Grèce. — Sparte et Athènes. — Syra. — Les Aryas de la Grèce et de l'Inde. — Les Cyclades. — Tinos et Naxos.

CHAP. II. — Smyrne. Alexandrette. Beyrouth. 33

Smyrne. — La ville turque. — Le peuple turc. — Pathmos. — Rhodes. — La propreté anglaise. — Les voyageurs romains. — Germanicus. — La Cilicie. — Sardanapale. — Bataille d'Issus. — Le patriarche du Liban. — Latakyeh. — Tripoli. — Beyrouth. — La veuve de Sarepta. — Hérode et ses fils. — Drogman et hammals. — Deir el Kamar.

CHAP. III. — Les sommets du Liban.. 65

Les Jésuites. — Deir-el-Kulat. — Le Purgatoire de Dante. — Les sculptures du Nahr-el-Kelb. — Le collége de Ghazir. — Les défilés et les fontaines. — Adonis et Vénus. — Dhiman. — Hasron. — Le bois des Cèdres. — Les Maronites et les Druses. — Lettre de Saint-Louis. — Voyage du comte de Paris. — Joseph Caram et Daoud-Pacha.

CHAP. IV. — Baalbek et Damas. 97

Le col des Cèdres. — La Célésyrie. — Baalbek. — Les Couschites. — Baal et Jupiter. — L'émir Harfousch. — Les pères de la race Sémite. — Abila. — Ain-Fijeh. — Le paradis terrestre. — Un café à Doummar. — Damas. — Les pèlerins musulmans et l'Algérie. — Les massacres. — Les Juifs de Damas — Ali. — Hossein. — La tragédie de Kerbela. — Saladin. — Tamerlan et Napoléon I*r.

CHAP. V. — Les ravins de l'Hermon. 133

Lady E***. — Lady Hester Stanhope. — Les Druses de Deirel-Aschair. — Les temples de l'Hermon. — Racheya. — Deux vertueux protestants. — Hasbeya. — Impression du dimanche. — La gorge de la Litany et le château de Belfort. — Le Babr-el-Houled. — Les sources du Jourdain. — Banias. — Notre-Seigneur et saint Pierre. — Meis. — Un époux de quatorze ans. — Kedes-Nephtali. — Safed.

CHAP. VI. — Le lac de Génézareth et les collines de Galilée. . . . . , ... 161

La ville du Sauveur. — La patrie de saint Pierre. — Les saintes femmes. — Magdala. — La plaine de Génézareth. — Tibériade. — Le jour des Morts. — La coupe et la lèvre. — Le camp d'Akiel-Agha. — La fontaine de la sainte Vierge. — Les dames de Nazareth. — Jotapata. — L'historien Josèphe. — La guerre des Juifs.

CHAP. VII. — La plaine d'Esdraélon et la montagne d'Ephraïm. 177

Le mont Carmel. — Saint Louis. — Le comte de Chambord et le Livre des voyageurs. — La bataille du Kishon. — La tribu d'Issachar. — Le sacrifice d'Élie. — Mageddo. — L'usurpation de Jéhu. — Manassé. — Samarie. — Oolla et Oollibah. — Sichem. — Le puits de Jacob. — Notre-Seigneur et la Samaritaine. — Une caverne des Chananéens. — Les défilés d'Éphraïm. — Bethel. — Beeroth.

CHAP. VIII. — Benjamin et Juda. 201

La tribu de Benjamin et le lévite d'Éphraïm. — Jérusalem. — Le cantique d'Hésébon. — Le jardin de Gethsémani. — La montagne de l'Ascension. — La mosquée d'Omar. — Le Saint Sépulcre. — Les Juifs. — Siloé. — Le siège de Jérusalem par Titus. — Mar Saba. — La mer Morte. — Le Jourdain et Jéricho. — Le Sauveur chez Zachée. — Béthanie. — Le térébinthe d'Élie. — Ruth et Booz. — Bethléem. — Les réservoirs de Salomon. — Hébron.

TABLE DES MATIÈRES.

Pages

Chap. IX. — Les plaines des Philistins. 233

Le chêne d'Abraham. — La caverne d'Adullam. — Gladstone et Disraeli. — La science biblique d'un juge anglican. — David et Goliath. — Les térébinthes et les prophètes. — Samson et Dalila. — L'arche sainte. — Les Philistins. — La tour de Ramleh. — Un ami qui n'est plus. — Route directe de Jérusalem. — Lydda. — Jaffa. — Saint Corneille et la vision de saint Pierre.

Chap. X. — De Palestine en Égypte. 247

Beyrouth. — Gérard de Nerval. — Cloches du soir. — Le Bâb. — Le Bâbisme. — Port-Saïd. — Alexandrie d'Égypte. — Histoire de Méhémet-Ali. — Voyage de Palgrave en Arabie. — Les Wahabites. — Abbas-Pacha. — Saïd-Pacha. — Son Altesse Ismaïl Pacha et le choléra. — Le Delta. — Lettre d'Amrou. — Le Nil et le prince Albert. — Mœurs de l'Égypte.

Chap. XI. — Le Caire et Suez. 271

L'Esbeyeh. — Le mauvais goût de Son Altesse. — Les tombeaux des califes. — Les hôtels. — Le sultan Hakem. — Une averse. — Choubrah. — Halim-Pacha. — L'Abbassieh. — Les soldats égyptiens. — Héliopolis — Kléber. — Les mosquées. — Les derviches hurleurs. — Une Marguerite de Bourgogne. — Les Pyramides. — Le désert de Suez. — L'hôtel P and O. — M. Menachem. — Louis XV et Bouret. — Souvenirs de Vienne.

Chap. XII. — D'Alexandrie à Rome. 295

Tempêtes. — Un homme à la mer. — Messine. — Le golfe de Naples. — La veille de Noël. — Une indigestion d'usage. — Les Napolitains. — Tacite et Pétrone. — L'ancienne route de Rome. — Ferdinand II et l'archiduc Maximilien. — San Germano. — Les frontières des États de l'Église.

Chap. XIII. — La Rome des Papes et la Rome des Césars. 307

La dernière demeure de saint Pierre. — Ceux à qui Rome déplaît. — La campagne romaine. — Mazzini et ses disciples. — Saint-Sylvestre. — Le pape au Gesu. — Saint Ignace de Loyola. — Les grandes basiliques. — Le climat. — Les Zouaves. — *La Beffana.* — Liberté de Rome. — Un jardin sur le Quirinal. — Les Cenci. — La villa et le palais Borghèse. — L'hiver sous les Romains. — Le prince Torlonia. — Sainte Agnès. — La villa Albani. — Winckelmann. —

L'Antinoüs. — Atelier de Benzoni. — La via Salara. — La mort de Néron. — San Piètro in Montorio. — La grande-duchesse de Gérolstein.

Chap. xiv. — Le Forum et le Vatican.. 347

Le forum romain. — Les triomphateurs. — La grande Némésis. — Un fratricide. — L'arc de Titus. — Le Colisée. — Saint-Paul hors les murs. — Stendhal. — L'esprit romain. — La *tramontana* et le *sirocco*. — Les tableaux du Vatican. — Saint-Clément. — Les dominicains irlandais. — Le goût des modernes pour la laideur. — La beauté antique. — Les statues du Vatican. — Le Belvédère. — Le Méléagre. — L'Apollon. — L'Hercule *Mastaï*. — L'autel d'Auguste. — Les sépultures impériales et la crémation. — Le tombeau de L. Cornélius Scipion.

Chap. xv. — Les palais et les villas.. 376

Le Monte Mario. — Les villas de Jules Martial et de Livie. — La Chandeleur. — Le palais Rospigliosi. — Le collége irlandais et le monument d'O'Conneil. — Le palais Doria. — Les tableaux et les portraits. — Ressemblances de famille. — La villa Pamfilj. — Monument et inscriptions des soldats français. — Jules César. — Cléopâtre et Calpurnie. — Saint-Laurent hors les murs. — Revue des troupes. — Le carnaval. — La tristesse démocratique. — Frascati, Tusculum, Tivoli. — Sainte Sabine. — Les stations. — L'Aventin. — Le quai du Tibre. — La villa Ludovisi.

Chap. xvi. — Les rivages de la Campanie. 407

Entre Rome et Naples. — La rue de Tolède. — Le Campo Santo et le jour des Morts. — La porta Capuana. — Thackeray et Disraeli. — Le Vomero. — *Le Récit d'une sœur.* — L'éruption du Vésuve. — Les cochers napolitains. — Le Musée. — Les Camaldules. — Pompéi. — Lettre de Pline. — Amalfi. — Sorrente. — Capri. — Les douze palais de Tibère. — Pouzzol. — Saint Paul. — Le temple de Sérapis. — Cumes. — Baïa. — Le cap Misène. — La fête du Roi. — Les sympathies du pays. — Le brigandage. — Ce que l'*Europe nous envie.* — Ce qu'elle ne nous envie pas.

Chap. xvii. — Les églises et les collines. 443

Sant Onofrio. — Le Tasse. — Benvenuto Cellini. — Saint-Marc. — Saint Pierre et Pudens. — Sainte Praxède. — Le miracle de san Andrea delle Frate. — Veies. — La Via Appia. — Albano et Domitien. — Palazzuola. — Le lac de Némi. — San Lorenzo in Damaso. — Le Pape à la Minerve. — Fra Angelico. — Le Panthéon. — Les demeures impériales. — Les revenus de Caligula. — Le Palatin. — L'Esquilin. — Thermes de Trajan et de Titus. — Les Palmiers de Rome. — Le Quirinal. — Pie VII et Napoléon Ier. — Le Code Napoléon. — Le gouvernement personnel.

Chap. XVIII. — Le printemps à Rome. 473

Le Trastevere. — Le Capitole. — Les bustes et les statues. — Le jardin de la roche tarpéienne. — Le printemps. — La route de Mentana. — L'invasion garibaldienne de 1867. — Le Cœlius. — Couvent des Passionnistes. — Saint-Jean-Porte-Latine. — La semaine sainte. — La Cène. — Le Miserere. La chapelle sixtine et les fresques de Michel-Ange. — La bénédiction *urbi et orbi*. — Les illuminations. — La Girandola. La Farnésine. — Le Calvaire et l'Olympe.

Chap. XIX. — Assise et l'Alverne. 497

Départ de Rome. — L'Ombrie. — Vie de saint François d'Assise. — Voyageur et soldat. — La Famille de Brienne. — Sa vocation. — Sa tendresse. — Son voyage en Orient. — Sa retraite sur l'Alverne. — Les Stigmates. — Sa mort. — Pérouse. — Le mariage du prince Humbert. — Le Pérugin. — Un pape tourangeau. — Le lac de Trasimène. — Arezzo. — Bibbiena. — L'Alverne. — Le Casentino. — La bataille de Campaldino. — Le col de la Consuma.

Chap. XX. — Les villes du Nord. 521

Florence et les Florentins. — Bologne. — La Garisenda. — Les tableaux. — Le prince de Prusse. — Les nouveaux mariés. — Parme et le Corrège. — Marie-Louise — Ferrare. — La Folie du Tasse. — Padoue. — Les monuments de Venise et le peuple vénitien. — Palladio et Vicence. — Vérone. — Can Grande et Dante. — Champs de bataille. — Les palais de Mantoue. — Les trois lacs. — Milan. — Saint Charles Borromée. — Pavie et la Chartreuse. — Turin. — Les Piémontais et le Piémont. — Retour en France.

FIN DE LA TABLE DES MATIÈRES.

ERRATA.

Page 7, ligne 26, *au lieu de* indigne,   *lisez* indigné.

— 21, — 3, — Spartimento, — Spartivento.

— 125, — 28, — gendre, — mari.

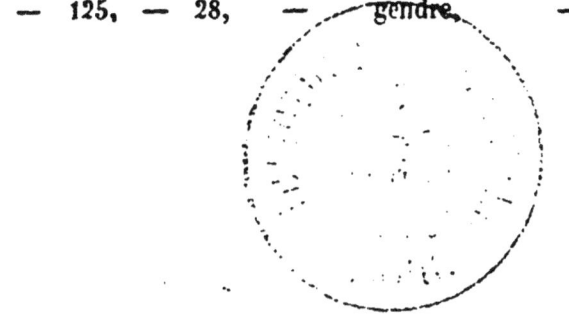

Paris. — Imprimerie de Cusset et Cⁱᵉ, rue Racine, 26.

www.ingramcontent.com/pod-product-compliance
Lightning Source LLC
Chambersburg PA
CBHW060749230426
43667CB00010B/1499